David Gelles

Der Mann, der patagonia verschenkte

Der Mann, der patagonia verschenkte

Wie Yvon Chouinard
patagonia aufbaute,
ein Vermögen machte
und alles verschenkte

David Gelles

NXTLVL

Bibliografische Information der Deutschen Nationalbibliothek
Die Deutsche Nationalbibliothek verzeichnet diese Publikation in der Deutschen Nationalbibliografie; detaillierte bibliografische Daten sind im Internet über dnb.dnb.de abrufbar.

Wir freuen uns auf eure Anregungen und Fragen
info@nextlevelverlag.de

Wichtiger Hinweis
Die im Buch veröffentlichten Empfehlungen wurden von Verfasser und Verlag erarbeitet und geprüft. Der Inhalt dieses Buches beruht ausschließlich auf den persönlichen Erfahrungen des Autors und erhebt keinen wissenschaftlichen Anspruch. Die benutzten Begrifflichkeiten sind wertfrei. Eine Garantie kann dennoch nicht übernommen werden. Ebenso ist die Haftung des Verfassers bzw. des Verlages und seiner Beauftragten für Personen-, Sach- und Vermögensschäden ausgeschlossen.

Die Originalausgabe erschien 2025 unter dem Titel *dirtbag billionare. How Yvon Chouinard Built Patagonia, Made a Fortune, and Gave It All Away* bei Simon & Schuster LLC.

1. Auflage 2025

NXT LVL GmbH, An der Dornwiese 2, 82166 Gräfelfing
www.next-level-verlag.de

Übersetzung aus dem Amerikanischen: Thomas Gilbert
Redaktion: Christiane Otto und Peter Peschke
Satz: ZeroSoft, Timisoara
Cover- und Umschlaggestaltung: www.b3k-design.de. Andrea Schneider & diceindustries
Umschlagabbildung: © Ben Baker/Redux/laif
Druck: DZS GRAFIK d.o.o, Slowenien
Printed in the EU

ISBN Print: 978-3-68936-093-1
ISBN E-Book (PDF): 978-3-68936-094-8
ISBN E-Book (EPUB, Mobi): 978-3-68936-095-5

INHALT

Für Ali
Danke für das Abenteuer meines Lebens

EINLEITUNG

Während ich ihm zusah, wie er seinen Fliegenköder in einen entlegenen Fluss am Fuße der Anden auswarf, kam mir der Gedanke, dass Yvon Chouinard, fünf Jahre vor seinem 90. Geburtstag, endlich seinen Frieden gefunden haben könnte.

Fast ein ganzes Jahrhundert lang hatte eine unermüdliche Energie diesen ebenso stämmigen wie rätselhaften, brillanten und streitbaren Mann bis ans Ende der Welt und an die Grenzen des Unternehmertums getrieben, ihn zu einer Legende gemacht und ihm ein Vermögen eingebracht. Trotz seiner bescheidenen Herkunft und ohne je einen College-Abschluss gemacht zu haben, schuf Chouinard ein bemerkenswertes Lebenswerk. Seine Leistungen machten ihn nicht nur zu einem herausragenden Outdoorsportler, sondern auch zu einem der erfolgreichsten Unternehmer seiner Generation. Als Pionier des Felskletterns gelang Chouinard die Erstbegehung einiger der anspruchsvollsten Granitwände der Welt. Als Kajakfahrer bezwang er als Erster reißende Flüsse. Als Surfer suchte er unberührte Wellen an einsamen Stränden. Er erklomm Gletscher in der Arktis, pirschte sich an wilde Tiger in Sibirien heran und verirrte sich in den Bergen von Bhutan. In Wyoming wäre er beinahe bei einem Sturz gestorben, in China um Haaresbreite von einer Lawine begraben worden und in Chile fast ertrunken. Zweimal revolutionierte er den Klettersport: zuerst durch die Erschließung zuvor undenkbarer Routen und dann durch die innovative Neugestaltung nahezu jeder Ausrüstungskomponente. Er war Mitbegründer des modernen Eiskletterns und entwickelte Werkzeuge und Techniken für das Erklimmen gefrorener Wasserfälle. Und er avancierte zu einem der weltweit besten Fliegenfischer, der Regenbogenforellen mit einer Mühelosigkeit fing, die selbst die erfahrensten Angelführer verblüffte.

Chouinard gründete zwei Unternehmen, von denen jedes mehr als ein halbes Jahrhundert überdauert hat. Chouinard Equipment, sein Unternehmen für Kletterausrüstung, ist zwar nicht mehr unter seiner Leitung, aber ist unter dem Namen Black Diamond nach wie vor eine treibende Kraft auf dem Markt für Outdoor-Ausrüstung. Patagonia, sein Unternehmen für Outdoor-Bekleidung, floriert mehr denn je und verzeichnet einen Jahresumsatz von über 1 Milliarde US-Dollar. Als Führungskraft erwarb sich Chouinard den Ruf eines kompromisslosen und handwerklich begabten Gestalters mit einem intuitiven Gespür für großartiges Design, aber auch den eines visionären Vordenkers, der seiner Zeit um Jahrzehnte voraus war. Unter seiner Ägide wurde Patagonia zu einem der fortschrittlichsten Unternehmen der Welt und setzte mit seinem Engagement für Kinderbetreuung, seiner Förderung der Vereinbarkeit von Beruf und Privatleben, seinem Fokus auf Nachhaltigkeit und seinem politischen Aktivismus neue Maßstäbe für den Rest der amerikanischen Unternehmenswelt. Trotz all dieser Errungenschaften spürte Chouinard jedoch am Ende seiner Karriere eine tiefe Unruhe in sich. Die Tatsache, dass er eine lebende Legende war, war allerdings nicht wirklich das, was ihm missfiel.

Es war das Geld.

Weil Chouinard über all die Jahre die volle Kontrolle über Patagonia behielt, konnte er das Leben führen, das er sich wünschte: Jahrzehnte verbrachte er damit, die wildesten Winkel der Erde zu erkunden. Ganz nebenbei schuf er dabei eine völlig andere Art von Unternehmen. Es gab ihm die Möglichkeiten, ein bedeutender Geldgeber für groß angelegte Naturschutzprojekte zu werden. Doch in seinen letzten Jahren wurde ihm der Besitz eines milliardenschweren Unternehmens zur Last. Auf dem Papier war er Milliardär. Finanzmagazine schätzten sein Nettovermögen auf 1,2 Milliarden Dollar, eine groteske Summe für einen Mann, der immer noch in der gleichen gusseisernen Pfanne kochte, die er vor 50 Jahren erworben hatte, in einer mit Secondhand-Möbeln vollgestopften Blockhütte in Wyoming lebte und weder ein Handy noch einen Computer besaß. Ihn als Milliardär zu bezeichnen, war für ihn Blasphemie, ein Affront gegen alles, wofür er stand. Und er würde nicht eher ruhen, bis er diesen kosmischen Irrtum korrigiert hätte.

Jahrzehntelang machte sich Chouinard Gedanken darüber, was einmal mit Patagonia geschehen sollte. Wie sollte die Nachfolge in einem Unternehmen geregelt werden, das ohnehin schon gegen alle Regeln verstieß? Wie konnte er sein Vermögen loswerden und gleichzeitig die Kontrolle über sein Unternehmen behalten? Chouinard und sein engster Kreis entwickelten zusammen mit einigen hoch bezahlten Vermögensplanern verschiedene Regelungen, mit denen sich mehrere scheinbar widersprüchliche Ziele gleichzeitig erreichen ließen. Chouinard wollte einen Weg finden, alle Gewinne von Patagonia – etwa 100 Millionen Dollar pro Jahr – in die Bekämpfung der Klimakrise zu stecken. Er wollte auch sicherstellen, dass das Unternehmen unabhängig bleibt und nicht übernommen wird. Und vor allem wollte er ein für alle Mal dafür sorgen, dass ihn niemand mehr als Milliardär bezeichnen konnte.

Auch wenn es Jahre der Arbeit und mehrere gescheiterte Versuche erforderte, fanden sie schließlich eine akzeptable Lösung. Und so kam es, dass Chouinard an einem milden Tag im September 2022 nach monatelanger Vorbereitungszeit seine große Enthüllung machte. Er versammelte seine Mitarbeiter in der Zentrale von Patagonia in dem kalifornischen Ort Ventura, wo der Pazifische Ozean so nah war, dass man das Salz in der Luft riechen konnte, und verkündete seinen kühnen Plan: Er würde das gesamte Unternehmen verschenken.

Mithilfe einer komplexen neuen Struktur aus Treuhandfonds und gemeinnützigen Organisationen verzichteten Chouinard und seine Familie auf ihren Anspruch auf ein Milliardenvermögen, indem sie das Eigenkapital des Unternehmens so absicherten, dass eine feindliche Übernahme nahezu unmöglich wurde und alle zukünftigen Gewinne dem Schutz des Planeten zugutekommen würden. Er selbst zog keinen finanziellen Nutzen daraus. Es würde keinen Börsengang, keinen Verkauf an Private-Equity-Gesellschaften und keine Übernahme durch einen größeren Konkurrenten geben. Patagonia würde mehr oder weniger unverändert weitergeführt werden und hätte nun mehr Geld als je zuvor, um in Naturschutz und Aktivismus zu investieren. Chouinard hatte einen weiteren bahnbrechenden Erfolg erzielt, indem er eine innovative Governance-Struktur entwickelte, um ein höchst ungewöhnliches Unternehmen zu schützen. Und entscheidend war, dass mit der Unterzeichnung einiger Dokumente sein Vermögen drastisch sank. Er war kein Milliardär mehr.

Als die Mitarbeiter von Patagonia die Nachricht erfuhren, war ich gerade in der Redaktion der *New York Times* und bereitete einen Artikel über genau diesen Eigentümerwechsel vor. Monatelang hatte ich mit Chouinard, seiner Familie und Mitgliedern des Vorstands von Patagonia gesprochen, um die Komplexität der Transaktion sowie ihre Motive und Ziele zu verstehen. Kennengelernt hatte ich Chouinard zehn Jahre zuvor, als ich ihn für mein erstes Buch *Mindful Work* (Achtsames Arbeiten) dazu befragte, inwieweit der Zen-Buddhismus seine Karriere beeinflusst habe. Als Reporter für die *New York Times* schrieb ich später über Patagonias Umweltschutzaktivitäten und seine Bemühungen, Wähler an die Urnen zu bringen, und interviewte die Führungskräfte des Unternehmens für eine Kolumne über Leadership.

Die Berichterstattung über Patagonia war eine willkommene Abwechslung zu meiner üblichen Arbeit. Als Wirtschaftsjournalist hatte ich fast 20 Jahre lang schon über zahlreiche unseriöse und kriminelle Geschäftsleute geschrieben, Hochstapler aus dem Silicon Valley entlarvt, untersucht, was bei Boeing nach zwei tödlichen Abstürzen schiefgelaufen war, und den Anlagebetrüger Bernie Madoff im Gefängnis interviewt. Nicht lange bevor ich die Nachricht von Chouinards Schenkung von Patagonia veröffentlichte, war mein Buch *The Man Who Broke Capitalism* (Der Mann, der den Kapitalismus ruinierte) erschienen. Darin enthüllte ich, wie Jack Welch, der frühere CEO von General Electric, die Grundfesten der amerikanischen Wirtschaft erschütterte, indem er Profite über alles stellte – ungeachtet dessen, was es Mitarbeiter, Kunden oder die Gesellschaft kosten würde. Gerade das machte Chouinards und Patagonias Vorgehen umso außergewöhnlicher. Während sich der Rest der Geschäftswelt im Sog der Aktionärswertmaximierung treiben ließ, stand hier ein Gründer mit seiner Firma, der sich mutig gegen den Strom stemmte.

Zahlreiche Bücher bieten einfache Lektionen und umsetzbare Strategien, um im Geschäftsleben erfolgreich zu sein. Doch diese Geschichte entzieht sich solch geradliniger Analysen. Die Erzählung von Patagonia ist kein Selbsthilferatgeber, sie gleicht vielmehr einem Zen-Kōan. Und im Zentrum dieser Erzählung steht ein Mann, der gleich in dreifacher Hinsicht revolutionär ist: als Sportler, als Unternehmer und als Wohltäter.

Früh in seinem Leben erlangte Chouinard Anerkennung als »Dirtbag«-Kletterer – ein Begriff, der liebevoll für arme, wandernde Outdoor-Enthusiasten verwendet wird, die so wenig Interesse an materiellem Besitz haben, dass sie bereitwillig auf dem nackten Erdboden schlafen. Später wurde er zu einem der besten Bergsteiger seiner Generation, indem er waghalsige Erstbesteigungen an einigen der gefährlichsten Felswände der Welt durchführte und gleichzeitig die Kletterausrüstung neu definierte.

Als Unternehmer schuf er ein Unternehmen, das sich jeder konventionellen Logik widersetzte und ein verantwortungsvolleres Geschäftsmodell entwickelte. Patagonia setzte Maßstäbe mit seinem Engagement für Nachhaltigkeit, großzügige Betreuungsangebote für Kinder, kreative Marketingstrategien und beliebte Outdoor-Bekleidung. Gleichzeitig machte es Chouinard zum Milliardär.

Doch Chouinards kühnster Schachzug kam am Ende seiner Karriere. Auf dem Höhepunkt seines Erfolgs tat er das Undenkbare: Er verzichtete auf das Eigentum an seinem Unternehmen und gab sein Vermögen auf. Damit fand er eine elegante Antwort auf die Fragen, die ihn sein ganzes Leben lang beschäftigt hatten, und wies anderen sozial engagierten Kapitalisten einen neuen Weg. Chouinard war Abenteurer, Geschäftsmann und Philanthrop – drei Identitäten, die sich bis zum Schluss gegenseitig beeinflussten.

Das heißt jedoch nicht, dass Chouinard perfekt ist. Als Chef konnte er manchmal ein Mikromanager sein, zu anderen Zeiten distanziert, und er wechselte häufig Führungskräfte aus, was oft Chaos in seinem Unternehmen stiftete. Er konnte unberechenbar, unschlüssig und elitär sein. Er legt sehr viel Wert auf Privatsphäre, hat keine Geduld für Small Talk und ist im Alter eher pessimistisch geworden.

Auch Patagonia ist nicht perfekt. Es ist ein gewinnorientiertes Unternehmen, das Kleidung herstellt, die Menschen vielleicht wollen, aber nicht wirklich brauchen. Es bemüht sich, seine Mitarbeiter gut zu behandeln, beschäftigt jedoch Geringverdiener in Entwicklungsländern, die lange Schichten in lauten, heißen Fabriken arbeiten. Es setzt sich für den Schutz des Planeten ein, nutzt aber fossile Brennstoffe, die zum Klimawandel beitragen, und toxische Materialien, die genau die Umwelt verschmutzen, die es zu schützen versucht. Es feiert extreme sportliche Leistungen, verdient jedoch den Großteil seines Geldes mit dem Verkauf von T-Shirts an Stadtbewohner.

Patagonias eigene Führungskräfte sind sich der Widersprüche ihres Handelns schmerzlich bewusst. Die Tatsache, dass sie zu denselben Problemen beitragen, die sie zu lösen versuchen, treibt sie in den Wahnsinn – und motiviert sie gleichzeitig, Lösungen für scheinbar unlösbare Dilemmata zu finden. Ihre Misserfolge sind sowohl eine Quelle des Schmerzes als auch der Inspiration. Und sie kanalisieren diese Frustration über ihre eigenen Unzulänglichkeiten in einen unermüdlichen Drang zur Verbesserung. Das selbstkritische Unternehmen ist eine seltene Ausnahme. Doch wie wir sehen werden, sind die Widersprüche und der Umgang mit diesen konkurrierenden Prioritäten der Schlüssel zu Patagonias Erfolg.

Trotz aller Inkonsistenzen – und vielleicht gerade wegen ihnen – gelang es Patagonia, mehr als nur ein Unternehmen zu werden: Es ist eine Philosophie, eine Lebensweise, eine Subkultur, die eine alternative Vision davon repräsentiert, was es bedeutet, Teil der modernen Wirtschaft zu sein. Für viele ist es ein Leuchtfeuer der Hoffnung, der Beweis dafür, dass es möglich ist, Gutes zu tun und dabei erfolgreich zu sein. Von den fortschrittlichen Maßnahmen im Personalwesen über die Art, wie die Gewinne genutzt werden, bis hin zu den strengen Kriterien, die es von seinen Zulieferern erwartet, hat Patagonia die Messlatte für die Unternehmenswelt in den USA auf ein außergewöhnlich hohes Niveau gelegt.

Außerdem trug Patagonia zur Entwicklung neuer Standards bei, an denen sich andere Unternehmen orientieren können. Es war an der Gründung fortschrittlicher Unternehmensgruppen beteiligt, darunter die Conservation Alliance, die Textile Exchange, 1% for the Planet, die Sustainable Apparel Coalition, die B-Corp-Bewegung und Time to Vote. Politisch engagiert sich Patagonia ebenfalls: Es mischt sich in lokale, bundesstaatliche und nationale Wahlen ein, spendet Geld, um demokratische Kandidaten zu unterstützen, und hat sogar einen Präsidenten der Vereinigten Staaten verklagt. Während Patagonia in erster Linie ein Bekleidungshersteller ist, liegt das Besondere der Marke in allem, was nichts mit Kleidung zu tun hat.

Dirtbag Billionaire entfaltet sich chronologisch und beginnt mit einem genauen Blick auf Chouinards frühes Leben, seine waghalsigen Abenteuer und seinen zufälligen Einstieg ins Geschäftsleben. Die Perspektive erweitert sich, um die außergewöhnliche Entwicklung von Patagonia zu beleuchten – von den Höhen und Tiefen eines Heimunternehmens bis hin zu einem multinationalen Kraftpaket. Als Chouinard und sein Unternehmen immer einflussreicher werden, entsteht eine neue Form des Kapitalismus, die sich nicht ausschließlich über Gewinne definiert, sondern auch über das Bestreben, die Welt positiv zu beeinflussen. Schließlich erhalten wir einen Einblick hinter die Kulissen, als Chouinard mit seiner bahnbrechenden philanthropischen Entscheidung alles aufgibt.

Um dieses Buch zu schreiben, habe ich zwei Jahre lang Chouinard und das Patagonia-Team begleitet. Ich interviewte aktuelle und ehemalige Mitarbeiter, durchforstete die Unternehmensarchive und die Familienalben der Chouinards in Ventura, Kalifornien. Ich testete die neuesten Skiausrüstungen im Hinterland von Montana und probierte die Neoprenanzüge des Unternehmens an einem legendären Surfspot in Chile aus. Ich durchstreifte mit Patagonias Ernährungsteam Felder mit regenerativen Getreidesorten in Minnesota und besichtigte eine Patagonia-Fabrik in Peru. Ich wanderte einige von Chouinards berühmtesten Touren nach, darunter eine Expedition zu den Gipfeln des Mount Fitz Roy, die das Patagonia-Logo inspirierten. Ich wanderte in abgelegene Täler, die durch Chouinards Naturschutzbemühungen in Nationalparks verwandelt worden waren. Und ich verbrachte Zeit mit Chouinard selbst – beim Kochen in seinem Zuhause in Wyoming, beim Fischen in Argentinien und auf einem Roadtrip entlang einer südamerikanischen Straße, die er 56 Jahre zuvor erstmals befahren hatte.

Das Schreiben dieses Buches war für mich mehr als nur eine akademische Übung. Ich bin kein Kletterer, habe aber viel Zeit in der Wildnis verbracht, und Chouinards Besessenheit, unberührte Natur zu bewahren, leuchtete mir ein. Wenige Dinge berühren die Seele, beruhigen den Geist und wecken Ehrfurcht so sehr wie das Gefühl, Hunderte Kilometer von der Zivilisation entfernt zu sein, umgeben von Bergen, und nichts als den Wind in den Bäumen zu hören. Durch die Reisen mit dem Patagonia-Team vertiefte sich meine eigene Verbindung zur Natur. Und während ich Zeit mit Chouinard verbrachte, verbesserten sich sogar meine Angler-Skills.

Die Recherche zu Patagonia bot mir zudem die Möglichkeit, meine Überzeugung zu hinterfragen und zu festigen, dass Unternehmen eine treibende Kraft für das Gute sein können. Es ist leicht, angesichts unserer zutiefst ungleichen Wirtschaft zynisch zu sein, und es ist wichtig – besonders als Journalist –, kritisch gegenüber profitorientierten Organisationen zu bleiben. Aber es ist ebenso wichtig, aufzuzeigen, was funktioniert. Ohne Geschichten, die einen Hoffnungsschimmer bieten, verlieren wir die Möglichkeit, inspiriert zu werden. Ohne gute Vorbilder fehlt uns eine Anleitung, wie wir positiven Wandel bewirken können. Nicht jedes Unternehmen kann Patagonia sein, und niemand kann Chouinards außergewöhnlich reiches Leben nachahmen. Doch alle Unternehmen und alle, die arbeiten, können viel davon lernen, wie das Patagonia-Team einen neuen Weg durch die Wildnis des Spätkapitalismus eingeschlagen hat.

*

Eines späten Frühlingstages, nach mehreren Tagen einer Angeltour in Argentinien, saß ich am Ufer eines Flusses und beobachtete, wie Chouinard immer wieder seine Angel auswarf. Wir befanden uns in einem Tal, umgeben von den schneebedeckten Anden. Goldene Gräser wogten im Wind, ein Regenbogen spannte sich über den Himmel und rosa Flamingos und Schwarzhalsschwäne trieben in der Nähe. Allein im hüfthohen Wasser stehend, schwang Chouinard seine Angel hinter sich. Dann, mit kaum einer Bewegung, schnippte er den Arm und ließ seine Fliege elegant durch die Luft gleiten, um sie mit absoluter Präzision in eine kleine Schaumtasche zu setzen, wo unsichtbare Strömungen aufeinandertrafen. Der Köder wippte einen Moment lang, dann spannte sich die Schnur, seine Rute bog sich, und er holte eine majestätische Regenbogenforelle ein. Balancierend auf den glatten Flusssteinen, nahm Chouinard, damals 85 Jahre alt, den Fisch, entfernte gekonnt den Haken aus der Wange der Forelle, ließ den Fisch zurück ins Wasser gleiten und warf erneut aus.

Sein ganzes Leben hatte zu diesem Moment geführt. Ein Mann, der alles haben konnte, der auf Milliarden von Dollar verzichtet hatte, der Berge erklommen, Freunde verloren und Imperien aufgebaut hatte, wollte im Abendrot seines Lebens nichts anderes, als allein in einem Fluss zu stehen, mit Rute und Rolle in der Hand, umgeben von der Schönheit der natürlichen Welt.

KAPITEL 1

EIN GANZ EIGENER RHYTHMUS

Lieber ein eigenes Spiel erfinden

Die Wälder rund um Lewiston, Maine, waren 1938 von Wildheidelbeersträuchern und Geißblatt, Balsamtannen und Weißeichen bewachsen und von der Moderne weitgehend unberührt. Stachelschweine und Stinktiere suchten im Unterholz nach Nahrung. Bisamratten und Elche streiften durch den Wald. Wiesenmäuse und Waldmurmeltiere suchten bei den ersten Frösten ihre Winterquartiere auf. Biber zogen sich in ihre Baue zurück und rationierten die Lilien und die Rinde, die sie für den Winter gelagert hatten. Hier, in diesem unscheinbaren Winkel Nordamerikas, verlief das Leben in der Natur weitgehend so wie seit Tausenden von Jahren, und Pflanzen und Tiere konnten sich größtenteils ungestört entfalten. Auf der ganzen Welt, von den Andengipfeln Südamerikas bis zu den wilden Flüssen Osteuropas, war es im Großen und Ganzen dasselbe. Zu dieser Zeit lebten rund 2,3 Milliarden Menschen auf der Erde, nicht einmal ein Drittel der fast 8 Milliarden Menschen, die heute die Ressourcen des Planeten belasten. Zweifellos hat sich die Welt seitdem in rasantem Tempo verändert. Die industrielle Revolution hatte eine Welle technologischer Innovationen angestoßen, die Weltbevölkerung stieg unaufhörlich, und der Zweite Weltkrieg war bereits am Horizont erkennbar. Doch für einen flüchtigen Moment, noch vor der Mitte des 20. Jahrhunderts, waren die globalen Durchschnittstemperaturen seit dem Ende der letzten Eiszeit nahezu unverändert. Die rasche Erwärmung durch das unaufhörliche Verbrennen von Kohle, Öl und Gas hatte noch nicht eingesetzt. Die Ozeane hatten sich noch nicht dramatisch aufgeheizt, Korallen bleichten noch nicht aus, und die Wanderungen von Walen und ihrer Beute folgten noch vertrauten Mustern. Tausende heute ausgestorbener Arten – von der Goldkröte bis zum Javatiger – lebten noch.

Das massenhafte Insektensterben, durch das uns eine Zukunft ohne Bestäuber droht, hatte noch nicht begonnen. Mikroplastik war weder in unseren Seen und Wolken noch in unseren Körpern allgegenwärtig. Der Meeresspiegel blieb stabil, da das unaufhaltsame Schmelzen der Gletscher noch ausstand. Dürrebedingte Flächenbrände färbten den Himmel nicht orange und erstickten keine Städte unter ätzendem Rauch. Obwohl weniger als ein Jahrhundert vergangen ist – ein Wimpernschlag in der langen Geschichte unseres Planeten – war es in vielerlei Hinsicht eine andere Welt. Es war eine grünere, stillere Welt, in die Yvon Chouinard hineingeboren wurde.

Chouinards Großvater väterlicherseits, Jacques, war Farmer und ein Nachfahre kanadischer Pelztierjäger. Zu Beginn des 20. Jahrhunderts zogen Jacques und seine Frau Celanire auf der Suche nach einem besseren Leben mit ihrer Familie von Tingwick in Quebec nach Lisbon im US-Bundesstaat Maine. Sie brachten ein paar Habseligkeiten und elf Kinder mit, darunter Gerard Lorenzo Chouinard. Gerard hatte gerade einmal drei Jahre Schule hinter sich, als er auf dem Bauernhof der Familie bei der Feldarbeit eingesetzt wurde.

Die Chouinards hatten wenig Mühe, sich zurechtzufinden. Eine aufgeschlossene Gemeinschaft französischsprachiger kanadischer Einwanderer hieß sie willkommen, und Arbeit war leicht zu finden. Es dauerte nicht lange, bis die Jungen Jobs beim Hauptarbeitgeber von Lisbon, der Worumbo Woolen Mill, annahmen. Die Familie zog in ein geräumiges Haus, das von einem kleinen Bauernhof umgeben war, mit einem Gemüsegarten, einem Hühnerstall, ein paar Kühen, einer Handvoll Schweinen und einer Scheune, die mit Getreide und Heu gefüllt war. Jacques war ein Quell praktischer Weisheit und brachte seinen Kindern, darunter auch Gerard, bei, wie man eine Kuh melkt, eine Sense schärft und die Ställe einer Scheune säubert. Als Gerard heranwuchs, lernte er, die Webstühle in der Stadt zu reparieren. Als Teenager konnte er auch so gut wie alles andere instand setzen. Er arbeitete als Klempner, Handwerker und Zimmermann, entwickelte ein intuitives Gespür für Technik und lernte, wie man Rohre von Verstopfungen befreit, Ventilatoren repariert und Öfen auch im tiefsten Winter warmhält. Es war diese Art praktischen Wissens, das Gerard schließlich an seinen jüngsten Sohn weitergeben sollte.

Als Gerard 23 Jahre alt war, heiratete er in der einzigen katholischen Kirche von Lisbon, St. Anne's, eine junge Frau namens Yvonne Lizotte. Bald darauf bekamen sie ihr erstes Kind, Gerard, der später Jeff genannt wurde. Vier Jahre später folgte eine Tochter, Rachael, und zwei Jahre später eine weitere Tochter, Doris. Am 9. November 1938 reiste Yvonne dann in das nahe gelegene Lewiston, um dort einen weiteren Sohn zur Welt zu bringen. Der Junge kam ohne Namen aus dem Krankenhaus nach Hause. Es war Jeff, der vorschlug, ihn Yvon zu nennen. Er erklärte, dass der beste Ringer Kanadas zu dieser Zeit Yvon Robert hieß, und verwies auf ein Sportmagazin mit »dem französisch-kanadischen Löwen«, um seinen Standpunkt zu bekräftigen. Die Familie ließ sich überzeugen, und der Junge erhielt den Namen Yvon Vincent Chouinard.

Noch bevor Chouinard laufen konnte, lernte er zu klettern. Ein Priester, der im Obergeschoss des Hauses wohnte, das seine Eltern gemietet hatten, belohnte ihn jedes Mal mit einem Löffel Honig, wenn er die Stufen hinaufkroch, und das Kleinkind kletterte immer wieder diesen hölzernen »Berg« hinauf. Sobald Chouinard laufen konnte, wagte er sich nach draußen. Er durchstreifte den Wald, lief auf dem lehmigen Boden umher und erkundete die Flussufer, lauschte den Tieren und lernte, die Blätter der Bäume zu erkennen, das Wetter zu verstehen und den nahenden Regen zu riechen. Jeff brachte ihm das Angeln bei, und Chouinard fand Freude daran, kleine Bachforellen aus den schmalen Bächen in der Nähe des Hauses zu ziehen, bis er schließlich dazu überging, Zander aus dem nahe gelegenen Androscoggin River zu ziehen. Es war eine Kindheit ohne Technologie, die Chouinard eine tief verwurzelte Liebe zur Natur mit auf den Weg gab. Ohne die Entwicklungen des 20. Jahrhunderts in vollem Umfang zu begreifen, träumte er davon, in die Fußstapfen der französisch-kanadischen Vorfahren zu treten und Pelztierjäger zu werden.

Die Familie hatte nicht viel Geld, und Chouinard musste lernen, sparsam und zäh zu sein. Während des Zweiten Weltkriegs trat Chouinards Bruder Jeff der Marine bei und wurde auf einen Stützpunkt in San Diego geschickt. Zu Hause in Maine musste das Essen rationiert werden, und die Familie hatte selbst zu Grundnahrungsmitteln wie Zucker, Rind- und Schweinefleisch keinen Zugang mehr. Stattdessen ernährten sie sich hauptsächlich von der Familienfarm. Als der Proteinmangel zu groß wurde, schlachteten sie ein Pferd. Eine von Chouinards prägendsten Erinnerungen ist, wie sein Vater sich selbst zahnärztlich behandelte, um Geld zu sparen. Gerard saß neben dem Holzofen in der Küche, nahm einen Schluck aus einer Flasche Whiskey, holte seine Elektrikerzange hervor und zog sich einige seiner eigenen Zähne.

Yvonne wollte schon immer aus Lisbon weg. Sie bestellte bei der Handelskammer Informationsbroschüren über andere Bundesstaaten, sammelte Prospekte, in denen die Vorzüge der sonnigen Städte in Arizona angepriesen wurden, und bewahrte alles in einem Schuhkarton unter ihrem Bett auf. Im Januar 1946 fasste sie schließlich den Entschluss, zu handeln, als Jeff der Familie eine Kiste mit frischen Orangen aus Kalifornien schickte. Auf den saftigen Früchten lag eine Notiz, in der Jeff seine Familie ermutigte, in den Westen zu ziehen. Im März entschied Yvonne, dass sie genau das tun würden. Sie war die langen Winter in Maine leid, war überzeugt, dass das warme, trockene Klima besser für Gerards zunehmend problematisches Asthma sein würde, und wollte nicht, dass ihre Kinder Zeit ihres Lebens in der Fabrik arbeiten würden. Auf Yvonnes Drängen hin verkaufte die Familie den Großteil ihres Besitzes, darunter auch Möbel, die Gerard selbst angefertigt hatte, und packte so viele Lebensmittel wie möglich ein. Dann quetschten sie sich in ihren Chrysler und machten sich mit 5000 Dollar in einem Schraubglas und den auf dem Autodach festgezurrten Matratzen auf den Weg zum Pazifischen Ozean.

In den folgenden Wochen fuhr die Familie durch die industriellen Ballungszentren des Ostens, überquerte den Mississippi, durchquerte die Great Plains und gelangte schließlich in den weiten amerikanischen Westen. Obwohl sie nicht viel besaßen, lernte der damals noch nicht einmal zehnjährige Chouinard unterwegs etwas über Nächstenliebe. Als sie auf der Route 66 im Südwesten fuhren, kamen sie an einer Gruppe verarmter Hopi-Kinder am Straßenrand vorbei. Yvonne bat Gerard anzuhalten, und Chouinard sah zu, wie seine Mutter die mitgebrachten Maisvorräte verschenkte. Materielle Besitztümer waren für seine Eltern nie von großer Bedeutung, und auch für Chouinard sollten sie nie eine große Rolle spielen.

Die Familie erreichte schließlich Burbank, Kalifornien, und Chouinard besuchte bereits am nächsten Tag die örtliche Schule. Doch es gab sofort ein Problem: Aufgewachsen unter den Québecois im ländlichen Maine, sprach er kein Englisch. Die Sprachbarriere, gepaart mit der Tatsache, dass er der kleinste Schüler in seiner Klasse war, ließ ihn von Anfang an zum Außenseiter werden. Für Chouinard war es eine traumatische Erfahrung. Nach nur wenigen Tagen lief er davon und verschwand in den Wäldern von Greater Los Angeles. Lange blieb er nicht weg, doch sein Schicksal war besiegelt: Chouinard blieb ein Außenseiter.

Seine Eltern schickten ihn daraufhin auf eine kirchliche Schule, wo er mehr Hilfe beim Englischlernen bekam, aber seine schulischen Leistungen verbesserten sich nicht. In seinem ersten Jahr bekam er nur schlechte Noten. Außerhalb des Klassenzimmers blühte Chouinard jedoch auf. Er fuhr kilometerweit mit dem Fahrrad, schlich sich auf private Golfplätze und saß unter den Weidenbäumen am Ufer des Toluca Lake, wo er mit selbstgeschnitzten Holzködern Barsche fing. Mit den Jahren erweiterte er seine Streifzüge, erkundete den Griffith Park und den Los Angeles River, fing Krebse und jagte gelegentlich mit Pfeil und Bogen Wildkaninchen. Auf der Suche nach einem Badesee in der Stadt ging er manchmal in einen Teich, der aus möglicherweise giftigen Abwässern der Filmlabore der Walt Disney Corporation entstanden war. Obwohl er seine Abneigung gegen die Schule beibehielt, verbesserte sich sein Englisch und er entwickelte eine Vorliebe für Bücher. Noch immer träumte er davon, Pelzhändler zu werden, und durchforstete die örtlichen Bibliotheken nach allen Büchern über das Fallenstellen, die er finden konnte.

In den frühen 1950er-Jahren wurde es immer schwieriger, den bedrohlichen Entwicklungen der modernen Welt zu entkommen. Los Angeles breitete sich um ihn herum aus, und neue Schnellstraßen erstreckten sich wie Tentakel aus Beton über die Hügellandschaft. In der Schule lernte Chouinard, sich unter seinem Schreibpult wegzuducken, für den Fall, dass der Kalte Krieg heiß werden und eine Nuklearbombe in Südkalifornien explodieren sollte. Manchmal, nachts, wenn der Wind drehte und er das Dröhnen der Flugzeuge vom Flughafen Burbank hören konnte, kauerte er sich in seinem Zimmer zusammen, in der Angst, der Dritte Weltkrieg könne begonnen haben. Trotz allem war es die Natur – nicht die Technik –, die ihn in ihrem Bann hielt.

1951 tauchte Chouinard an der felsigen Küste bei La Jolla zum ersten Mal mit einer Taucherbrille unter Wasser. Er war sofort begeistert und begann, nach Hummern und Abalone zu tauchen. Um seine Ausdauer zu verbessern, übte Chouinard während des Mathematikunterrichts das Luftanhalten. Da es damals noch keine Neoprenanzüge gab, trug er einen alten Fliegeranzug aus Wolle, den er in einem Armee-Outlet gekauft hatte, um sich im Wasser warm zu halten. Um seinen Auftrieb zu verringern, bastelte er sich einen provisorischen Bleigurt aus einer alten Munitionstasche, die er mit aus Autobatterien geschmolzenen Bleikugeln füllte.

So geschickt Chouinard in der Wildnis auch war, blieb er im gesellschaftlichen Umgang unsicher, selbst als er die Highschool begann. Er hatte Akne, war nicht besonders groß und interessierte sich nicht für die Schule. Seine Zeit verbrachte er lieber draußen oder er las Bücher über die Natur – oder, besser noch, er las draußen in der Natur Bücher über die Natur. Er konnte nicht tanzen und hatte Angst vor Mädchen. Am Abend seines Highschool-Abschlussballs schwänzte er und verbrachte den Abend damit, durch den Los Angeles River zu waten und Frösche zu fangen.

Obwohl Chouinard nicht zu den typischen Sportlern gehörte, war er ein begabter Athlet. Beim Baseball- und Basketball-Training zählte er zu den besten Spielern auf dem Feld. Doch sobald er vor Publikum stand, versagte er. Gelähmt von dem Druck, abliefern zu müssen, brachte er keinen Spielzug zustande. Es dauerte nicht lange, bis er Mannschaftssportarten gänzlich aufgab. »Ich hasste den direkten Wettbewerb«, erklärte er später.[1] Schon in jungen Jahren begann er, seine Stärken und Schwächen zu erkennen. Es war offensichtlich, dass er sich nicht anpassen würde. Doch das bedeutete nicht, dass er keinen Erfolg haben konnte – nur eben zu seinen eigenen Bedingungen. »Anstatt mich dazu zu zwingen, Basketballspieler zu werden, erfinde ich lieber mein eigenes Spiel«, sagte er. »Dann kann ich immer gewinnen. Wer die Regeln aufstellt, hat den Sieg in der Hand.«

Zum Glück kam niemand ums Leben

Auch wenn Mannschaftssportarten nichts für ihn waren, fand Chouinard die richtige Mischung aus Kameradschaft und Sportlichkeit, als er die Falknerei, die alte Kunst der Greifvogelhaltung, für sich entdeckte. Am 2. Mai 1953 nahm Chouinard an der Gründungsversammlung des Southern California Falconry Clubs teil und schloss sich einer Gruppe von Gleichgesinnten an, die sich für diese exotische Aktivität interessierten. Die Gruppe begann, die Hügel außerhalb von Los Angeles nach Nestern zu durchsuchen. Um einige der unzugänglichen Horste zu erreichen, lernte Chouinard, steile Wände hinunterzuklettern, sich an Felsen festzuhalten und sich mit den Zehen auf nur wenige Zentimeter breiten Vorsprüngen zu halten. Als er sich in noch abgelegenere Gebiete vorwagte, begann er, sich beim Klettern mit einem Seil zu sichern. Mit einem dicken Gurt, den er von der örtlichen Telefongesellschaft entwendet hatte, befestigte er das Seil an einem felsigen Vorsprung oben an einer Wand und ließ sich dann Stück für Stück hinunter. Wenn Chouinard Vögel fing, zähmte er sie, indem er die Falken immer wieder auf sein Handgelenk setzte, bis sie einschliefen. Dann trainierte er sie, zu jagen und zu ihm zurückzukehren. Chouinard hatte bereits sein Vertrauen in die Natur gesetzt; nun brachte er die Natur dazu, ihr Vertrauen in ihn zu setzen.

Im Laufe der Zeit übernahmen die Mitglieder des Clubs die Aufgabe, Falken für die Regierung zu markieren. Diese hatte begonnen, die Vogelpopulationen in der Region zu überwachen, da der Lebensraum der Vögel durch die Ausbreitung der Vororte zunehmend beeinträchtigt wurde. Tom Cade, ein Biologiestudent an der University of California in Los Angeles, der später dazu beitrug, den Wanderfalken – das schnellste Tier der Welt – vor dem Aussterben zu bewahren, ging noch einen Schritt weiter und begann, Falken in Gefangenschaft zu züchten. Als Freiwillige für die heikle und gefährliche Aufgabe gesucht wurden, die Eier in die Wildnis zurückzubringen, meldete sich Chouinard bereitwillig.

Von da an war der Weg zum Klettersport vorgezeichnet. Einer der Älteren im Club, Don Prentice, brachte Chouinard das Abseilen bei. Chouinard wickelte das Seil um seine Taille und über seine Schulter und lernte, wie der Abstieg sich mühelos meistern ließ, indem man sich mit den Beinen abdrückt und beim Fallen Seil nachgibt, um sich dann wieder an der Wand abzustützen. Er liebte das Gefühl, an einem Seil zu baumeln und sich immer wieder von einer Felswand abzustoßen – wie eine Slinky-Feder, die eine Treppe hinunterpurzelt.

Chouinard und die anderen stellten bald ihre eigene Abseilausrüstung her, die an neuralgischen Stellen mit Lederpolstern versehen war, sodass sie immer schneller die Wände hinuntergleiten konnten. Einmal wäre Chouinard fast ums Leben gekommen, als sich seine Seile um seinen Hals schlangen. Aber dieser Warnschuss schreckte ihn nicht ab, und er suchte weiter nach größerem Nervenkitzel. Zusammen mit anderen Mitgliedern des Falknervereins sprang er auf Güterzüge, die durch Burbank fuhren, und sprang in Chatsworth, am anderen Ende des San Fernando Valley, wieder ab. Dort, auf 30 Meter hohen Klippen, begann Chouinard, die Grenzen des Abseilens auszuloten. Anstatt sich in 20 Sprüngen von einer Klippe abzuseilen, versuchte er, mit möglichst wenigen Sprüngen hinab zu gelangen, indem er sich von der Wand abstieß und 15 Meter in die Tiefe fiel, bevor er zum Stillstand kam. Chouinard lotete seine körperlichen Grenzen aus – um herauszufinden, wie weit er gehen konnte. »Zum Glück kam niemand ums Leben«, räumte er später ein.[2]

Eines Tages im Jahr 1954 fuhren Chouinard und Cade nach Lompoc, um nach Nestern zu suchen. Allein in den heißen, trockenen Hügeln stießen sie auf eine Handvoll hauchdünner Eier, die weit vor Ende der Brutzeit in sich zusammengefallen waren. Dies war ein frühes Anzeichen dafür, dass DDT, das damals weit verbreitete giftige Insektizid, die Wanderfalkenpopulation dezimierte. Nach dieser Entdeckung unterstützte der Falknerverein die Kampagne für die ersten kalifornischen Vorschriften zum Schutz der Vögel. Das Gesetz wurde verabschiedet, und in den folgenden Jahren begann sich die Population zu erholen. Obwohl er nur eine untergeordnete Rolle in der Kampagne spielte, war dies Chouinards erster Kontakt mit politischer Arbeit und Aktivismus, und das zeigte ihm, dass selbst kleine Maßnahmen eine große Wirkung haben können.

Nachdem er so viel Zeit damit verbracht hatte, sich an Wänden abzuseilen, begann Chouinard sich zu fragen, wie es wohl wäre, auch einmal den umgekehrten Weg zu nehmen. Mitte der 1950er-Jahre steckte das Sportklettern noch in den Kinderschuhen, aber Chouinards Interesse war geweckt. Zusammen mit einigen anderen Clubmitgliedern begann er, die Tehachapi Mountains zu erkunden, eine Bergkette, die die Grenze zwischen dem San Joaquin Valley und der Mojave-Wüste bildet. Die Klippen machten zwar Spaß, aber Chouinard und seinen Freunden wurden sie schnell langweilig, und sie suchten nach höheren Gipfeln, die sie erklimmen konnten. Um dort hinzugelangen, brauchte Chouinard jedoch ein Auto.

In dieser Hinsicht hatte er Glück. Chouinard wuchs in einer Zeit auf, in der es für junge Männer nicht ungewöhnlich war, das Reparieren von Autos zu lernen. Mechanik war das einzige Fach, das er in der Highschool ernst nahm, und mit 16 hatte er genug Geld zusammen, um sich einen defekten zweitürigen Ford Model A von 1929 zu kaufen, den er nach und nach reparierte. Er flickte die gerissene Benzinleitung, indem er Schnürsenkel mit Seife bestrich und um den Schlauch wickelte. Wenn er eine Reifenpanne hatte, stopfte er den Reifen mit Heu und fuhr weiter. Der Ford hatte eine Höchstgeschwindigkeit von knapp 60 Kilometern pro Stunde, aber er war sparsamer als ein neuer Cadillac. Er war so unkompliziert, dass man ihn mit Klebeband und Kaugummi reparieren konnte, sagte Chouinard gern. Mit anderen Worten: Er war perfekt.

Mit seinem eigenen Auto machte sich Chouinard im Sommer auf zu einem Roadtrip. Weder hatte er viel Erfahrung im Autofahren, noch darin, ein eigenverantwortliches Leben zu führen. Doch obwohl er noch minderjährig war, ließen ihn seine Eltern gewähren. In den Jahren nach dem Zweiten Weltkrieg war der Westen noch dünn besiedelt, es gab nur endlose Straßen und herumwirbelnde Steppenläufer. Hasen rannten neben seinem Auto her. Insektenschwärme prallten gegen seine Windschutzscheibe. Aber der Ford war zuverlässig und brachte ihn ans Ziel. In der Mojave-Wüste fuhr er an neuen Buicks vorbei, die am Straßenrand mit offenem Motorraum standen und aus deren Kühler Dampf zischte. Nach einer Woche kam er in der Wind River Range an, einem Gebirgszug in Wyoming, wo er sich mit Prentice traf. Sein Freund aus dem Falknereiclub hatte ihm das Abseilen von Klippen gezeigt und wollte nun ihm und ein paar anderen Neulingen das Klettern beibringen.

Chouinard war bis zu diesem Zeitpunkt noch nie ernsthaft geklettert. Nun starrte er den Gannett Peak hinauf: der höchste Berg in Wyoming, ein fast 4270 Meter hoher, uralter Granitfelsen. Chouinard war überwältigt. Während sich die Gruppe auf den Aufstieg vorbereitete, gab Prentice eine kurze Einweisung in die Grundlagen des Kletterns, einschließlich der Verwendung von Karabinern. Für die meisten in der Gruppe, einschließlich Chouinard, war das alles neu, und man einigte sich darauf, den Schluchten zu folgen und eine relativ sichere Route zu nehmen. Aber Chouinard hatte keine Geduld für den scheinbar einfachen Weg nach oben und brach alleine auf. Mit Arbeitsstiefeln von »Sears, Roebuck« und seinem eigenen Seil erreichte Chouinard bei seinem ersten Versuch allein den Gipfel des Gannett Peak – eine bemerkenswerte Leistung für einen Anfänger. Als er den Gipfel erreichte, zogen Gewitter auf, und er sprintete über die Schneefelder hinunter, um dem Unwetter zu entkommen.

Von der Wind River Range fuhr Chouinard zu den Tetons – einer majestätischen Bergkette, die sich durch den Norden von Wyoming zieht. Er tauchte unangemeldet auf Campingplätzen auf und überredete erfahrenere Bergsteiger, ihn auf immer anspruchsvollere Touren mitzunehmen. Er lernte schnell und schloss sich bald einigen der besten Kletterer seiner Zeit an, darunter TM Herbert, Royal Robbins und Tom Frost. Sie schafften weitere Erstbesteigungen in den Tetons. Sie erklommen den Stoney Point und die Tahquitz Rocks, eine Wasserfalllandschaft in der Nähe von Palm Springs. Und sie wagten sich in das Yosemite Valley in Kalifornien vor, wo sich einige der größten Granitwände der Welt befinden.

Da er kaum Geld hatte, lernte Chouinard, mit fast nichts auszukommen. Er verzichtete auf ein Zelt und schlief stattdessen in einem Schlafsack unter freiem Himmel. Wenn es regnete, verkroch er sich unter einem Felsvorsprung oder suchte Schutz in einem dichten Waldstück. Bei mehrtägigen Klettertouren befestigte er seine Hängematte an einer Felswand und schlief tief und fest in einem Leinensack, der Hunderte von Metern über dem Erdboden hing. Bei schlechtem Wetter benutzte er einen alten Duschvorhang als improvisiertes Zelt. Mehrere Sommer lang schlug er sein Lager in den Tetons in einer verlassenen Müllverbrennungsanlage am Ufer des Jenny Lake auf, einer stillgelegten Anlage des Civilian Conservation Corps, einem Programm des New Deal, das arbeitslose Amerikaner zur Erhaltung von Grundstücken im Besitz der Regierung einsetzte. Während ihrer Klettertouren in Kanada warteten Chouinard und seine Mitstreiter, bis die anderen Kletterer aufgebrochen waren, und durchsuchten dann deren Lager nach Essbarem.

In der Wildnis ernährte sich Chouinard von selbst erlegten Stachelschweinen, Moorhühnern und Eichhörnchen. Um sein karges Essen aufzubessern, begann er zu angeln und knüpfte dabei an sein Hobby aus Kindertagen an. Oft kam er mit 50 Cent bis 1 Dollar pro Tag aus und aß kaum mehr als Kartoffeln oder Haferflocken. Einmal kauften er und sein Freund Ken Weeks auf dem Weg in die Rocky Mountains eine Kiste verbeulter Dosen mit Katzenfutter für fünf Cent pro Stück und aßen es über den Sommer hinweg auf. Ein anderes Mal verschwand er für einen Monat nach Mexiko, wo er sich von tropischen Früchten und Fisch ernährte, Skorpione verscheuchte und sein Surfbrett mit Votivkerzen aus der nahe gelegenen Kirche wachste. »Ich war ein Dirtbag-Kletterer«, sagte er. »Ich hatte überhaupt kein Geld, aß Katzenfutter und Erdhörnchen, und ich schlich mich in Gärten, um Obst zu stehlen.«[3]

Chouinard lebte am Rande der Gesellschaft und liebte es. Er nahm das Leben eines Dirtbags an und genoss es, dass die für ihn erfüllendste Tätigkeit – das Klettern an Granitwänden – keinen sozialen oder wirtschaftlichen Wert hatte. Klettern war für ihn ein Akt der Rebellion gegen ein konventionelles Leben und die Gesellschaft im Allgemeinen. Während andere junge Erwachsene zur Arbeit gingen, beschloss Chouinard, dass er seine Zeit besser in den Wäldern verbringen würde.

Doch selbst als er zu einer festen Größe in den Kreisen hartgesottener Kletterer wurde, blieb Chouinard eine zurückhaltende Persönlichkeit. Mit einer Größe von nur 1,63 Metern hatte er nichts von der imposanten Statur eines Spitzensportlers. Es war nicht einfach, Kontakt mit ihm zu schließen, und er wirkte oft ernst oder mürrisch. Statt sich unter Menschen zu mischen, zog er sich lieber mit seinen Büchern zurück. Chouinard legte sich eine kleine Bibliothek mit Werken von Transzendentalisten und Umweltschützern wie John Muir, Ralph Waldo Emerson und Henry David Thoreau an. Er las viel und machte sich mit den Werken des französischen Alpinisten Gaston Rébuffat und des österreichischen Kletterers Hermann Buhl vertraut. Und obwohl er nicht religiös war, fand er in diesem selbst zusammengestellten Lehrplan eine Art einheitliche Weltanschauung: Die Natur sollte verehrt werden. Konventionelles Wissen sollte ignoriert werden. Der modernen Welt sollte man nicht trauen.

Über allem stand für ihn das Klettern. Er erklomm namhafte Gipfel und namenlose Hügel, bei gutem Wetter wie bei schlechtem. Während eines Sommers in den Tetons hatte er seine erste ernsthafte Begegnung mit dem Tod. Es geschah, als er und sein Freund Bob Kamps als Erste versuchten, eine Formation namens Crooked Thumb zu bezwingen. Chouinard war erschöpft. An einer Stelle gestaltete sich der Aufstieg besonders schwierig, aber er beschloss, es trotzdem zu versuchen. Er griff nach einem lose sitzenden Felsstück, das unter seinen Fingerspitzen nachgab. Im nächsten Moment stürzte er 50 Meter in die Tiefe. Das Seil fing ihn auf und dämpfte den Aufprall, aber er zog sich eine Schnittwunde am Bein zu, die bis auf den Knochen ging. Es wurde langsam dunkel, und die beiden Freunde mussten sich aus der Wand abseilen und durch den Wald hinunterklettern, während Chouinards Bein blutete. Am nächsten Tag ging er zum Arzt, der eine Stunde lang Kiefernnadeln, Blätter und Schmutz aus seiner Wunde entfernte.

Einen Monat lang musste Chouinard pausieren. Mehr als die körperlichen Verletzungen quälte ihn seine Fehleinschätzung. Nicht allein die Verletzung machte ihm zu schaffen. Er hatte eine falsche Entscheidung getroffen und wäre beinahe ums Leben gekommen. In den Jahren danach kam Chouinard immer wieder in ähnliche Situationen beim Klettern, und jedes Mal, wenn er kleine Griffe oder Überhänge vorfand, wurde die Erinnerung an den Sturz wach. Seine Beine zitterten und seine Hände verkrampften sich. Aber er konnte sich nicht vom Klettern lösen. Trotz der zerschundenen Fingerspitzen, der schmerzenden Muskeln und der überlasteten Gelenke wollte er das transzendente Erlebnis, an der Wand zu sein, nicht missen. Auch wenn es gut drei Jahre dauerte, bis er sein Selbstvertrauen vollständig zurückgewonnen hatte, wagte er sich schon bald wieder ans Klettern, diesmal sogar in noch gewagteren Höhen. Im Klettern hatte Chouinard nicht nur ein Hobby gefunden, sondern eine Identität. Es war mehr als ein Sport, es war ein Enigma, eine verschworene Gemeinschaft und eine unsagbare körperliche Herausforderung. Es war eine Lebensweise, die schließlich zu seiner Lebensgrundlage werden sollte.

Seine Ausrüstung setzte Maßstäbe

Nach seinem Highschool-Abschluss nahm Chouinard fast jeden Job an, um Geld zu verdienen. Er presste Heu, verdiente ein paar Dollar als Bergführer und half manchmal seinem Bruder Jeff, der als Chef der Leibwache des exzentrischen Luftfahrtingenieurs und Filmproduzenten Howard Hughes arbeitete. Wenn Jeff zusätzliche Manpower brauchte, sprang Chouinard ein. Manchmal bedeutete das, Hughes' verschiedenen Liebschaften zu beschatten. Eine Zeit lang hatte Chouinard die Aufgabe, eine leere Yacht zu bewachen, die Hughes kaufen wollte. Hughes war ein notorischer Hygienefanatiker und wollte sicherstellen, dass niemand das Boot betrat, bevor er es in Besitz nahm. Also verbrachte Chouinard wochenlang 16 Stunden am Tag dort und schlief meist in seinem Auto. Zwischen seinen Gelegenheitsjobs versuchte Chouinard sich an einer Hochschulausbildung und belegte einige Jahre lang Geografiekurse an einem Junior College im San Fernando Valley, schloss diese jedoch nie ab. Das waren kaum die Voraussetzungen für eine echte Karriere.

Seine Berufung, so stellte sich heraus, lag wortwörtlich in seinen Händen. Mit zunehmender Klettererfahrung begann Chouinard sogenannte Pitons zu verwenden – Metallhaken, die in Spalten einer Wand geschlagen werden, um daran ein Seil zu sichern. Pitons, im Deutschen oft auch Felshaken genannt, sind denkbar einfache Kletterhilfen: Sie bestehen aus einer messerähnlichen Klinge, die zu einer Spitze zuläuft, und einem Ring am anderen Ende. Kletterer schlagen die Pitons mit einem Hammer in Felsspalten, befestigen daran einen Karabiner, sichern das Seil und wiederholen diesen Vorgang, um Stück für Stück immer höhere Wände zu erklimmen. Doch als Chouinard und seine Partner größere Herausforderungen in Angriff nahmen, stießen sie an die Grenzen ihrer Ausrüstung. Zunächst war da das Problem des Gewichts. Für einen mehrtägigen Aufstieg an den massiven Felswänden des Yosemite-Tals benötigte man Dutzende Pitons – eine erhebliche Last, die die ohnehin anstrengenden Touren zusätzlich erschwerte. Kleinere und leichtere Modelle wären ideal, wenn sie verfügbar gewesen wären. Ein weiteres Problem war die Haltbarkeit. Die meisten damals erhältlichen Pitons wurden aus relativ weichen Metallen in Europa hergestellt. Nach wenigen Schlägen in die harten Granitwände Yosemites verbogen sie sich und konnten nicht wiederverwendet werden. Schließlich entschied Chouinard, dass er seine Ausrüstung selbst herstellen musste. Zum einen gab ihm das Kontrolle über das nötige Zubehör, auf das er sich verlassen musste, um sicher zu klettern. Zum anderen sah er die Möglichkeit, damit auch etwas Geld zu verdienen.

Im Jahr 1957, als er noch bei seinen Eltern in Burbank lebte, erwarb Chouinard von einem Schrottplatz einen gebrauchten, 62 Kilogramm schweren Amboss und einen kohlebefeuerten Schmiedeofen. Zu Hause besorgte er das nötige Werkzeug und baute mit Hilfe seines Vaters einen Hühnerstall im Hinterhof zu einer Werkstatt um. »So verrückt es auch schien, seine Eltern haben ihn von Anfang an unterstützt«, erinnert sich Karen Frishman, eine langjährige Freundin der Familie. »Sie verstanden nicht, was er tat, aber sie haben ihm nie das Gefühl gegeben, dass sie sich wünschten, er würde es nicht tun.«[4]

Chouinard kannte sich durch die Zeit, in der er seinen alten Ford repariert hatte, mit Werkzeugen gut aus. Stahl hatte er jedoch noch nie bearbeitet. Also wandte er sich wieder den Büchern zu. Genau wie damals, als er sich über die Falknerei informiert hatte, ging er in die Bibliothek und lieh sich ein Buch über

Schmiedekunst aus. Es dauerte nicht lange, bis Chouinard seine ersten Pitons herstellte. Er heizte den Schmiedeofen auf 200 Grad Celsius und erhitzte darin Stahlsplitter, bis sie wie geschmolzene Lava glühten. Sobald sie nicht mehr heißer werden konnten, holte er sie mit einer Zange aus dem Feuer, legte sie auf den Amboss und hämmerte sie in die gewünschte Form. Bei der Beschaffung der Rohstoffe improvisierte er – seine ersten Pitons fertigte er aus einer alten Stahlklinge, die er aus einer Erntemaschine geborgen hatte. Es war eine Innovation, die aus der Not geboren war, und es sollte nicht das letzte Mal sein, dass Chouinard einen Gegenstand wiederverwendete. Während seiner gesamten Karriere war er ständig auf der Suche nach ungewöhnlichen Materialien, die sich für einen neuen Zweck eignen könnten.

Chouinard konnte beim Erlernen dieses neuen Handwerks auf gute Ratschläge zurückgreifen. Einige andere Kletterer aus der Gegend stellten ihre Ausrüstung ebenfalls selbst her, darunter John Salathé, ein esoterischer Schweizer Kletterer, der Wände erklomm, um Gott näherzukommen. Salathé hatte mehr oder weniger den wiederverwendbaren Felshaken erfunden und gab einen Teil seines Wissens an Chouinard weiter, der sich als gelehriger Schüler erwies. Nachdem er sich mit dem Amboss vertraut gemacht hatte, konnte Chouinard zwei Pitons pro Stunde herstellen. Und nachdem er seine Ausrüstung bei seinen eigenen Klettertouren an kalifornischen Klippen getestet hatte, begann er, die Haken für 1,50 Dollar pro Stück zu verkaufen. Das war deutlich mehr als die importierten europäischen Haken, die 15 bis 30 Cent pro Stück kosteten und aus Eisen, einem weicheren Metall, hergestellt waren. Aber Chouinard folgte einer Tugend, die er von seinem Vater übernommen hatte: »Er hat mir beigebracht, dass man, wenn man ein Werkzeug kauft, das absolut beste Werkzeug kaufen und es ein Leben lang behalten sollte«, sagte Chouinard. »Das ist viel besser, als ein billiges Werkzeug zu kaufen, das schnell kaputtgeht, und dann ein neues zu kaufen, das auch schnell kaputtgeht.«[5]

Chouinard überzeugte seine Kletterkollegen davon, dass seine Ausrüstung den Mehrpreis wert sei, und gewann schnell einige Anhänger. Seine Haken waren robuster, sodass sie ohne Verformung entfernt werden konnten. Und da ein Haken viele Male wiederverwendet werden konnte, war eine Anschaffung wirtschaftlich sinnvoll. Außerdem war es bei längeren Klettertouren nicht praktikabel, Dutzende von Haken mitzuschleppen. Die Kletterer erkannten, dass es besser war, nur eine Handvoll Haken mitzunehmen, die man immer wieder verwenden konnte. Als sich seine Haken zu verkaufen begannen, lernte Chouinard eine wichtige Lektion, die seine gesamte Karriere prägen sollte: Wenn er das beste Produkt herstellte, waren die Verbraucher bereit, einen höheren Preis zu zahlen. Anfangs galt dies nur für eine sehr spezielle Zielgruppe: eine kleine Gruppe von Extremkletterern. Sie brauchten die beste Ausrüstung, denn ihr Leben hing davon ab. Doch auch als sich sein Markt von einer Nische zum Mainstream entwickelte, galt weiterhin dasselbe Prinzip: Die Herstellung hochwertiger Jacken, Pullover und Taschen war zwar teurer, aber Kunden, denen Funktionalität und Langlebigkeit wichtig waren, waren bereit, mehr zu bezahlen, wenn die Qualität stimmte.

Um seine Freizeit nicht der Arbeit unterzuordnen, nahm Chouinard die Hakenproduktion einfach mit auf Reisen. Amboss und Material lagen im Kofferraum, und gearbeitet wurde, wo immer es passte – am liebsten an irgendeinem Strand. Mitte der 1950er-Jahre entdeckte Chouinard das Surfen für sich. Wie die Falknerei, das Freitauchen und das Klettern war Surfen damals eine Nischensportart. Doch die Wellen hatten eine berauschende Wirkung, und Chouinard brachte sich das Wellenreiten bei, inklusive aller unvermeidlichen Stürze. Da neue Surfbretter kaum zu bekommen waren, musste er auch für diese Leidenschaft sein eigenes Equipment anfertigen. Also ging er zu General Veneer, ein Bodenbelagsgeschäft in Los Angeles, kaufte für ein paar Dollar ein paar Balsaholzplanken und schnitzte sich zu Hause ein eigenes Surfbrett. Mit dem Brett im Gepäck fuhr er die kalifornische Küste entlang, immer auf der Suche nach guten Wellen. Er schlief in Strandnähe und arbeitete jeden Tag für ein paar Stunden an seinen Werkzeugen. Seine Produktvorräte wuchsen stetig und er lagerte sie über Monate hinweg ein, um sie in der Klettersaison in den Bergen an andere Kletterer zu verkaufen.

Auch wenn Chouinard zunehmend ambitionierter wurde, war es schwer, bei einem Stückpreis für Pirons von 1,50 Dollar seinen Lebensunterhalt zu bestreiten. Glücklicherweise stieß er, als er mit neuem Kletterausrüstungszubehör herumexperimentierte, auf eine neue Marktlücke: Nach dem Felshaken kam der nächste Durchbruch, als Chouinard sich daran machte, einen leichteren Karabiner herzustellen – einen wiederverwendbaren Clip, der aus der Ausrüstung eines Kletterers nicht wegzudenken ist. Die Herstellung von

Karabinern war jedoch komplizierter als das Hämmern von Spikes auf dem Amboss. Um die Metallklammern zu gießen, benötigte er eine spezielle Maschine des Industrieunternehmens Alcoa. Mit Vollbart, Sandalen und abgewetzten Levi's ging er zum Firmensitz in Los Angeles und kaufte eine maßgefertigte Aluminium-Formpresse, die er mit 825, 35 Dollar bezahlte, die er sich von seinen Eltern geliehen hatte. Sein Bruder Jeff stand der Investition skeptisch gegenüber: »Ich dachte: ›Was für ein Geschäft ist denn eine Formpresse, um Himmels willen?‹«[6] Doch in Chouinards Händen erwies sich diese Formpresse als rentabel. Mit einer Standbohrmaschine und einer Schleifmaschine machte er sich daran, seine eigenen Karabiner herzustellen, einen nach dem anderen. Sie waren bei anderen Kletterern äußerst beliebt, und schon bald hatte Chouinard ein paar Freunde rekrutiert, die ihm bei der Produktion halfen, und die Karabiner verkauften sich fast schneller, als sie hergestellt werden konnten.

Wider Erwarten war Chouinard auf dem Weg, ein Geschäftsmann zu werden. Dabei hatte er keinerlei Interesse, eine Firma zu leiten. Hätte man ihn gefragt, er hätte sich als Schmied bezeichnet. Die Arbeit war auch nicht besonders lukrativ. Bei einer Gesamtgewinnmarge von nur 1 Prozent pro Jahr verdiente er kaum Geld. Doch Chouinard konnte nicht anders. Er brauchte die Felshaken und Karabiner. Er war ein erfahrener Kletterer, der wusste, wie man die vorhandene Ausrüstung verbessern konnte, und er war handwerklich geschickt genug, um diese Verbesserungen selbst umzusetzen. Es war zwar nur ein kleiner Betrieb, aber Chouinard beeindruckte die Leute. Obwohl es in den Vereinigten Staaten weniger als tausend ambitionierte Kletterer gab, machte Chouinard die meisten von ihnen zu seinen Kunden, einen nach dem anderen. »Chouinards Ausrüstung war einfach so viel besser«, sagte Royal Robbins, der damals beste Kletterer der Welt. »Seine Ausrüstung zeichnete sich durch ihre Innovativität und Qualität aus.«[7]

Je wagemutiger Chouinard als Bergsteiger wurde, desto innovativer wurde er als Designer. 1960 versuchte Chouinard zusammen mit seinem Kletterpartner Tom Frost den Kat Pinnacle, eine Felsformation im Yosemite-Nationalpark, zu besteigen. Als sie sich nach oben arbeiteten, stellten sie fest, dass die Risse in der Wand zu schmal waren, um herkömmliche Felshaken zu befestigen. Sie brauchten welche, die kleiner, schmaler und stabiler waren als alle, die es auf dem Markt gab. Selbst Chouinards beste Felshaken reichten nicht aus. Nach mehreren Versuchen brachen die beiden ihre Klettertour ab.

Schon bald kehrten sie mit einem winzigen Felshaken zurück, kaum größer als eine Briefmarke. Angefertigt hatten sie ihn, indem sie die Klinge einer elektrischen Bügelsäge nahmen, das Ende abbrachen und so die Seilschlinge durch das Loch der Klinge führen konnten. Sie schafften es fast bis nach oben, aber als Chouinard versuchte, diesen Miniaturhaken in einen Riss nahe des Gipfels zu hämmern, zerbrach er in Stücke, sodass sie den Aufstieg erneut abbrechen mussten. Der Misserfolg brachte eine weitere Erkenntnis: Dieser Piton konnte nicht aus herkömmlichem Stahl hergestellt werden, den Chouinard für die meisten Haken verwendete, sondern nur aus einer besonders widerstandsfähigen Legierung. Das veranlasste Chouinard und Frost, gemeinsam ein völlig neues Produkt zu entwickeln. Dieser einzigartige Felshaken war nur einen Zentimeter lang, bestand aus Chrom-Nickel-Stahl und war so breit wie eine Rasierklinge. Sie nannten ihn »Realized Ultimate Reality Piton« (RURP) und brachten ihn auf den Markt.

Die RURPs verkauften sich reißend, und so kam es, dass Chouinard sich ganz nebenbei mit Materialkosten, Gewinnmargen und Lagerbeständen befasste. Außerdem fand er in Frost einen neuen Geschäftspartner. In seinem unermüdlichen Streben nach konstanter Verbesserung sahen seine Freunde jedoch etwas viel Tiefgründigeres. »Chouinard ist eine poetische Seele, die den analytischen Verstand eher verachtet, denn er hasst es, wenn schöne Dinge beschädigt werden und kaputtgehen«, sagte Robbins. »Er hat die Art von Verstand, die ihn zu einem guten Künstler, aber zu einem schlechten Schachspieler macht. Chouinard ist unglaublich kreativ und hat mehr Techniken und Geräte für das Klettern entwickelt als jeder andere, den ich kenne.«[8]

Sein Ruf als Koryphäe des Felskletterns eilte ihm bald schon voraus. Viele Kletterer, die von Yvon Chouinard hörten, hielten ihn für eine Frau, da sie annahmen, sein Name sei »Yvonne«. Umso verblüffter waren sie, als Chouinard, muskulös und gelegentlich mit Bart, auftauchte und mühelos schwierige Routen erklomm. Ebenso erstaunt waren sie, wenn er den Kofferraum seines Autos öffnete und ein Arsenal handgefertigter Felshaken und Karabiner präsentierte.

Im Laufe der Zeit erschloss er immer neue Routen und wurde zu einer festen Größe im Camp 4 im Yosemite-Nationalpark, dem Epizentrum der

Kletter-Subkultur. Doch selbst dort galt er als Außenseiter unter Außenseitern. Während andere die erforderlichen Gebühren bezahlten, um ihre Zelte auf den vorbereiteten Campingplätzen aufzuschlagen, schliefen Chouinard und seine Freunde nach Ablauf ihrer zweiwöchigen Aufenthaltsgenehmigung zwischen den Felsbrocken im Wald und nannten sich »Valley Cong«, in Anlehnung an die rebellischen Vietcong-Kämpfer in Vietnam.

Für eine Weile stieg ihm das alles zu Kopf. Andere Kletterer erinnern sich, dass Chouinard leicht elitär wirkte. Er hatte wenig Geduld mit Anfängern oder unsportlichen Menschen und setzte körperliche Fitness manchmal mit moralischer Überlegenheit gleich. Da er Yosemite unbedingt in seinem paradiesischen Zustand erhalten wollte, schlug er einmal vor, das Klettern im Tal auf die Besten zu beschränken und einen Yosemite Climbing Club zu gründen, in den man nur auf Einladung aufgenommen wurde. Nur diejenigen mit »herausragenden Kletterfähigkeiten« und Interesse an der »Verbesserung der Standards« sollten Zugang erhalten. Das war natürlich unrealistisch, aber es spiegelte seine Überzeugung wider, dass es unter den richtigen Umständen möglich sein könnte, den Einfluss des Menschen auf die Natur zu begrenzen und sie vor zu großen zivilisatorischen Eingriffen zu schützen. Jahrzehnte später sollte ein ähnlicher Geist seine Naturschutzbemühungen rund um den Globus beflügeln.

Mehr noch als seine Ausrüstung war es jedoch seine Kletterkunst, mit der sich Chouinard einen Namen machte. Zusammen mit einem Freund namens Fred Beckey gelang ihm 1961 eine Reihe schwieriger Erstbegehungen in Kanada, darunter neue Routen am Mount Edith Cavell in den Rocky Mountains, am Mount Sir Donald in den Selkirks und am South Howser Tower in den Bugaboos. Im Juni 1962 erprobten Chouinard und ein weiterer hervorragender Kletterer, TM Herbert, eine neue Route an der Nordwand des Sentinel Rock, einem majestätischen Gipfel im Yosemite, der über Camp 4 thront. Die beiden kamen ein gutes Stück weit nach oben, hatten dann aber keine Bolzen mehr und mussten umkehren. Drei Monate später kehrten sie zurück und schafften es diesmal – mit den ersten Haken, die Chouinard aus der Klinge einer Erntemaschine geschmiedet hatte. Es war eine gewagte Erstbesteigung, die heute als Chouinard-Herbert-Route bekannt ist.

Zwischen Klettern, Surfen und Schmieden fand Chouinard einen ganz eigenen Rhythmus. Die Winter verbrachte er in Kalifornien, wo er Felshaken und Karabiner anfertigte, wenn er nicht gerade die Wellen ritt. Sobald es im Frühjahr wärmer wurde, machte er sich auf den Weg, um seine handgefertigten Ausrüstungsstücke direkt aus dem Kofferraum seines Autos zu verkaufen. War alles verkauft, ließ er den Wagen hinter sich und zog weiter in die Tetons. Danach führte ihn seine Reise zu den Shawangunks in New York, und schließlich trampte er zurück nach Kalifornien, um einen weiteren Winter mit dem Amboss zu verbringen.

Obwohl die Nachkriegsjahre in den Vereinigten Staaten von einem rasanten technologischen Fortschritt geprägt waren, wollte Chouinard davon nichts wissen. Neue Kunststoffe revolutionierten die Möglichkeiten der Produktherstellung. Die NASA schickte Menschen ins All und schließlich sogar zum Mond. Die vielversprechendsten Unternehmen des Landes waren jene, die neue Chemikalien, synthetische Materialien und raffinierte Gerätschaften entwickelten und aus diesen Innovationen praktischen Nutzen schlugen. Doch inmitten dieses Zeitalters grenzenloser Neuerungen, in dem die Zukunft direkt vor seinen Augen erschaffen wurde, führte sein Weg ihn in die Bronzezeit.

Die Zerstörung unseres Heimatplaneten

Es war Herbst 1962, und Chouinard zog es nach Hause. Monate hatte er im Norden des Bundesstaates New York verbracht, wo er in den Shawangunks kletterte. Nun war es Zeit, nach Kalifornien zurückzukehren und wieder am Amboss zu arbeiten. Doch er hatte keine Mitfahrgelegenheit. Eine Lösung fand sich, als er von einem 1952er Pontiac hörte, den ein Autolieferdienst nach New Mexico überführen lassen wollte. Chouinard übernahm den Auftrag, musste aber bald schon feststellen, dass das Auto ein einziger Schrotthaufen war. Der Wagen schleppte sich mit stotterndem Motor durchs Land und war kaum noch fahrtüchtig, als er in Albuquerque ankam. Dort behauptete die Frau, die den Wagen entgegennahm, man hätte sie betrogen, indem man ihr ein defektes Auto geliefert habe, und meldete die Fahrer bei der Polizei. Chouinard und sein Reisegefährte, Chuck Pratt, landeten daraufhin für 72 Stunden im Gefängnis von Grants, New Mexico, in einer Zelle mit betoniertem Boden, der von Erbrochenem übersät war. Nach ihrer Freilassung fanden sie vorübergehend

Zuflucht in einer christlichen Rettungsmission. Von dort aus fuhren sie per Güterzug nach Winslow, Arizona, nur um dort erneut verhaftet zu werden, diesmal wegen Landstreicherei. Sie verbrachten 18 Tage im Gefängnis, jeder in einer winzigen Zelle von nicht einmal 2 Quadratmetern. An den Tagen, an denen Chouinard zum Arbeitsdienst eingeteilt wurde, fuhr er einen Müllwagen und suchte nebenher nach Essensresten. Schließlich wurde er entlassen und setzte seine Reise nach Hause fort, wo ihn eine böse Überraschung erwartete: ein Einberufungsbefehl zum Militärdienst.

Aufgrund seiner angeborenen Aversion gegen Autoritäten und einem tief verwurzelten Pazifismus, den er während seiner Zeit in der Natur entwickelt hatte, versuchte Chouinard, seinem Schicksal zu entkommen. Er litt unter leichten Herzrhythmusstörungen und bat einen Arzt, ihm ein Attest zur Befreiung vom Militärdienst auszustellen. Der Arzt lehnte dies jedoch ab. Am Morgen vor seiner Musterung trank er eine Flasche Sojasauce, in der Hoffnung, dass sein Blutdruck dadurch in die Höhe schnellen würde. Stattdessen musste er sich übergeben. Die Ärzte durchschauten seinen Trick und erklärten ihn für tauglich, und so musste Chouinard, dieser antiautoritäre Freigeist, der kaum einen Fuß in eine Schulklasse setzen konnte, zur Armee.

Er wurde nach Fort Ord in Kalifornien geschickt. Dort wurde ihm versprochen, dass er drei Tage Urlaub bekäme, wenn er einen Fitnesswettbewerb unter 200 anderen Wehrpflichtigen gewinnen würde. Er war weder der muskulöseste Mann auf der Basis noch der patriotischste. Aber seine Zeit in den Bergen hatte ihm eine gute körperliche Verfassung und eiserne Entschlossenheit verschafft, und er gewann den Wettkampf durch reine Willenskraft, nur um ein paar Tage für sich zu haben und klettern zu können. Als er anschließend, kurz vor seinem Einzug, ein paar Tage zu Hause verbrachte, heiratete Chouinard seine Freundin Carol Lamb, die unter dem Spitznamen »Peanut« bekannt war. Es war eine überstürzte Hochzeit, und das Paar verbrachte kaum Zeit miteinander, bevor Chouinard nach Huntsville, Alabama, versetzt wurde.

Chouinard trat den Militärdienst während einer kurzen Phase relativen Friedens an. Der Koreakrieg war vorbei, und die Amerikaner waren noch nicht in den Vietnamkrieg verwickelt. Da er bei seiner Einberufung Schmied als Beruf angegeben hatte, wurde Chouinard als Mechaniker für Lenkwaffensysteme eingeteilt. Nach einigen Monaten wurde er zu einem Militärstützpunkt in Korea versetzt. Da es schwierig war, Urlaub zu bekommen, verhielt sich Chouinard zunehmend widerspenstig, verursachte Ärger, trat in Hungerstreik, versäumte es, seinen Vorgesetzten zu salutieren, und landete fast im Militärgefängnis. Schließlich wurde er zu einer solchen Plage, dass man ihm eine einfache Aufgabe zuwies: morgens einen Generator anzuschalten und abends wieder auszuschalten. Den Rest des Tages verbrachte Chouinard damit, außerhalb des Stützpunkts nach Felswänden zum Klettern in der Umgebung von Seoul Ausschau zu halten. Er ließ sich seine Kletterausrüstung aus den USA schicken und freundete sich mit einheimischen Kletterern an, die ihm Zivilkleidung zur Verfügung stellten. Bald schon gelang Chouinard die Erstbesteigung einiger Gipfel in der näheren Umgebung. »Es war fast so, als wäre ich nicht in der Armee«, erinnerte er sich.[9] Wenn er arbeiten musste, versuchte er, das Beste daraus zu machen. In der Bibliothek des Stützpunkts fand er Bücher über Ingenieurwesen und Metallurgie, die ihm halfen, mehr über Maschinenbau und Maschinenwerkstätten zu lernen. Es war eine Vorbereitung auf den Tag seiner Entlassung, an dem er endlich wieder an seinen Amboss zurückkehren und sein Handwerk perfektionieren wollte.

Schließlich wurde Chouinard nach San Francisco zurückgeschickt, wo er einen Posten im Presidio, einer weitläufigen Militärbasis mit Blick auf den Pazifik, erhielt und mit der Instandhaltung eines Baseballfeldes beauftragt wurde. Es war keine besonders anspruchsvolle Arbeit, aber Chouinard fand auch hier einen Weg, sich dieser Aufgabe zu entziehen, diesmal mithilfe eines Mannes, der Chouinards bester Freund sowie sein beruflicher Gegenpart und gelegentlich auch Rivale werden sollte: Doug Tompkins.

In vielerlei Hinsicht war Tompkins das genaue Gegenteil von Chouinard. Als Nachfahre der Pilgerväter, die mit der *Mayflower* nach Amerika kamen, wuchs er in New York City auf, umsorgt von Eltern, die ein gehobenes Antiquitätengeschäft führten. Schon als Junge half er seinem Vater beim Steuern eines Privatflugzeugs und lernte, Navigationskarten zu lesen. Während Chouinard in prekären Verhältnissen am Rande der Gesellschaft aufgewachsen war, war Tompkins in einer privilegierten Gesellschaftsschicht zu Hause und bewegte sich mühelos in der Welt von Geld, Macht und Wirtschaft.

Auf gewisse Weise waren die beiden Männer dennoch Seelenverwandte. Wie Chouinard war auch Tompkins in seiner Jugend ein Rebell gewesen, belesen und zugleich sportlich. Und als er in seinen Zwanzigern war, lebte auch er als Dirtbag, ein Aussteiger, der dem Leben in der Natur frönte. Zum ersten Mal begegnete er Chouinard beim Klettern in den Shawangunks, wo er sich einer Gruppe ungestümer Kletterer anschloss, die sich selbst Vulgarian Mountain Club nannten und berüchtigt dafür waren, gelegentlich nackt zu klettern.

In den folgenden 50 Jahren verliefen die Lebenswege und Karrieren von Chouinard und Tompkins manchmal als Parallelen und manchmal eng verflochten, mal im Einklang und gelegentlich auseinanderdriftend. Während Chouinard Patagonia aufbaute, gründete Tompkins mit Esprit eine der erfolgreichsten Modemarken der 1980er-Jahre. Während Chouinard reich wurde, wurde Tompkins noch reicher. Und während Chouinard sich langsam für Naturschutz und Umweltaktivismus zu interessieren begann, ging Tompkins einen Schritt weiter: Er kaufte riesige Landflächen in Südamerika und führte erbitterte politische Kämpfe, um diese in Nationalparks verwandeln zu können. Tompkins rettete Patagonia in dessen dunkelster Stunde und heiratete schließlich die Frau, die das Unternehmen in den prägenden Jahren leitete. In den letzten Jahren seines Lebens fand Chouinard schließlich Inspiration bei Tompkins, als er darüber nachdachte, was er mit seinem eigenen Vermögen anfangen sollte.

Die ganze Zeit über spornten sich Tompkins und Chouinard gegenseitig an, probierten neue Ideen aus und testeten ihre körperlichen Grenzen aus. Obwohl ihre Wertvorstellungen weitgehend übereinstimmten, hatten sie grundlegend unterschiedliche Ansichten darüber, wie man ein Unternehmen führt und wie man sein Vermögen einsetzt. Tompkins war ein Maximalist, der seine Unternehmen ausbauen, ein Vermögen verdienen und wie ein König leben wollte. Chouinard war ein Minimalist, der auf übermäßiges Wachstum verzichtete, in finanziellen Angelegenheiten vorsichtig vorging und einen bescheidenen Lebensstil bevorzugte. Es war eine Freundschaft, die ein Vermächtnis hinterließ, und um die Geschichte von Chouinard und Patagonia vollständig zu verstehen, muss man auch die Geschichte von Tompkins und Esprit kennen.

In jener frühen Phase ihrer Beziehung, als beide Männer noch in San Francisco lebten, half Tompkins Chouinard jedoch hauptsächlich dabei, sich vom Dienst zu drücken. Manchmal rief Tompkins morgens Chouinards Vorgesetzten im Presidio an, gab sich als General aus und verlangte, dass Chouinard innerhalb von zehn Minuten in der Bibliothek erscheinen solle. Tompkins holte ihn dann mit seinem Motorrad ab, und die beiden verbrachten den Tag damit, die Bay Area zu erkunden. Sie fuhren über die Golden Gate Bridge in die sonnigen Hügel von Marin County und blickten von den wilden Klippen Nordkaliforniens auf den Pazifik.

Auf ihren Tagesausflügen führten sie lange Gespräche und kamen zu einer grundlegenden Einsicht, die ihr beider Leben prägen sollte: Die Menschheit war im Begriff, die Umwelt zu zerstören. Durch die Ausbeutung der Natur, die industrielle Produktion und den ressourcenintensiven Alltag trug jeder Einzelne zur Zerstörung des Ökosystems bei. Doch ebenso, so erkannten Chouinard und Tompkins, lag es in der Verantwortung eines jeden, zu einer besseren Zukunft beizutragen. »Schon früh begriffen wir, dass wir Menschen unseren Heimatplaneten zugrunde richten«, sagte Chouinard, »und dass jeder von uns auf seine Weise die Verantwortung trägt, die wilde Natur, die wir lieben, zu bewahren und zu schützen.«[10]

KAPITEL 2
DIRTBAGS

Bigwall-Klettern im Yosemite Nationalpark

Nach seiner Entlassung aus der Armee und dem Scheitern seiner Ehe mit Peanut kehrte Chouinard an den einzigen Ort zurück, der für ihn Sinn ergab: an seinen Amboss. Wieder zu Hause in Burbank, strukturierte er sein junges Unternehmen neu und stellte einige seiner Freunde aus der Kletterszene ein, damit sie ihm bei der Produktion und dem Versand halfen. Mit einem breiteren Angebot an Felshaken und Karabinern erstellte er seinen ersten Katalog – eine einseitige, per Siebdruck vervielfältigte Preisliste. Am Ende des Blattes wurden potenzielle Käufer darauf hingewiesen, während der Klettersaison keinen schnellen Kundenservice zu erwarten: »Rechnen Sie in den Monaten Mai, Juni, Juli, August und September nicht mit einer schnellen Lieferung.«

So unkonventionell eine solche Geschäftspraxis auch war, sie funktionierte. Chouinards Ausrüstung war in ihrer Qualität eben unübertroffen, und Kletterenthusiasten waren bereit, dafür tief in die Tasche zu greifen. Doch während Chouinard begann, seine kleine Manufaktur langsam auszubauen, setzten aufkommende globale Lieferketten heimische Unternehmen zunehmend unter Druck. Günstige Arbeitskräfte im Ausland, neue Handelswege und verbesserte Logistik machten die Produktion in Übersee zunehmend rentabel. In seiner Heimatstadt Lisbon schloss die Worumbo Woolen Mill nach 100 Jahren ihre Türen. Der Eigentümer, J. P. Stevens & Co., Inc., erklärte, es sei nicht länger wirtschaftlich, gegen billige Importe aus dem Ausland zu konkurrieren. Die Globalisierung hatte die einst idyllischen Wälder von Maine erreicht – und 591 Menschen standen über Nacht auf der Straße. Es war der Beginn eines tiefgreifenden Wandels der amerikanischen Fertigungsindustrie, die den globalen Handel revolutionieren sollte und, ohne dass dieser es ahnte, einen prägenden

Einfluss auf Chouinards Karriere haben würde. Im Hier und Jetzt jedoch kümmerte ihn der Welthandel wenig. Stattdessen war er damit beschäftigt, immer größere Steilwände zu bezwingen.

Eine der wenigen Klettertouren, die Chouinard nervös machten, war die von Robbins vorgeschlagene Besteigung der North American Wall des El Capitan – eine steile Granitwand, die zu den markantesten Felsformationen im Yosemite Valley zählt. Die North American Wall, die ihren Namen aufgrund ihrer Form erhielt, welche in etwa dem nordamerikanischen Kontinent ähnelt, ist eine senkrechte Wand aus schwarzem Diorit mit gefährlich wenigen Griffmöglichkeiten. Ein halbes Jahrhundert bevor Chouinard seinen Aufstieg wagte, schrieb John Muir voller Ehrfurcht über diese Formation: »1000 Meter ragt sie empor, diese von Gletschern geformte majestätische Granitwand. Sie bildet das Ende eines der kompaktesten und beständigsten Bergrücken, unübertroffen in Höhe und Breite und makelloser Stärke.«[11] Neben Robbins und Chouinard schlossen sich Tom Frost und Chuck Pratt dem Team an, das sich am 22. Oktober 1964 zu einer mehrtägigen Besteigung aufmachte. Als sie die ersten Schritte machten, sah Chouinard einen hochfliegenden Wanderfalken, der von der Morgensonne beleuchtet wurde. Unten im Tal beobachteten der Bergsteiger John Salathé und andere Kletterer, wie das Quartett seine Reise begann.

Von Anfang an war es eine höchst anstrengende Tour. Chouinard war frisch aus der Armee gekommen und klagte über seine schlechte Kondition. Frost stürzte im zweiten Abschnitt, als sich ein Granitbrocken löste. Die Bedingungen an der Wand waren unwirtlich. Die Männer schleppten über 90 Kilogramm Proviant und Wasser sowie jede Menge Ausrüstung, die Chouinard selbst angefertigt hatte. Sie schliefen in Hängematten, die sie an der Wand befestigten, und ruhten sich auf nur 40 Zentimeter breiten Vorsprüngen aus, wenn sie welche finden konnten. Sie ernährten sich von Brot, Käse und Salami und mussten sich täglich auf eineinhalb Liter Wasser beschränken. Manchmal war der Fels zu heiß, um ihn zu berühren. Nach fünf Tagen waren Chouinards Finger geschwollen, und seine Handgelenke schmerzten vom unaufhörlichen Hämmern. Am sechsten Tag schwebte ein Fernsehteam in einem Helikopter über der Wand, und die Expedition schaffte es in die Abendnachrichten. Chouinard erfuhr später, dass seine Eltern den Beitrag gesehen hatten und endlich verstanden, was ihr Sohn gemeint hatte, als er sagte, er sei Kletterer.

Eine Woche nach Beginn des Aufstiegs ging Chouinard die Kraft aus. »Zwei Mahlzeiten pro Tag, die aus einem bisschen Salami, einem winzigen Stück Käse und einer Handvoll Studentenfutter bestehen, reichen einfach nicht aus«, notierte er in sein Tagebuch, während er an der Wand hing.[12] In dieser Nacht regnete und schneite es, sodass sie in ihren Hängematten völlig durchnässt wurden. Robbins befürchtete, dass Chouinard sich übernommen hatte. Doch am 30. Oktober, nach einigen brenzligen Situationen, erreichte Chouinard den Gipfel, dicht gefolgt von den anderen dreien. Es war die erste Besteigung der North American Wall und ein bemerkenswerter Beweis für die Willenskraft der Männer. »Wir haben gelernt, dass sich unser Geist und unser Körper ständig an die Situation anpassen«, reflektierte Chouinard kurz nach dem Aufstieg. »Wir konnten in einer vertikalen Umgebung relativ komfortabel leben, arbeiten und schlafen. Als die Vorräte an Essen und Wasser zur Neige gingen, stellten wir fest, dass wir mit nur zehn Rosinen enorm viel Energie aufnehmen konnten. Als wir den Gipfel erreichten, hatten wir das Gefühl, noch zehn Tage weitermachen zu können.«[13]

Damals galt dies als die schwierigste Klettertour aller Zeiten, und Chouinard nutzte dieses Erlebnis, um einen neuen Ansatz für den Klettersport zu formulieren. »Die neue Philosophie zeichnet sich durch kleine Expeditionen in abgelegene Gebiete aus, bei denen mit minimaler Ausrüstung, ohne Begleitmannschaften und ohne Fixseile zum Boden neue und extrem schwierige Routen ausprobiert werden. Man lebt tagelang, wenn nicht wochenlang auf dem Berg und hinterlässt keine Spuren«, schrieb er 1965 im *American Alpine Journal*. »Diese reinere Form des Kletterns erfordert mehr Einsatz, mehr persönliche Anpassung und birgt mehr Risiken, aber da sie idealistischer ist, ist auch das Erfolgsgefühl umso größer.«[14]

Ein weiterer Aufsatz, den Chouinard in dieser Zeit verfasste, »Modern Yosemite Climbing«, führte seine sich entwickelnde Weltanschauung noch ausführlicher aus. Mit über 4000 Wörtern war der Artikel zugleich technisch und poetisch, praktisch und tiefgründig. Er gab Tipps, wie man Felshaken in die berüchtigt schwierigen Granitrisse des Yosemite einsetzen kann. »Warum ist das Klettern im Yosemite so anders?«, schrieb er. »Warum erfordert es ganz eigene Techniken, Verhaltensweisen und Equipment? Der primäre Grund liegt in der Beschaffenheit des Gesteins selbst. Nirgendwo sonst auf der Welt ist der Fels so geschichtet, so von Gletschern poliert und so arm an Griffen. Alle Kletterrouten folgen vertikalen Risssystemen. Jeder Hakenriss, jeder Griff verläuft senkrecht. Spezielle Techniken und Ausrüstung haben sich aus reiner Notwendigkeit heraus entwickelt.«[15]

Der Essay dokumentierte auch die notorisch unfreundliche Haltung der einheimischen Kletterer, zu denen auch Chouinard selbst gehörte. Es war eine abgeschottete, unnahbare Clique, die wenig Geduld für Neulinge oder Amateure hatte. »Die einheimischen Kletterer sind eine stolze Gruppe von Individuen; sie sind stolz auf ihr Valley, seine Kletterrouten und ihre Standards«, schrieb Chouinard. »Andere Kletterer haben das Valley verlassen und gesagt, dass sie wegen der Art und Weise, wie sie von den einheimischen Kletterern behandelt wurden, nie wieder zurückkehren werden.«

Mit diesem Essay versuchte Chouinard, seine Leidenschaften und Ideale, seine geschäftlichen Interessen und seine Liebe zur Natur in Einklang zu bringen. Er festigte seinen Ruf als einer der herausragendsten Kletterer seiner Zeit, etablierte sich als einer der klügsten Chronisten des Sports und setzte sich mit seiner eigenen ambivalenten Beziehung zum Tal auseinander. »Es gab Zeiten, in denen ich mich schämte, ein Yosemite-Kletterer zu sein, und es gibt Zeiten, in denen ich diesen Ort wirklich hasse«, schrieb er. »Aber dann gibt es Zeiten, in denen ich nirgendwo anders auf der Welt sein möchte. Wenn ich diesen Ort manchmal hasse, dann wahrscheinlich, weil ich ihn so sehr liebe. Es ist eine seltsame, leidenschaftliche Liebe, die ich für dieses Tal empfinde. Es ist mehr als nur ein Klettergebiet, es ist eine Lebensweise.«

Oh mein Gott, ich bin ein Geschäftsmann

Zwischen den harten Arbeitstagen am Amboss und wochenlangen Klettertouren im Yosemite Nationalpark verbrachte Chouinard immer mehr Zeit in San Francisco mit Doug Tompkins, der eine Firma namens The North Face gegründet hatte. Anfangs war The North Face nicht viel mehr als ein kleiner Laden mit einem bunt zusammengewürfelten Sortiment an Outdoor-Ausrüstung und Schnickschnack, aber Tompkins hatte den Zeitgeist erkannt, und der Ort wurde schnell zu einer Art Mekka für Kletterer, Beatniks, Hippies und anderen Aussteigern – genau die seltsame Mischung, die Jack Kerouac im Sinn hatte, als er in seinem Roman *Die Dharmajäger* von einer »Rucksack-Revolution« sprach.

The North Face hatte seinen Sitz im Stadtteil North Beach. In der Nähe befand sich der »Condor Club«, ein legendärer Stripclub. Auf der anderen Straßenseite lag »City Lights«, die legendäre Buchhandlung des Dichters Lawrence Ferlinghetti, die als Dreh- und Angelpunkt der Beat-Generation galt; der Inhaber veröffentlichte die Werke von Allen Ginsberg und an den staubbedeckten Regalen dort traf man bisweilen auf Kerouac oder Neal Cassady. Rebellion lag in der Luft, Proteste gegen den Vietnamkrieg schwappten auf die Straßen über, das Free Speech Movement blühte an der nahegelegenen Universität von Berkeley auf, und die Dirtbag-Kletterer wurden von der Gegenkultur mitgerissen.

Im Innenraum von The North Face war der Boden mit grünem Teppich ausgelegt, und die Wände waren mit Holzbrettern aus alten Scheunen verkleidet. In den Regalen stapelten sich verschiedene Outdoor-Ausrüstungsgegenstände, darunter Kletterseile und Zelte, Chouinards Felshaken und Karabiner, sowie Rentierfellteppiche, Fischerpullover und Bikinis, die Tompkins' Frau Susie Russell an ihre Freundinnen verkaufte. Chouinard lagerte seine überschüssigen Bestände in Kisten im Keller, wohin er sich gelegentlich mit Tompkins zurückzog, um einen Joint zu rauchen. Ginsberg und andere Beatniks hingen im Laden herum und bestaunten die großen Fotos vom Yosemite Valley, die die Wände schmückten. Einmal holte sogar Janis Joplin Tompkins für eine Spritztour in ihrem Porsche ab.

Der Höhepunkt des gesellschaftlichen Lebens rund um The North Face wurde am 26. Oktober 1966 erreicht, als der erst 23-jährige Tompkins eine Party in dem Laden veranstaltete. Grateful Dead, damals eine aufstrebende Band aus San Francisco, spielte ein Set. Joan Baez mischte sich unter die Menge. Die Hells Angels sorgten für Sicherheit. Die Party war so bemerkenswert, dass sie in den lokalen Zeitungen erwähnt wurde. »Was für eine Ansammlung von Menschen«, hieß es in einem Artikel im *San Francisco Examiner*. »Da standen elegant gekleidete Personen Seite an Seite mit bärtigen, langhaarigen und sandalentragenden Beatniks aus der Nachbarschaft.«[16]

Tompkins nutzte den durch die Party ausgelösten Hype um The North Face auszubauen und eröffnete zwei weitere Filialen in den nahe gelegenen Städten Berkeley und Palo Alto. Mit seinem ausgeprägten Geschäftssinn schien er für

Erfolg in allem, was er anpackte, geradezu prädestiniert zu sein. »Ich habe Doug immer für den intelligentesten und gewieftesten Menschen gehalten, den ich je kennengelernt habe«, sagte sein langjähriger Freund Dick Dorworth. »Man hätte Doug nackt mit einem Stock in die Wüste stellen können, und innerhalb von zehn Tagen hätte er ein Imperium aufgebaut.«[17] Doch während ein Teil von Tompkins von der Vision angetrieben war, das Unternehmen auszuweiten und ein Geschäftsimperium zu schaffen, machte sich in ihm zugleich eine Unruhe breit. Immer deutlicher wurde ihm, dass der Betrieb einer Einzelhandelskette seinen wachsenden Ambitionen nicht gerecht werden konnte.

So verkaufte Tompkins 1967 The North Face für nur 40 000 Dollar. In den folgenden Jahren entwickelte sich The North Face zu einem riesigen Erfolg, wuchs zu einem renommierten Hersteller von Outdoor-Bekleidung und wurde schließlich Teil des Mode-Giganten VF Corporation. Doch Tompkins, der die Marke gegründet hatte, hatte kaum Profit daraus schlagen können. Die Hälfte seines mageren Erlöses steckte er in das junge Bekleidungsunternehmen seiner Frau Susie, Plain Jane. Mit der anderen Hälfte hoffte er, einen abenteuerlichen Film ähnlich wie *The Endless Summer* zu drehen, eine Surf-Dokumentation, die gerade mit ihren sepiafarbenen Bildern von idyllischen Strandtagen den Durchbruch in den Mainstream geschafft hatte.

Chouinard hingegen schlug für sein Unternehmen einen ganz anderen Weg ein. 1965 zog er mit seiner Werkstatt aus dem Hühnerstall im Hinterhof seiner Eltern aus, um für 60 Dollar im Monat eine Hütte in der Nähe anzumieten. Der Weg von Burbank zum Meer, wo er jeden Tag die Wellen jagte, war jedoch mühsam, sodass er im folgenden Jahr mit seinem Unternehmen nach Ventura zog, einer verschlafenen Strandgemeinde eine Autostunde nördlich von Los Angeles. Ventura war genau das Richtige für Chouinard: Es herrschte eine entspannte Atmosphäre und im Winter, wenn die besten Klettergebiete mit Schnee bedeckt waren, gab es tolle Wellen. Chouinard mietete eine kleine Strandhütte mit dünnen Wänden aber perfekter Sicht auf die Wellen. In einem gemieteten Blechschuppen in der 235 West Santa Clara Street richtete er die neuen Büros seines nun offiziellen Unternehmens Chouinard Equipment for Alpinists ein.

Der Schuppen, gelegen neben einem ehemaligen Schlachthaus in der Nähe der Eisenbahnschienen, hatte einst den Surfbrett-Pionieren Karl Pope und Tom

Morey als Werkstatt gedient. Nun entwickelte er sich zum Treffpunkt der Kletterer und Handwerker von Ventura. Ihre Arbeit erstreckte sich bis auf die zerfurchte Zufahrt, wo Treibholz und Baumstümpfe als Möbel dienten. In der Sonne arbeiteten sie oft mit nacktem Oberkörper, ihre zerschlissenen Kleider notdürftig mit Flicken zusammengehalten. Überall lagen leere Flaschen von billigem Bohemia-Bier herum, während der Geruch von Marihuana die Luft erfüllte. Eine Kakophonie aus industriellen Geräuschen – Metall auf Metall, Hammerschläge und das Knistern von Flammen – übertönte die Melodien von Simon & Garfunkel und den Beatles, die aus einem tragbaren Radio erklangen. Funken stoben, und der Ort pulsierte vor Energie. Doch sobald sich die Wellen türmten, leerte sich die Werkstatt binnen weniger Minuten, denn die Schmiede stürmten zum Strand. Chouinard selbst verbrachte jedes Jahr mehrere Monate in der Werkstatt und schlief oft auf der Laderampe, wenn im Sommer die Vermieter der Hütte zurückkamen. Wenn er eine Auszeit brauchte, fuhr er nach Tijuana in Mexiko, um Stierkämpfe anzusehen, oder er brach zu langen Klettertouren in den Yosemite-Nationalpark und die Tetons auf.

Als das Unternehmen wuchs, holte Chouinard einen festen Geschäftspartner mit ins Boot: seinen Freund und Kletterpartner Tom Frost. Mit der zunehmenden Beliebtheit des Klettersports war auch die Nachfrage nach der immer raffinierteren Ausrüstung von Chouinard Equipment gestiegen. Bald konnte Chouinard die Produktion nicht mehr manuell bewältigen und musste den Prozess mithilfe von hochentwickelten Matritzen und neuen Maschinen automatisieren. Hier kam Frost ins Spiel, der passenderweise auch ein in Stanford ausgebildeter Luftfahrtingenieur war. Es war eine ideale Kombination, eine Partnerschaft, die zumindest anfangs nahtlos von den Felswänden des Yosemite-Nationalparks in die Werkstatt in Ventura überging. »Das Entwerfen machte genauso viel Spaß wie das Klettern«, sagte Frost. »Yvon war der Mann für die Ideen, ich der Ingenieur.«[18]

Chouinard und Frost bauten ihr Unternehmen aus und stützten sich dabei auf eine lose Gruppe von umherziehenden Kletterern, die ihnen zeitweise als Arbeitskräfte zur Verfügung standen, sowie auf eine Ad-hoc-Belegschaft, zu der Chouinards Neffe Vincent Stanley, einige mexikanische Handwerker, ein argentinischer Werkzeugmacher und eine Handvoll koreanischer Näherinnen gehörten. Legendäre Bergsteiger wie Don Whillans kamen vorbei, verdienten sich etwas Geld und zogen weiter. Jeff Chouinard, der seinen jüngeren Bruder einst als Sicherheitsmann für Howard Hughes beschäftigt hatte, begann als Produktionsleiter für das Unternehmen zu arbeiten. Und ein Geschwisterpaar aus der Nachbarschaft, Roger McDivitt und seine jüngere Schwester Kris, die nur wenige Häuser von Chouinards Strandhütte entfernt wohnten, schloss sich dem Unternehmen an. Kris, die noch zur Schule ging und fast immer barfuß unterwegs war, begann als Packerin bei Chouinard Equipment, sortierte Felshaken und versandte Kletterausrüstung. Roger, der einen Abschluss in Wirtschaftswissenschaften hatte, begann in der Schmiede, übernahm jedoch schnell mehr Verantwortung, nachdem er mit drei Purple Hearts aus Vietnam zurückgekehrt war. Zusammen bildete diese bunte Truppe Chouinards erste echte Belegschaft.

Im ersten Jahr machte das Unternehmen einen Umsatz von ein paar tausend Dollar. In den folgenden fünf Jahren verdoppelte sich dieser Betrag jährlich. Die Margen waren jedoch gering. Das beste Ergebnis, das Chouinard mit dieser Art der Unternehmensführung erzielen konnte, war ein Gewinn von etwa 2,5 Prozent – kein besonders lukratives Geschäft, insbesondere in einem relativ kleinen Markt. Erschwerend kam hinzu, dass sich die Designs schnell weiterentwickelten und das Unternehmen oft gezwungen war, Werkzeuge und Fertigungsanlagen nach nur einem Jahr auszumustern, da sie veraltet waren.

Das Angebot des Unternehmens wuchs parallel zu Chouinards idealistischen Bestrebungen. Während einer Reise nach Chamonix in Frankreich im Jahr 1966 unternahm er eine Eisklettertour in den Alpen. Er war mit seiner Ausrüstung unzufrieden und beendete die Expedition vorzeitig. Der Eispickel, den er benutzt hatte, war weder besonders gut zum Ausschlagen von Stufen geeignet noch stabil genug, um als Verankerung zu dienen. Wenn er sein Gewicht auf die gerade Spitze des Pickels legte, sprang dieser aus dem Eis. Überzeugt davon, dass er das Design verbessern konnte, suchte Chouinard eine Axtfabrik in Frankreich auf und beauftragte einen Stahlschmied, ihm eine 55 Zentimeter lange, gebogene Klinge anzufertigen. Diese diente als Grundlage für das Produkt, das Chouinard Equipment nach einigen Verbesserungen durch Tom Frost bald als »Piolet« (französisch für Eispickel) auf den Markt brachte. Mit tiefen Zacken an der Klinge, einer höheren Tragkraft und einer gebogenen Form, die beim Einschlagen in das Eis dem Schwung des Armes folgte, war es ein klassisches Chouinard-Design, das einen Gebrauchsgegenstand verfeinerte, um ihn für seine eigentliche Aufgabe noch besser zu machen. Trotz der Optimierungen verliefen die Verkäufe zunächst schleppend. Aber nachdem Chouinard und seine Freunde die Eispickel einige Saisons lang zum Erklimmen gefrorener Wasserfälle verwendet hatten, sprach sich dies in der Klettergemeinde herum, und die Bestellungen häuften sich. Bald wurde der Chouinard-Frost-Eispickel von einer italienischen Messerschmiede hergestellt und für 60 Dollar pro Stück verkauft.

Dieser Eispickel war nicht nur als Produkt eine bahnbrechende Innovation, sondern zeigte auch, wie Chouinard in den kommenden Jahren sein Markenzeichen prägen würde. Er hatte kein völlig neues Werkzeug erfunden. Vielmehr hatte er durch das Erkennen von Verbesserungsmöglichkeiten und die Konzentration auf das Design einen gewöhnlichen Gegenstand in etwas Außergewöhnliches verwandelt. Und damit hatte er Gewinn gemacht. Unter der Leitung eines höchst ungewöhnlichen Unternehmers und mit der Herstellung obskurer Produkte entwickelte sich Chouinard Equipment entgegen aller Erwartungen zu einem richtigen Unternehmen. Niemand war davon mehr überrascht als sein Inhaber. Chouinard betrachtete Geschäftsleute nach wie vor als »dubiose Gestalten«. Das änderte sich jedoch, als er eines Tages aufwachte und feststellen musste, dass er selbst einer von ihnen war. Er musste völlig neue Fähigkeiten erlernen, und genau wie damals, als er sich mit Falknerei und Schmiedekunst vertraut gemacht hatte, ging er zurück in die Bibliothek. Diesmal suchte er nach Büchern über Unternehmensführung.

Viva Los Fun Hogs

Doug Tompkins hatte nach dem Verkauf von The North Face eine Menge Geld, aber er war unruhig, gelangweilt und auf der Suche nach einer neuen Herausforderung. Eines Tages stieß er in einem Bergsteiger-Magazin auf das Foto eines beeindruckenden Gipfels, den er noch nie gesehen hatte. Es war der Cerro Fitz Roy, eine Granitspitze, die aus den Anden in Argentinien ragte. Tompkins war sofort fasziniert. Der Berg war breiter und imposanter als die umliegenden Gipfel und war nach Robert FitzRoy benannt worden, dem Kapitän von Charles Darwins Schiff, der HMS Beagle. Tompkins stieg auf sein Motorrad, raste von

San Francisco nach Ventura und zeigte Chouinard das Foto. Sie sollten alles stehen und liegen lassen, beharrte Tompkins, nach Südamerika fahren, besser gesagt nach Patagonien, um dort diesen Berg in Angriff zu nehmen.

Chouinard war mit dem Berg vertraut. Anfang des Jahres hatte er einen Bericht über die Erstbesteigung des Fitz Roy durch den französischen Bergsteiger Lionel Terray gelesen, der die Bedingungen als höllisch beschrieben hatte und erklärte, dass der Fitz Roy der einzige Berg sei, den er nie wieder besteigen wolle. Andere hätten sich davon abschrecken lassen, aber Chouinard betrachtete es als Herausforderung. Außerdem sehnte er sich nach Abenteuern. Patagonien war, wie er gehört hatte, weitgehend unerforscht und für ihn das, was einem Shangri-La in der Realität am nächsten kam. Es umfasste einen riesigen Teil Chiles und Argentiniens, wurde von den Anden durchschnitten und war im Osten von relativ trockenen Graslandschaften und Wüsten geprägt, während sich an der Küste Gletscherfjorde, türkisfarbene Flüsse und üppige Regenwälder ausbreiteten – alles unerschlossen und dünn besiedelt.

Chouinard willigte sofort in das abenteuerliche Unterfangen ein. Chouinard Equipment würde auch ohne ihn zurechtkommen, dachte er sich. Frost und seine Frau Doreen, die ihm bei der Buchhaltung half, könnten sich während seiner Abwesenheit um die Firma kümmern. Bei Tompkins' war die Lage komplizierter. Seine Frau Susie hatte gerade ihr zweites Kind zur Welt gebracht und war im Begriff, ihre Modefirma Plain Jane auszubauen, die erste kleine Erfolge zu verbuchen hatte. Dennoch sagte Tompkins Susie, dass er seine eigene Version von *The Endless Summer* drehen wolle, und gewann schließlich ihr zögerliches Einverständnis. Angetrieben von einem wahnsinnigen Drang, die gefährlichsten Berge der Welt zu besteigen, waren Tompkins und in geringerem Maße auch Chouinard spirituelle Nachfahren von George Mallory, dem britischen Bergsteiger, der 1923 auf die Frage, warum er den Mount Everest besteigen wolle, antwortete: »Weil es ihn gibt.« (Mallory starb im folgenden Jahr beim Aufstieg auf den Everest.)

Mit Chouinard an Bord machte sich Tompkins daran, weitere Mitstreiter für die Reise zu rekrutieren. Er gewann Lito Tejada-Flores, einen bolivianischen Skifahrer und Kletterer, den er vom Skifahren in Kalifornien kannte. Tejada-Flores, spanischer Muttersprachler, war ein versierter Fotograf, den Tompkins zum Dokumentarfilmer der Reise ernannte und ihm eine handbetriebene

16-Millimeter-Bolex-Filmkamera anvertraute. Er holte Dick Dorworth ins Boot, einen versierten Abfahrtsläufer, der sich im Jahr zuvor mit Tompkins angefreundet hatte – bei einem gemeinsamen LSD-Trip und einer nächtlichen Autofahrt von Sun Valley, Idaho, nach Reno, Nevada. Dorworth war bereits in Chile gewesen. 1963 hatte er dort auf einem Berg mit 170 Stundenkilometern den Geschwindigkeitsrekord im Skifahren aufgestellt. Doch 1968 hatte er sich konventionelleren Zielen verschrieben und studierte, um Englischprofessor zu werden – bis er Tompkins traf. Am Tag nach ihrer acidgetränkten Fahrt ging Dorworth zum Leiter des Englischdepartments und gab sein Studium auf.

Tompkins besorgte sich einen gebrauchten weißen '65er Ford Econoline Van. Chouinard baute Regale und eine Schlaffläche in den hinteren Teil des Transporters ein. Sie stopften so viele Skier, Kletterseile, Karabiner, Zelte, Neoprenanzüge, Angelruten und Kleidungsstücke hinein, wie sie konnten, und befestigten vier Surfbretter auf dem Dach. Neben dem Versuch, Tompkins' Film zu drehen, war das Ziel, »tierisch viel Spaß zu haben«, und Tompkins taufte die Reise »The 1968 California Fun Hogs Expedition to Patagonia«. Der Ausdruck blieb hängen, und Susie Tompkins nähte ihnen eine Flagge, die sie vom Gipfel des Fitz Roy hissen wollten, falls sie es schaffen sollten. In schwarzen Blockbuchstaben auf rotem Stoff stand darauf »VIVA LOS FUN HOGS. Patagonia '68«. Am 24. Juli versammelten sie sich dann auf dem Parkplatz vor der Blechhütte, in der Chouinard Equipment firmierte, und brachen in Richtung Süden auf.

Eine Woche später hatten sie Mazatlán in Mexiko erreicht und surften dort an menschenleeren Stränden, immer auf der Suche nach der perfekten Welle. Sie durchquerten Mexiko-Stadt, das so kurz vor den dort stattfindenden Olympischen Spiele vor Energie brodelte. Unterwegs gab Tejada-Flores sein Bestes, um Aufnahmen zu machen, aus denen Tompkins einen Film machen konnte. Aber mit einer defekten Kamera und einem unerfahrenen Team gelang es ihm kaum, professionelle Bilder zu schießen.

Von Mexiko aus fuhren sie über endlose Schotterstraßen in Richtung Argentinien. In Guatemala wurden sie von misstrauischen Soldaten mit Waffen bedroht und in Costa Rica von einem Vulkanausbruch überrascht. Danach bestiegen sie mit ihrem Van und ihrer Ausrüstung ein Frachtschiff, um den Darién Gap zu umfahren, der mit einem Fahrzeug nicht passierbar ist. Bei einem mehrtägigen Aufenthalt in Kolumbien sprang Chouinard in einen flachen Fluss und verletzte sich am Hals. Noch Jahre später sollten ihn die Folgen dieser Verletzung beeinträchtigen. Sie surften in Ecuador und verkauften ihre Surfbretter in Peru. Dort schloss sich ihnen Chris Jones an, einer der besten Kletterer Englands. Unterwegs schafften sie es noch, etwas Ski zu fahren und den Vulkan Llaima zu besteigen, einen 3125 Meter hohen aktiven Vulkan an der Spitze des Kontinents. Tejada-Flores filmte, wie Tompkins und Dorworth die Hänge hinunterrasten, während hinter ihnen Rauch aus dem Krater aufstieg. Chouinard hatte die Aufgabe, die 20 Kilo an Ausrüstung vom Gipfel hinunter zum Basislager in 1500 Meter Höhe zu bringen. Er stand erst zum zweiten Mal in seinem Leben auf Skiern und war derart beladen, dass er den größten Teil des Weges mehr oder weniger stolpernd zurücklegte.

An der argentinischen Grenze wäre ihr Trip beinahe vorzeitig zu Ende gewesen. Um ins Land zu kommen, mussten Einreisende einen Fahrzeugeigentumsnachweis vorlegen. Die Fun Hogs hatten keine solchen Papiere. Tompkins hatte eine Idee: Sie gingen in ein Schreibwarengeschäft in Puerto Montt, Chile, kauften für 3 Dollar einen Stempel und fertigten ein offiziell aussehendes Dokument an. Es funktionierte. Sie passierten die Grenze ohne weitere Probleme und verkauften den Van in Bariloche. Sie waren nun fast vier Monate unterwegs und hatten endlich das Herz Patagoniens erreicht.

Patagonien, eine der abgeschiedensten Gegenden der Erde, war bis weit ins 20. Jahrhundert hinein weitgehend vom Rest Südamerikas isoliert und ist bis heute ein Wunderwerk der Natur. Gletscherfelder münden in lapisblaue Seen. Schneebedeckte Gipfel ragen empor. Aktive Vulkane speien Rauch. Heiße Quellen stoßen Dampf aus. Und ein unendliches Netz klarer Flüsse schlängelt sich durch Grasland, uralte Wälder und felsige Mondlandschaften. Je weiter sich der südamerikanische Kontinent zuspitzt und der Antarktis nähert, desto schärfer werden die Gipfel, die wie Granitmesser in den Himmel ragen. Und dort, am Fuße der Anden, liegt der Fitz Roy.

Bevor sie den Aufstieg wagten, hatte Tompkins noch etwas in San Francisco zu erledigen. Plain Jane, das spätere Esprit, stand vor dem Durchbruch, und Susie brauchte dringend Hilfe. Eines der Kleider des Unternehmens war in einer Kaufhausanzeige im *San Francisco Chronicle* vorgestellt worden, und plötzlich boomten die Verkäufe. Das Kaufhaus bestellte Hunderte von Kleidern, und Susie und ihre Geschäftspartnerin Jane Tise bemühten sich, die Produktion hochzufahren. Doug flog nach Hause und ließ Chouinard, Dorworth, Tejada-Flores und Jones genervt und verärgert zurück, während er Susie dabei half, neue Partner für die Materialbeschaffung und die Näharbeiten zu finden. Drei Wochen später kehrte Tompkins nach Bariloche zurück, entschlossen, das gemeinsame Vorhaben zu Ende zu bringen. Die Männer machten sich auf den letzten Abschnitt nach Süden, überquerten die Route 40, eine karge Autobahn, die den östlichen Rand der Anden säumte, und erreichten schließlich ihren Berg.

Nur zwei Teams hatten es bis zum Gipfel des Fitz Roy geschafft, bevor die Fun Hogs auftauchten, und die verstanden schnell, warum. Das Wetter war gnadenlos schlecht, Stürme sorgten für permanente Böen. Ihre Zelte waren zu instabil, um dem Wind standzuhalten, also schlugen die Männer einen provisorischen Unterschlupf in eine Eiswand. Dieser lag nah genug am Gipfel, sodass sie zum gegebenen Zeitpunkt ihren Aufstieg versuchen konnten. Aber er befand sich tief in der Wildnis, weit entfernt von jeglicher Zivilisation.

Sie verbrachten 31 Tage in der Eishöhle, brüteten vor sich hin, langweilten sich und warteten darauf, dass das Wetter besser wurde, damit sie weiter klettern konnten. Chouinard schnitt sich mit einer Axt das Knie auf, als er versuchte, Eis zu hacken, um es zum Schmelzen zu bringen, und lag daraufhin wochenlang fast bewegungsunfähig da. Das Kochen führte dazu, dass das Eis in der Höhle schmolz und das Wasser ihre Schlafsäcke durchnässte. Das Team litt unter Hunger und Kälte, und Chouinard bezeichnete seinen 30. Geburtstag als den Tiefpunkt seines Lebens. Um sich die Zeit zu vertreiben, las er *Der Heros in tausend Gestalten* von Joseph Campbell und bastelte an seiner Ausrüstung herum, machte sich an seinem Kletterzeug zu schaffen, flickte Kleidung und schärfte die Spikes, mit denen seine Stiefel Halt auf dem Eis fanden.

Die Essensvorräte gingen langsam zur Neige. Um ihre spärlichen Rationen aufzubessern, schlichen sie sich auf das nahegelegene Land eines Gauchos, einem der wenigen Menschen im Umkreis von mehreren hundert Kilometern, und töteten einige Schafe. Um ihre Beute zu fangen, arbeiteten die Männer als Team. Chouinard oder Tompkins versteckten sich hinter einem Felsen, während die anderen vier ein Schaf durch die Steppe unterhalb des Fitz Roy jagten. Wenn das Schaf nah genug war, sprangen sie hinter dem Felsen hervor, packten das Tier und schnitten ihm die Kehle durch. »Doug und ich waren die Einzigen, die sie töten konnten«, sagte Chouinard. »Die anderen aßen zwar mit, wollten aber nichts mit dem Töten zu tun haben.«[19] Nachdem sie die Schafe geschlachtet hatten, lagerten sie das Fleisch in derselben Eishöhle, in der sie schliefen.

Die mitgebrachte Kletterausrüstung hielt zwar, aber ihre Kleidung löste sich an den Nähten. Ihre Jacken waren nicht wasserdicht, ihre Socken trockneten ewig und die vielen Schichten, die sie trugen, hielten sie nicht warm. In der Eishöhle zusammengepfercht, ihre Stiefel zerschlissen und dem patagonischen Wind ausgesetzt, der ihnen durch die Oberbekleidung drang, wären die Fun Hogs beinahe an ihrer schlechten Kleidung zugrunde gegangen. Outdoor-Bekleidung war damals noch nicht für solche Bedingungen gemacht, und Chouinard lernte am eigenen Leib, wie tückisch die Wildnis ohne die richtige Ausrüstung sein kann. Er begriff allmählich, dass es einen Markt für Kleidung geben könnte, die jeglichen Wetterbedingungen standhielt.

Tompkins bestärkte Chouinard in seinen Überlegungen und legte ihm während ihrer Gespräche in der Eishöhle ans Herz, sein Geschäft über Kletterausrüstung hinaus auf Bekleidung auszuweiten. Der Markt für Outdoor-Kleidung, so Tompkins, sei unendlich größer als der für Haken und Karabiner. Man brauche nur einen Blick auf den durchschlagenden Erfolg zu werfen, den Plain Jane gerade habe, während sie in einer Eishöhle festsaßen. Ein Kletterer kaufe höchstens alle paar Jahre neue Ausrüstung. Kleidung dagegen würde ständig neu gekauft. »Doug hat ihn überzeugt, in die Bekleidung einzusteigen«, erinnerte sich Dorworth. »Denn im Gegensatz zu Haken, die zehn Jahre halten, will man nächstes Jahr schon wieder ein neues Hemd. So hat es begonnen.«[20] Zunächst stand Chouinard der Idee skeptisch gegenüber. Kleidung war für ihn ein Massenprodukt, das kaum echtes Handwerk erforderte. Welchen besonderen Mehrwert konnte er hier einbringen? Zudem interessierte ihn Mode überhaupt nicht. Doch in den folgenden Jahren änderte sich seine Einstellung. Er erkannte die Bedeutung dieses entscheidenden wirtschaftlichen Gedankens – und wurde einer der erfolgreichsten Einzelhandelsunternehmer seiner Generation.

Chouinard und Tompkins griffen auch einige ihrer Gesprächsthemen aus ihrer Zeit in der Bay Area wieder auf und sinnierten darüber, wie die Menschen ihren Planeten ruinierten. Sie wussten, dass sie nach ihrer Reise Unternehmen leiten würden, und ihnen wurde klar, dass sie die Kontrolle behalten mussten, wenn sie eine Chance haben wollten, mit ihren Unternehmen die Welt zu verändern. Obwohl sie keine Erfahrung mit Investmentbankern und Aktionären hatten, wussten sie genug, um zu erkennen, dass externe Investoren ihre idealistische Weltanschauung mit ziemlicher Sicherheit nicht teilen würden. Diese Gespräche sollten ihren Werdegang für das nächste halbe Jahrhundert prägen. Wenn sie Erfolg haben wollten, dann nur, indem sie Gutes taten. Es würde nicht genügen, Qualitätsprodukte herzustellen und Gewinn zu machen – sie müssten sich auch um ihre Mitarbeiter und den Planeten kümmern.

Nach einem Monat in der Höhle klarte das Wetter endlich auf, und sie nutzten diese Gelegenheit, um den Fitz Roy zu besteigen. Die Fun Hogs kletterten die steilsten Felsen Südamerikas Stück für Stück über Wände aus Granit. Manchmal spielten sie mit dem Gedanken, den Versuch abzubrechen. Aber am Abend des 20. Dezembers 1968 gelang den fünf Männern die dritte erfolgreiche Besteigung des 3409 Meter hohen Gipfels. Oben angekommen, machten sie ein Foto mit ihrem »VIVA LOS FUN HOGS«-Banner. »Dieses Gefühl von Freiheit haben wir uns redlich verdient«, sagte Chouinard.[21]

Großer Schaden für die Felsen

Chouinards Umweltbewusstsein entwickelte sich in heimatlichen Gefilden. Bis 1970 war Chouinard Equipment der größte Hersteller von Kletterausrüstung in den Vereinigten Staaten. Mit handverteilten Preislisten, einem lückenhaften Händlernetz und Chouinard selbst, der noch immer seine Ausrüstung aus dem Kofferraum seines Autos verkaufte, gelang es dem Unternehmen, etwa 80 Prozent des Marktes zu erschließen und einen Jahresumsatz von rund 300 000 Dollar zu erzielen. Der Großteil dieser Einnahmen stammte noch immer aus dem Verkauf von Pitons, die Kletterer in die Granitwände des Yosemite und der Tetons rammten, um ihre Seile zu sichern und ihre riskanten Aufstiege zu wagen. Doch obwohl Chouinards wiederverwendbare Haken eine deutliche Verbesserung gegenüber den weicheren Metallhaken darstellten, die sich leicht verformten und oft im Fels zurückblieben, verursachten auch seine Pitons Probleme.

Hunderte von Kletterern versuchten, Chouinard nachzueifern, indem sie dieselben Routen ausprobierten, die durch ihn berühmt geworden waren, und dadurch wurde der Felsen zerstört. Piton für Piton und Abschnitt für Abschnitt höhlten die immer zahlreicher werdenden Kletterer aus Amerika den Granit aus. Innerhalb weniger Jahre wurden uralte geologische Formationen dauerhaft verschandelt. »Ich habe Klettern immer für einen völlig harmlosen Sport gehalten, der niemandem wehtut«, erklärte Chouinard. »Aber mir wurde klar, dass er den Felsen großen Schaden zufügen kann.«[22] Chouinard fühlte sich für diese Schäden mitverantwortlich. Schließlich hatte er die meisten der Haken hergestellt, die den Granit verunstalteten. Ohne lange zu zögern, beschloss Chouinard, dass sein Unternehmen nach einer Alternative zu Haken suchen würde.

Das war ein gewagter Schritt. Pitons machten immer noch einen großen Teil von Chouinards Geschäft aus, und die von ihm hergestellten Felshaken galten weithin als die besten. Chouinard Equipment schrieb endlich schwarze Zahlen. Aber er ließ sich von der Aussicht auf radikale Veränderungen nicht einschüchtern. Als er erkannte, dass seine Ausrüstung die Felswände beschädigte, stand für ihn außer Frage, dass er einen anderen Weg einschlagen musste. »Ich liebe diesen Planeten«, sagte er. »Meine Eltern haben mir beigebracht, dass man seinen Dreck selbst wegmacht. Ich habe also ein ziemlich ausgeprägtes Verantwortungsbewusstsein und habe mir viele der Dinge, die passiert sind, selbst angelastet.«[23]

Nachdem Chouinard beschlossen hatte, Pitons nach und nach aus dem Sortiment zu nehmen, musste er eine Alternative finden. Die Antwort lag wieder einmal auf der Hand. Einige Jahre zuvor hatte Chouinard begonnen, mit einem Kletterzubehör namens »Chock« zu experimentieren, also einer Art Keil. Dabei handelte es sich um ein einfaches, perforiertes Stück Metall, durch das ein Seil gezogen werden konnte. Chocks wurden nicht in Risse eingeschlagen, sondern in Felsspalten geklemmt. Ein Vorteil dieser Methode war, dass der Kletterer diese Keile wieder mitnehmen konnte, anstatt die Haken in der Felswand zurückzulassen. Die ersten Chocks, die Chouinard verwendete, bestanden aus Aluminiummuttern, die eigentlich zur Befestigung von Flugzeugen dienten.

Chocks waren keine neue Erfindung. Bereits 1926 banden Kletterer, die den Clogwyn Du'r Arddu, eine Reihe steiler Klippen in Wales, erklommen, ihre Seile um kleine Steine und klemmten diese in Spalten in der Wand. Schon damals waren sich die walisischen Kletterer bewusst, dass sie die Felswand irreparabel beschädigt hätten, wenn sie Haken oder Bolzen in die Wand hämmern würden. »Damals herrschte – wie auch heute noch – die Überzeugung, dass das Verbolzen dieser Wand eine schreckliche Entweihung des Felsens und eine Bedrohung für die gesamte empfindliche Grundlage des britischen Freeclimbing darstellen würde«, erinnerte sich einer der walisischen Pioniere.[24] In den 1940er-Jahren waren die Kletterer von den Steinen abgekommen und begannen, große Muttern zu verwenden, die sich aus den Gleisen der Snowdon Railway in der Nähe gelöst hatten. Anfang der 1960er-Jahre stellte der britische Schmied John Brailsford Metallkeile mit Ösen her, in die Karabinerhaken passten und die sich sogar in schmalere Spalten einpassen ließen. Ob Steine, Muttern oder gefertigte Keile – die Kletterer nannten diese Gegenstände »Chocks«, kurz für »Chockstones«: die kleinen Steine, die sich in vertikalen Spalten verkeilen lassen.

Da die Pitons allmählich ausgedient hatten, begann Chouinard, sich ernsthaft mit Chocks zu beschäftigen. Gemeinsam mit Frost entwickelte er neue Designs, und innerhalb weniger Jahre hatten sie eine ganze Produktpalette an Keilen auf den Markt gebracht: 14 Größen von Hexentrics (Sechskantkeile), 16 Varianten von Stoppern (Klemmkeile), Rohrkeile und vieles mehr, jedes einzelne Stück passgenau für eine bestimmte Art von Felsspalte oder -aussparung. Wieder einmal zahlte sich Chouinards Tüftelei aus. Er hatte kein neues Produkt erfunden. Vielmehr hatte er an einem bestehenden Produkt herumgetüftelt und dabei seine Erfahrung in der Praxis und sein angeborenes Gespür für Design genutzt, um etwas deutlich Besseres zu entwickeln.

Zwar vollzog Chouinard Equipment mit dem Wechsel von Pitons zu Chocks einen gravierenden Wandel, doch gab es noch eine viel grundlegendere Veränderung. Zum ersten Mal in seiner Karriere stellte Chouinard sein Unternehmen neu auf, um die Umwelt nicht zu schädigen. Genau das hatten er und Tompkins in der Eishöhle besprochen: Es hatte keinen Sinn, Unternehmen zu führen, wenn sie die Umwelt zerstörten. Nun wurden diese Ideen in die Tat umgesetzt, und Chouinard stellte sein Unternehmen in den Dienst des Naturschutzes.

Auch am Fels beschritt Chouinard neue Wege und passte seine Techniken an, während er lernte, schwierige Routen ohne den Einsatz von Haken zu bewältigen. Diese Revolution im Klettersport verlangte nach einem klaren Leitbild. Chouinard, dessen Gespür für Marketing zunehmend geschärft war, entschied sich für ein gutes Branding, als er beschloss, dieses neue Konzept »Clean Climbing« zu nennen.

Nachdem er sich auf die Idee des Clean Climbing festgelegt hatte, machte sich Chouinard daran, sie zu verbreiten. 1972 ließ Chouinard Equipment 10 000 Exemplare seines ersten Katalogs drucken. Anders als ein klassischer Katalog nach dem Vorbild von Sears, Roebuck & Co., der bloß Produktbilder und Preise enthielt, wurde diese Broschüre im Geist des *Katalogs für die ganze Erde* gestaltet. (Im Original: *Whole Earth Catalog*, die von Stewart Brand herausgegebene »Bibel der Gegenkultur.) Auf dem Umschlag war eine chinesische Schriftrollenmalerei aus dem 16. Jahrhundert von Wen Jia zu sehen – *Landschaft im Geiste der Verse von Du Fu* –, die eine gewaltige Felsformation zeigte und die Erhabenheit der Natur heraufbeschwor. Neben einer Auflistung der Produkte und ihrer Preise enthielt der Katalog inspirierende Zitate von Albert Einstein (»Die Perfektion der Mittel und die Verwirrung der Ziele scheinen unser Hauptproblem zu sein«), den Rolling Stones (»Lose your dreams and you will lose your mind«) sowie von Antoine de Saint-Exupéry, dem Autor von *Der kleine Prinz*: (»In allem wird die Vollkommenheit nicht dann erreicht, wenn es nichts mehr hinzuzufügen gibt, sondern wenn es nichts mehr wegzulassen gibt.«)[25]

Hauptbestandteil des Katalogs war ein 14-seitiger Essay von Doug Robinson, einem Bergsteiger aus Kalifornien, der die Ethik und die Vorgehensweise des Clean Climbing detailliert erklärte. »Es gibt ein Wort dafür, und dieses Wort lautet ›clean‹«, begann er. »Klettern nur mit Klemmkeilen und Schlingen als Sicherung ist Clean Climbing. Clean, weil der Fels vom Kletterer unberührt bleibt. Clean, weil nichts in den Fels gehämmert und dann wieder herausgehämmert wird, wodurch der Fels vernarbt und das Erlebnis des nächsten Kletterers weniger natürlich wird. Clean, weil die Sicherung des Kletterers kaum Spuren seines Aufstiegs hinterlässt. Clean ist das Klettern am Fels, ohne ihn zu verändern. Ein Schritt näher am organischen Klettern für den naturverbundenen Menschen.«

Das Herzstück des Katalogs bildeten jedoch die ersten Seiten, eine Einleitung von Chouinard und Frost. Ihr kurzer Essay war die bis dahin klarste Formulierung von Chouinards Weltanschauung. Durchdrungen von einer Ehrfurcht vor der Natur, war er zugleich selbstkritisch und zukunftsweisend, eine

Kritik an der modernen Gesellschaft und eine moralische Grundsatzerklärung für die Geschäftswelt. Heute ist er ein erstaunlich vorausschauender Aufruf zum Handeln, der auch 50 Jahre später noch nichts von seiner Gültigkeit verloren hat. Er trug den schlichten Titel »A word ...«.

In ihrem Essay stellten Chouinard und Frost fest, dass das Klettern zwar beliebter denn je sei, jedoch nicht ohne Konsequenzen. »Der Verfall ist zweifach: Er betrifft sowohl die physische Beschaffenheit der Berge als auch die moralische Integrität der Kletterer«, schrieben sie. »Wir können nicht länger davon ausgehen, dass die Ressourcen der Erde unerschöpflich sind – dass sich unbestiegene Gipfel endlos hinter dem Horizont erstrecken. Berge sind endlich, und trotz ihrer massiven Erscheinung sind sie zerbrechlich.«

Chouinard und Frost gingen so weit, andere Kletterer – also ihre eigenen Kunden – anzugreifen und ihnen mangelnde Charakterstärke vorzuwerfen. »Der moralische Verfall ist ein gravierendes Problem«, schrieben sie. »Mit immer ausgefeilteren Geräten und Techniken wird der Stil des klassischen Kletterns allmählich so degradiert, dass wesentliche Elemente des Klettererlebnisses – das Abenteuer und die Wertschätzung der Bergwelt selbst – in den Hintergrund gedrängt werden.«

Sie argumentierten, dass es wichtiger sei, eine Art zenartige Einheit mit dem Berg selbst zu erreichen, als den Gipfel zu erklimmen. »Nicht das Erreichen des Gipfels, sondern die Art und Weise des Kletterns ist der Maßstab für den persönlichen Erfolg«, schrieben sie. »Nüchtern betrachtet muss jeder von uns sich fragen, ob das Ziel wichtiger ist als der Weg dorthin. Angesichts der entscheidenden Bedeutung des Kletterstils schlagen wir vor, dass Einfachheit das Leitmotiv sein sollte. Je weniger Hilfsmittel zwischen dem Kletterer und dem Berg stehen, desto größer ist die Chance, die gewünschte Verbundenheit mit sich selbst – und der Natur – zu erreichen.«

Abschließend riefen sie die Kletterer dazu auf, in sich zu gehen. »Zu Beginn dieser neuen Ära des Bergsteigens sollten Sie Ihre Motive für das Klettern hinterfragen«, forderten sie. »Gehen Sie mit Chouinard-Ausrüstung zurückhaltend und umsichtig um. Denken Sie an den Fels und an die anderen Kletterer – klettern Sie sauber.«

Dieses Manifest spiegelte nicht nur Chouinards und Frosts Philosophie des Kletterns wider, sondern auch ihre Haltung gegenüber unternehmerischem

Handeln. Wenn sie Klemmkeile und andere Ausrüstung an die Klettergemeinschaft verkaufen wollten, dann nur mit einer Überzeugung, die manchen ihrer Kunden womöglich nicht immer zusagen würde. Sie wollten zwar Kapitalisten sein, doch in erster Linie verstanden sie sich als verantwortungsvolle Hüter der Natur und als Menschen, die sich ihrer Verpflichtung gegenüber diesem Planeten bewusst waren.

Es war der Beginn einer neuen Ära des amerikanischen Umweltbewusstseins, und Chouinard trug auf seine eigene Weise dazu bei, die öffentliche Wahrnehmung zu verändern. Ein Jahrzehnt zuvor hatte Rachel Carson, eine wegweisende Journalistin, ihr Werk *Der stumme Frühling* veröffentlicht, eine Untersuchung der Gefahren des Pestizids DDT, das die Population des Wanderfalken – eine Art, zu deren Rettung Chouinard einen kleinen Beitrag geleistet hatte – fast ausgelöscht hatte. Die US-Präsidenten John F. Kennedy, Lyndon B. Johnson und Richard Nixon machten den Naturschutz und den Schutz der Umwelt zu zentralen Pfeilern ihrer politischen Agenda. 1969 verfasste Nixons Berater Daniel Patrick Moynihan ein Memorandum, das die gefährlichen Folgen der globalen Erwärmung skizzierte. Die Verbrennung fossiler Brennstoffe wie Kohle, Öl und Gas erhöhe die Konzentration von Kohlendioxid in der Atmosphäre und schaffe so den »Treibhauseffekt«.[26] Moynihan prognostizierte, zu Recht, einen raschen Anstieg der globalen Temperaturen. Mit Blick in die Zukunft sagte er das Abschmelzen der Gletscher und einen katastrophalen Anstieg des Meeresspiegels voraus. »Lebwohl, New York«, schrieb er. »Und Washington ebenso. Über Seattle haben wir keine Daten.«

Es dauerte nicht lange, bis das Konzept des Clean Climbing Anklang fand. Mit dem Rückgang des Absatzes von Felshaken konnten Chouinard und sein Team die Nachfrage nach Klemmkeilen kaum noch decken. Der Aufschwung der Verkaufszahlen brachte auch eine zunehmende Professionalisierung des Geschäfts mit sich. Chouinard verlagerte die Produktion von Karabinern und Steigeisen nach Deutschland und die Fertigung des Eispickels nach Italien. 1972 wurde Chouinard Equipment in ein neues Unternehmen überführt, die Great Pacific Iron Works – ein Schritt, der die Grundlage für weitere Expansionen legen sollte. Das Geschäft wurde zunehmend professionell, und Chouinard sah sich bald mit einer ganz neuen Reihe von Herausforderungen konfrontiert.

KAPITEL 3
GRENZEN ÜBERWINDEN

Unsere eigene Art, Geschäfte zu machen

Während eines seiner längeren Aufenthalte im Camp 4 des Yosemite-Nationalparks wurde Chouinard Zeuge einer Auseinandersetzung – zwischen einem ungehobelten Autofahrer und einer mutigen jungen Frau –, die sein Leben nachhaltig verändern sollte. Der Fahrer warf beim Durchqueren des Camps eine leere Bierdose aus dem Fenster. Die Frau rannte dem Auto hinterher und forderte den Fahrer auf, die Dose aufzuheben. Als Antwort bekam sie einen ausgestreckten Mittelfinger vom Beifahrer präsentiert, woraufhin die nun wütende Frau mit bloßen Händen das Nummernschild des Autos abriss und es einem Parkranger übergab.

Chouinard war beeindruckt von ihrem Auftreten, und als der Tumult vorbei war, stellte er sich ihr vor. Die Frau hieß Ellen Malinda Pennoyer und studierte Kunst am Fresno State College. An den Wochenenden arbeitete sie als Zimmermädchen in der nahe gelegenen Yosemite Valley Lodge und verbrachte manchmal Zeit mit den Kletterern im Camp 4. Als Tochter eines Piloten der Luftwaffe, der im Zweiten Weltkrieg gedient und später für Pan Am gearbeitet hatte, war Malinda ihr Leben lang unterwegs gewesen und hatte in Deutschland, überall in den Vereinigten Staaten und anderswo gelebt. Allein 1959 war sie sechsmal umgezogen. Ihre Eltern waren abenteuerlustig. Einmal begleitete sie ihren Vater auf einer Flussfahrt von Chattanooga, Tennessee, nach Birmingham, Alabama. Ihre Familie kam seit Jahren in den Yosemite-Nationalpark und hatte ihr dieselbe tiefe Liebe zur Natur eingeimpft, die auch Chouinard antrieb.

Als sie ein Paar wurden, lernte Malinda, über Chouinards rauere Seiten hinwegzusehen. Bei ihrem ersten Besuch in seinem Haus öffnete sie den Kühlschrank und fand dort eine Tierhufe. Chouinard hatte ein Reh erlegt und aß es

Stück für Stück auf. Doch genau dieser Dirtbag-Lebenswandel machte einen guten Teil seines Charmes aus, und Chouinard wusste das für sich zu nutzen. »Bin erst seit anderthalb Wochen weg von der Zivilisation, und schon riecht mein Schritt wie der Atem eines Geiers, und meine Zähne sind von einer gelben Schicht überzogen«, schrieb er ihr in einem Liebesbrief kurz nach ihrem Kennenlernen. »Lasse mich wohl ein bisschen gehen, fürchte ich. Gib mir 'nen Monat und ich bin völlig verwildert!«[27]

Die beiden heirateten 1970. Kurz nach der Hochzeit gab Malinda ihren Job als Kunstlehrerin an einer Highschool auf und begann, bei Chouinard Equipment zu arbeiten.

In Ventura nahm ein konventionelleres Leben langsam Gestalt an. Chouinard Equipment kaufte den Blechschuppen und einige benachbarte Gebäude und schuf so einen festen Standort für das Unternehmen. Nachdem Chouinard und Malinda einige Jahre im Untergeschoss des Büros geschlafen hatten, kaufte das Paar schließlich ein kleines Haus am Faria Beach in Ventura, nur wenige Kilometer nördlich. Dank der Lage direkt am Wasser konnte Chouinard von seinem Wohnzimmer aus das Spiel von Wind und Wellen sowie die Gezeiten beobachten. Das Paar bekam auch sein erstes Kind, einen Sohn namens Fletcher. Als der Junge noch klein war, setzte ihn Chouinard in einen Rückengurt und nahm ihn mit ins Büro, wo er zusah, wie sein Vater Karabiner prüfte und Shirts entwarf. Als Fletcher laufen konnte, musste Malinda ein Holzgitter an der hinteren Veranda anbringen, um den Jungen daran zu hindern, Chouinard zum Meer und in die Brandung zu folgen.

Nach der Geburt ihres zweiten Kindes, einer Tochter namens Claire, errichteten die Chouinards ein weiteres Zuhause, diesmal in Moose, Wyoming. Das zweistöckige Blockhaus, am Rande einer kleinen, nicht eingemeindeten Kommune gelegen, stand auf einem Grundstück, das direkt an den Snake River grenzte. Vom Wohnzimmer aus konnten die Chouinards Rudel Elche beim Grasen beobachten und die Tetons bestaunen, sich majestätisch in den Himmel erhoben. Für die Einrichtung nutzten sie ausgemusterte Stühle und Betten des National Park Service.

Bis heute hat sich im Inneren des Hauses kaum etwas verändert. Die Möbel sind ein buntes Sammelsurium aus Erbstücken und Flohmarktfunden, das Geschirr stammt aus Secondhandläden von Goodwill. Chouinard filetiert Fische mit einem Messer, das er vor 50 Jahren gekauft hat. Bücher und Brettspiele stapeln sich bis zur Decke. Einen Fernseher sucht man vergeblich. »Fast alles, was ich habe, ist alt«, sagte Chouinard einmal. »Ich benutze alles, bis es komplett auseinanderfällt.«[28] Auf der Schotterauffahrt steht ein alter Toyota-Kombi mit einem Aufkleber, auf dem steht: »Jeder Milliardär ist ein politisches Versagen.« Die Haustür ist stets unverschlossen.

Trotz der Schlichtheit des Hauses handelte es sich um ein exklusives Anwesen. Die Familie Forbes besaß in der Nähe einen eigenen Landsitz. In den 1920er-Jahren hatte John D. Rockefeller Jr., der Sohn des Gründers von Standard Oil, einen Großteil des umliegenden Landes erworben. Um seine Identität zu verbergen, nutzte Rockefeller eine eigens gegründete Gesellschaft und brachte so rund 13 350 Hektar Land in seinen Besitz – darunter einige der ikonischsten Bergketten Nordamerikas. Sein Ziel war es, die unberührte Wildnis für alle Zeiten zu bewahren. Dieses Versprechen löste er in den 1930er-Jahren ein, als er das Land der U.S.-Regierung stiftete und damit einen wesentlichen Beitrag zur Entstehung des Grand-Teton-Nationalparks leistete. Nun lebte Chouinard, ein weiterer naturverbundener Unternehmer, direkt an der Schwelle dieses Parks.

Mit der Zeit hatte er genug Bodenhaftung gewonnen, um sich mit der Realität auseinanderzusetzen. Er war längst nicht mehr nur Kletterer, Surfer und Schmied. Allmählich dämmerte ihm, dass er, ob er wollte oder nicht, das Unternehmen anführte und damit eine wachsende Verantwortung trug. Er musste Löhne zahlen, sich um seine Mitarbeiter kümmern und den Aufträgen nachkommen. Gleichzeitig war ihm klar, dass er sich nicht an die üblichen Regeln der Geschäftswelt halten würde. Seine Angestellten sollten keine Anzüge und Krawatten tragen. Das Büro würde weder von eintönigem grauem Teppichboden bedeckt noch in sterilen Parzellen unterteilt sein. Mit Verachtung blickte er auf die »blassgesichtigen Leichen«, die er durch die Büros der amerikanischen Wirtschaftswelt schleichen sah. Wenn er schon ein Geschäftsmann sein musste, dann wollte er es auf seine eigene Weise tun.

In der Praxis bedeutete dies, den Arbeitsalltag grundlegend zu überdenken. Chouinard kam zu dem Schluss, dass Arbeit Spaß machen muss. Der Sinn für Abenteuer stand im Mittelpunkt der Sportarten, die er liebte, und sollte auch im Mittelpunkt seines Unternehmens stehen. Er wollte, dass seine Mitarbeiter eine gesunde Portion Respektlosigkeit an den Tag legten und sich selbst nicht zu ernst nahmen. Idealerweise sollten alle Mitarbeiter freundschaftlich miteinander verbunden sein. Er hatte auch klare Vorstellungen davon, was ihm unwichtig war – Schuhe waren keine Pflicht. Am wichtigsten war ihm vielleicht, dass seine Angestellten die Freiheit hatten, das zu tun, was ihnen wirklich wichtig war, wie zum Beispiel surfen. »Wir haben einfach unsere eigene Art, dem Geschäft nachzugehen, erfunden«, sagte Chouinard. »Das war etwas ungewöhnlich, aber es hat funktioniert.«[29]

Nachdem sie sich in Ventura niedergelassen hatten, begannen Chouinard und Malinda, sich in der Lokalpolitik zu engagieren. Am 12. März 1972 half Malinda bei der Organisation einer 78 Kilometer langen Radtour, um Spenden für die »Proposition 9« zu sammeln, eine Bürgerinitiative, die unter dem Namen Clean Environment Act bekannt wurde. Mehr als 500 Radfahrer nahmen daran teil, und Malinda wurde in der Zeitung zitiert, wo sie die Kommunalverwaltung aufforderte, ihre Bemühungen zum Schutz der kalifornischen Küste zu verstärken. Dies war einer der ersten Schritte des Unternehmens im Bereich des Umweltschutzes.

Kurz darauf besuchte Chouinard ein örtliches Kino, um sich einen Surf-Film anzusehen. Nach der Vorführung stand ein Surfer auf und forderte das Publikum auf, an einer bevorstehenden Stadtratssitzung teilzunehmen und gegen einen Plan zur Umleitung und Bebauung der Mündung des Ventura River Stellung zu beziehen. Dieser kleine Fluss floss direkt hinter dem Büro von Chouinard Equipment und mündete dann in den Pazifik, wo er einen der besten Surfspots Kaliforniens bildete. Wenn der Plan umgesetzt worden wäre, hätte der Surfspot, der Chouinard ursprünglich nach Ventura gezogen hatte, verschwinden können. Chouinard und seine Freunde wussten, dass der Ventura River nicht nur für die Surfer vor Ort wichtig war, sondern noch bis in die 1940er Jahre ein wichtiger Laichplatz für Tausende von Regenbogenforellen und Königslachsen gewesen war. Doch im Laufe der Jahre war der Fluss flussaufwärts durch Staudämme reguliert worden, was ihn austrocknete und die Fischpopulationen auslöschte.

Bei der Stadtratssitzung, die aufgrund des unüblich großen Andrangs im Auditorium der Ventura High School abgehalten wurde, bestätigten zahlreiche von der Stadt bezahlte Experten, dass eine weitere Bebauung keine negativen Auswirkungen auf die Tierwelt in der Gegend haben würde, da der Fluss bereits praktisch tot sei. Es sah so aus, als würden die Pläne umgesetzt werden. Dann ergriff ein junger Umweltaktivist namens Mark Capelli das Wort. Mit einem Diaprojektor zeigte er Fotos von Tierarten, die er kürzlich im Einzugsgebiet des Flusses dokumentiert hatte, darunter Bisamratten, Schlangen, Aale und Vögel, die in den Weiden lebten. Als Capelli Bilder von jungen Regenbogenforellen zeigte, applaudierte die Versammlung. Es gab also doch Leben im toten Fluss. Seine Aussage gab den Ausschlag in der Debatte, die Bebauung wurde gestoppt, der Fluss geschützt und der Surfspot erhalten.

Nach der Sitzung rief Malinda Capelli an und fragte ihn, ob er einige seiner Fotos im neuen Ausstellungsraum des Unternehmens präsentieren wolle. Capelli willigte ein und freundete sich bald mit Chouinard an, der Capellis neu gegründeter gemeinnütziger Organisation »Friends of the Ventura River« kostenlos Büroräume zur Verfügung stellte. Capelli war kein Geschäftsmann und Chouinard zu diesem Zeitpunkt noch kein Aktivist, aber die beiden Männer teilten die Liebe zur Natur und eine antiautoritäre Haltung. »Wir lebten beide ganz nach unseren eigenen Regeln«, so Capelli.[30]

Wenig später traf Capelli Chouinard auf dem Firmenparkplatz. Nachdem sie eine Weile über das Surfen geplaudert hatten, bat er Chouinard um eine Spende. Friends of the Ventura River hatte Klage eingereicht, um eine Vereinbarung zwischen dem Casitas Municipal Water District und der Stadt Ventura über die Wassernutzung zu verhindern, da diese eine Verringerung des Flusslaufs zur Folge gehabt hätte. Er brauchte Geld für die Anwaltskosten.

»Wie viel brauchst du?«, fragte Chouinard ohne zu zögern.

Capelli sagte, er rechne mit 3000 Dollar.

»Geh einfach nach oben und lass dir von Clova einen Scheck ausstellen«, sagte Chouinard und verwies auf die damalige Buchhalterin von Patagonia.

Capelli eilte nach oben, aber Clova war gerade auf dem Weg nach draußen. »Kannst du morgen wiederkommen?«, fragte sie.

Capelli kam am nächsten Tag zurück, Clova stellte den Scheck aus, und die Klage war schließlich erfolgreich, nachdem alle Berufungen bis zum Obersten Gerichtshof von Kalifornien zurückgewiesen worden waren. Das festigte die Partnerschaft zwischen Chouinard und Capelli, und bald darauf brachte Chouinard an der Eingangstür des Büros ein Schild mit der Aufschrift »Friends of the Ventura River« an.

Der Scheck für Capelli war die erste umweltbezogene finanzielle Unterstützung, die Chouinard jemals getätigt hatte. Seine kleine Spende hatte etwas bewirkt, und er begriff zum ersten Mal, dass sein Geld etwas verändern konnte. Chouinard unterstützte Capelli und seine Organisation in den folgenden 50 Jahren weiter und finanzierte Capellis Arbeit an der University of California in Santa Barbara, wo dieser unter anderem einen Kurs zum Schutz gefährdeter Arten unterrichtete. Mit der Zeit begann sich der Ventura River zu erholen. Einige der durch die Urbanisierung verdrängten Tierarten kehrten zurück, und die Regenbogenforellen begannen wieder zu laichen.

Mit seinem Wechsel von Felshaken zu Klemmkeilen hatte Chouinard seine Produktpalette überarbeitet, um den Planeten zu schützen. Nun nutzte er seine finanzielle Macht, um Umweltaktivisten an der Basis zu unterstützen, und machte damit den ersten Schritt auf einem philanthropischen Weg, der seine Karriere und die Welt prägen sollte.

Software

Als Chouinard Mitte der 1960er-Jahre im Peak District in England Klettertouren an Kalksteinfelsen unternahm, fiel ihm auf, dass einige Einheimische Cordhosen trugen. Der Stoff war robust und riss nicht so leicht, sodass er sich gut für strapazierfähige Kletterbekleidung eignen würde. Er machte die Weberei in Lancashire ausfindig, in der der Stoff hergestellt wurde, und stellte sich vor. In kurzer Zeit fertigte die Fabrik Hosen und Shorts für Chouinard, der sie zunächst an seine Freunde verkaufte. Einige Jahre später kaufte Chouinard während einer Klettertour in Schottland ein Trikot eines lokalen Rugby-Teams. Wenn es robust genug für Rugby war, musste es auch robust genug für das Klettern sein, dachte er sich. Mit roten und gelben Streifen auf blauem Grund war es auffallend farbenfroh im Vergleich zu den meisten Outdoor-Kleidungsstücken, die damals vornehmlich in tristen, neutralen Farbtönen gehalten waren. Genau wie Cord verschliss der dicke Baumwollstoff nicht an den Felsen; noch besser war, dass der Kragen seinen Hals vor der Ausrüstung schützte, die er oft über die Schulter hängte. »Jedes Mal, wenn er klettern ging, kam er mit neuen Ideen zurück«, sagte Hall Stratton, der zu dieser Zeit für Chouinard arbeitete. »Er wusste einfach, dass es eine bessere Lösung geben musste.«[31]

Zurück in Kalifornien trug Chouinard das Rugby-Shirt rund um Yosemite – und es wurde sofort zum Hingucker. Schon bald wollten alle anderen Kletterer ebenfalls eins haben. Neben seiner Robustheit sorgten die kräftigen Farben für gute Laune am Berg. Chouinard scherzte, dass die monatelange Tristesse in den einfarbigen Zelten die Kletterer glauben lasse, sie befänden sich in einem Ingmar-Bergman-Film, und dass sie ohne ein bisschen Farbe in ihrem Leben sich am Ende nur mit Aquavit volllaufen lassen würden. Den letzten Anstoß gab ihm ein unerwartetes Feedback: Ein Kunde schrieb ihm und bat darum, Kleidung in »nicht-hässlichen Farben« herzustellen.

In der Hoffnung auf schnelle Gewinne begann Chouinard, Rugby-Shirts aus England zu importieren. Zunächst bezog er sie direkt von Umbro, dem englischen Hersteller für Sportbekleidung, und verkaufte sie mit Aufschlag weiter. Die Shirts waren ein voller Erfolg und fanden so reißenden Absatz, dass er kaum mit dem Transport von England nach Kalifornien hinterherkam. Selbst als er zusätzlich Rugby-Shirts aus Argentinien und Neuseeland importierte, konnte Chouinard die Nachfrage kaum stillen.

Ab diesem Zeitpunkt begann das Unternehmen, zunehmend Kleidung zu verkaufen, die es als »Software« bezeichnete – im Gegensatz zu den aus Metall gefertigten Klemmkeilen und Karabinern, die unter »Hardware« liefen. Schon bald bot Chouinard Equipment Regenjacken aus Schottland, Handschuhe aus Österreich, wendbare Mützen aus Colorado und Schuhe aus Frankreich an, die von Chouinards Freund Royal Robbins entworfen worden waren. Eines Tages, als Chouinard mit Malinda und einigen Freunden in der alten Blechhütte Kisten sortierte, stellte er laut die Frage, warum er so viele Produkte verkaufte, die er nicht selbst hergestellt hatte. Abgesehen von der Kletterausrüstung stammte nahezu alles von anderen Herstellern. Davey Agnew, ein schottischer Kletterfreund, der damals bei Chouinard zu Besuch war, erinnert sich an den Moment, als eine richtungsweisende Idee Form annahm. »Man konnte förmlich sehen, wie es ihm klar wurde«, sagte Agnew. »Er brauchte eine eigene Bekleidungsmarke.«[32] Chouinard wurde bewusst, dass Tompkins mit seinen verrückten Gedanken in der Eishöhle recht gehabt hatte: Hemden und Hosen ließen sich weitaus besser verkaufen als Klemmkeile und Karabiner.

Chouinards erstes eigenes Design waren Shorts, die speziell für seine Ansprüche beim Klettern entwickelt wurden. Sie sollten besonders strapazierfähig sein, mit einer doppelten Stofflage an den Beinen und großzügigen Taschen für Ausrüstung. Um seine Idee umzusetzen, trennte er eine kurze Hose auf, studierte deren Aufbau im Detail und entwarf daraufhin eigene Schnittmuster. Als Material wählte er robustes Segeltuch, wie es normalerweise für Gartenmöbel verwendet wird. Nach dem Nähen waren die Shorts so steif, dass sie von allein auf einem Tisch stehen konnten. Passenderweise nannte er sie »Stand Up Shorts«. Schnell avancierten sie zu einem der Bestseller seines Unternehmens. Obwohl Chouinard im Modedesign ein Neuling war, bewies er ein feines Gespür für die Bedürfnisse seiner Kunden.

Eine wachsende Zahl von Näherinnen fertigte bald Oberteile, Hosen und sonstige Sportswear an. Als das Geschäft mit der Bekleidung, also der »Software«, immer erfolgreicher wurde, entschied sich Chouinard, es vom Hardware-Geschäft zu trennen und für die Sportswear ein eigenständiges Unternehmen zu gründen. Doch wie sollte es heißen? Der Name Chouinard Equipment war in der Kletter-Community bekannt, und er überlegte, seinen Nachnamen auch für die Bekleidungslinie zu verwenden. Doch er wollte eine klare Unterscheidung zwischen der Ausrüstung und der Kleidung schaffen und suchte nach einem einprägsameren Markennamen. Idealerweise sollte dieser an Sehnsuchtsorte wie Timbuktu oder Shangri-La erinnern und leicht auszusprechen sein. Durch seine Erfahrungen mit den Fun Hogs war Chouinard bewusst geworden, dass er Kleidung entwickeln wollte, die den Herausforderungen eines unwirtlichen Ortes wie Fitz Roy standhalten konnte – einem Berg, der ihn und seine Freunde an ihre Grenzen gebracht hatte. Und so wählte er 1973, als die Bekleidungsfirma ins Leben gerufen wurde, den Namen Patagonia.

Der Zeitpunkt für die Gründung eines neuen Unternehmens war denkbar günstig. Die amerikanischen Verbraucher waren zahlungskräftig und suchten nach neuen Möglichkeiten aktiver Freizeitgestaltung In den 1960er-Jahren gab es laut einem Bericht des Wall Street Journal mindestens 100 000 potentielle Abnehmer für Kletterausrüstung. Das Interesse am Klettern war stark gestiegen, Ladenketten wie REI und Eastern Mountain Sports schossen wie Pilze aus dem Boden, und Chouinard selbst spielte eine zentrale Rolle. Angesichts der boomenden Verkaufszahlen richtete das Patagonia-Team eine Näherei im zweiten Stock eines Gebäudes ein, nicht weit von der Blechhütte entfernt. Val Franco, eine junge Frau mit langen dunklen Haaren, die mit ihrem Motorrad zur Arbeit kam, begann mit der Produktion von Stand Up Shorts und Rucksäcken. Und für die Artikel, die Patagonia nicht selbst herstellte, gingen Chouinard und seine Mitarbeiter immer ehrgeizigere Partnerschaften mit Lieferanten auf der ganzen Welt ein – manchmal zu ehrgeizig.

Im Jahr 1974 war die Nachfrage nach Rugby-Shirts so groß, dass Chouinard und sein Team eine folgenreiche Entscheidung trafen. Anstatt sie weiterhin aus England zu importieren, wollten sie einen Vertrag mit einer Bekleidungsfabrik in Asien abschließen, um ihre eigenen Shirts herzustellen. Auf der Suche nach einem Lieferanten wandte sich Chouinard an Tompkins, dessen Firma Plain Jane mit dem Verkauf von bunten Röcken und Oberteilen in Kaufhäusern wie Bloomingdale's und Saks Fifth Avenue ein florierendes Geschäft betrieb. Tompkins empfahl eine Fabrik in Hongkong, und Chouinard gab eine Bestellung über 3000 Rugby-Shirts pro Monat in acht verschiedenen Designs auf.

Von Anfang an war es ein Chaos. Die Verarbeitungsqualität, die für einfache Damenbekleidung vielleicht noch akzeptabel war, war für anspruchsvolle Bergsteigerbekleidung völlig inakzeptabel. Die Qualität der Shirts war miserabel, der Stoff nicht strapazierfähig, die Größen nicht einheitlich und die Lieferungen kamen nicht rechtzeitig an. Chouinard kündigte den Vertrag so schnell wie möglich, aber da war es schon zu spät. Die Bestellung hatte die Barreserven von Patagonia aufgebraucht, die Hemden verkauften sich nicht, das Geld wurde knapp und das gesamte Unternehmen war durch eine einzige schlechte Entscheidung in Gefahr geraten.

So erkannte Chouinard früh, wie herausfordernd das Management einer globalen Lieferkette sein kann. Während es vergleichsweise überschaubar war, Kletterausrüstung in Handarbeit herzustellen, jedes Teil persönlich zu prüfen und einen begrenzten Lagerbestand zu verwalten, erwies sich das Bekleidungsgeschäft als wesentlich komplexer. Die Lieferanten waren über weit entfernte Länder verteilt, die Qualität variierte erheblich, Lieferzeiten erstreckten sich über mehrere Monate, und es war kaum vorhersehbar, ob neue Kleidungsstücke beim Waschen einlaufen oder ausbleichen würden.

Als die finanzielle Lage immer prekärer wurde, begannen Chouinard und Malinda, sich mit Bankern zu treffen, um die Finanzen des Unternehmens zu stabilisieren. Die meisten Banken vor Ort waren jedoch nicht an einer Zusammenarbeit mit Patagonia interessiert, da sie das Unternehmen für zu unorganisiert und damit für nicht vertrauenswürdig hielten. Ein Freund der Chouinards stellte ihnen eine Person aus dem Umfeld der Mafia vor, die ihnen einen Kredit mit einem Zinssatz von 28 Prozent anbot. Sie lehnten dankend ab. Schließlich gelang es den Chouinards, bei einer anderen Bank vor Ort einen günstigeren und weniger zweifelhaften Kredit zu bekommen, mit dem sie ihr Geschäft konsolidieren konnten.

Mit einer soliden Finanzlage begann Patagonia, sein Angebot zu erweitern. Eines der ersten Produkte war die Foamback-Jacke, eine Verbesserung gegenüber den damaligen Regenjacken, bei denen sich innen Kondenswasser sammelte. Chouinard und sein Team fügten eine Schaumstoffschicht an der Innenseite der Außenhülle hinzu, wodurch die Jacke wärmer und trockener wurde. Von da an suchte Chouinard nach Möglichkeiten, neue Kleidungsstücke zu entwickeln, die strapazierfähig und warm genug für anspruchsvolle Expeditionen in die Berge waren. Auf der Suche nach Inspiration kam das Team auf die Idee, einen Pullover aus synthetischem Fleece zu entwerfen. Chouinard hatte bei einem Textilhändler in Kanada einen Ballen Acrylgewebe gesehen, das zwar hässlich und geruchsintensiv war, aber vielversprechend wasserabweisend. Mitte der 70er-Jahre war ein solches Material jedoch nicht ohne Weiteres verfügbar, und das Team wusste, dass es bei der Beschaffung kreativ werden musste.

Eines Tages im Jahr 1976 kam Malinda auf die Idee, in Los Angeles nach dem passenden Material zu suchen. Also fuhr sie in den Merchandise Mart im Herzen des Fashion Districts der Stadt, einem riesigen Großhandelszentrum für Textilien und Mode. Sie durchstreifte Stand für Stand, bis sie schließlich fündig wurde – allerdings handelte es sich nicht um einen Stoff, der für Kleidung gedacht war. Der hellblaue, synthetische Florstoff war ursprünglich für Badezimmermatten und Toilettensitzbezüge konzipiert. Malinda ließ einige Rollen des flauschigen Materials nach Ventura schicken, wo sie zunächst unbeachtet herumlagen. Doch irgendwann entdeckte Chouinard den Stoff und brachte ihn in die Nähstube. Nach eingehender Prüfung war er überzeugt, das ideale Material gefunden zu haben. »Wir wussten, dass der Flor Luft einschließen und dadurch Wärme spenden würde«, erklärte Franco, die Näherin. »Er war leichter als Wolle, trocknete schnell und blieb auch in der Kälte flexibel, ohne zu vereisen.«[33]

Die naheliegende Lösung wäre gewesen, das flauschige Flor-Material nach innen, also zum Körper hin, zu verarbeiten – so wie es damals bei den meisten Jacken mit ähnlichem Stoff üblich war. Doch das Patagonia-Team stellte schnell fest, dass die glatte Außenseite des Stoffs leicht Knötchen bildete und dadurch schnell abgenutzt aussah. Chouinard entschied sich, das Konzept auf den Kopf zu stellen. Inspiriert von Schafen ließ er die Jacken mit der buschigen Flor-Seite nach außen nähen. »Tiere tragen ihr Fell schließlich auch außen«, erklärte er.[34] Diese intuitive Entscheidung sollte die Modewelt über Jahrzehnte hinweg prägen.

Franco nähte einige Pullover nach Chouinards Entwurf. Das Muster war denkbar einfach. Sie hatten einen Reißverschluss vorne, keine Taschen und sahen mit dem Flor nach außen ungewöhnlich aus. Dann nahm Chouinard sie mit in die Berge, um zu sehen, wie sie sich bewährten. Sie erwiesen sich als Wunderwerke. Sie waren warm, nahmen kein Wasser auf, trockneten schnell und waren unglaublich strapazierfähig. Patagonia wollte den Stoff in großen Mengen kaufen, konnte aber keine Bestellung aufgeben, die groß genug war, um den Hersteller zu einer Sonderanfertigung in einer bestimmten Farbe zu bewegen. Also kaufte das Unternehmen den gesamten Vorrat auf, der nur in zwei Farben erhältlich war: einem faden Braun und einem hellen Blau. Bald darauf verkaufte Patagonia seine ersten Jacken aus synthetischem Fleece. Sie waren nicht perfekt. Die Außenseite bildete nach wiederholtem Tragen Knötchen, sie neigten dazu, nach einigen Wochen im Einsatz Körpergeruch unter den Achseln zu speichern, und außerdem waren sie nicht besonders schön. Aber sie hielten die Menschen in den Bergen warm und wurden schnell zu einem der beliebtesten Produkte des Unternehmens. Sie stellten auch einen Wendepunkt in der Materialentwicklung dar: Patagonia produzierte nun Kleidung nicht mehr aus organischen Materialien wie Baumwolle oder Wolle, sondern aus Synthetikfasern. Das heißt, das Unternehmen stellte Kleidung aus Kunststoff her.

Mit einer derart schützenden Schicht gegen die Kälte ausgestattet, nahm sich Chouinard das nächste Problem vor: die Unterwäsche. Eine schnell trocknende Jacke erfüllte ihren Zweck nicht, wenn sie über Baumwollunterwäsche getragen wurde, die Feuchtigkeit aufnahm und Kälte speicherte. Angespornt von den Vorteilen der synthetischen Materialien wandte sich Chouinard erneut innovativen Lösungen zu. Polypropylenfasern – leicht, wasserabweisend und ursprünglich für Fischernetze und Bootstaue verwendet – weckten sein Interesse. Zwar hatten einige Unternehmen bereits mit Polypropylen-Stoffen experimentiert, doch Patagonia war das erste, dem es gelang, das Material in einer ausreichend dicken Qualität herzustellen, um als Isolationsschicht zu dienen. Innerhalb weniger Jahre entwickelte sich die lange Unterwäsche aus Polypropylen zu einem Verkaufsschlager.

Mit der Unterbekleidung und der Fleecejacke begann Patagonia, die Vorzüge des Schichtprinzips hervorzuheben, einer neuen Methode, um bei Wind und Wetter warm und trocken zu bleiben. Die Unterwäsche leitete Schweiß ab, die zweite Schicht sorgte für Wärme und die Außenjacke hielt Wind, Regen und Schnee ab. Diese bedeutende Innovation veränderte die Art und Weise, wie Menschen sich für Outdoor-Aktivitäten kleideten. Bald wurde das Schichtsystem von Dutzenden anderer Unternehmen kopiert, die um Anteile am wachsenden Markt für Outdoor-Bekleidung konkurrierten.

Der Übergang zur Bekleidung lief auf Hochtouren. Chouinard Equipment war zwar noch immer aktiv und stellte Karabiner, Hexentrics und Klemmkeile her, doch es zeichnete sich ab, dass das eigentliche Geld mit Kleidung zu verdienen war. Mit neuen Stoffen, innovativen Designs und mutigen Farbvarianten revolutionierte Chouinard die Outdoor-Sportswear. Innerhalb weniger Jahre schossen Patagonias Umsätze von etwa 250 000 Dollar jährlich auf über 2 Millionen Dollar in die Höhe. Doch dieser Erfolg hatte eine Schattenseite. Obwohl es damals noch nicht vollständig erkannt wurde, läutete die zunehmende Verwendung synthetischer Stoffe eine neue Ära der umweltschädlichen Bekleidung ein. Indem Patagonia und andere Unternehmen weniger auf natürliche Materialien wie Baumwolle und Wolle setzten, beschleunigten sie eine Transformation, die die gesamte Bekleidungsindustrie veränderte. Heute bestehen etwa 60 Prozent aller neu produzierten Kleidungsstücke aus synthetischen Fasern wie Polyester, Nylon, Acryl oder Polypropylen – allesamt aus fossilen Brennstoffen hergestellt.

Ein Haufen skurriler Kindsköpfe

Der durch die mangelhafte Qualität der Shirts aus Hongkong hervorgerufene finanzielle Engpass löste eine Reihe von Ereignissen aus, die das Unternehmen grundlegend verändern sollten. Zum einen wurde die Arbeitsatmosphäre zunehmend stressiger. Malinda Chouinard und Tom Frost hatte sich nie besonders gut verstanden. Malinda, ein Freigeist mit der Neigung zu intuitiven Entscheidungen, geriet ständig mit dem akribischen Ingenieur Frost aneinander. Angesichts der finanziellen Schwierigkeiten kam es noch häufiger zu Streitereien. Die Beziehung verbesserten sich auch nicht, als Frost, der Mormone war, Chouinard bat, ein Mitglied seiner Kirche, Ray Heagle, einzustellen. Heagle war nicht nur Bischof in der Kirche Jesu Christi der Heiligen der Letzten Tage, sondern leitete auch ein Elektrounternehmen, und Frost glaubte, dass er dringend benötigte Disziplin in das Unternehmen bringen könnte. Chouinard hatte zunächst Bedenken, weil er befürchtete, dass ein Außenstehender nicht in die unkonventionelle Kultur, die er etabliert hatte, passen würde. Aber schließlich gab er nach, und Heagle übernahm eine Führungsaufgabe in dem Unternehmen, von dem er keine Ahnung hatte.

Es dauerte nicht lange, bis sich Chouinards schlimmste Befürchtungen bewahrheiteten. Die kulturellen Unterschiede zwischen dem strengen mormonischen Manager und den entspannten Kletterern und Surfern waren von Anfang an offensichtlich. Heagle untersagte den Mitarbeitern, ihre Surfbretter mit zur Arbeit zu bringen und bei guten Wellen eine Pause zu machen, was sofort den Unmut der Belegschaft hervorrief. Einmal bat Heagle Stanley, eine neue Preisliste auf leuchtend gelbem Papier drucken zu lassen, damit sie die Aufmerksamkeit der Leute auf sich zieht. Aber das gelbe Papier war ausverkauft, und Stanley beschloss, sie stattdessen auf blauem Papier drucken zu lassen.

Als die Preislisten in der Zentrale eintrafen, stürmte Heagle wütend in Stanleys Büro. »Wie können Sie es wagen, meine Anweisungen zu missachten?«, brüllte er.[35]

Stanley lachte nur über diesen Ausbruch, der in keinem Verhältnis zu dem angeblichen Vergehen stand. Chouinard war mit ihm einer Meinung. »Ich kann mit diesem Typen nicht arbeiten«, sagte er zu Stanley. »Niemand kann das.«

Chouinard entließ Heagle bald darauf und zahlte ihm eine Abfindung. Das war eine frühe Lektion in Personalführung für das junge Unternehmen. Dies war kein Ort, an den ein durchschnittlicher Manager kommen und Erfolg haben konnte. Doch auch nach Heagles Weggang nahmen die Spannungen zwischen den Chouinards und Frost zu. Es gab unterschiedliche Vorstellungen darüber, wie das Unternehmen geführt werden sollte und wie die Unternehmenskultur auszusehen hatte. Als die Beziehung 1975 schließlich endgültig zerbrach, entschied sich Chouinard, Frosts Anteile aufzukaufen. Er und Malinda waren nun alleinige Eigentümer des Unternehmens.

Mit dem Weggang der Frosts war Patagonia mehr denn je ein Familienunternehmen, mit all den Vorzügen und Komplikationen, die das mit sich brachte. Stanley war präsent, Malinda packte tatkräftig mit an, und auch Kris und Roger McDivitt engagierten sich zunehmend. Diese enge Gemeinschaft war geprägt von einem starken Zusammenhalt und tiefem gegenseitigen Vertrauen. Doch keiner von ihnen konnte Tom Frosts Fachwissen in Fertigung und Technik ersetzen, noch Doreen Frosts organisatorisches Geschick kompensieren. Damit stand Chouinard plötzlich alleine da. »Er hatte sich auf Tom und Doreen verlassen, die große Teile der Unternehmensstruktur trugen, die Rechnungen beglichen und den Betrieb am Laufen hielten, wenn er abwesend war«, erklärte Stanley. »Nun musste er als Unternehmer allein zurechtkommen.«

Dennoch lief das Unternehmen reibungslos weiter. Bis 1977 hatte Chouinard praktisch jedes Klettergerät neu entworfen, und die Belegschaft war auf 16 Vollzeitmitarbeiter angewachsen. Der Hauptsitz in Ventura hatte sich zu einem ungewöhnlichen Ort entwickelt, einer Mischung aus Firmengelände und kultureller Hochburg. Der ursprüngliche Blechschuppen stand noch immer und beherbergte ein Team, das die noch im Inland hergestellten Teile aus Metall fertigte. Komplexere Kletterausrüstung wurde in einer nahegelegenen Maschinenwerkstatt hergestellt. Der alte Schlachthof wurde renoviert und in Büros, einen Versandbereich und eine Näherei umgewandelt.

An einer Wand im Büro hing ein Henry David Thoreau zugeschriebenes Zitat, das als Inspiration diente: »Vereinfachung der Mittel und Erhebung der Ziele – das ist das Ziel.« Ein Schlüssel fürs Büro war unter einem Stein versteckt, sodass die Mitarbeiter kommen und gehen konnten, wann sie wollten. Einige der exzentrischen Handwerker hämmerten sogar mitten in der Nacht herum, wenn ihnen danach war. Ein paar schwarze Labradore stromerten stets herum. Kletterer schauten oft vorbei, verdienten sich ein bisschen Geld, indem sie Kartons packten oder dabei halfen, das Inventar zu sortieren. Der Parkplatz war immer noch eine Partyzone, und das Büro leerte sich schlagartig, sobald die Wellen richtig gut wurden. »Die Leute, die für ihn arbeiteten, waren ein Haufen skurriler Kindsköpfe,« sagte Hall Stratton, der in der Werkstatt tätig war.[36]

Zwar hatten alle ihren Spaß, doch gut organisiert war der Betrieb nicht. Nachdem Frost weg war und Chouinard immer noch monatelange Klettertouren einlegte, brauchte Patagonia einen neuen Chef. Chouinard war sich dessen bewusst. Er wusste auch, dass es nicht funktionieren würde, einen weiteren Manager von außerhalb zu holen. Er musste jemanden aus den eigenen Reihen auswählen, und 1979 traf er eine inspirierte, wenn auch ungewöhnliche Entscheidung: Er ernannte Kris McDivitt zur Geschäftsführerin des Unternehmens. Ihr Titel lautete nicht »Chief Executive Officer«, wie es in anderen Unternehmen üblich gewesen wäre, aber es gab keinen Zweifel: Kris hatte nun das Sagen.

Kris McDivitt war in der Gegend aufgewachsen. Ihre Familie besaß eine Farm im nahe gelegenen Santa Paula, aber als sie noch ein Kind war, nahm ihr Vater eine Stelle als Erdölingenieur in Venezuela an. Ihr Bruder Roger wurde auf ein Internat nach Barbados geschickt. Kris war jünger und ging mit ihren Eltern in den südamerikanischen Busch, wo sie eine Schule mit nur einem Klassenzimmer besuchte. Doch nach nur wenigen Jahren in Venezuela starb ihr Vater. Polio wütete, und er hatte es versäumt, sich mit dem von Jonas Salk entwickelten Impfstoff impfen zu lassen. McDivitt und ihre Familie zogen zurück nach Südkalifornien, und es dauerte nicht lange, bis sie und ihr Bruder mit Chouinard herumhingen.

Zunächst vertraute Chouinard McDivitt und ihrem Bruder einfache Aufgaben an. Roger sollten einen kleinen Verkaufsraum einrichten, der als Laden für die vorbeikommenden Kletterer dienen würde. Da es nur wenige Kunden gab, half Roger dabei, Großhandelskunden zu organisieren, ein Zahlungssystem für Lieferanten einzurichten und den Versandhandel auszubauen. Kris war noch ein Teenager und begann als Teilzeitkraft beim Verpacken von Kartons. Dann ging sie für einige Jahre an ein College in Idaho, wo sie einen Abschluss in Soziologie und Psychologie machte. Während dieser Zeit begann sie ernsthaft mit dem Skifahren und wurde eine erfolgreiche Rennläuferin. Ihre Wettkampfkarriere endete jedoch, als sie stürzte und sich dabei ein Bein brach und mehrere Bänderrisse zuzog.

Nach dem College kehrte Kris mit einem frisch erworbenen Abschluss und einem kaputten Knie nach Ventura zurück und begann 1973 wieder bei Chouinard zu arbeiten. Sie begann mit Gelegenheitsjobs, packte Kisten, erledigte Hausarbeiten, lieferte Waren aus und nahm Bestellungen entgegen. Roger war zwar älter und hatte mehr Erfahrung in der Branche, aber es war Kris, die im richtigen Moment Intuition und Führungsqualitäten bewies. Sie und Chouinard kamen sich näher, und er begann, ihr immer mehr wichtige Aufgaben im Unternehmen anzuvertrauen. Während Roger sich mehr auf das Großhandelsgeschäft konzentrierte, übernahm Kris immer mehr Verantwortung und wurde zu einer Art Sprachrohr für Chouinard, indem sie seine oft sprunghaften Ambitionen in praktische Anweisungen umsetzte, die die Mitarbeiter befolgen konnten. Sie wusste, wann sie ihn ernst nehmen und wann sie seine Launen ignorieren musste. Sie gewann Malindas Vertrauen und den Respekt der wachsenden Belegschaft. Und schließlich, im Jahr 1979, bekam sie den Chefposten. Chouinard war erschöpft und müde davon, den Betrieb am Laufen zu halten. Wie immer interessierte ihn das Leben draußen mehr als die Arbeit im Büro. »Hier hast du Patagonia und Chouinard Equipment«, sagte er ihr lapidar. »Mach damit, was du möchtest. Ich werde klettern gehen.«[37]

Es war das eine, Chouinards Stellvertreterin zu sein. Doch nun war McDivitt die Verantwortung für seine Unternehmen übertragen worden – sie musste nicht nur den Betrieb am Laufen halten, sondern das Geschäft auch ausbauen. Wie man ein Bekleidungsunternehmen vergrößert, wusste sie nicht, also suchte sie Rat und rief den Präsidenten der Manufacturers Bank in Los Angeles an, der führenden Bank für Modeunternehmen. Als sie ihn ans Telefon bekam, bat sie eindringlich um Hilfe. »Man hat mir die Aufgabe übertragen, mit einem sehr kleinen Team eine Bekleidungsfirma aufzubauen, und ich habe keine Ahnung, wie das geht«, erklärte sie ihm. »Ich weiß nicht einmal, was ein Akkreditiv ist. Ich weiß überhaupt nichts. Ich muss alles lernen und möchte es von Anfang an richtig machen, ohne einfach irgendwie zu improvisieren.«[38]

Der Bankier war beeindruckt von ihrem Mut und überrascht, dass sie ihn so unverblümt kontaktiert hatte. Doch er ließ sich darauf ein und teilte großzügig sein Managementwissen. Nachdem er ihr einen Überblick über die finanziellen Grundlagen der Bekleidungsbranche gegeben hatte, bestand er darauf, dass sie mit einem Buchhalter zusammenarbeitete, dem er vertraute. McDivitt folgte seinem Rat und suchte direkt das Büro des Buchhalters auf, um dessen Firma mit der Buchführung von Patagonia zu beauftragen.

Eine Verkaufsreise quer durchs Land zeigte schnell, dass McDivitt auch ein Talent dafür hatte, das Geschäft weiterzuentwickeln. In ihren ersten Tagen als General Manager reiste sie nach Maine, um bei L.L.Bean vorstellig zu werden, eine Firma, die damals über einen der größten Bekleidungskataloge des Landes verfügte. Patagonia hatte zuvor bereits Kleidung über L.L.Bean verkauft, doch diesmal kehrte McDivitt mit einer Bestellung über Tausende von Patagonia-Shorts nach Ventura zurück – ein Auftrag, der eine Umstellung bedeutete. Ihr Start als Geschäftsführerin schien unter einem guten Stern zu stehen.

Doch dann kam die Sache mit den Stempeluhren. Mit einer wachsenden Belegschaft, die kam und ging, wann es ihr passte, und einer Mehrzahl von Mitarbeitern, die stundenweise bezahlt wurden, war es unmöglich, Arbeitszeiten nachzuvollziehen. McDivitt hielt es für einen vernünftigen Schritt, Stempeluhren einzuführen, damit die Mitarbeiter ihre Arbeitszeiten selbst erfassen konnten. Was für sie eine pragmatische Lösung war, kam bei der Belegschaft an, als hätte sie ein Gefängnisregime eingeführt. Die Angestellten waren wütend und wandten sich gegen ihre neue Chefin. Jahrelang war McDivitt Teil der eingeschworenen Truppe gewesen – eine chaotische, aber funktionierende Gemeinschaft. Jetzt war sie die Chefin, und die Belegschaft fühlte sich verraten.

McDivitt zweifelte jedoch nicht an ihrer Entscheidung. Die Stempelkarten waren zu diesem Zeitpunkt notwendig, und sie blieb standhaft. »Ich konnte sehen, dass es eine grundlegende Schwäche gab. Wir mussten uns professionalisieren, ohne unsere Identität zu verlieren. Aber wie schafft man es, gleichzeitig die Unternehmenskultur zu bewahren, das Wachstum zu steigern und das Vertrauen zu erhalten?« Eine Zeit lang machten die Mitarbeiter ihrem Ärger in Team-Meetings Luft. Doch wie so oft bei bürointernen Dramen verpuffte der Sturm schließlich. Die Chefin blieb hart, und keine andere Firma in der Stadt hätte dieses bunte Team eingestellt – also ging die Arbeit weiter. Diese Episode war eine frühe Bewährungsprobe für McDivitt. Sie zeigte ihr die oft widersprüchlichen Impulse, die Patagonia antrieben, und gab ihr eine neue

Wertschätzung für das komplexe Unternehmen, das sie nun leitete. »Wir sind so kompliziert wie jeder einzelne Mensch es ist«, sagte sie. »Voller Fehler und Widersprüche.«

Einfach spontan improvisiert

Nach der Klettertour mit den Fun Hogs kehrte Tompkins voller Ambitionen und doch ohne klares Ziel nach San Francisco zurück. Er spielte mit dem Gedanken, ein Restaurant zu eröffnen oder eine neue Version von The North Face zu gründen, um von dem wachsenden Interesse am Klettersport zu profitieren. Am Ende unterstützte er jedoch Susie dabei, ihren Erfolg mit Plain Jane auszubauen. Schon bald fanden deren Kleidungsstücke Einzug in die angesagtesten Kaufhäuser New Yorks, und die Kollektion wuchs rasch über Kleider hinaus: farbenfrohe T-Shirts, Blusen, Schlaghosen und Röcke kamen hinzu. Plötzlich schwamm Tompkins im Geld. Während Chouinard keinen großen Wert darauf legte, Patagonias Umsatz schnell zu steigern, gab Tompkins richtig Gas. Bereits 1972 überschritten die Verkäufe von Plain Jane die Marke von 8 Millionen Dollar. Tompkins, der sich die schönen Dinge des Lebens nie verwehrte, gönnte sich einen roten Ferrari – und bald darauf ein eigenes Flugzeug. Mit dem Wachstum des Geschäfts suchte Tompkins nach einem übergreifenden Markennamen, der sowohl Plain Jane als auch seine anderen aufstrebenden Projekte vereinen könnte. Einer der Fun Hogs, Lito Tejada-Flores, schlug schließlich »Esprit de Corps« vor – den Geist der Gemeinschaft. So entstand Esprit.

Trotz des demokratisch anmutenden Namens stand Esprit ganz unter Tompkins' Kontrolle. Er war ein detailversessener Mikromanager, der entschied, in welchen Geschäften die Kleidung des Unternehmens verkauft werden durfte, wie das Marketing auszusehen hatte und wie das Büro gestaltet werden sollte. Er stellte eine Liste mit zehn Grundsätzen auf, die das Unternehmen leiten sollten (»Wissen, wer wir sind, und dazu stehen … Nachfrage schaffen statt Nachfrage bedienen … Qualität vor Quantität.«) Und er baute eigenhändig eine größere globale Lieferkette auf, reiste nach Hongkong und suchte Fabriken, die seinen hohen Standards entsprachen.

Tompkins' Vorstoß in das Offshoring – die Verlagerung von Arbeitsplätzen ins Ausland – endete 1974 in einem Fiasko. Eine Gruppe gewerkschaftlich organisierter chinesisch-amerikanischer Textilarbeiter von Esprit in San Francisco erfuhr, dass er plante, ihre Arbeitsplätze nach Indien zu verlagern. Empört zogen die Arbeiter zum Firmensitz und protestierten auf der Straße. Anfangs rechtfertigte Tompkins sein Vorhaben mit der Aussicht auf höhere Qualität. Doch schließlich gestand er ein, dass es ihm vor allem um die Einsparung von Lohnkosten ging. Da die Beschäftigten einer Gewerkschaft angehörten, hätte ein solcher Schritt gegen die Richtlinien des National Labor Relations Board (der Nationalen Arbeitsbeziehungsbehörde) verstoßen. Die Proteste eskalierten: Tompkins ließ die Belegschaft aussperren, und nachdem es an den Streikposten zu Handgreiflichkeiten gekommen war, griff die Polizei von San Francisco ein und einige Demonstranten wurden festgenommen.

Im folgenden Jahr ordnete ein Richter die Wiedereinstellung der Arbeiter an und verurteilte Tompkins zu einer hohen Geldstrafe. Doch damit war der Ärger noch nicht vorbei. Am letzten Tag des Januars 1976, der zufällig auch der erste Tag des chinesischen Neujahrs war, setzte ein Brandstifter die Büros von Esprit in Brand. Das Dach stürzte ein, und 70 Feuerwehrleute waren nötig, um den Brand zu löschen. Wie durch ein Wunder blieben die wichtigsten Unterlagen von Esprit, die auf Magnetbändern von IBM gespeichert waren, unversehrt. Wären sie verbrannt, hätte Tompkins das Unternehmen wahrscheinlich aufgeben müssen.

Einige hundert Kilometer weiter südlich hatte auch Patagonia mit den Herausforderungen des Wachstums zu kämpfen. Die Einführung von Disziplin in eine Belegschaft, die für ihren anarchischen Geist bekannt war, erwies sich als alles andere als einfach. In den frühen Jahren von Patagonia war es oft ein Wunder, dass das Unternehmen überhaupt funktionierte. Einmal kehrte Chouinard nach einem mehrwöchigen Kletterausflug ins Büro zurück. Auf dem Weg zu seinem Schreibtisch entdeckte er einen zerknüllten Zettel im Papierkorb. Neugierig zog er ihn heraus und stellte fest, dass es sich um eine Bestellung im Wert von mehreren tausend Dollar handelte. Verblüfft brachte er das Papier zu dem Mitarbeiter, der für die Bearbeitung der Händlerbestellungen zuständig war, und fragte, was passiert sei. »Ach ja«, antwortete der Mitarbeiter, »diese Bestellung kam, als Sie weg waren. Sie war so groß, dass wir sie unmöglich erfüllen konnten. Also habe ich sie einfach weggeworfen.«[39]

Ein anderes Mal bereitete sich eine Gruppe von Bergsteigern auf eine Expedition in den Ural vor und gab eine umfangreiche Bestellung für Ausrüstung und Kleidung auf. Monate vergingen, und der Teamleiter hatte bereits wiederholt die ausstehende Lieferung angemahnt. Als er schließlich Roger McDivitt ans Telefon bekam, konnte dieser nur lachen. McDivitt versicherte, das Team würde versuchen, die Bestellung zu bearbeiten, wies aber auch darauf hin, dass Pünktlichkeit nicht unbedingt zu den Stärken des Unternehmens zählte – etwas, das schon die erste vervielfältigte Preisliste unmissverständlich klargestellt hatte. (Die Bestellung wurde schließlich ausgeführt.)

Dank des Engagements einer kleinen Gruppe von Handelsvertretern begann Patagonia allmählich auch jenseits von Ventrura Bekanntheit zu erlangen. Billy Kulczycki, Henry Barber, Dale Day, Howard Sloan, Denny Mays, Paul Marsh und Tex Bossier deckten mit ihren Bemühungen verschiedene Regionen der USA ab. Mit Kletterausrüstung, Stand Up Shorts und Rugby-Shirts im Kofferraum ihrer Autos fuhren sie von Ort zu Ort, besuchten Outdoor-Läden und überzeugten diese, Patagonia-Kleidung ins Sortiment aufzunehmen. Dabei knüpften sie an Chouinards glorreiche Zeiten als umherziehender Schmied mit einem Auto voller Felshaken an.

Der Anfang war jedoch mühsam. Patagonia war eine unbekannte Marke, und die Produktqualität ließ gelegentlich zu wünschen übrig. Marshs erste Aufgabe bestand darin, mehrere Tausend unansehnliche schwarz-orangefarbene Rugby-Shirts zu verkaufen, die seit über einem Jahr im Lager verstaubten. Der Vertrieb war oft ein harter Kampf, etwa wenn man versuchte, schwere Baumwollhemden im heißen Alabama an den Mann zu bringen. Die Handelsvertreter standen vor großen Herausforderungen: Barber verdiente im ersten Jahr 6000 Dollar an Provisionen, hatte jedoch 9000 Dollar an eigenen Ausgaben und machte somit einen Verlust. Die Preislisten wurden noch handschriftlich erstellt, und die Kommunikation mit der Zentrale gestaltete sich schwierig. »Niemand wusste wirklich, was er tat«, erinnerte sich Kulczycki. »Wir haben einfach spontan improvisiert.«[40] Doch innerhalb weniger Jahre wendete sich das Blatt: Die Verkaufszahlen stiegen, und bald verdienten die Vertreter mit ihren Provisionen mehr als die Führungskräfte in Ventura mit ihren Gehältern.

In ihren ersten Jahren als Geschäftsführerin traf McDivitt auch eine Reihe wichtiger organisatorischer Entscheidungen. Die Maschinenwerkstatt und die Qualitätskontrolle wurden in eine neue Gesellschaft namens Rincon Iron Works überführt. Patagonia wurde ebenfalls als eigenständiges Unternehmen gegründet und somit offiziell von Chouinard Equipment getrennt. Als sich in Ventura überschüssige Patagonia-Produkte zu stapeln begannen, eröffneten Chouinard und sein Bruder Jeff einen Laden namens Real Cheap Sports, in dem sie Überproduktionen, Muster und veraltete Ware verkauften. Mit einem Organigramm, Vertriebsmitarbeitern und einem ausgeklügelten Vertriebsnetz wirkte Patagonia mittlerweile wie ein höchst professionelles Unternehmen.

Als das Geschäft anzog, traf Patagonia einige Entscheidungen, die auf den ersten Blick unlogisch erschienen. Nach McDivitts anfänglichem Erfolg mit L.L.Bean entwickelte sich der Händler aus Maine zu einem der wichtigsten Kunden des Unternehmens und verkaufte große Mengen an Sportswear über seinen Versandkatalog. Bei der Vorbereitung seines Frühjahrskatalogs bestellte L.L.Bean 3000 Paar Stand Up Shorts – eine riesige Menge, die für Patagonia über ein Quartal oder sogar ein ganzes Geschäftsjahr entscheiden konnte. Doch an die Bestellung war eine Bedingung geknüpft: L.L.Bean wollte die Shorts mit einem kleinen Rabatt anbieten, nur wenige Dollar unter dem von Patagonia empfohlenen Verkaufspreis. In Ventura rang das Führungsteam mit der Entscheidung. Für Patagonia hätte die Preisreduzierung keine direkten Einbußen bedeutet, da L.L.Bean weiterhin bereit war, den vollen Großhandelspreis zu zahlen. Der Rabatt hätte lediglich den Kunden von L.L.Bean zugutekommen sollen. Für Patagonia wäre es naheliegend gewesen, einem seiner größten Partner entgegenzukommen, zumal solche Preisanpassungen in der Branche üblich waren. Doch letztlich entschied das Team einstimmig, die Bestellung abzulehnen. Patagonias gesamte Unternehmensphilosophie beruhte auf einem kompromisslosen Qualitätsanspruch. L.L.Bean einen Rabatt zu gestatten, hätte diesen Grundsatz untergraben. Also lehnte das Unternehmen den Auftrag ab.

KAPITEL 4
PATAGONIACS

Echte Menschen in authentischer Umgebung

Als Schmied hatte Chouinard ein elegantes »Touchmark« entwickelt – ein kleines Designelement, das oft auf Metallgegenstände eingraviert wird, um den Handwerker auszuweisen. Es war ein einfacher Diamant mit dem Buchstaben C darin. Dieses Markenzeichen erschien auf den meisten Produkten von Chouinard Equipment, und eine Version davon wird noch heute als Logo für Black Diamond verwendet. Anfang der 1970er-Jahre brauchte Chouinard jedoch ein weiteres unverwechselbares visuelles Element, in diesem Fall ein Logo für Patagonia.

Chouinard bat zwei freiberufliche Künstler aus der Gegend, jeweils einen Entwurf zu erstellen. Jocelyn Slack war eine der beiden, die den Auftrag erhielten. Auf der Suche nach Inspiration blätterte sie in einem Reiseführer über Klettertouren in der Region und stieß auf ein Bild des Fitz Roy, den die Fun Hogs acht Jahre zuvor bestiegen hatten. Slack studierte die Routen und skizzierte mit einem Bleistift die Silhouette der Gipfel. Nach einigen Hin und Her mit Chouinard fügte sie ihrer einfachen Bergkette etwas Farbe hinzu. Der Name des Unternehmens wurde in Kleinbuchstaben unter den Bergen gesetzt, und das Logo war fertig.

Als Nächstes brauchte Patagonia einen eigenen Katalog. Bis zum Jahr 1980 wurden Hardware und Software zusammen vermarktet, obwohl das Bekleidungsgeschäft exponentiell schneller wuchs als das Klettergeschäft. Und während die Kleidung qualitativ immer besser wurde, galt das kaum für das Marketing des Unternehmens. Für den Katalog von 1980 hatte Rick Ridgeway – Kletterer, Freund von Chouinard und gelegentlicher Helfer im Laden – einfach ein paar Mitarbeiter aus der Maschinenwerkstatt zum Ventura River mitgenommen, sie mit den neuesten Teilen eingekleidet und in die Sonne gestellt: Hände in die Hüften, Blick in die Kamera. Als er Chouinard und McDivitt den Katalog zeigte, war unübersehbar, was sie von seiner Arbeit hielten.

Chouinard scharrte mit den Füßen und vermied Augenkontakt.

McDivitt war da schon direkter. »Junge, die Fotos sind wirklich mies«, sagte sie zu Ridgeway.

Etwa eine Woche später, als er mit Ridgeway surfte, hatte Chouinard eine Idee, wie man das Problem lösen könnte. Während die beiden auf den Wellen trieben, sagte Chouinard: »Hey, Rick, was den Katalog betrifft, an dem du arbeitest …«[41]

Ridgeway zuckte zusammen und bereitete sich auf das vor, was nun kommen würde.

»Er ist irgendwie zu kitschig«, sagte Chouinard. »Aber ich glaube, ich habe eine Idee, wie man die Sache besser machen könnte.«

Chouinard erklärte seine neue Idee: Echte Kunden, die die Kleidung tragen und die Ausrüstung benutzen, draußen in der Natur. Keine gestellten Models, die in die Kamera schauen. Keine Studios und keine künstlichen Kulissen. Einfach nur Menschen in der freien Natur, die die Natur genießen. Umso besser, wenn einige Kleidungsstücke zerschlissen oder schmutzig sind. »Echte Menschen in authentischer Umgebung«, sagte er. Es war eine einfache Vision und repräsentierte die Marke auf realitätsnahe Art und Weise.

Chouinard fand schnell eine kreative Partnerin, die ihm bei der Verwirklichung seiner Ideen helfen konnte: Ridgeways Frau Jennifer. Sie war kurz zuvor als Leiterin der Designabteilung zu Patagonia gestoßen. Jennifer und Ridgeway hatten sich einige Jahre zuvor in der Bar des Hotels »Yak & Yeti« in Kathmandu, der Hauptstadt von Nepal, kennengelernt. Ridgeway war dort für eine Reportage für *National Geographic*, und Jennifer, damals Fashion-Managerin auf einer Geschäftsreise nach Thailand, um Seide für Calvin Klein zu begutachten, hatte ihren Anschlussflug in Neu-Delhi verpasst und spontan einen Abstecher zum Himalaya gemacht. Ridgeway war sofort hingerissen und lud Jennifer ein, ihn auf einer dreiwöchigen Trekkingtour zum Basislager des Mount Everest zu begleiten. Jennifer entgegnete, dass sie noch nie weiter gelaufen sei als vom Taxi bis zur Eingangstür von Bergdorf Goodman auf der 5th Avenue, und lehnte dankend ab.

Jennifer nahm zwar nicht an der Wanderung mit Ridgeway teil, erklärte sich aber bereit, ihn einige Monate später in Santa Barbara zu besuchen. Als sie mit Perlenkette und High Heels am Flughafen auftauchte, fragte sie sich, worauf sie sich da eingelassen hatte. Ridgeway wartete dort zusammen mit Chouinard, der mit seinem klapprigen 1969er Datsun vorgefahren war. Als sie ihre Begleiter musterte, kam sie zu dem Schluss, sie werde von »betrunkenen Zwergen« empfangen. Doch die Faszination dieser Dirtbags war unwiderstehlich, und Jennifer tauschte bald ihre High Heels gegen Flip-Flops und zog nach Ventura.

Jennifer war bei allen beliebt und freundete sich schnell mit Malinda und McDivitt an. Als McDivitt sie jedoch zum ersten Mal traf, dachte sie wie eine Personalvermittlerin: Hier stand eine richtige Managerin aus der Modebranche, eine selbstbewusste Frau, die sich in der Bekleidungsindustrie auskannte und, was noch wichtiger war, jemanden wie Chouinard und seine Freunde ertragen konnte. McDivitt bot Jennifer sofort einen Job an.

»Aber ich habe keine Ahnung von Werbung«, protestierte Jennifer.

»Das hat hier niemand«, entgegnete McDivitt.[42]

Jennifer, McDivitt und Chouinard revolutionierten gemeinsam den Patagonia-Katalog, indem sie ein völlig neues Maß an Authentizität in die Werbung brachten. Die Zeiten der Studioaufnahmen und steifen Models, die unnatürlich in die Kamera blickten, waren vorbei. Stattdessen zeigten die Seiten Sportler und Familien, die das Leben in ihrer Patagonia-Kleidung in vollen Zügen genossen. Anfangs dienten Freunde und Kollegen als Models. Ein ikonisches Foto zeigte die Kinder von Peter Metcalf, einem leitenden Angestellten von Chouinard Equipment: Sein Kleinkind rollte in einem unbeaufsichtigten Kinderwagen einen Hügel hinab, während ein älteres Geschwister hinterherlief und verzweifelt versuchte, ihn einzuholen. Auch Chouinard selbst wurde in Szenen voller Abenteuer eingefangen – ob mit nacktem Oberkörper an einem Amboss hämmernd, von Schlamm bedeckt auf Expedition oder bei einer gefährlichen Kletterpartie, wie er sich entschlossen an einer Felswand festklammerte.

Patagonia wandte sich schließlich an seine Kunden und lud sie ein, Teil der Markenwelt zu werden. Mit der Aufforderung »Capture a Patagoniac« rief das Unternehmen seine Fans dazu auf, Fotos von sich und ihren Freunden in der freien Natur – selbstverständlich in Patagonia-Ausrüstung – einzusenden. Die Resonanz war überwältigend: Tausende von Bildern erreichten das Büro und stapelten sich in Kartons. Jennifer und ihre Kollegin Jane Sievert sichteten jedes einzelne sorgfältig, um die besten Aufnahmen für zukünftige Kataloge auszuwählen. Dieser kluge Schachzug stärkte nicht nur die emotionale Bindung zwischen Patagonia und seinen Kunden, sondern markierte auch den Beginn einer völlig neuen Ära im Marketing: nutzergenerierte Inhalte. Was mit einer einfachen Idee begann, inspirierte bald andere Marken und legte den Grundstein für eine neue Generation von Markenbotschaftern und Social-Media-Influencern.

Dank der zahlreichen Einsendungen von Patagoniacs zeigten die Kataloge bald Bilder von ganz normalen Menschen, die sich in herausfordernden Situationen befanden: ölverschmierte Mechaniker, die unter staubigen Autos werkten, Kletterer, die sich mit bloßen Fingern und ohne Seil an Felsvorsprüngen hielten, Seekajakfahrer, die gegen die blendende Sonne anblinzelten, Rucksacktouristen, die in Ecuador auf Zügen mitfuhren, und Radreisende, die bei der Durchquerung reißender Flüsse durchnässt wurden. Ein besonders denkwürdiges Foto zeigt einen Kletterer in blauen Shorts und einer neongrünen Jacke, der mit einer Hand an einer gigantischen Tyrannosaurus-Rex-Statue baumelt. Das vielleicht ikonischste Bild, schlicht als »The Flying Baby« bekannt, zeigt eine Mutter in rotem Patagonia-Fleece, die ihre sechs Monate alte Tochter in einem lila Patagonia-Strampler über eine Schlucht im Joshua-Tree-Nationalpark wirft – direkt in die ausgestreckten Arme des wartenden Vaters. Jahrzehnte später, mit dem Aufkommen der sozialen Medien, ging das Bild viral – wurde gephotoshopt, geteilt, betextet und zum Meme.

Mit Kundenbeiträgen und einer authentischen Ästhetik waren die Patagonia-Kataloge weit mehr als reine Werbung. Sie fungierten als visuelle Inspiration, als Liebeserklärung von Gleichgesinnten der Dirtbag-Kultur, die die Qualität, Funktionalität und Coolness der Patagonia-Produkte feierten. Die Bilder waren jedoch nicht nur Ausdruck von Bewunderung, sondern ein eindringlicher Aufruf, selbst aktiv zu werden und die Natur zu erkunden. Jede Seite, gefüllt mit Aufnahmen von entschlossenen Kletterern, Kajakfahrern, Wanderern und Skifahrern, forderte die Betrachter auf, sich aufzuraffen und sich selbst hinaus in die Wildnis zu wagen.

Für Chouinard waren die Kataloge auch ein entscheidendes Werkzeug, um die Identität von Patagonia zu wahren. Er hatte keinen Einfluss darauf, wie Einzelhändler die Kleidung präsentierten, und er wollte kein Geld für herkömmliche Werbung ausgeben. Chouinard war der festen Meinung, dass Patagonia die Welt nicht mit Plakatwänden oder Zeitschriftenanzeigen von der Qualität seiner Ausrüstung überzeugen konnte. Stattdessen musste die Marke ihre Überlegenheit unter Beweis stellen. Und was eignete sich dafür besser als ein Katalog, der gewöhnliche Menschen in authentischen, abenteuerlichen Momenten zeigte?

Entweder ich oder das Baby!

Carissa Ridgeway war ein typisches Schreibaby. Die Tochter von Jennifer und Rick Ridgeway kam 1982 zum ersten Mal mit ihrer Mutter ins Büro. Sie hatte Koliken, war reizbar und weinte den ganzen Arbeitstag über lautstark. Dass sich Jennifers Büro in einem fensterlosen Raum befand, der »die Kiste« genannt wurde und in dem es manchmal bis zu 43 Grad Celsius heiß wurde, war ebenfalls nicht hilfreich. Den ganzen Tag über durchdrang Carissas Geschrei das Patagonia-Büro und machte es anderen unmöglich, ein Telefonat zu führen oder eine Besprechung abzuhalten.

Carissa war nicht das erste Kleinkind auf dem Patagonia-Campus in Ventura. Bereits 1974 brachten Tom und Doreen Frost ihr Neugeborenes mit zur Arbeit, und einige Jahre später trugen auch die Chouinards ihren kleinen Sohn Fletcher durchs Büro. Als immer mehr Mitarbeiter Eltern wurden, fanden sich Babys in Wiegen unter Schreibtischen wieder oder begleiteten ihre Eltern in Besprechungen. Sie tauchten auf »wie kleine Glühwürmchen in der Nacht«, erinnert sich McDivitt.[43]

So charmant die Anwesenheit von Kindern auch war, ließ sich der Arbeitsalltag nicht völlig ungestört bewältigen. Mit dem Wachstum des Unternehmens und dem zunehmenden Anspruch an Professionalität, der selbst bei Patagonia erforderlich war, wurde es immer schwieriger, die Kinder während der Arbeitszeit bei ihren Eltern zu lassen. In einer besonders hektischen Woche durchsuchte Malinda die Kleinanzeigen einer Zeitung und engagierte eine vorübergehend ansässige Camperin, um sich um Fletcher zu kümmern. Kurz darauf gerieten einige der jungen Mütter im Unternehmen, die gerade eine Scheidung durchmachten, in Schwierigkeiten: Sie kämpften damit, die Kinderbetreuung zu organisieren und gleichzeitig ihren beruflichen Verpflichtungen nachzukommen.

McDivitt fand sich gelegentlich in Besprechungen mit einem fremden Baby auf dem Arm wieder. Einmal, als sie Fletcher stillen wollte, entblößte sich Malinda versehentlich vor einem Kunden im Geschäft. Kurz darauf entdeckte ein Manager im Ausstellungsraum eine volle Windel und stellte unmissverständlich klar: »Entweder gehe ich, oder das Baby!«

Doch erst Carissas durchdringendes Schreien machte eine Entscheidung unausweichlich. Damals waren Unternehmen in Kalifornien nicht verpflichtet, Mutterschaftsurlaub zu gewähren, sodass die meisten Mütter bereits nach drei Wochen wieder an ihren Arbeitsplatz zurückkehren mussten. Die Kinderbetreuungsmöglichkeiten in Ventura waren bestenfalls mittelmäßig. Jennifer stillte Carissa gelegentlich im Auto, was jedoch eine unangenehme Erfahrung war, weil in der Nähe ein Clubhaus der Hells Angels lag und deren dröhnende Motorräder das Stillen regelmäßig störten. Da Rick Ridgeway monatelang auf Expeditionen unterwegs war, hatte Jennifer niemanden, der ihr unter die Arme griff. Malinda, die hinter den Kulissen einen starken Einfluss auf die Unternehmensentwicklung ausübte, traf daher eine mutige und wegweisende Entscheidung: Sie würde eine betriebseigene Kindertagesstätte einrichten.

Schon seit ihrer Zeit als Zimmermädchen im Yosemite-Nationalpark hegte Malinda ein tiefes Mitgefühl für die Arbeiterklasse. Sie wusste, wie viele Menschen Unterstützung brauchten – sei es, um Rechnungen zu bezahlen, den Alltag zu bewältigen oder sich um ihre Kinder zu kümmern. Als Patagonia an Erfolg gewann, erkannte Malinda, dass sie die Möglichkeit hatte, den Bedürftigen innerhalb des Unternehmens zu helfen, insbesondere berufstätigen Müttern. Im Januar 1983 ergriff sie die Initiative: Sie stellte einen Wohnwagen auf dem Parkplatz auf und ließ Jennifers Mutter dort tagsüber Carissa und einige andere Kleinkinder betreuen. Diese provisorische Einrichtung sorgte schnell für Aufmerksamkeit. Schon bald erschienen Beamte des Ventura County, die Patagonia darauf hinwiesen, dass für den Betrieb einer Kindertagesstätte eine offizielle Lizenz erforderlich sei.

Die erforderlichen Genehmigungen wurden zügig eingeholt, und kurz darauf – während auf dem wachsenden Firmengelände ein neues Gebäude Gestalt annahm – beschloss Malinda, Patagonias Kinderbetreuungsprogramm ein dauerhaftes Zuhause zu geben. Als sie einige Architekten über Bauplänen brüten sah, trat sie entschlossen hinzu, nahm die Zeichnungen an sich, zog einen

Bleistift hervor und skizzierte in eine Ecke des ersten Stockwerks ein Quadrat. Darunter schrieb sie unmissverständlich: »Kindertagesstätte«.

»Oh, und der Raum muss kleine Waschbecken und Toiletten enthalten«, fügte sie nüchtern hinzu, als der Architekt sie erstaunt ansah.

Doch nicht alle teilten Malindas Enthusiasmus. »Warum?«, fragte McDivitt skeptisch, als sie von Malindas ambitionierten Plänen erfuhr. »Ich meine, wovon reden wir hier eigentlich?« Sie hielt es schon für eine Herausforderung, ein Unternehmen zu führen – wie sollte man sich da auch noch um eine Kindertagesstätte kümmern? Doch einige Monate später, als das neue Gebäude fertiggestellt war, hatte Patagonia eine richtige Kindertagesstätte, ausgestattet mit Sanitäranlagen und allem Drum und Dran. Während der Besichtigung der neuen Räumlichkeiten posierten Chouinard und Tompkins mit viel Humor auf den kindgerechten Toiletten für ein Foto. 1985 wurde die Kindertagesstätte offiziell eingeweiht – unter dem Namen Great Pacific Child Development Center, eine Anlehnung an Patagonias ersten Laden, die Great Pacific Iron Works.

Malinda war eine Meisterin der Improvisation. Als ein Elternteil einmal vergaß, sein Kind nach Feierabend abzuholen, kaufte sie kurzerhand einen Kleinbus, der als provisorischer Schulbus dienen sollte, und verbuchte die Kosten im Budget der Versandabteilung. Von da an stellte Patagonia den Transport für Kinder bis zur dritten Klasse sicher. Doch das Kinderbetreuungsprogramm entwickelte sich schnell von einer rein praktischen Lösung zu einer Vision mit größerer Tragweite: neugierige, großzügige, widerstandsfähige und aktive Kinder zu fördern. Inspiriert von den pädagogischen Philosophien von Maria Montessori und Rudolf Steiner, die auch die Waldorfpädagogik geprägt haben, legten die Betreuer von Patagonia besonderen Wert auf selbstbestimmtes Spielen, Zeit in der Natur und die Förderung von Unabhängigkeit. Das Ziel, erklärte Malinda damals in einem Interview mit einer Lokalzeitung, sei es »vergeudete Kindheiten zu verhindern« – etwas, das ihrer Meinung nach für viele amerikanische Kinder die Norm geworden war. Kinder sollten lernen, aber nicht belehrt werden. Sie sollten ihre Fantasie einsetzen, anstatt ständig unterhalten zu werden. Spielzeug zu besitzen war nicht gleichbedeutend mit dem echten Spielen. Und am wichtigsten war, dass Kinder ihre Eltern bei einer Arbeit erleben konnten, die diese liebten.

Die Kinder in der Kindertagesstätte verstanden diese Philosophie auf ihre ganz eigene Weise. Eines Tages betrat Chouinard die Einrichtung und fragte einige der Vier- und Fünfjährigen: »Hallo, Kinder, wie gefällt's euch in der Schule?«

Ein Junge entgegnete prompt: »Wir sind nicht in der Schule. Wir sind bei der Arbeit. Meine Mutter arbeitet dort drüben, und ich arbeite hier.«

Als immer mehr Kinder angemeldet wurden und das Programm erweitert werden musste, verteilte Malinda die Betreuungseinrichtungen bewusst über den gesamten Patagonia-Campus. Ein Klassenzimmer befand sich auf der einen Seite des Büros, ein Sandkasten auf der anderen. Diese Entscheidung war nicht zufällig: Sie wollte, dass die Kinder Teil der Unternehmenskultur blieben und ihr fröhliches Lachen in jeder Ecke des Unternehmens zu hören war. Der Effekt war erstaunlich. »Egal, wo man sich aufhielt, man war immer in der Nähe von Kindern«, erinnerte sich Ridgeway. »In Besprechungen, wenn die Fenster offen waren und man die Kinder draußen spielen hörte, wurde die Atmosphäre sofort freundlicher. Die Menschen arbeiteten besser zusammen. Die Männer verhielten sich weniger aggressiv. Es beruhigte uns alle und vermittelte ein Gefühl der Zusammengehörigkeit, als wären wir Teil einer großen Familie. Das beeinflusste die Unternehmenskultur und die Art und Weise, wie die Menschen miteinander umgingen. Wie will man so etwas in Geld messen?«[44] McDivitt ergänzte: »In der Gegenwart von Babys verändert sich unsere Sprache. In der Nähe von Babys und Kleinkindern zeigen wir uns von unserer besten, liebevollsten Seite. Diese unsichtbare Verbindung bringt uns alle näher zusammen und lässt Arbeits- und Privatleben harmonisch miteinander verschmelzen.«[45]

Hin und wieder wurde die scheinbar idyllische Oase von Patagonia mit den raueren Seiten des amerikanischen Lebens konfrontiert. In einem zutiefst erschütternden Fall von Vandalismus drangen Unbekannte mitten in der Nacht auf das Gelände ein. Sie zerstachen Autoreifen, zerstörten Sprinkleranlagen und töteten zwei Meerschweinchen und zwei Kaninchen, die für die Kinder angeschafft worden waren. Am nächsten Morgen bot sich den Kindern ein grausamer Anblick, als sie die toten Tiere entdeckten. Angesichts der zunehmenden Obdachlosigkeit und des verbreiteten Drogenmissbrauchs auf den Straßen von Ventura, war es zuletzt gelegentlich vorgekommen, dass Wohnungslose in der Nähe der Büros umherstreiften und die Außenduschen nutzten. Das veranlasste das Unternehmen schließlich dazu, einen hohen schwarzen Stahlzaun rund um das Hauptgelände zu errichten, der ihn von der Außenwelt abschirmt. Und doch gilt das Kinderprogramm innerhalb der Unternehmensmauern weiterhin als unverzichtbarer Teil der Unternehmenskultur.

Die Kinderbetreuung bei Patagonia war in gewisser Weise aus der Not entstanden: Die Chouinards und viele ihrer Freunde, die im Unternehmen arbeiteten, bekamen Kinder und standen vor der Herausforderung, eine zuverlässige Betreuung zu finden. Für Malinda wurde dieses Thema jedoch schnell zu einer Herzensangelegenheit. Die Vereinigten Staaten sind unter den Industrieländern nahezu allein damit, keinen gesetzlichen Anspruch auf bezahlten Mutterschaftsurlaub zu bieten. Malinda, die dafür bekannt war, soziale Missstände schnell zu durchschauen und mit Hartnäckigkeit anzugehen, machte daraus eine persönliche Mission. Während große Teile der Gesellschaft die Bedeutung der Kinderbetreuung unterschätzten, beschloss sie, dass zumindest ein kleines Unternehmen den Weg weisen und mit gutem Beispiel vorangehen konnte.

Malinda hatte schnell erkannt, dass Kinderbetreuung vor Ort nicht nur ihren eigenen Überzeugungen entsprach, sondern auch dem Unternehmen zugutekam. So konnten Frauen nach der Geburt ihrer Kinder im Berufsleben bleiben, ohne ihre Karriere opfern zu müssen. Während in den meisten Unternehmen nur etwa 70 Prozent der Mütter nach dem Mutterschaftsurlaub zurückkehren, kehren bei Patagonia nahezu alle zurück. Auch das Mitarbeiterengagement verbesserte sich dank des Kinderbetreuungsprogramms erheblich. Zudem gibt es bei Patagonia seit Jahren außergewöhnlich viele Frauen in Führungspositionen.

Mehr als 40 Jahre nach seiner Einführung floriert das Kinderbetreuungsprogramm noch immer. Ein Spaziergang über den Campus an einem beliebigen Tag offenbart eine lebendige Szene: Dutzende Kinder, die an Aktivitäten zur mexikanischen Kultur teilnehmen, Bäume erklimmen oder ihre eigenen Spiele erfinden – ihre Patagonia-Kleidung oft mit Schlamm bedeckt, während ihr Lachen durch die Büros hallt. In den drei Kinderbetreuungseinrichtungen des Unternehmens gibt es 17 Klassenräume, über 200 Kinder und 70 Lehrkräfte – ein bemerkenswertes Betreuungsverhältnis von 3:1. Rund 2000 Kinder haben das Programm bisher durchlaufen, und »keines von ihnen ist im Gefängnis gelandet«, wie Chouinard einmal sagte.[46] Für Frauen, die während der

Stillzeit beruflich reisen müssen, übernimmt das Unternehmen die Kosten für eine Nanny – ein Angebot, das als »Child and Companion Program« bekannt ist. Stillende Mütter sind längst nicht mehr auf den Parkplatz angewiesen, sondern stillen ihre Neugeborenen ganz selbstverständlich während Meetings, selbst in Vorstandssitzungen. »Wenn man Familien schätzt, wenn man Frauen wertschätzt, wenn man das Stillen am Arbeitsplatz unterstützt und großzügige Leistungen bietet, dann bleibt es nicht bei Kinderbetreuung für die Mitarbeiter im Hauptsitz«, sagte Dean Carter, der ehemalige Leiter der Personalabteilung. »Man sorgt dafür, dass sie sogar im Logistikzentrum angeboten wird. So sehen gelebte Werte aus.«[47]

Management durch Abwesenheit

Auch als Patagonia zu einem florierenden Unternehmen mit Millionenumsätzen und einer wachsenden Belegschaft heranwuchs, verbrachte Chouinard weiterhin Monate auf Reisen, kletterte, fischte und war Wegbereiter neuer Extremsportarten. Er trug maßgeblich zur Popularisierung des Eiskletterns bei – einer anspruchsvollen und gefährlichen Disziplin, bei der mit Steigeisen und Eispickeln gefrorene Wasserfälle und eisige Felswände bezwungen werden. Zu diesem Thema schrieb er ein Buch und unterrichtete junge Kletterer in der Kunst dieser besonderen Technik. Ähnliches tat er für das Surfen und Wildwasserkajakfahren, wobei er die Patagonia-Kataloge geschickt nutzte, um seine Leidenschaft für diese Sportarten zu teilen. Zusammen mit einer Gruppe eingefleischter Abenteurer, mit der Tompkins ihn bekannt gemacht hatte, gründete Chouinard die »Do Boys«. Der Name war eine Anspielung auf den japanischen Begriff für »aktiven Sport« und zugleich ein Statement gegen ein passives Leben als Couchpotato. Statt ihr Dasein vor dem Fernseher zu verschwenden, wie es viele faule Amerikaner taten, suchten sie Herausforderungen in der freien Natur.

Auf einer ihrer ersten Touren gingen Chouinard und die Do Boys in Nordkalifornien Wildwasserkajakfahren. Chouinard hatte kaum Erfahrung mit dem Kajak, doch seine Freunde versicherten ihm, dass alles gutgehen würde. Bald darauf fand er sich in einer hochgradig herausfordernden Stromschnelle des

Tuolumne River wieder. Sein Boot stürzte über eine Kante, überschlug sich, und er landete kopfüber im Wasser. So hatte er sich am Ende der zwölftägigen Tour die Wirbelsäule gestaucht und eine Wunde zugezogen, die mit 15 Stichen genäht werden musste. Ein paar Monate später musste sein rechter Ellbogen operiert werden – eine Folge von 43 Jahren voller intensiver Abenteuer, die schließlich ihren Tribut forderten.

Diese Reisen, bei denen Chouinard oft monatelang dem Büro fernblieb, bezeichnete er scherzhaft als seinen MBA. Bei ihm stand die Abkürzung jedoch nicht für den Master of Business Administration, den prestigeträchtigen Abschluss, den Business Schools angehenden Führungskräften verleihen. Stattdessen prägte er seine eigene Definition: »Management by Absence«, also »Management durch Abwesenheit«. Doch diese Expeditionen hatten aus seiner Sicht einen klaren Zweck oder zumindest überzeugte er sich, Malinda und seine Kollegen davon. Nur wenn er selbst in die Wildnis zog, um Patagonia-Ausrüstung unter extremen Bedingungen zu testen, konnte er sicherstellen, dass sie den höchsten Standards entsprach. Gleichzeitig schöpfte er Inspiration für neue Ideen, die oft in jene schrittweisen Verbesserungen einflossen, durch die Patagonia-Produkte zu den besten ihrer Art wurden.

Allerdings blieben die langen Zeiten, in denen er dem Unternehmen fernblieb, nicht ohne Folgen. Nach mehreren Monaten Abwesenheit stürmte Chouinard stets voller Ideen und Tatendrang zurück ins Büro. Schon Wochen vor seiner Rückkehr machte sich eine spürbare Nervosität unter den Mitarbeitern breit, die sich auf das unvermeidliche Chaos vorbereiteten. »Wir rannten herum wie kopflose Hühner und versuchten, so gut wie möglich den Überblick zu bewahren«, erinnerte sich Mary Ellen Smith, eine Qualitätsprüferin. »Er verursachte eine Menge unnötiges Chaos.«[48] Projekte, die er kurz zuvor genehmigt hatte, wurden plötzlich verworfen. Marketingpläne, an denen monatelang gearbeitet worden war, mussten umgestellt werden. Neue Geschäftsbereiche sollten aus dem Nichts gestartet werden. »Er war kein guter Kommunikator«, sagte Smith. »Wer für ihn arbeitete, war ihm irgendwie ausgeliefert.« Kaum war Chouinard dann wieder zu einem neuen Abenteuer am anderen Ende der Welt aufgebrochen, atmeten die Mitarbeiter erleichtert auf.

Einige Reiseerlebnisse waren für Chouinard auf besondere Weise bewusstseinserweiternd. 1980 begab er sich nach Alaska, um den Denali zu besteigen, den höchsten Gipfel Nordamerikas. Begleitet wurde er dabei von Ridgeway, der als erfahrener Bergsteiger Teil des ersten US-Teams gewesen war, das den K2 bezwungen hatte. Der Denali war eine der »kältesten« Besteigungen, die Chouinard jemals unternommen hatte. Die Temperaturen lagen bei minus 40 Grad Celsius, was selbst die mitgeführten Plastik-Wasserflaschen bersten ließ. Nach dem erfolgreichen Aufstieg verbrachten die beiden einige Tage in Anchorage, wo sie bei ihrem Freund Peter Hackett auf dem Boden schliefen. Eines Nachmittags schlug Hackett vor, zum nahegelegenen Bishop's Beach in Homer zu fahren. Es war Ebbe, und mit etwas Glück konnten sie dort Schwertmuscheln ausgraben. Bevor sie aufbrachen, zog Hackett ein paar getrocknete mescalinhaltige Scheiben des Peyote-Kaktus aus seiner Tasche, die er zuvor monatelang in einer Kommode gelagert hatte. In der Annahme, dass die Drogen längst ihre Wirkung verloren hatten, nahm das Trio kurzerhand die gesamte Menge ein.

Unten am Strand entfaltete das Mescalin seine Wirkung mit voller Wucht. Die Landschaft des Yukon verwandelte sich in ein psychedelisches Spektakel. Sie wühlten wie wilde Tiere im nassen Sand, lachten wie verrückt, während sie versuchten, ein paar der schwer zu greifenden Muscheln zu erwischen. Familien mit Kleinkindern, die am Ufer planschten, betrachteten die scheinbar Wahnsinnigen mit wachsender Besorgnis und brachten ihre Kinder in Sicherheit. Wundersamerweise beeinträchtigten die Halluzinogene ihre Fähigkeit, die Meeresfrüchte zu sammeln, nicht völlig. Bis zum Sonnenuntergang hatten sie genügend Schwertmuscheln zusammengetragen, um ein Mahl daraus zu bereiten. Sie rösteten sie über einem Lagerfeuer am Strand. Als der Tag zu Ende ging, schoss Hackett ein Foto von Chouinard und Ridgeway: schmutzig und kichernd, in identischen roten Patagonia-Pullovern und mit einer Flasche Mondavi-Wein in der Hand. Das Bild landete später in einem von Jennifers Patagonia-Katalogen, versehen mit der Bildunterschrift: »Erleuchtet auf der Suche nach Muscheln.«

Auf dem Rückweg vom Denali erhielt Chouinard eine Einladung, an einer Expedition teilzunehmen, die den Minya Konka besteigen wollte, einen abgelegenen, 7556 Meter hohen Berg im Himalaya am Rande der tibetischen Hochebene. Al Read, der von der Volksrepublik China eine Genehmigung für die Besteigung erhalten hatte, schloss auch einen Vertrag mit ABC, um die Expedition für die langjährige Serie *ABC's Wide World of Sports* zu dokumentieren. Ridgeway und sein Freund und Kletterpartner Jonathan Wright sollten als Produzent und Kameramann fungieren. Chouinard schloss sich als zusätzliches Mitglied dem Team an.

Der Minya Konka war zuvor nur zweimal bezwungen worden, 1932 von einem amerikanischen Team und 1957 von einem chinesischen Team. Seit mehr als zwei Jahrzehnten hatte niemand mehr den Gipfel erreicht. Ohne verlässliche Karten und in einer Zeit, in der es noch keine GPS-Geräte und digitale Satellitenkarten gab, verließ sich das Team auf ein Buch, das die erste amerikanische Expedition geschrieben hatte: *Men Against the Clouds*. Als sie zu Beginn ihrer Reise in ihrem Hotel in Chengdu eincheckten, gab Chouinard scherzhaft »Kapitalist« als Beruf an.

Am 13. Oktober war das Team dabei, seine Route festzulegen, als die Katastrophe eintrat. Nachdem sie ihr erstes Lager auf einem Felsvorsprung in 5500 Metern Höhe errichtet hatten, machten sich Chouinard, Ridgeway, Wright und ein weiterer Bergsteiger, Kim Schmitz, auf, um Ausrüstung für das geplante Lager II, das 600 Meter höher lag, zu deponieren. Nachdem sie ihre Ausrüstung abgelegt hatten, kletterte das Team auf weichem Schnee den Berg hinunter. Der Aufstieg war schweißtreibend gewesen, doch der Abstieg versprach Erleichterung. Die Sonne hatte den Schnee aufgeweicht, und die Männer rutschten lachend und unbeschwert auf ihren Hosen zurück ins Tal. Chouinard war vorneweg. Unter ihnen waren bereits die gelben Zelte von Lager I zu sehen. Plötzlich brach oberhalb der Gruppe eine harte Schneeschicht auf und riss sie mit. Eine Lawine – vermutlich ausgelöst von Chouinard und Ridgeway, die an der Spitze liefen. Die Männer wurden über eine 9 Meter hohe Klippe geschleudert und rutschten in einer tosenden Schneemasse mehr als 400 Meter in die Tiefe, bevor sie endlich zum Stillstand kamen. Doch der Berg war noch nicht fertig mit ihnen. Die Schneemassen begannen sich erneut zu bewegen, und diesmal wurden sie unaufhaltsam auf eine 90 Meter hohe Klippe zugeschoben. »Wir wussten, dass wir sterben würden«, erinnerte sich Chouinard später. »Und wir akzeptierten es. In diesem Moment haben wir uns mit dem Tod abgefunden.«[49]

Als die Lawine endlich zum Stillstand kam, war Ridgeway, trotz Prellungen und blutender Wunden, als erster einigermaßen Herr der Lage. Chouinard lag halb verschüttet weiter unten am Hang. Blut lief aus seinem Mund, etliche Rippen waren gebrochen, und er hatte die Orientierung verloren, war aber bei

Bewusstsein. Benommen von einer Gehirnerschütterung fragte er Ridgeway, was passiert sei und auf welchem Berg sie sich befänden. Derweil schrie Schmitz vor Schmerzen. Er hatte Knochenbrüche am Rücken und sein Seil hatte sich eng um seinen Körper geschnürt, sodass er verzweifelt nach Luft rang. Mit Mühe gelang es Ridgeway, ihn aus dem Seil zu befreien, während Chouinard sich allmählich aus dem Schnee herausarbeitete. Wright jedoch hatte es am schlimmsten erwischt. Mit einem gebrochenen Genick war er in höchst kritischem Zustand und verstarb kurze Zeit später in Ridgeways Armen.

Am nächsten Tag begrub das Team Wright unter einem Steinhaufen, nur wenige Schritte von der Stelle entfernt, an der er gestorben war. Die Grabstätte markierten sie mit zwei Bambusstangen und einer Reihe tibetischer Gebetsfahnen. Als sie sich auf den Rückweg machten, wandte sich Chouinard an Ridgeway und verfluchte den Himalaya. »Scheiß auf diese Berge«, sagte er.[50]

Das Lawinenunglück lastete jahrelang auf Chouinard. Er war schon oft dem Tod nahe gewesen, aber diesmal war es anders. »Ich hatte schon viele heftige Unfälle, richtige Nahtoderfahrungen, aber danach lernt man wieder, sich an den kleinen Dingen zu erfreuen und ist glücklich, am Leben zu sein«, sagte Chouinard. »Aber nach diesem Unglück waren wir alle mehrere Monate lang zutiefst deprimiert.« Mit der Zeit veränderte diese Erfahrung jedoch Chouinards Lebenseinstellung. »Es hat mich gelehrt, dass ich den Tod selbst nicht fürchten muss«, sagte er. »Wenn meine Zeit gekommen ist, dann werde ich mich dem nicht widersetzen.«[51]

Neben einem neuen Bewusstsein für seine eigene Sterblichkeit entwickelte Chouinard während seiner Zeit in der Wildnis ein tiefempfundenes Verständnis für das Ausmaß der Zerstörung, die wir unserem Planeten zufügen. Auf seinen zahllosen Expeditionen erlebte er vormals unberührte Landschaften, die durch Bebauung, Umweltverschmutzung und Misswirtschaft unwiderruflich zerstört waren. In Afrika verschwanden Grasländer und Wälder, um Städten und Slums Platz zu machen. In Patagonien schmolzen uralte Gletscher innerhalb weniger Jahrzehnte dahin, angetrieben von der globalen Erwärmung durch fossile Brennstoffe. Beim Kajakfahren in Russland stieß er auf weite, abgeholzte Landstriche – Opfer des sowjetischen Strebens, mit den Vereinigten Staaten mitzuhalten. Und zu Hause in Kalifornien? Die Küste war mit neuen Häusern überzogen, das Central Valley füllte sich mit Neubausiedlungen, und

Tier- und Insektenarten begannen, zu verschwinden. Die Lawine, die ihn beinahe das Leben gekostet hätte, prägte auch seine Haltung zur zivilisatorischen Überentwicklung. »Als ich mich aus den Schneemassen herausgearbeitet hatte, hatte ich jede Angst vor dem Tod verloren«, reflektierte er später. »Und das hat mir geholfen, mit der Vorstellung klarzukommen, dass die Tage der Menschheit gezählt sind. Früher hat mich dieser Gedanke tief bedrückt. Jetzt denke ich: Hey, wir werden alle sterben. Vielleicht alle auf einmal. Na, wenn schon! Wir sind eine unglaublich zerstörerische Spezies und reißen dabei all diese wunderbaren anderen Lebensformen mit uns in den Abgrund. Vielleicht sollten wir einfach verschwinden. Man tut, was man kann. Und dann – selbst wenn man Benzin verbrennt, um dorthin zu gelangen – muss man einfach sagen: Scheiß drauf, lass uns surfen gehen.«[52]

Chouinard war sich schmerzlich bewusst, dass er selbst Teil des Problems war. Mit zwei Häusern, einem intensiven Reiseplan und einem wachsenden Unternehmen am Ventura River führte er alles andere als ein asketisches Leben. »Meine Philosophie hat tausend Lücken«, gab er zu. »Es ist wie mit der Sünde. Man geht zur Beichte, tut Buße und sündigt wieder. Es ist ein fortlaufender Prozess.«[53] Trotz des gelegentlichen Luxus war Chouinard durch und durch sensibilisiert für die zunehmende Gefährdung der Natur.

Nirgendwo schmerzte Chouinard die Entwicklung so sehr wie am Fitz Roy – jenem Ort, der durch die legendäre Fun-Hogs-Besteigung das spirituelle Fundament seiner Karriere geworden war. Als er 1986 dorthin zurückkehrte, fand er eine Landschaft vor, die er kaum wiedererkannte. Was weniger als zwei Jahrzehnte zuvor noch unberührte Wildnis gewesen war, befand sich nun im Klammergriff der Urbanisierung. Die grasenden Rojo-Schafe und weitläufigen Wiesen waren verschwunden, ersetzt durch eine Ansammlung neuer Gebäude und ein Netz orangefarbener Absperrbänder, das zukünftige Straßen, Hotels und Restaurants markierte. Eine neue Stadt – Chaltén – war im Entstehen. Dort, wo einst nur patagonisches Buschland, ein ungezähmter Fluss und die unendliche Weite der Steppe die Kulisse für einen der gefährlichsten Gipfel der Welt gebildet hatten, schossen nun Vororte und Einkaufszentren empor. Noch quälender war der Gedanke, dass Chouinards eigene Karriere in gewisser Weise zu diesem Wandel beigetragen haben könnte. Die Geschichten über seine legendären Expeditionen, das weltbekannte Patagonia-Logo – all dies hatte Fitz

Roy ungewollt ins Rampenlicht gerückt, als eine Art inoffizielle Werbung für diese Wildnis. Und nun zeigte sich ihm die bittere Konsequenz daraus. Entsetzt schwor Chouinard, niemals zurückzukehren. »Ich will mir das nicht mehr ansehen müssen«, sagte er.[54]

Das Kleenex der Fleece-Produkte

Chouinard war nie leicht zufriedenzustellen. Sicher, die Qualität der Patagonia-Ausrüstung hatte sich kontinuierlich verbessert, und die Produktpalette war zunehmend vielfältiger geworden. Das Unternehmen bot die erste lange Unterwäsche aus Polypropylen an, die Abenteurer auch in der Wildnis warmhielt. Man führte Baggies ein, leichte Multisport-Shorts, bei denen Chouinard darauf bestand, dass die Taschen groß genug für zwei Tennisbälle sein mussten. Kurzum, das Geschäft florierte. Doch wenn Chouinard seine anspruchsvollen Expeditionen in entlegene Gebiete unternahm, versagte seine eigene Kleidung immer wieder. Wolle trocknete nur langsam, roch unangenehm und wurde schnell zum Festmahl für Motten. Die frühen synthetischen Stoffe wie das sogenannte Bunting spendeten zwar Wärme, speicherten aber Feuchtigkeit. Chouinard benötigte etwas Neues und fand es in Malden, Massachusetts.

Genau in jenem Ort hatte ein ungarischer Einwanderer namens Henry Feuerstein im Jahr 1906 alles versucht, um in der Bekleidungsbranche Fuß zu fassen. Er hatte einen Großteil seines einstigen Vermögens verloren und beschloss, den Rest in eine Textilfabrik zu investieren. Sein neues Unternehmen, das er Malden Mills nannte, begann mit der Herstellung von Badeanzügen sowie Wollpullovern für Outdoor-Arbeiter. Das Investment zahlte sich aus, und bald hatte sich Feuersteins Unternehmen als einer der besten Stoffhersteller des Landes etabliert. In den folgenden Jahrzehnten entwickelte Malden Mills ausgefeilte Forschungs- und Entwicklungsabläufe sowie innovative Fertigungsmethoden.

Mit dem Wachstum führte Malden Mills weiterhin sämtliche Produktionsschritte im eigenen Haus aus – vom Spinnen über das Färben und Bedrucken bis hin zur Veredelung der Stoffe. Dieser technische Vorsprung und die konsolidierte Produktion machten das Unternehmen zu einem bevorzugten Lieferanten der US-Armee, die sich an Malden Mills wandte, um dort die Wollstrickwaren herstellen zu lassen, die die Soldaten während des Ersten und Zweiten Weltkriegs warm hielten. Mitte des 20. Jahrhunderts experimentierte Malden Mills mit synthetischen Stoffen. Nylon kam auf den Markt, Spandex sollte bald schon folgen, und es war klar, dass das Unternehmen nicht weiterhin nur auf Wolle setzen konnte. Doch günstigere Produktionsmöglichkeiten in Asien begannen, die Vormachtstellung der US-Textilindustrie zu untergraben. Innovationen stagnierten, und die amerikanische Textilbranche geriet in eine Abwärtsspirale. In den 1970er-Jahren fand sich Malden Mills in einer schweren Krise wieder.

Zu dieser Zeit hatte bereits Feuersteins Enkel Aaron das Unternehmen übernommen und ging sein eigenes Risiko ein. Er beschloss, Malden Mills zum weltweit führenden Hersteller von Kunstpelz zu machen. Tierschützer waren auf dem Vormarsch, und der junge Feuerstein ging davon aus, dass Frauen für eine unproblematische Alternative zu echtem Nerz zu gewinnen sein würden. Malden Mills begann auch mit der Herstellung von Toilettensitzbezügen und Badematten. (Tatsächlich war Malden Mills das Unternehmen, das den Stoff herstellte, den Malinda im Warenhaus in Los Angeles gefunden hatte und der für Chouinards erste Pullover aus synthetischem Flor verwendet worden war.) Aber Kunstpelz und Toilettensitzbezüge reichten nicht aus, um die Rechnungen zu bezahlen, und Anfang der 1980er-Jahre stand Malden Mills erneut vor dem Bankrott.

Auf der Suche nach einer rettenden Lösung bat Feuerstein sein Team, auf die eigene langjährige Erfahrung in Forschung und Entwicklung zurückzugreifen und ein neues Material für das Unternehmen zu finden. Die Stoffexperten lieferten. Wie sich herausstellte, bildete Polyester, wenn es zu superfeinem Garn gesponnen wurde, eine bemerkenswerte Textur, die eine gute Alternative zu Wolle bot. Weich, aber voluminös, leicht, aber warm – dieses neue Fleece isolierte nicht nur gut, sondern war auch feuchtigkeitsabweisend. Als Malden Mills es Patagonia vorstellte, war Chouinard begeistert. Es war genau das, wonach er gesucht hatte. Gemeinsam verfeinerten Patagonia und Malden Mills das Material, bis sie es im Rahmen der damaligen Möglichkeiten perfektioniert hatten.

Es war warm, leicht und strapazierfähig. Im Gegensatz zu den Toilettensitzbezügen war es auf beiden Seiten flauschig. Ebenso wichtig war, dass es nicht fusselte. Und es war unglaublich weich, fast wie das Fell eines Chinchillas – jenes niedliche, pelzige Nagetier, das in der Region Patagonien in Südamerika heimisch ist. Da lag der Name für das neue Material schnell auf der Hand: »synthetisches Chinchilla«, oder kurz: Synchilla. Bald darauf brachte Patagonia sein erstes Produkt aus dem neuen Material auf den Markt, den Synchilla Snap-T, einen Pullover, der zu einem der meistverkauften Artikel des Unternehmens werden sollte.

Synthetisches Fleece läutete eine neue Ära bei Patagonia ein, die zu ausgetüftelten und innovativen Produkten führte. So brachte das Unternehmen die Retro-Pile-Fleecejacke auf den Markt, eine aktualisierte Version des ursprünglichen Fleece-Modells, das Chouinard aus jenem Stoff fertigen ließ, aus dem ansonsten die Bezüge für Toilettensitze hergestellt wurden. Der Snap-T wurde unzähligen kleinen Verbesserungen unterzogen, darunter ein charakteristisches Taschendesign, das sowohl funktional als auch unverwechselbar war. Die ursprünglichen Synchilla-Fleece-Pullover hatten eine quadratische Tasche auf der linken Brustseite. Aber Bob Kettenhofen, ein Mitarbeiter von Patagonia, der die erste Segellinie der Marke entwarf, störte sich daran. Wenn er auf einem Boot war und der Wind auffrischte und er schnell seine Sonnenbrille in dieser Fronttasche verstauen musste, rutschte sie unweigerlich in Richtung seiner Achselhöhle, was sehr unangenehm war. Die Lösung: die Innenseite der Tasche so schräg anzulegen, dass sie sich von der Achsel wegneigt. Dieses Design wurde zum Standard beim Snap-T – und spiegelte sich auch in der auffälligen Schrägung der Taschenklappe wider.

Mit dem Snap-T hatte Chouinard endlich eine wärmende und praktische Schutzschicht gefunden. Doch ein ernstes Problem blieb ungelöst: Seine Unterwäsche wurde auf langen Touren im Hinterland nass und begann, unangenehm zu riechen. »Wenn man 70 Tage lang dieselbe Unterwäsche trägt, denkt man zwangsläufig viel darüber nach«, scherzte er. »Und darüber, wie man sie verbessern kann.«[55] Die in den 1970er-Jahren eingeführten Polypropylen-Modelle von Patagonia waren zwar ein Fortschritt gegenüber Baumwolle und Wolle, waren jedoch selbst nicht ohne Nachteil. Tief im Hinterland, ohne Zugang zu einer Dusche oder Waschmaschine, gab es einfach keine Möglichkeit, die Unterwäsche trocken zu halten. »Ich halte es keinen Monat in den Bergen aus«, erklärte er seinen Stoffdesignern. »Es funktioniert nicht, die Unterwäsche wird nass, bleibt nass, und es gibt keine Möglichkeit, sie zu trocknen.« Ein weiteres gravierendes Problem: »Sie stinkt einfach fürchterlich.«[56]

Nachdem Patagonia bereits die wärmende Schutzschicht mit Synchilla revolutioniert hatte, war nun die Verbesserung der unteren Kleidungsschicht an der Reihe. Chouinard stellte ein Team zusammen und gab ihnen eine klare Mission: Findet eine Lösung für dieses drängende Problem.

Chouinard hatte eine Ahnung, was funktionieren könnte. 1984 schlenderte er über eine Sportartikelmesse in Chicago, als ihm eine Vorführung ins Auge fiel: Ein Anbieter präsentierte Footballtrikots, die sich besonders leicht reinigen ließen – selbst Grasflecken gingen mühelos raus. Die Trikots bestanden aus Polyester, und das Unternehmen, das den Stoff herstellte – Milliken –, hatte einen Weg gefunden, das Material schmutzabweisend zu machen. Das Patagonia-Team nahm Kontakt zu Milliken auf und erklärte, was Chouinard sich vorstellte. Die Antwort: Polyester könnte tatsächlich die Lösung sein. Es war günstig, ließ sich leicht reinigen, leitete Feuchtigkeit vom Körper ab – und es hatte einen höheren Schmelzpunkt als Polypropylen, was es für den Trockner geeignet machte. In Zusammenarbeit mit dem Designteam von Patagonia entwickelte Milliken drei verschiedene Stärken eines maßgeschneiderten Polyesters und versah den Stoff mit einer Struktur, die Wärme speicherte und Feuchtigkeit noch effektiver ableitete. Bald hatten sie ein völlig neues Material: Capilene.

Gänzlich auf Polyester zu setzen, war ein Risiko. Damals stammten 70 Prozent des Umsatzes von Patagonia aus dem Verkauf von Artikeln aus Polypropylen und Bunting-Fleece. Aber Chouinard scheute sich nicht, einem bewährten Konzept den Rücken zu kehren. Jahre zuvor hatte er Pitons aus dem Sortiment genommen, obwohl sie den Löwenanteil seines Geschäfts ausmachten. Nun ging er bei den bewährten isolierenden Kleidungsartikeln einen ähnlichen Weg und führte Synchilla und Capilene ein.

Obwohl der bekannte amerikanische Wirtschaftswissenschaftler Clayton Christensen den Begriff noch nicht geprägt hatte, rang Chouinard mit dem »Innovator‘s Dilemma«: Christensen stellte fest, dass erfolgreiche Unternehmen kaum Anreiz haben, echte Innovation zu wagen – vor allem dann nicht, wenn eine neue, bessere Lösung ihr bestehendes Erfolgsprodukt verdrängen könnte. Infolgedessen verlieren erfolgreiche Unternehmen oft ihren Vorsprung und fallen hinter neue Wettbewerber zurück. Für Patagonia wäre es sicherer gewesen, weiterhin Polypropylen zu verwenden. Schließlich wussten die Verbraucher nicht, was ihnen entging, und es gab keine Konkurrenzunternehmen, die Patagonia mit neueren Technologien Marktanteile abnehmen konnten.

Chouinard ging ein beträchtliches Risiko ein, als er sich entschied, kompromisslos auf die neuen Materialien zu setzen. Doch er zögerte nicht. Nachdem die Entscheidung gefallen war, stand man nun vor der Aufgabe, Einzelhändler und Kunden von den Neuerungen zu überzeugen. Ein erster Härtetest für die neue Strategie fand bei einer Sitzung in Las Vegas statt. Vor einer anstehenden Fachmesse für die Outdoor-Branche trafen sich Patagonia-Vertriebsmitarbeiter mit der Unternehmensführung. Ohne große Vorwarnung präsentierten die Führungskräfte aus Ventura die neuen Produkte: Das bisherige synthetische Bunting-Fleece wurde durch Synchilla ersetzt, und auch die Polypropylen-Unterwäsche hatte ausgedient: Capilene war nun der neue Standard.

Die Umstellung war beschlossene Sache, doch Chouinard wollte die Unterstützung seiner Vertriebsmitarbeiter gewinnen, bevor die Fachmesse begann. Für sie war der Wandel ebenso riskant wie für das Management: Wenn es ihnen nicht gelang, die neuen Produkte in großen Mengen zu verkaufen, standen ihre Provisionen auf dem Spiel. Doch sobald sie die neuen Materialien gesehen hatten, waren auch die Vertriebsmitarbeiter überzeugt. »Wir brauchten keinen Plan B«, erinnerte sich Henry Barber, einer der besten Verkäufer des Unternehmens. »Chouinard hatte uns etwas Besseres an die Hand gegeben, und wir waren bereit, voll und ganz auf die neuen Stoffe zu setzen.«[57]

In den Tagen nach dem Treffen im »Bali Hai«-Hotel gingen die Vertriebsmitarbeiter die Messehallen ab. »Wir haben gute und schlechte Nachrichten«, sagten sie den Händlern. »Die schlechte Nachricht ist, dass wir Polypropylen und Bunting aus dem Sortiment genommen haben.« Barber und die anderen beobachteten, wie den Händlern buchstäblich die Kinnladen herunterfielen. »Die gute Nachricht ist, dass wir Stoffe entwickelt haben, die in jeder Hinsicht überlegen sind. Capilene leitet Feuchtigkeit effizienter ab. Synchilla ist fusselfrei, bietet mehr Wärme und trocknet schneller.«

Auch die Händler ließen sich überzeugen, und in den folgenden Jahren katapultierten Capilene und Synchilla Patagonias Umsatz und Gewinn in neue Höhen. Capilene gehört bis heute zu den Bestsellern des Unternehmens. Synchilla war sogar so erfolgreich, dass es Malden Mills quasi im Alleingang rettete. Patagonia bestellte bald riesige Mengen davon, und der Textilhersteller aus Massachusetts begann, ähnliche Stoffe auch an viele andere Unternehmen zu verkaufen. Das neue Material wurde so populär, dass es über Jahre hinweg nahezu synonym für Fleece stand. »Synchilla war über viele, viele Jahre das Kleenex unter den Fleece-Stoffen«, sagte Rob Bondurant, Marketing-Vizepräsident bei Patagonia.[58]

Chouinard war nie ein Unternehmer, der durch methodisches Vorgehen glänzte. Er entwarf keine großen Strategien, die er mit akribischer Präzision umsetzte. Vorausplanung gehörte nicht zu seinen Stärken. Stattdessen zeigte sich sein Genie in plötzlichen Momenten der Spontaneität – ein Ansatz, der an seine Kletterleistungen an den Felswänden erinnert. So wie er in der Wand blitzschnelle Entscheidungen treffen musste, oft hunderte Meter über dem Boden des Yosemite Valley, den nächsten Griff sprang und sich mit den Fingerspitzen festhielt, so leitete er auch Patagonia: Er korrigierte den Kurs im Moment, sobald er spürte, dass etwas nicht stimmte. Und wie beim Klettern bewies er auch hier meist ein untrügliches Gespür für die richtige Entscheidung.

KAPITEL 5
DIE RÜCKEROBERUNG DER WILDNIS

Das gute Zehntel

Am 14. Juni 1988 schlug ein Blitz im Yellowstone-Nationalpark ein und entfachte das Storm Creek Fire, das im abgelegenen Hinterland zu glimmen begann. Neun Tage später löste ein weiterer Blitz das Shoshone Fire im Park aus, und nur zwei Tage danach begann das sogenannte Fan Fire zu wüten. Die Ranger des Yellowstone-Nationalparks ließen die Brände gewähren – im Vertrauen darauf, dass Feuer zur Erneuerung des Waldes beitragen und die Natur ihr Gleichgewicht selbst findet. Doch dieser Ansatz, die Feuer brennen zu lassen, war eine vergleichsweise neue Strategie. Über weite Teile des 20. Jahrhunderts hinweg hatte man Waldbrände bekämpft, was dazu geführt hatte, dass sich auf dem Waldboden von Yellowstone über Jahrzehnte hinweg leicht entzündliches Unterholz angesammelt hatte.

Bis Juli hatten sich die Brände vervielfacht und in rasantem Tempo ausgebreitet. Unachtsame Camper entzündeten versehentlich neue Feuer, der erwartete Sommerregen blieb aus, und das Inferno drohte, den gesamten Park zu verschlingen. Der berühmte Geysir Old Faithful war in Gefahr, Flammen fraßen sich durch die malerischen Canyons, und Touristen mussten evakuiert werden. Millionen von 30 Meter hohen Lodgepole-Kiefern entzündeten sich explosionsartig, wobei jede einzelne mit der Wucht einer Granate verbrannte. Als die Verantwortlichen des Yellowstone-Nationalparks schließlich entschieden, die Brände aktiv zu bekämpfen, war es bereits zu spät. Die Einsatzkräfte legten Brandschneisen, zündeten kontrollierte Feuer und warfen Löschmittel aus der Luft ab, doch nichts konnte die wütenden Brände aufhalten. Yellowstone wurde zur nationalen Angelegenheit, US-Präsident Ronald Reagan war höchst alarmiert. Wyoming versank im Rauch. Der Himmel verdunkelte sich, und Asche bedeckte die Tetons. An einem einzigen Tag im August, der später als »Schwarzer Samstag« bekannt wurde, verbrannten mehr als 60.000 Hektar. Insgesamt verwüsteten in diesem Sommer 248 Brände die Region um Yellowstone. Über ein Drittel des Parks war verkohlt. Hunderte von Elchen verloren ihr Leben, ebenso wie zahlreiche Bisons, Maultierhirsche und andere Tiere. Die Brände wüteten fast zwei Monate lang – bis schließlich, in einem bemerkenswerten Eingreifen der Natur, am 11. September der erste Schnee fiel, den Yellowstone mit einer Pulverschicht bedeckte und die Feuer erstickte.

Chouinard konnte den Rauch bis zu seinem Haus in Moose riechen. Der Anblick des brennenden Yellowstone-Parks bestärkte ihn in seiner Überzeugung, dass die Natur ernsthaft bedroht war. Auf seinen zahlreichen Reisen, von Russland über Afrika bis Argentinien, hatte er einstmals unberührte Landschaften gesehen, die durch menschliches Handeln unwiderruflich zerstört worden waren. Jetzt erlebte er eine ähnlich verheerende Zerstörung direkt vor seiner Haustür. Die Brände weckten in ihm ein neues Gefühl der Verantwortung. Er hatte finanzielle Mittel zur Verfügung – war es nicht seine Pflicht, sie für den Schutz der Natur einzusetzen?

Während die Brände in Yellowstone loderten, fand in Washington, D.C. eine ungewöhnliche Anhörung im Kongress statt. Nur wenige Tage nach Ausbruch des ersten Feuers wandte sich Dr. James E. Hansen, damals Wissenschaftler bei der NASA, an den Senat der Vereinigten Staaten und berichtete, dass die vom Menschen verursachte globale Erwärmung begonnen habe. Die Verbrennung fossiler Brennstoffe habe die Zusammensetzung der Erdatmosphäre verändert, und die ganze Welt heize sich auf. »Es ist an der Zeit, die Fakten nicht länger zu ignorieren und uns einzugestehen, dass die Beweise für den Treibhauseffekt eindeutig sind«, sagte Hansen.[59] Ein Bericht über die Anhörung erschien auf der Titelseite der *New York Times.* Die Öffentlichkeit war zu diesem Zeitpunkt noch nicht wirklic hsensibilisiert für das Thema globale Erwärmung, und Chouinard bekam von Hansens Aussage nichts mit – und das brauchte er auch nicht. Er wusste selbst, dass der Planet akut bedroht war.

Jahre vor den Bränden im Yellowstone-Nationalpark hatte Chouinard begonnen, einen Teil der Gewinne von Patagonia an gemeinnützige Organisationen zu spenden, die sich für den Schutz wildlebender Tiere und Pflanzen einsetzen. Allein im Jahr 1984 unterstützte er mit seinen Spenden unter anderem den Sierra Club Legal Defense Fund (heute bekannt als Earthjustice, eine Organisation für Umweltrecht), die Audubon Society (die sich dem Schutz von Vögeln und deren Lebensräumen widmet), den Environmental Defense Fund (eine Organisation, die wissenschaftsbasierte Lösungen für Umweltprobleme entwickelt), Greenpeace USA, die Heilsarmee (die sich sozialen und karitativen Projekten widmet) und Habitat for Humanity (eine Non-Profit-Organisation, erschwinglichen Wohnraum fördert). Im folgenden Jahr legte Chouinard die Grundsätze seines Spendenprogramms fest. Er beschloss, dass Patagonia jedes Jahr 10 Prozent seines Jahresgewinns an Gruppen spenden würde, die sich für die Wiederherstellung und den Schutz von Natur und Umwelt einsetzen.

Als der Umsatz stieg und mehr Geld zur Verfügung stand, bat Chouinard Paul Tebbel, einen Mitarbeiter aus dem Patagonia-Laden, der sich leidenschaftlich für den Naturschutz engagierte, ihm bei der Koordination des Programms zu helfen. Chouinard teilte Tebbel mit, welche Thematiken ihm am Herzen lagen, und Tebbel machte sich auf die Suche nach nach den dazu passenden Organisationen. Dann unterbreitete er Chouinard Vorschläge, wohin gespendet werden könnte. Das Programm nannten sie »Tithing«, in Anlehnung an einen Begriff aus dem Christentum, der bezeichnet, wenn Gemeindemitglieder gut 10 Prozent ihres Einkommens an die Kirche spenden.

Da Patagonia zunehmend mehr Geld für die Unterstützung von Umweltaktivismus ausgab, äußerten einige Mitarbeiter gelegentlich Unmut darüber, dass ihre Gehälter nicht angehoben wurden. Das Unternehmen war damals nicht für großzügige Vergütungen bekannt, und ein erheblicher Teil der Gewinne floss stattdessen in wohltätige Zwecke. Doch es war Chouinards Unternehmen, und er bestimmte die Regeln. Der Schutz des Planeten war seine oberste Priorität, fast wie eine persönliche Religion, und er wollte seine Einnahmen konsequent für Umweltbelange einsetzen. »Die Leute verstanden schnell, dass, wer nicht hinter Chouinards Vision stand, besser woanders arbeiten sollte«, erinnerte sich Tebbel. »Wir haben Dinge getan, die andere Unternehmen für völlig verrückt hielten.«[60]

Indem Chouinard seine philanthropischen Bemühungen intensivierte, stand er vor einem zentralen Dilemma: Einerseits war er ein überzeugter Umweltschützer, andererseits leitete er ein Unternehmen, dessen Aktivitäten die natürlichen Ressourcen der Erde zunehmend beanspruchten. Dieses Paradoxon beschäftigte auch die Führungskräfte von Patagonia. McDivitt sprach von einer »kreativen Spannung« und sah darin eine Quelle der Inspiration. Patagonia musste wirtschaftlich erfolgreich sein und zugleich seinen Beitrag zum Erhalt der Wildnis leisten. Wenn diese Ziele miteinander in Konflikt gerieten, sollte das das Unternehmen selbst anspornen, innovativer und klüger zu arbeiten, glaubte McDivitt. Für Chouinard und Malinda war diese Spannung jedoch zutiefst persönlich. Als Eigentümer von Patagonia trugen sie die Verantwortung für die Größe des Unternehmens und dessen Einfluss auf die Welt. Als sie 1987 darum rangen, wie sie ihre neu gewonnene Macht sinnvoll einsetzen sollten, suchten die Chouinards Rat von außen.

In San Francisco arbeitete ein Mann namens Kevin Sweeney im Restaurant »Lily's Café« und nutzte seine Zeit dort, um zur Ruhe zu kommen und neue Pläne zu schmieden. Nur wenige Monate zuvor war seine Karriere unverschuldet zum Stillstand gekommen. Sweeney hatte als Pressesprecher für Gary Hart gearbeitet, einen angesehenen Senator aus Colorado und aussichtsreichen Anwärter auf die Nominierung als demokratischer Präsidentschaftskandidat. Doch Harts Kampagne brach unter dem Druck eines Skandals zusammen, nachdem Details über eine außereheliche Affäre bekannt geworden waren. Sweeney verließ Washington daraufhin abrupt.

Sweeneys Weg vom Kapitol zum Kellnerjob war ungewöhnlich und bemerkenswert, und nur wenige Tage nach seinem Start bei »Lily's« berichtete das ABC-Programm *Nightline* über ihn. Unter den Zuschauern war auch Malinda Chouinard. Sie war beeindruckt von Sweeney, der offensichtlich klug argumentieren und versiert kommunizieren konnte, und der sich nicht scheute, traditionelle Vorstellungen von Erfolg infrage zu stellen. Malinda schickte ihm ein Paket mit einigen Patagonia-Katalogen und einem Brief. Darin erklärte sie, dass die Chouinards seit vier Jahren Geld an Umwelt- und politische Organisationen spendeten, jedoch keine klare Kommunikationsstrategie dafür hatten. Ob er bereit sei, ihnen dabei zu helfen?

Neugierig geworden, kam Sweeney nach Ventura, in Erwartung eines Gesprächs über die Möglichkeiten der Philantrophie. Stattdessen faselte Chouinard ausschließlich von der Qualität seiner Produkte: Wie könnte Patagonia die besten Produkte herstellen? Wie ließe sich den Kunden vermitteln, dass die Ausrüstung langlebig und besser als die der Konkurrenz war? Dieselben

Fragen, die Chouinard seit Beginn seiner Karriere als Hersteller von Felshaken umtrieben, beschäftigten ihn auch Jahrzehnte später noch. Als das Gespräch schließlich auf die Förderaktivitäten von Patagonia kam, war Sweeney überrascht zu erfahren, dass das Unternehmen seit Jahren still und leise 10 Prozent seines Vorsteuergewinns spendete. Der größte Teil dieses Geldes floss in Form kleiner Zuschüsse an lokale Initiativen zum Schutz der Natur, ein kleiner Teil ging an größere, etablierte Organisationen. (Auf Malindas Drängen unterstützte das Unternehmen auch Planned Parenthood – denn ihrer Argumentation nach handelte es sich dabei ebenfalls um eine Umweltorganisation, da sie dazu beitrage, das Bevölkerungswachstum zu begrenzen.)

Sweeney gab seinen Job bei »Lily's« auf und übernahm die Position des PR-Direktors bei Patagonia. Dort sollte er sowohl die Medien- und Marketingarbeit als auch die philanthropischen Aktivitäten der Chouinards betreuen. Mit der Zeit wurde ihm bewusst, dass deren Engagement für Basisaktivisten weit über bloße Wohltätigkeit hinausging. Es ging ihnen nicht bloß darum, ihr Gewissen zu beruhigen, weil sie ein Unternehmen führten, das der Umwelt Schaden zufügte. Stattdessen erkannte Sweeney eine tiefere Motivation hinter ihrem philanthropischen Ansatz: Die Chouinards wollten andere Unternehmen beeinflussen. Wenn diese sahen, dass Patagonia trotz seines Engagements für Veränderung und der großzügigen Unterstützung von ausgewählten Projekten erfolgreich war, könnten sie inspiriert werden, denselben Weg einzuschlagen.

Es war ein ehrgeiziges Unterfangen, das sich nicht von allein realisieren würde. Wenn Chouinard dieses Anliegen wirklich am Herzen lag, musste er aktiv mit anderen daran arbeiten, die Geschäftswelt zu verändern. Ein erster Schritt auf diesem Weg war die Mitbegründung der Conservation Alliance, einer Gruppe gleichgesinnter Unternehmen. Kurz nach Sweeneys Einstellung gewann Chouinard drei weitere Outdoor-Unternehmen – Kelty, REI und The North Face – für sein Vorhaben und begann, Gelder für den Schutz von Wildnisgebieten zu mobilisieren. Heute zählt die Allianz über 270 Mitglieder und hat bereits mehr als 36 Millionen Dollar gespendet.

Patagonia intensivierte auch seinen eigenen Umweltaktivismus und startete seine erste landesweite Kampagne mit Anzeigen, die gegen einen neuen Entwicklungsplan für den Yosemite-Nationalpark protestierten. Dieser hätte zu mehr Verkehr und zusätzlichen Bauprojekten geführt. Als Nächstes schaltete das Unternehmen Anzeigen, in denen der Schutz der Antarktis gefordert wurde – ein Gebiet, in dem der kommerzielle Fischfang die Tierwelt massiv dezimierte und unbehandeltes Abwasser in die polaren Gewässer geleitet wurde. Die Kampagne kritisierte scharf die jüngste Entscheidung mehrerer Länder, die Erschließung von Bodenschätzen auf dem Kontinent zu genehmigen, und rief dazu auf, einen Vorschlag von Senator Al Gore zu unterstützen, der neue Schutzmaßnahmen für die Antarktis vorsah. Als Abtreibungsgegner des Christian Action Council vor Patagonias Filialen gegen deren Unterstützung für Planned Parenthood demonstrierten, reagierte Chouinard mit einer resoluten Ansage: Für jeden Protestierenden würde Patagonia zusätzlich zehn Dollar an die Organisation spenden. Die Demonstrationen ebbten schnell ab – ein geschickter PR-Schachzug, der in den kommenden Jahren als Blaupause für den Umgang mit ähnlichen Krisen diente.

Auch vor Ort mischte sich Patagonia in politische Fragen ein: Das Unternehmen unterstützte die Wahl dreier Stadtratsmitglieder, die sich kritisch gegenüber Bauprojekten in Ventura zeigten. Diese Beziehungen zahlten sich aus, als das California State University System plante, einen neuen Campus in der Stadt zu errichten – ein Vorhaben, das den Charakter Venturas grundlegend verändert hätte. Chouinard lehnte das entschieden ab, und seine wachstumskritischen Verbündeten im Stadtrat teilten seine Bedenken. Gemeinsam verhinderten sie das Projekt. Das wiederum sorgte bei den wirtschaftsnahen Kräften vor Ort für Ärger. »Unsere Politiker haben Angst«, sagte der Unternehmer Jim Salzer damals. »Sie scheuen sich, Stellung zu beziehen, weil ein einziges lokales Unternehmen – Yvon Chouinard und Patagonia – offenbar mühelos Unterstützung für wachstumskritische Anliegen mobilisieren kann.«[61]

Mit seinem Engagement an der Basis, dem Aufbau von Koalitionen und Spenden für wohltätige Zwecke begann Patagonia, auch außerhalb der eigenen Bürowände Wellen zu schlagen, und das blieb auch dem Rest der Welt nicht verborgen. Aber wenn Chouinard seine Vision einer verantwortungsbewussteren Geschäftswelt tatsächlich verwirklichen wollte, musste er den Blick auch auf sich selbst richten. Es reichte nicht aus, andere Unternehmen zu ermutigen, besser zu werden; Patagonia musste sein eigener strengster Kritiker sein. Chouinard, der in der Außenwelt als Aktivist auftrat, musste auch innerhalb seines eigenen Unternehmens mit gutem Beispiel vorangehen.

Alles, was wir herstellen, verschmutzt die Umwelt

Auf dem Cover des Patagonia-Katalogs vom Frühjahr 1991 war ein Aquarell in erdigen Tönen zu sehen, das den El Capitan im Yosemite-Nationalpark zeigte – jenen ikonischen Fels, den Chouinard 1964 während einer zehntägigen, äußerst anspruchsvollen Klettertour bezwungen hatte. Stil und Farbgebung des Bildes erinnerten an das chinesische Rollbild, das den allerersten Katalog von Chouinard Equipment im Jahr 1972 geziert hatte. Doch nicht nur die Optik des Katalogs war bemerkenswert; auch der darin enthaltene Essay sorgte für Aufsehen, war er doch ähnlich wegweisend wie das legendäre »A Word…«, das erste Manifest, das Chouinard und Frost gemeinsam verfasst hatten.

In diesem ersten Grundsatztext hatte Chouinard eingeräumt, dass mit der wachsenden Beliebtheit des Kletterns auch die Granitwände – das Fundament des Sports – zunehmend in Mitleidenschaft gezogen wurden. Diese Einsicht hatte damals zu seinem Bekenntnis zum Clean Climbing geführt. Der Essay von 1991, mit dem Titel »Reality Check«, war in ähnlicher Weise selbstkritisch. Der unübersehbare ökologische Fußabdruck von Patagonia konnte nicht länger ignoriert werden, und Chouinard sowie das restliche Führungsteam sahen sich gezwungen, sich dem Problem ehrlich zu stellen. Monatelang berieten sie darüber, ob und wie sie diesen Konflikt öffentlich machen sollten. Schließlich wagten sie es, den zentralen Widerspruch anzusprechen, vor dem jedes profitorientiert arbeitende Unternehmen steht, das sich dem ehrgeizigen Ziel verschrieben hat, einen Beitrag zur Regeneration des Planten zu leisten.

»Alles, was wir herstellen, verschmutzt die Umwelt«, begann der Artikel. »Die Produktion jedes einzelnen Kleidungsstücks, das wir fertigen, hat negative Auswirkungen auf die Umwelt. Punkt. Wir stellen uns vor, wie wir unsere Kleidung tragen und darin die Natur genießen oder, noch besser, wie wir uns gegen Umweltsünder einsetzen. Aber Fakt ist, dass unsere Kleidung aus synthetischen Fasern auf Erdöl basiert und dass der damit einhergehende Raffinierungsprozess ist umweltschädlich. « Der Essay machte deutlich, dass es keine einfachen Lösungen gibt. »Sollten wir uns dann natürlichen Fasern zuwenden? Vielleicht, aber damit wäre es nicht getan«, hieß es weiter. »Baumwolle hat ebenfalls Nachteile. Für Baumwolle werden mehr Pestizide und Düngemittel eingesetzt als für jede andere Kulturpflanze; die Vorbereitung der Baumwollfelder für die maschinelle Ernte erfordert starke und schädliche Entlaubungsmittel. Formaldehyd wird häufig im Spinnprozess eingesetzt, und die Wolle wird abschließend chemisch behandelt. Wollkleidung – darunter auch einige unserer Produkte – muss oft chemisch gereinigt werden. Schafe, die niedlichen Tiere, denen wir die Wolle scheren, gehören zu den zerstörerischsten Weidetieren im Tierreich. Es gibt zwar ökologische, nachhaltige Methoden zur Herstellung von Baumwolle und Wolle, aber der Ertrag ist noch gering, und es bestehen ernstzunehmende Zweifel, ob genug Land vorhanden ist, um ausreichend Baumwolle, Wolle und Nahrung zu erzeugen, um fünf oder zehn Milliarden Menschen über der Armutsgrenze zu versorgen.«[62]

Es war eine schonungslose Selbsteinschätzung, nicht gerade die Art von Botschaft, die Naturliebhaber dazu animieren würde, ihr Geld für einen neuen Fleecepullover auszugeben. Doch genau das war der Punkt. Denn nach mehr als zwei Jahrzehnten im Einzelhandel war Chouinard zu einer bemerkenswerten und ungewöhnlichen Erkenntnis gelangt: Er wollte nicht, dass die Menschen immer mehr von seiner Ausrüstung kauften. Anders als fast alle anderen Unternehmer glorifizierte er nicht das Streben nach endlosem Wachstum oder die fortwährende Vergrößerung des eigenen Marktanteils. Chouinard ging genau den entgegengesetzten Weg: Er wollte weniger verkaufen – oder zumindest nicht wesentlich mehr. Wenn die Produktion von Patagonia-Jacken, -Shorts und -T-Shirts die Umwelt belastete – was unbestreitbar der Fall war –, dann sah er den sichersten Weg zur Reduzierung dieses Schadens darin, den Absatz seiner Produkte zu begrenzen.

In seinem Essay führte Chouinard diesen subversiven Gedankengang fort. »Auch wir als Einzelpersonen haben Macht«, schrieb er. »Wenn wir nicht anfangen, unsere Konsumgewohnheiten zu ändern, können wir nicht erwarten, dass sich die größeren Zusammenhänge verändern. Da die Herstellung fast aller Konsumgüter in der Industriewelt umweltschädlich ist, ist der beste Weg, unseren Einfluss geltend zu machen, weniger für uns zu beanspruchen (also weniger zu kaufen) und auf Qualität zu achten (indem wir langlebigere Dinge erwerben).«

Patagonia war nicht der einzige Händler, der seine Rolle in der Welt kritisch hinterfragte. Wieder einmal lagen Chouinard und Tompkins auf derselben Wellenlänge. Ein Jahr zuvor hatte Tompkins eine ungewöhnliche Anzeige für

Esprit im linksgerichteten Magazin *Utne Reader* geschaltet. Unter dem Titel »A Plea for Responsible Consumption« (»Ein Plädoyer für verantwortungsvollen Konsum«) thematisierte er die zunehmenden Umweltbelastungen durch Esprits Geschäftstätigkeit und den ungebremsten Konsumwahn. »Wir wissen, dass diese Haltung in einer wachstumsorientierten Wirtschaft als Ketzerei gilt, aber ehrlich gesagt: Wenn nicht bald ein Umdenken einsetzt, werden wir wie eine Plage von Heuschrecken alles zerstören, was von diesem Planeten noch übrig ist«, schrieb Tompkins. »Wir können uns dafür entscheiden, unseren Konsum zu reduzieren – oder die Entscheidung wird uns bald abgenommen.«[63]

Tompkins gab der tiefen Sorge Ausdruck, die er und Chouinard während ihrer Aufenthalte in den kalifornischen Hügeln empfunden hatten, und diesmal blieb es nicht bei Worten. Esprit hatte gerade eine »Eco-Kollektion« für Damenbekleidung eingeführt, gefertigt aus Bio-Baumwolle und gefärbt mit natürlichen Farbstoffen. Zu einer Zeit, in der ökologische Verantwortung kaum ein Thema im Marketing war, stellte dies einen bahnbrechenden Schritt dar und bot einen ersten Vorgeschmack auf die späteren Bemühungen der Branche, ihre Produktionsprozesse nachhaltiger zu gestalten. Doch mit der Anzeige im *Utne Reader* ging Tompkins noch einen Schritt weiter: Er forderte die Verbraucher auf, zweimal nachzudenken, bevor sie mehr Dinge kauften, und suggerierte, dass sie ein anständigeres Leben führen könnten, wenn sie nur weniger konsumieren würden. »Indem wir hinterfragen, was uns wirklich erfüllt, und unseren Kaufdrang mäßigen, können wir die verheerenden Auswirkungen, die wir bisher auf die Umwelt hatten, verringern«, hieß es am Ende der Anzeige. »Wir sollten Dinge kaufen, die wir wirklich brauchen, statt solche, die nur unserem Egoismus oder Vergnügungstrieb dienen.«

Die Esprit-Anzeige sorgte bei ihrer Veröffentlichung für ein gewisses Aufsehen, machte Schlagzeilen in den Medien und etablierte Tompkins als unkonventionellen Denker. Ihr größter Einfluss zeigte sich jedoch erst zwei Jahrzehnte später, als Patagonia sie als Inspiration für die erfolgreichste Marketingaktion in der Geschichte des Unternehmens nutzte – die 2011 veröffentlichte Anzeige mit dem Titel »Don't Buy This Jacket«.

Mit »A Plea for Responsible Consumption« und »Reality Check« begannen Tompkins und Chouinard eine neue Art der Kommunikation mit den Verbrauchern. Es reichte nicht mehr aus, nur hochwertige Produkte zu kaufen oder

Unternehmen zu unterstützen, die sich für gute Zwecke engagierten. Auch war es nicht genug, dass Unternehmen schrittweise Änderungen in ihren Lieferketten vornahmen und sich um umweltbewusstes Marketing bemühten. Stattdessen räumten die beiden Fun Hogs – mittlerweile Geschäftsleute mittleren Alters – ein, dass ihre Unternehmen der Umwelt aktiv Schaden zufügten, und sie forderten die Verbraucher auf, sich zu fragen, ob sie ihre Produkte überhaupt brauchten. »Mit diesem Katalog haben wir zugegeben: ›Hey, wir sind Teil dieser Misere‹«, sagte Sweeney. »Der nächste Schritt für uns war, diese Misere zu beenden.«[64]

Das war leichter gesagt als getan. Es gab keinen klaren Weg, Kunden davon abzuhalten, mehr zu kaufen, und weder Esprit noch Patagonia unternahmen zu diesem Zeitpunkt ernsthafte Schritte, um ihr Wachstum aktiv zu bremsen. Im Gegenteil, die Anzeige im *Utne Reader* führte sogar zu einem Anstieg der Verkäufe bei Esprit. Doch wenn Chouinard die Menschen schon nicht davon abhalten konnte, seine Produkte zu kaufen, so wollte er zumindest sicherstellen, dass Patagonia sein eigenes Verhalten änderte. In dieser Phase entschied sich das Unternehmen, seinen »ökologischen Evaluationsprozess« zu institutionalisieren und sich konsequent einer kritischen Selbstprüfung seiner Geschäftspraktiken zu unterziehen. »Wir entwickeln einen Lebensstil der ökologischen Selbstanalyse, der zunehmend integraler Bestandteil unserer Geschäftstätigkeit wird«, schrieb McDivitt in einem Memo. »Kurz gesagt: Es wird ein fortlaufender und nachhaltiger Prozess sein.«[65] Dieses erneute Engagement hatte auf dem Firmengelände sofortige Auswirkungen: Recycling wurde umfassend eingeführt, in der Cafeteria wurde mit der Kompostierung begonnen, und in der Kinderbetreuung kamen Stoffwindeln zum Einsatz.

Auch in den vorgelagerten Produktionsstufen setzte Patagonia seinen Einfluss gezielt ein. Das Unternehmen entschied, nicht mehr mit Fabriken zusammenzuarbeiten, die es nicht besuchen durfte, um die Einhaltung von Qualitätsstandards sowie sichere und gesunde Arbeitsbedingungen für die Beschäftigten dort persönlich zu überprüfen. Zudem verpflichtete sich Patagonia, eine umfassende Lebenszyklusanalyse der vier wichtigsten Materialien durchzuführen, die das Unternehmen damals verwendete: Baumwolle, Wolle, Nylon und Polyester. Die Untersuchung des gesamten ökologischen Fußabdrucks dieser Stoffe würde zwar Zeit erfordern, bot dem Unternehmen jedoch wertvolle Erkenntnisse, wie es seine Umweltbilanz weiter verbessern konnte. Die Bemühungen, umweltfreundlichere Materialien einzusetzen, wurden intensiviert, was jedoch manchmal zu unerwünschten Ergebnissen führte.

Im selben Jahr, in dem »Reality Check« veröffentlicht wurde, schlossen Patagonia und Smith & Hawken, ein weiteres amerikanisches Bekleidungsunternehmen, eine Vereinbarung über den Kauf von einer Million Knöpfen aus Steinnuss. Die Steinnuss ist ein Palmsamen aus dem ecuadorianischen Regenwald. Polierte Steinnüsse ähneln Elfenbein und waren vor der Verbreitung von Kunststoff ein beliebtes Material für Knöpfe. Conservation International, eine weltweit tätige Naturschutzorganisation, vermittelte das Geschäft. Patagonia zahlte einen Aufpreis für die Knöpfe aus Tagua und nahm die höheren Kosten in Kauf – ein bewusster Schritt, um den Verbrauch von Erdölprodukten zu reduzieren. Doch das Experiment währte nur ein Jahr. Schon 1992 waren die Knöpfe spröde und rissig geworden, und Patagonia musste die betroffenen Artikel zurückrufen. So zeigte sich, warum Kunststoffknöpfe sich längst als Standard etabliert hatten.

Ein anderes Mal, nach einer Reise nach Japan, schlug Chouinard vor, dass das Unternehmen eine umweltfreundliche Variante japanischer Fischerschuhe, sogenannte Reef Walkers, ins Sortiment aufnehmen sollte. McDivitt war skeptisch und argumentierte, dass sich diese niemals verkaufen würden. Doch Chouinard beharrte auf seinem Standpunkt. Widerwillig stimmte McDivitt zu, zückte vorher aber einem schwarzen Filzstift und schrieb in großen Lettern an die Dachbalken über ihrem Schreibtisch: »Mein Chef hat mich gezwungen, 20 000 Paar Reef Walkers zu kaufen«. Chouinard musste unterschreiben. Die Schuhe wurden bestellt, und McDivitt sollte recht behalten: Die Schuhe verkauften sich nicht. (Der Schriftzug ist bis heute dort zu sehen.)

Auch andere Versuche mit nachhaltigen Materialien scheiterten kläglich. Als Patagonia eine Reihe von Regenjacken einführte, die mit einem vermeintlich ungiftigen, wasserabweisenden Mittel behandelt waren, erwies sich das Projekt als Desaster. Der Stoff erzeugte ein irritierendes Rascheln, sobald die Ärmel am Körper entlangstreiften, und erfüllte noch dazu seinen Hauptzweck nicht: Der Regen drang ungehindert durch. Die Jacken wurden aus dem Sortiment genommen, und Patagonia musste sich eingestehen, dass diese Bemühung mehr geschadet als genutzt hatte. Anstatt ein langlebiges Kleidungsstück zu schaffen, das seine Besitzer über Jahre hinweg begleiten würde, hatte das Unternehmen ein Produkt hergestellt, das direkt auf dem Müll landen würde. Noch schlimmer war die Aussicht, dass Kunden, welche die Jacken erworben hatten, es sich fortan zweimal überlegen könnten, bei Patagonia oder einer anderen Marke zu kaufen, die mit ihrer Umweltfreundlichkeit warb. »Wir liefen Gefahr, das Vertrauen der Kunden in Kleidung mit Umweltanspruch zu untergraben«[66], bemerkte Vincent Stanley, der zu dieser Zeit eine neu geschaffene Rolle im Unternehmen übernahm: Er sollte die Firmenphilosophie nicht nur innerhalb des Unternehmens stärken, sondern sie auch in der Öffentlichkeit vertreten.

Die richtigen Schlüsse drängten sich schließlich auf. Ein Produkt, das nicht funktioniert und umgehend ersetzt werden muss, kann niemals umweltfreundlich sein; und ein Produkt, das nicht lange hält, kann nicht nachhaltig sein. »Langlebigkeit und höchste Qualität sind unerlässliche Bestandteile von Umweltverantwortung«, erklärte Stanley. »Die Welt braucht keine weiteren kurzlebigen Produkte von minderer Qualität.« Doch bevor Chouinard Patagonias Fokus auf Qualität verstärken konnte, musste er sich von einem Teil seines Unternehmens verabschieden, der einst den Grundstein für alles gelegt hatte.

Die Verbindungen kappen

Chouinard sah sich mit einer Reihe von Klagen konfrontiert. Mit dem wachsenden Erfolg von Patagonia in den späten 1980er-Jahren geriet Chouinard Equipment ins Visier fragwürdiger Anwälte, die sich auf zweifelhafte Schadensersatzklagen spezialisiert hatten. Sie gingen offenbar irrtümlich davon aus, dass das Kletterausrüstungs- und das Bekleidungsgeschäft weiterhin über ein und dasselbe Unternehmen vertrieben wurden. In einem Fall brach sich ein Kläger beim Tauziehen mit einem Seil von Chouinard Equipment den Knöchel. In einem anderen verletzte sich ein Fensterputzer, weil er ein Klettergeschirr unsachgemäß benutzt hatte. »Kein Ausrüstungsgegenstand hatte Mängel oder war defekt, aber wenn Menschen sich verletzen, … ziehen sie vor Gericht«, erklärte Sweeney damals in einem Interview.[67]

Die Anwälte, die Chouinard Equipment verklagten, hatten kaum Aussicht auf hohe Schadensersatzzahlungen. Das Klettergeschäft war bereits Jahre zuvor aus dem Bekleidungsunternehmen ausgegliedert worden; beide Bereiche waren als eigenständige Gesellschaften unter dem Dach einer Holding organisiert. Das schützte Patagonia vor den rechtlichen und finanziellen Folgen, aber nicht vor den damit verbundenen Unannehmlichkeiten.

Nach einer ersten Prozesswelle musste sich Chouinard Equipment mit einer Klage wegen widerrechtlicher Tötung auseinandersetzen. Ein unerfahrener Kletterer hatte einen Gurt von Chouinard Equipment unsachgemäß angelegt und war in den Tod gestürzt. Seine Familie reichte Klage ein und forderte 10 Millionen Dollar. Chouinard war außer sich und zögerte nicht, dem Opfer die Schuld zu geben. »Ich war immer sehr stolz darauf, die beste Kletterausrüstung der Welt herzustellen und gute Arbeit zu leisten, aber die Zeiten haben sich geändert«, sagte Chouinard. »Niemand will die Verantwortung für seine Handlungen übernehmen und sagen: ›Ich habe es vermasselt, es ist meine Schuld, ich habe mir nicht die Mühe gemacht, zu lernen, wie die Ausrüstung zu benutzen ist.‹«[68]

Obwohl das Unternehmen behauptete, der Fehler liege beim Verunglückten, weil dieser den Gurt falsch benutzt habe, entbehrte die Geschichte nicht einer gewissen tragischen Ironie. Die Entwicklung von Produkten, die Kletterern das Überleben sichern, war für Chouinard schon immer von höchster Priorität. Mit jedem neuen Design eines Karabiners, einer Axt und eines Gurtes optimierte Chouinard die Benutzerfreundlichkeit, aber auch die Sicherheit. Nun war jemand bei der Verwendung seiner Ausrüstung ums Leben gekommen. Das Unternehmen wurde zwar nie für den Tod des Kletterers haftbar gemacht, doch es dauerte nicht lange, bis sich die Kosten für die Gerichtsverfahren zu summieren begannen. Die Versicherungsprämien von Chouinard Equipment stiegen innerhalb eines Jahres um 2000 Prozent. Die Anwaltsrechnungen wuchsen. Und für Chouinard Equipment, das gerade einmal 6 Millionen Dollar Jahresumsatz machte – verglichen mit über 70 Millionen Dollar bei Patagonia – kamen die Rechtsstreitigkeiten einer existenziellen Bedrohung gleich.

Um sich von den Querelen zu befreien und sich ganz auf Patagonia zu konzentrieren, beschloss Chouinard, das Kletterausrüstungsgeschäft abzuwickeln. 1989 meldete Chouinard Equipment Insolvenz, was es einer Gruppe von Mitarbeitern unter der Leitung des Geschäftsführers Peter Metcalf ermöglichte, die notwendigen Mittel für einen Kauf zusammenzutragen: Das Unternehmen wurde in eine eigenständige, unabhängige Firma umgewandelt.

Chouinard gab sich unbeeindruckt vom Verkauf – mit jener stoischen Gelassenheit, die es ihm ermöglicht hatte, qualvolle Aufstiege an Granitwänden und 30 Tage in der Eishöhle am Fitz Roy durchzustehen. »Ich habe die Kletterfirma verkauft und habe die Sache abgehakt«, sagte Chouinard.[69] Doch viele langjährige Mitarbeiter von Chouinard Equipment schmerzte sein Abgang. »Wir dachten, wir tun ihnen einen Gefallen, indem wir ihnen das Unternehmen überlassen«, erklärte Malinda. »Aber die Mitarbeiter fühlten sich von Yvon im Stich gelassen. Manche hatten in ihm eine Art Vaterfigur gesehen.«[70]

Nach Abschluss der Transaktion verlegte Metcalf den Firmensitz nach Salt Lake City, Utah, und entschied sich, dem Unternehmen einen neuen Namen zu geben – es würde nun Black Diamond heißen. Auf Skipisten stehen schwarze Diamant-Markierungen für anspruchsvollste Abfahrten, und der Name ermöglichte es, eine abgewandelte Version von Chouinards ursprünglichem Diamant-Logo weiterzuführen. Mehr als 30 Jahre später gehört Black Diamond heute zu den erfolgreichsten Herstellern von Kletterausrüstung weltweit. Doch für Chouinard markierte der Abschied von seinem ersten Unternehmen das Ende einer Ära. »Die Wurzeln des Unternehmens lagen in der Kletterausrüstung«, sagte Sweeney. »Diese Verbindungen zu kappen, stimmte uns durchaus wehmütig.«

Wir könnten das kaufen

Am 22. April 1989, dem Earth Day, empfing Chouinard den Aktivisten Rick Klein in den Patagonia-Büros in Ventura. Klein, ein gebürtiger Kalifornier, der Chile in den 1970er-Jahren zum ersten Mal besucht und sich in das Land verliebt hatte, war direkt von dort angereist, um Chouinard um Unterstützung zu bitten. Er leitete eine Organisation namens Ancient Forest International, die sich dem weltweiten Schutz uralter Wälder verschrieben hatte. Besonders lag ihm ein 450 Hektar großes Waldgebiet im Süden Chiles am Herzen, in dem beeindruckende Araukarien, sogenannte Affenbäume, wuchsen. Gerüchte besagten, ein neuseeländisches Holzunternehmen plane, das Land in den Cañi-Bergen zu kaufen und die Bäume zu fällen, um daraus Papier für Faxgeräte herzustellen. Klein beschrieb das Land eindringlich und breitete neun Fotos aus, die er zusammengeklebt hatte. Sie zeigten eine majestätische Landschaft aus Wäldern und Seen. Es sei eine einmalige Gelegenheit, unberührtes Land zu schützen, erklärte er Chouinard. Klein hatte bereits Gelder von Alan Weeden, einem anderen engagierten Philanthropen, erhalten – nun hoffte er auf Chouinards Unterstützung.

Chouinard zögerte nicht. Er sagte sofort 40 000 Dollar zu, eine beträchtliche Summe, die selbst seine Familie überraschte. »Finanziell war es keine einfache Zeit für uns«, erinnerte sich Malinda später. »Aber gibt es jemals einen guten Zeitpunkt, um 40 000 Dollar auszugeben, die nicht im Budget stehen?«[71]

Wenn Klein mehr Geld sammeln wolle, sagte Chouinard, solle er nach San Francisco fahren und Doug Tompkins ansprechen. Chouinard war sich sicher, dass sein Freund in gleicher Höhe spenden würde. Er hatte recht. Als Klein in San Francisco ankam, stellte Tompkins dem Aktivisten sofort einen Scheck aus. Klein hatte nun den größten Teil der erforderlichen Mittel, um einen einzigartigen Bestand an altem Wald zu retten.

Zurück in Ventura nutzte Chouinard den Patagonia-Katalog, um für die Naturschutzinitiative zu werben und um weitere Spenden zu bitten. »Wir bitten unsere Kunden und Freunde – als besorgte Bürger dieser Erde – ihren Geldbeutel zu konsultieren«, hieß es in dem Katalog, der Bilder von alten, nebelverhangenen Bäumen zeigte. »Die Rückeroberung der Wildnis ist ein langer Prozess; wir werden euch über unsere Fortschritte auf dem Laufenden halten.« Die Kunden von Patagonia spendeten, die Mittel wurden in kurzer Zeit aufgebracht, die Bäume wurden geschützt und das Cañi-Schutzgebiet wurde zu einer der ersten großen Erfolgsgeschichten des Naturschutzes in Chile. Es war der erste Vorstoß der Fun Hogs in den groß angelegten Naturschutz und der Beginn einer Reise, die die Landnutzung in ganz Südamerika verändern sollte.

Kurz nach der Beschaffung der Mittel zur Rettung des Cañi-Schutzgebiets begleitete Tompkins Klein auf einer Reise nach Chile und lernte das Land, das in seinen frühen Tagen als Abenteurer eine prägende Rolle gespielt hatte, neu kennen. Die Reise fand zu einem entscheidenden Zeitpunkt für Tompkins statt. Während Chouinard ein entschiedener Dirtbag war, der Materialismus ablehnte, auch wenn Patagonia ihm ein Leben in Luxus ermöglicht hätte, hatte Tompkins die 80er-Jahre damit verbracht, seinen neu gewonnenen Erfolg zu genießen. Er pendelte zwischen Paris, Mailand und New York. Sein Anwesen in San Francisco war eine Oase in der Innenstadt, ein minimalistisches japanisches Haus mit einem kleinen Redwood-Hain; im Inneren waren die Wände mit einem Triptychon von Francis Bacon und Gemälden von Otto Dix und Fernando Botero geschmückt. Er versuchte auch den Mitarbeitern von Esprit eine Wertschätzung für die schönen Künste zu vermitteln, indem er ihnen Museumsbesuche und Konzertkarten spendierte.

Doch mehr als ein Jahrzehnt in der Modebranche hatte Tompkins desillusioniert zurückgelassen – nicht nur gegenüber der Industrie selbst, sondern auch, was seinen eigenen luxuriösen Lebensstil betraf. »Mitte der 1980er-Jahre dämmerte mir langsam, dass ich auf dem falschen Weg war«, erinnerte er sich. »Ich arbeitete in einem Bekleidungsunternehmen, das Unmengen an Produkten herstellte, die überflüssig waren. Mein Tun trug zur Umweltkrise bei, statt sie zu lindern. Mir wurde klar, dass ich etwas verändern musste.«[72] Es war nicht allein die Erschöpfung durch das rastlose Reisen, den exzessiven Lebensstil und die Selbstinszenierung, die ihn zum Umdenken bewegte – auch wenn all das seinen Tribut forderte. Vielmehr erlangte er eine tiefere Erkenntnis über seine Rolle in einer Kultur, in der sich alles um Konsum drehte. »Ich war im Bann des Marketings gefangen«, gab er zu. »Ich hatte den Blick für das große Ganze verloren. Ich erschuf künstliche Bedürfnisse und produzierte Dinge, die niemand wirklich brauchte.«[73]

Während seiner Selbstfindung stieß Tompkins auf die Schriften von Arne Næss, einem norwegischen Bergsteiger und Vordenker der Tiefenökologie, einer radikalen Umweltphilosophie, die ihn tief berührte. Die Tiefenökologie stellt den Menschen nicht länger ins Zentrum der Weltgeschehnisse, sondern erkennt allen Lebewesen denselben Wert zu – unabhängig davon, ob sie für die moderne Zivilisation von Nutzen sind. Kern dieser Philosophie ist die Einsicht in die tiefe Verbundenheit aller natürlichen Systeme: vom Klima über die Pflanzen- bis zur Tierwelt. Jeder Schaden an einem Teil dieses fein gesponnenen Netzes wirkt sich auf das Ganze aus. Indem die Tiefenökologie auch den Menschen nur auf eine unterstützende Rolle in der Geschichte allen Lebens reduziert, verleiht sie unberührter Natur und allen Lebewesen einen neuen, existenziellen Wert. Für Tompkins, der viele Jahre in der Wildnis verbracht hatte, war dies eine radikale Neuausrichtung seines Denkens und eine Bestätigung seiner Entscheidung, Esprit den Rücken zu kehren. »Ich habe dieser Welt der überflüssigen Produkte Lebewohl gesagt«, so Tompkins, »weil mir klar wurde, dass maßloser Überkonsum eine der treibenden Kräfte hinter der Krise ist, die alles Leben an den Rand des Aussterbens bringt – er ist die Mutter aller Krisen.«[74]

Damit war also das Kapitel Esprit für ihn abgeschlossen. Der Übergang würde abrupt und schwierig sein, doch die Tatsache, dass sich Tompkins und Susie auseinandergelebt hatten, machte es leichter. 1989 ließen sie sich scheiden, und im darauffolgenden Jahr initiierte Susie eine fremdfinanzierte Übernahme des Unternehmens. Es war ein turbulenter Prozess – sowohl persönlich als auch beruflich –, aber Tompkins ging gestärkt daraus hervor. Im Rahmen der Vereinbarung verkaufte er sseinen 50-Prozent-Anteil an der Firma für rund 150 Millionen Dollar. Seine Beteiligungen an den internationalen Ablegern des Unternehmens brachten ihm weitere 150 Millionen Dollar ein. Bei der Unterzeichnung der Verträge wurde Doug von einem der Bankiers in Anzug und Krawatte gefragt: »Was werden Sie mit all diesem Geld machen?«

Tompkins, lässig gekleidet in seinen typischen Khakihosen, konterte: »Ich werde versuchen, all das rückgängig zu machen, was ihr so anrichtet.«[75]

Der Verkauf seiner Anteile an Esprit markierte erst den Beginn von Tompkins' Metamorphose. Er ließ seine beeindruckende Kunstsammlung versteigern, verkaufte Gemälde und Skulpturen für weitere 18 Millionen Dollar und trennte sich von seinen Immobilien und Autos. Frisch befreit von seinen Aufgaben als CEO, war Tompkins ein desillusionierter Kapitalist mit einer erwachenden Leidenschaft für den Umweltschutz, einer Lust auf Abenteuer – und einem Vermögen, mit dem er sein Leben neu gestalten konnte. Doch statt seinen Erfolg zu feiern, legte er nach und nach alles ab, was zu seinem Leben als erfolgreicher Unternehmer gehört hatte. Er war zwar noch immer wohlhabend, aber ohne eine konkrete Aufgabe verspürte er das Bedürfnis, wieder in die Wildnis zurückzukehren – zu den Tagen im Hinterland mit Chouinard und zu seinen Wurzeln als Dirtbag.

Eines seiner ersten Anliegen war es, sein Geld sinnvoll einzusetzen. Innerhalb weniger Monate investierte Tompkins fast 50 Millionen Dollar in die von ihm gegründete Foundation for Deep Ecology, eine gemeinnützige Organisation, die sich seiner neuesten Leidenschaft, der Tiefenökologie, verschrieben hatte. Mit Fördergeldern zwischen 3000 und 300 000 Dollar unterstützte die Stiftung nach dem Vorbild von Chouinards philanthropischem Ansatz Basis-Aktivisten sowie Natur- und Umweltschützer im ganzen Land, die sich für den Erhalt unberührter

Landschaften, die Eindämmung von Bauprojekten und den Widerstand gegen die fossile Brennstoffindustrie einsetzten.

Manchmal machten Tompkins und Chouinard auch gemeinsame Sache. Anfang der 1990er-Jahre kamen die beiden Dave Foreman, einem der Mitbegründer von Earth First!, zu Hilfe – einer Umweltaktivistengruppe, die ins Visier des FBI geraten war. Foreman war von einem SWAT-Team in seinem Haus in New Mexico mit vorgehaltener Waffe festgenommen worden, unter dem falschen Vorwurf, Stromleitungen sabotiert zu haben, die zu Kernkraftwerken führten. Chouinard und Tompkins übernahmen die Kosten für Foremans Verteidigung: Sie finanzierten Hotelzimmer und Flugtickets und engagierten ein Verteidigungsteam unter der Leitung von Gerry Spence, einem legendären Prozessanwalt aus Wyoming. Foreman wurde freigesprochen, nachdem sich herausstellte, dass das FBI versucht hatte, ihn absichtlich zu diffamieren – ein Sieg, der ohne die Unterstützung von Tompkins und Chouinard kaum möglich gewesen wäre.

Doch Tompkins hatte weitaus größere Ambitionen und begann bald, großzügig Geld auszugeben, um seine Ziele zu verwirklichen. Diesmal jedoch kaufte er weder seltene Kunstwerke noch luxuriöse Autos. Er wollte die Natur selbst erwerben. Gemeinsam mit Chouinard hatte er bereits zur Erhaltung des Cañi-Schutzgebiets beigetragen. Nun plante Tompkins noch größere Projekte. Warum sich mit einem kleinen Waldstück zufriedengeben, dachte er, wenn man stattdessen weite, ursprüngliche Landstriche kaufen und dauerhaft vor Bebauung schützen kann?

Im Januar 1991 flog Tompkins mit seiner Cessna 206 von San Francisco nach Argentinien, um dort das Land zu erkunden und nach großen Grundstücken Ausschau zu halten. Ein enger Freund, Peter Buckley, begleitete Tompkins auf einigen Flügen und erinnerte sich später sich daran, wie Tompkins den Horizont nach Rinderfarmen absuchte, die er erwerben könnte – »wie ein völlig durchgeknallter Immobilienhai«.[76]

Jedes Mal, wenn sie über ein ursprüngliches Tal oder einen wilden Fluss flogen, bemerkte Tompkins: »Schau dir das an. Ist das nicht wunderschön?«

Und jedes Mal stimmte Buckley zu, beeindruckt von der unberührten Landschaft. Mit jeder neuen Entdeckung brachte Tompkins seine schiere Begeisterung mit nahezu kindlicher Freude zum Ausdruck.

»Das steht zum Verkauf«, sagte er. »Das könnten wir kaufen. Und das auch.«

Schon bald hatte Tompkins eine 15.200 Hektar große Farm namens Reñihué unweit eines aktiven Vulkans gekauft, auf der er sich ein Haus baute. Von dort aus erwarb er weitere Rinderfarmen in Patagonien und besaß am Ende fast 320.000 Hektar Land. Er investierte sein Vermögen, um die Vision der Tiefenökologie, wie sie Næss formuliert hatte, Wirklichkeit werden zu lassen. Das Land sollte unberührt bleiben, frei von menschlichen Eingriffen. Es war ein teures Wagnis, doch Tompkins war überzeugt, dass dies ein durchaus lohnenswertes Investment sei. »Man weiß nie, ob man das Richtige tut«, sagte er. »Aber was den Schutz der Natur anbelangt: Das Risiko, dass daraus etwas Negatives entsteht, scheint mir deutlich geringer, als wenn man eine ausbeuterische Herangehensweise wählt.«[77]

Kaum hatte Tompkins seinen Anteil an Esprit verkauft, begann er, Chouinard zu drängen, seinem Beispiel zu folgen. »Verkauf Patagonia, nimm das Geld und mach etwas Großes«, sagte Tompkins zu seinem alten Freund. Mit diesem Geld könne er eigene Landflächen kaufen, noch mehr Aktivisten fördern oder sich einfach in die Wildnis zurückziehen und sein Leben mit Angeln verbringen. Nun, da Tompkins von der Last, ein Unternehmen zu führen, befreit war, war es für ihn unvorstellbar, dass ein Fun Hog wie Chouinard noch immer seine Tage damit verbringen wollte, sich um Lieferketten und Vertriebswege zu sorgen, wenn es nicht unbedingt sein musste.

Es gab Momente, in denen Chouinard versucht war, auf Tompkins' Rat zu hören. Ein Unternehmen zu leiten war mühsam, und Chouinard fühlte sich in der Natur stets wohler als in einer Vorstandssitzung. Doch er konnte sich nie dazu durchringen. »Yvon ist nicht vom Geld getrieben«, sagte Bill Bussiere, ein ehemaliger Finanzchef von Patagonia. »Das ist ihm schlicht egal. Er und Malinda könnten Millionen verdienen, wenn sie an die Börse gingen, aber das wollen sie nicht. Yvon ist überzeugt, dass er ein besseres Instrument für Wandel sein kann, wenn er die Kontrolle behält.«[78]

Auch wenn er Tompkins' Überredungsversuchen widerstand, erkannte Chouinard zunehmend, dass seine Arbeit einen tieferen Zweck erfüllte. Patagonia als Außenseiter in der Geschäftswelt zu positionieren, eröffnete ihm die Möglichkeit, weit über den Schutz einzelner Landflächen hinaus Einfluss zu nehmen. Chouinard glaubte, die Unternehmenskultur in den USA prägen zu können. »Es gab einige Male, in denen ich aus Frust über das Geschäft daran dachte, die Firma zu verkaufen, das Geld in eine Stiftung zu stecken und damit Umweltprojekte zu fördern und die Natur zu schützen«, sagte er. »Doch jedes Mal kam ich zu dem Schluss, dass es die bessere Strategie ist, die Firma zu behalten und sie als Modell für verantwortungsvolles Unternehmertum zu nutzen.«[79]

Qualität ist objektiv

Bis 1990 hatten sich die jährlichen Umsätze innerhalb weniger Jahre auf 100 Millionen Dollar verfünffacht. Handelsvertreter wie Henry Barber und Billy Kulczycki verdienten mit ihren Provisionen kleine Vermögen und übertrafen damit regelmäßig sogar die höchsten Führungskräfte im Unternehmen. Diese Ungleichheit störte Chouinard, der kurzerhand entschied, die Vertreter auf Festgehälter umzustellen und damit ihre Einnahmen drastisch zu kürzen. Für Barber, der Chouinard als engen Freund betrachtete und mit ihm anspruchsvolle Klettertouren unternommen hatte, fühlte sich dieser Schritt wie ein Verrat an. Patagonia sei nur dank seiner unermüdlichen Aufbauarbeit so groß geworden, sagte er; nun werde er von Chouinard praktisch für seinen Erfolg bestraft. »Wir hatten wirklich eine enge Verbindung, und dann machte er so etwas«, erinnerte sich Barber. »Aber persönliche Beziehungen konnten ihn nie von seinen Entscheidungen abhalten.«[80]

Das chaotische Personalgeflecht und die oft sprunghaften Loyalitäten waren bei Patagonia keine Seltenheit. Das Unternehmen wurde größtenteils von Führungskräften geleitet, die in der Firma groß geworden waren, nicht von erfahrenen Managern, die in anderen großen Unternehmen die besten Praktiken der Personalführung gelernt hatten. Mitarbeiter stiegen in der Gunst Chouinards schnell auf, nur um ebenso rasch wieder in Ungnade zu fallen. »Es gab das Gefühl, dass man, je weiter man die Karriereleiter hinaufstieg, an einem Tag wie ein Gott behandelt wurde und am nächsten kaum noch etwas zählte«, sagte Libby Ellis, die in den frühen Jahren bei Patagonias Umweltinitiativen mitwirkte.[81] Es war nur ein Hinweis unter vielen, dass sich hinter der lässigen Fassade bisweilen eine knallhart agierende Unternehmungsführung mit wenig

Hang zu Sentimentalitäten stand. »Man neigt dazu, vieles zu idealisieren«, sagte Lynda Grose, die als Designerin sowohl bei Patagonia als auch bei Esprit tätig war. »Aber letztlich muss man lernen, sich in diesem Spannungsfeld zwischen Aktivismus und Kapitalismus zu bewegen.«[82]

Von dem Moment an, als Kulczycki bei Patagonia anfing, war ihm klar, wie hoch die Erwartungen waren. Die Chouinards stellten unmissverständlich klar, dass sie vom Unternehmen eine jährliche EBITDA-Marge von mindestens 10 Prozent erwarteten – also einen Gewinn vor Zinsen, Steuern und Abschreibungen, wie er oft zur Bewertung der Ertragskraft herangezogen wird. »Es müsse immer ein erfolgreiches Geschäft sein«, erklärte er. »Yvon hat stets betont, dass es keinen Sinn macht, das Ganze weiterzuführen, wenn es kein Geld abwirft.«[83] Gleichzeitig hielt Chouinard an seiner Abneigung gegen die profane Welt der Finanzwirtschaft fest. »Yvon hat keinerlei Respekt für Buchhalter – Leute, die Anzüge und Krawatten tragen«, erinnerte sich Steve Peterson, der eine Zeit lang als Finanzchef tätig war. »Es grenzt fast an Verachtung. Aber diese Dinge gehören nun einmal zum Geschäft. Es ist, als würde man seinen linken Arm hassen.«[84]

Doch als die Umsätze Ende der 1980er-Jahre steil nach oben gingen, begann Patagonias Erfolg, das Unternehmen einzuholen. Jahrelang hatte Chouinard die Belegschaft bewusst auf etwa 150 Personen begrenzt – eine Zahl, die der britische Anthropologe Robin Dunbar als Obergrenze für die Anzahl primärer Beziehungen definierte, die ein Mensch gleichzeitig pflegen kann. Chouinard wollte nicht, dass Patagonia größer wurde, aus Angst, das schnelle Wachstum könnte der Unternehmenskultur schaden. Zudem sah er darin einen bewussten Weg, die Expansion und damit die Belastung für die Umwelt einzudämmen. Aber es gab einfach mehr Arbeit, die erledigt werden musste, mehr Mitarbeiter, die benötigt wurden, um das wachsende Auftragsvolumen zu bewältigen. Chouinard gab nach, und das Unternehmen expandierte in kurzer Zeit erheblich.

Es war eine heikle Zeit für ein amerikanisches Bekleidungsunternehmen, um einen Wachstumsschub zu erleben. In der gesamten Branche verlagerte sich die Produktion nach Asien, und auch Patagonia folgte diesem Trend. Bis zu diesem Zeitpunkt war ein Großteil der Kleidung in den USA gefertigt worden, oft in Fabriken, in denen Patagonia-Mitarbeiter direkt vor Ort waren, um die Qualität zu überwachen, die Arbeitsabläufe zu prüfen und sogar Stoffe in die Schneidemaschinen zu laden. »Man hatte die gesamte Produktion genau im Blick«, erinnerte sich Randy Harward, einer von Chouinards Experten für Qualitätskontrolle. »Man kümmerte sich persönlich um alle Produktionsschritte jeder Fabrik. Man wusste, was sie leisten konnten, und merkte sofort, wenn es Probleme gab.« Mit der Verlagerung nach Asien sanken zwar die Kosten, doch Patagonia büßte ein Stück Kontrolle ein. »Wir haben zu Beginn nicht wirklich über die Konsequenzen nachgedacht«, erklärte Harward. »Aber schnell wurde klar, dass alles distanzierter und unpersönlicher war. Unsere Mitarbeiter besuchten die Produktionsstätten nicht mehr täglich, sondern höchstens einmal im Monat. Es gab Sprachbarrieren und kulturelle Unterschiede, und uns wurde bewusst, dass wir unsere Vorgaben deutlich präziser formulieren mussten.«[85]

Je größer das Unternehmen wurde und je rasanter sich die Lieferkette ausdehnte, desto mehr Probleme traten auf. Knöpfe fielen ab, Druckverschlüsse hielten nicht und Nähte gingen auf. Zeitweise wurden mehr als 10 Prozent der Bestellungen retourniert – eine absurd hohe Zahl, die auf gravierende Mängel im Herstellungsprozess hinwies. Das war für Chouinard, der von Qualität geradezu besessen war, ein Ärgernis. Seit er seinen ersten Felshaken geschmiedet hatte, war das Mantra, dass alles, was er herstellte, erstklassig sein müsse, prägend für seine Arbeit. Daran wollte er auch jetzt festhalten, obwohl die Produktion mittlerweile an Fabriken auf der anderen Seite der Welt ausgelagert war. Chouinard bot sogar Vorträge über Qualität für Patagonia-Mitarbeiter an. Dabei brachte er einmal eine Tüte Peet's-Kaffeebohnen mit, stellte sie auf einen Tisch und fragte: »Sind das hochwertige Kaffeebohnen?«[86]

Es folgte zwangsläufig eine peinliche Stille. Mochte der Chef Peet's? Was wollte er damit sagen?

Dann begann Chouinard seine Lektion: »Qualität ist objektiv«, erklärte er und argumentierte, die Kaffeebohnen seien entweder hervorragend – oder eben nicht. Dazwischen gäbe es nichts.

Das brachte die Diskussion in Gang. »Qualität ist nicht objektiv«, protestierten einige. »Das ist Ansichtssache.«

Doch Chouinard blieb standhaft. »Nein«, hielt er dagegen. »Es geht um Konsistenz. Es geht darum, dass ein Produkt seine Funktion erfüllt.« Er forderte seine Zuhörer auf, das perfekte Hemd zu definieren. Als jemand ein maßgeschneidertes, italienisches Hemd aus feinster Baumwolle vorschlug, spottete Chouinard: Wie würde dieses Hemd in der Waschmaschine bestehen? Wie lange würde es halten? Ein empfindliches Hemd könne nicht als hochwertig gelten. Diese Lektionen spalteten die Belegschaft – Designer, die jedes Detail ihrer Arbeit perfektionieren wollten, schätzten Chouinards kompromisslose Haltung, während Führungskräfte, die vor allem in verkauften Stückzahlen dachten, ihn für zu idealistisch hielten. Doch mit diesen teils ungewöhnlichen Vorträgen wollte Chouinard seinen Mitarbeitern die gleiche Fixierung auf Qualität vermitteln, die ihn selbst seit jeher antrieb. Denn wenn Patagonia-Jacken, -Hosen und -Fleece-Pullover nicht einwandfrei funktionierten, dann, so Chouinard, lohnte es sich nicht, sie überhaupt herzustellen.

Als die Probleme anhielten, beauftragte Chouinard Randy Harward damit, die Situation zu verbessern. Harward verbrachte ein Jahr auf Reisen, besuchte Fabriken und arbeitete unentwegt daran, den Herstellern Patagonias hohe Standards zu vermitteln. Dabei kaufte er gelegentlich sogar alte Nähmaschinen auf. Einer der häufigsten Beschwerden der Kunden war, dass Knöpfe abfielen, weil die Nähte, die sie hielten, sich auflösten. Harward stellte fest, dass die neuen Fabriken Kettenstichmaschinen für das Annähen von Knöpfen verwendeten, während in den früheren Produktionsstätten in den USA Maschinen mit stabiler Verriegelungsstichtechnik zum Einsatz gekommen waren. Wenn die Kettenstichmaschinen nicht korrekt eingestellt waren, konnten die Knöpfe leicht abfallen. Die Lösung war für Harward offensichtlich: Er kaufte alle Maschinen mit Verriegelungsstichtechnik, die er finden konnte, und stellte diesen den neuen Fabriken in Asien zur Verfügung. Es spielte keine Rolle, dass diese Maschinen umständlicher und etwas langsamer zu bedienen waren, dass die Spule alle paar Hundert Knöpfe gewechselt werden musste oder dass sie 6000 Dollar pro Stück kosteten. Wenn sie Knöpfe so befestigten, dass diese nicht abfielen, war es die Investition wert. Nach und nach wurden die Mängel weniger und die Rücklaufquote sank von zweistelligen Werten auf 1 Prozent. »Es war, als ob man einen Wasserhahn zudreht«, sagte Harward.

Zwischen rechtlichen Problemen und Qualitätsmängeln hatte ein Jahrzehnt des schnellen Wachstums Chouinard erschöpft. Nach konventionellen Maßstäben war er erfolgreicher denn je. Patagonia machte 10 Millionen Dollar Jahresgewinn, die praktisch vollständig ihm und Malinda zuflossen. Sie spendeten einen

Großteil ihres Einkommens, lebten aber auch äußerst komfortabel, flogen für exotische Abenteuer um die Welt und unterhielten Häuser am Strand von Ventura und am Fuße der Tetons in Moose. Der Widerspruch zwischen seiner erklärten Abneigung gegen Materialismus und seinem zunehmend luxuriösen Lebensstil war ihm nicht entgangen. Doch je größer Patagonia wurde, desto mehr wuchs Chouinards Sorge um dessen Einfluss auf die Natur. Er war weiterhin tief besorgt über die drohende Zerstörung der Wildnis und sich zugleich schmerzlich bewusst, dass er trotz seiner Bemühungen, Patagonias Fertigungsprozesse zu verbessern, immer noch Teil des Problems war. »Wir sind Schurken«, sagte er. »Wir machen nichts anderes als alle anderen Firmen auch.«[87]

McDivitt war nach mehr als einem Jahrzehnt an der Spitze des Unternehmens ebenfalls ausgebrannt und teilte Chouinard mit, dass sie sich zur Ruhe setzen wolle. Sie war eine der wenigen Führungskräfte, die sich Chouinards volles Vertrauen erarbeitet hatten, und die einzige Person außer Chouinard, Malinda und deren beiden Kindern, die jemals Anteile an Patagonia besessen hatte. (Später verkaufte sie diese zurück an Chouinard.) In der Hoffnung, das Unternehmen auf sein nächstes Kapitel vorzubereiten, holten Chouinard und McDivitt eine Handvoll neuer Führungskräfte an Bord, die das Unternehmen durch das letzte Jahrzehnt des 20. Jahrhunderts führen sollten. Bill Bussiere, ein ehemaliger Buchhalter, wurde Finanzchef. Und Pat O'Donnell, der Erfahrung im Betrieb von Skigebieten hatte, wurde zum neuen CEO ernannt, obwohl er keine Erfahrung in der Bekleidungsbranche hatte. »Ich wusste nichts über die Herstellung von Kleidung«, gestand O'Donnell. »Aber Yvon sagte, er wolle Patagonia als Werkzeug für sozialen und ökologischen Wandel nutzen.«[88]

Es war eine überstürzte Nachfolgeplanung, und um den neuen Mitarbeitern ein Gefühl für die Unternehmensziele zu vermitteln, nahmen Chouinard und McDivitt sie mit nach Patagonien. Zusammen mit einigen anderen Führungskräften verbrachten sie eine Woche damit, über die ungewöhnliche Philosophie des Unternehmens und die kreative Spannung zwischen der Lösung schwieriger Probleme und der gleichzeitigen Verschärfung dieser Probleme zu sprechen. Mit einer Reihe von Vorträgen an den Orten, die ihn am meisten inspirierten, versuchte Chouinard, den neuen Führungskräften denselben Funken zu vermitteln, der ihn und McDivitt in den vergangenen zwei Jahrzehnten angetrieben hatte. Er erwartete nicht, dass sie auf alles eine Antwort wussten.

Schließlich gab es keine einfachen Lösungen für die großen, komplexen Fragen, mit denen Patagonia konfrontiert war. Aber genau das war der Punkt. Chouinard wollte, dass sein Team das tiefe Paradoxon begriff, das sein Lebenswerk darstellte. Er wollte, dass sie nach Perfektion strebten, auch wenn sie wussten, dass diese unmöglich zu erreichen war. Er wollte, dass sie akzeptierten, dass sie niemals alles richtigmachen würden, und sich trotzdem entschlossen bemühten, ihr Bestes zu geben. »Er wollte, dass sie verstanden, wer wir waren«, sagte McDivitt, »und was uns wichtig war.«

KAPITEL 6
SCHWERE ZEITEN

Das Ende von allem

»Was passiert, wenn du eines Tages stirbst?«

Jahrelang war das die Frage, die Patagonia-Insider Chouinard in vertraulichen Momenten stellten – wenn das Gespräch auf das zukünftige Schicksal dieses ungewöhnlichen Unternehmens kam. Oberflächlich betrachtet schien es dabei um Chouinards einzigartige Rolle als Gesicht der Marke zu gehen. Er war eine Ikone, und Patagonias Identität war untrennbar mit seinen wagemutigen Taten und seiner charismatischen Persönlichkeit verbunden. Doch es zielte ebenso auf die offene Frage seiner Nachfolge und darum, wie es künftig um das Image der Firma bestellt sein würde. Wer würde schwierige Entscheidungen treffen, wenn Chouinard nicht mehr da wäre? Wer hätte den Mut, ebenso unkonventionelle Wege einzuschlagen wie er? Wer würde den Mut und die Überzeugung aufbringen, zugunsten eines idealistischen Ziels auf Gewinne zu verzichten? Und schließlich gab es noch eine grundlegendere Frage: Wem würde Patagonia gehören? Als privat geführtes Unternehmen unter Chouinards Kontrolle würde nach seinem Tod zwangsläufig eine Art von Transaktion erforderlich sein. Die wahrscheinlichsten Szenarien waren: Das Unternehmen würde an seine Kinder vererbt, an ein anderes Unternehmen oder eine Private-Equity-Firma verkauft – oder an die Börse gebracht. Doch jede dieser Optionen hätte tiefgreifende Veränderungen nach sich gezogen. Das fragile Machtgefüge, das Patagonia zu einem der eigenwilligsten Unternehmen überhaupt machte, wäre grundlegend erschüttert und die Frage aufgeworfen, wofür die Firma nach Chouinards Tod noch stehen würde.

Auf der Suche nach Orientierung in Sachen Wachstum und Nachfolgeplanung reisten Chouinard und Malinda nach Florida, um sich mit Michael Kami zu beraten – einem exzentrischen Managementberater, der Harley-Davidson wieder auf Kurs gebracht und für IBM strategische Planung betrieben hatte. Sie trafen Kami auf seiner Yacht, wo er in Kapitänsmütze und einem offen getragenen Militärhemd glänzte, das seine nackte Brust freilegte. Kami begann sofort, Chouinard mit Fragen zu löchern – und konzentrierte sich rasch auf das Wesentliche: »Warum betreiben Sie überhaupt ein Unternehmen?«

Chouinard antwortete augenzwinkernd, er habe immer gehofft, genug Geld zu verdienen, um sich in die Südsee zurückziehen zu können und dort den perfekten Ort zum Surfen und zum Jagen von Knochenfischen zu finden. Dann erklärte er Kami, dass er und Malinda dies schon lange hätten tun können, aber sie seien besorgt um das Schicksal des Planeten. Sie hofften, ihre Ressourcen in bescheidenem Maße zum Wohl der Erde einsetzen zu können. Allein in jenem Jahr hätten sie 1 Million Dollar an 200 Organisationen gespendet und dabei tiefe Genugtuung empfunden. »Unser Hauptgrund, im Geschäft zu bleiben, ist es, Geld zu verdienen, das wir verschenken können«, erklärte er.

Kami ließ sich davon nicht beeindrucken. »Ich halte das für Blödsinn«, entgegnete er. »Wenn ihr es wirklich ernst meint mit dem Geldverschenken, würdet ihr die Firma für 100 Millionen verkaufen, ein paar Millionen für euch behalten und den Rest in eine Stiftung einbringen. So könntet ihr das Kapital investieren und jedes Jahr 6 bis 8 Millionen Dollar spenden. Und wenn ihr den richtigen Käufer auswählt, würde er euer Spendenprogramm wahrscheinlich fortsetzen – allein schon, weil es gute Werbung ist.«[89] Genau das hatte auch Tompkins Chouinard geraten: seinen Einfluss maximieren, indem er die Zügel in andere Hände gab und seine Erlöse in Naturschutzprojekte steckte.

Chouinard gab zu bedenken, dass er sich Sorgen darüber mache, was aus Patagonia werden würde, wenn er das Unternehmen verkaufe. Er habe kein Vertrauen, dass ein neuer Eigentümer das Unternehmen weiterhin verantwortungsbewusst führen würde. »Wenn ich das Unternehmen verkaufe, wäre das das Ende«, sagte Chouinard.[90]

Kami hörte zu und begriff schnell, was Chouinard selbst in den letzten Jahren immer deutlicher zum Ausdruck gebracht hatte: Patagonia existierte nicht, um die Familie reich zu machen, auf dass sie sich im Paradies zur Ruhe setzen konnte. Und selbst als reine Geldquelle für philanthropische Zwecke war das Unternehmen nie gedacht.

»Sie machen sich etwas vor, wenn es darum geht, warum Sie dieses Unternehmen führen«, sagte Kami.

Eigentlich, so erklärte er, führte Chouinard Patagonia, um zu zeigen, dass es auch anders geht – dass man Umweltanliegen in den Vordergrund stellen, die eigene Lieferkette kritisch hinterfragen und dabei die Menschen im Unternehmen nicht aus den Augen verlieren kann. Der eigentliche Zweck von Patagonia war es, zu beweisen, dass Kapitalismus nicht zwangsläufig schlecht sein musste.

Chouinard verließ Florida mit einem neuen Gefühl der Klarheit über Patagonias Schicksal, zumindest für die nahe Zukunft. »Wir werden das Unternehmen nicht verkaufen«, sagte er. »Ich glaube, ich kann mehr Gutes bewirken, wenn ich die Firma weiterhin verantwortungsvoll leite und anderen Unternehmen zeige, dass man Gutes tun und dabei ein erfolgreiches Geschäft führen kann.«[91] Auch wenn es noch keine klare Antwort auf die Frage gab, was nach seinem Tod geschehen würde, begann Chouinard, das Thema ernsthaft zu durchdenken. Es gab sogar bereits eine leise Vorahnung dessen, was kommen würde. »Ich glaube wirklich, dass dies eine Mission ist, kein Geschäft«, sagte er. »Wenn Malinda und ich nicht mehr da sind, möchte ich, dass Patagonia zu einer Umweltstiftung wird.«[92]

Chouinard hatte jedoch nicht viel Zeit, über die Zukunft nachzudenken. Kurz nach seinem Besuch bei Kami geriet Patagonia in die bis dahin schwerste Krise seiner Geschichte.

Schwarzer Mittwoch

Zu Beginn der 1990er-Jahre erlebte Patagonia einen Höhenflug. Das Unternehmen hatte weitere Großhandelskunden gewonnen und ein florierendes Versandgeschäft aufgebaut. Es hatte Filialen in Chamonix (Frankreich) und Tokio (Japan) sowie zahlreiche Einzelhandelsgeschäfte in den Vereinigten Staaten eröffnet. Eine Zeit lang wuchs der Umsatz um astronomische 50 Prozent pro Jahr. Es gab eine Reitsportlinie mit Patagonia-Reithosen, die Chouinard nach der Begegnung mit einer Pferdezüchterin entworfen hatte. Es gab drei verschiedene Segelbekleidungslinien, jeweils abgestimmt auf unterschiedliche Bootstypen. Sogar ein Blazer gehörte zum Angebot. Im Hinblick auf das erwartete Wachstum stellte Patagonia mehr als hundert neue Mitarbeiter ein – womit die Orientierung an der Dunbar-Zahl Geschichte war. Die Finanz- und Lieferkettenabteilungen wurden angewiesen, in den kommenden Jahren mit einem jährlichen Wachstum von bis zu 40 Prozent zu rechnen. Das Ziel war, die Kapazitäten im Voraus auszubauen, um nicht unvorbereitet zu sein, wenn die Nachfrage anstieg. O'Donnell, der neue CEO, versuchte, das Momentum des Aufschwungs zu nutzen. Er nahm neue Kredite auf, um die Expansionspläne zu finanzieren, und stockte die Lagerbestände auf, um auf den erwarteten Ansturm vorbereitet zu sein. Patagonia wurde im Grunde genommen geführt wie ein herkömmliches Unternehmen. Doch nur wenige Monate, nachdem das neu besetzte Team übernommen hatte, geriet die Firma ins Straucheln.

Die Savings-and-Loan-Krise hatte die US-Wirtschaft schwer erschüttert; ein Einbruch in der Luft- und Raumfahrtindustrie belastete die Geschäfte in Südkalifornien, und die Turbulenzen an der Wall Street erreichten schließlich auch Ventura. Hohe Zinssätze dämpften die Konsumausgaben, die Wirtschaft steuerte auf eine Rezession zu, und die Banken wurden bei der Kreditvergabe vorsichtiger. Bei Patagonia häuften sich Verluste ebenso wie überschüssige Lagerbestände. Großhändler stornierten Bestellungen, das Wachstum im Ausland verlangsamte sich, und auch das Versandgeschäft zeigte erste Schwächen. Das Unternehmen versuchte, gegenzusteuern: mit einem Einstellungsstopp, Kostenkürzungen, einer Drosselung der Produktion und einer Verschlankung des Sortiments. Doch die Lage verschlechterte sich weiter. Die Savings-and-Loan-Krise führte zur Schließung Hunderter Banken und erreichte schließlich auch die Security Pacific National Bank, Patagonias damaligen Hauptkreditgeber. Im Kampf ums eigene Überleben schränkte die Bank Patagonias Kreditlinie ein: Innerhalb weniger Monate wurde der Kreditrahmen gleich zweimal gekürzt, was das Unternehmen zwang, seine Ausgaben weiter zu reduzieren. Büros und Showrooms in Vancouver, München und London mussten schließen. Noch schwerwiegender war, dass Security Pacific den revolvierenden Kurzzeitkredit, Patagonias wichtigste Liquiditätsquelle, kündigte. Binnen Tagen geriet Patagonia tief in die roten Zahlen und stand kurz davor, die Gehälter nicht mehr zahlen zu können.

Chouinard und McDivitt hielten sich in den ersten Monaten des Jahres 1991 weitgehend aus der eskalierenden Krise heraus, da sie das Tagesgeschäft

O'Donnell und Bussiere überlassen hatten. Diese passive Haltung endete abrupt, als McDivitt einen Anruf von Patagonias langjährigem Finanzberater Ron Jones erhielt. Die Botschaft war eindeutig: Patagonia stand kurz vor dem Kollaps. Rückzahlungen der Kredite standen unmittelbar an, die Bargeldreserven waren nahezu erschöpft, die Lagerbestände quollen über, und die Waren blieben unverkäuflich. McDivitt nahm den nächsten Flug nach Ventura und übernahm mit Chouinards Unterstützung wieder die Kontrolle über das Unternehmen.

Als McDivitt in Ventura ankam, war sie verblüfft darüber, dass O'Donnell die Geschäftsbank des Unternehmens gewechselt hatte und nun mit HSBC zusammenarbeitete. Angesichts der verschärften Kreditbedingungen durch Security Pacific war dieser Schritt zwar nachvollziehbar. Es bedeutete aber auch, dass Patagonia nun bei einem neuen Kreditgeber von vorne beginnen musste – einer Bank, die weder das Unternehmen noch die Chouinards kannte und keine Erfahrung mit den besonderen Anforderungen des Unternehmens hatte. Obwohl McDivitt Patagonia über weite Strecken der vergangenen zwei Jahrzehnte geführt hatte, wussten die Führungskräfte der neuen Bank nicht einmal, wer sie war, als sie versuchte, die Lage zu klären. Dennoch gelang es ihr, mit HSBC ein sechsmonatiges Zeitfenster auszuhandeln, in dem sie das Unternehmen wieder auf Kurs bringen konnte.

Schon bald war McDivitt klar, dass sie Personal abbauen musste. Selbst wenn die Liquidität stabilisiert werden konnte, würde das Geld nach der jüngsten Einstellungsoffensive nicht ausreichen, um alle Mitarbeiter weiter zu beschäftigen. Am Mittwoch, dem 31. Juli 1991, traf Chouinard daher eine der schwierigsten Entscheidungen seiner Karriere: Er entließ 20 Prozent der Belegschaft – insgesamt 120 Angestellte. Es war die erste Massenentlassung in der Geschichte von Patagonia und ein harter Schlag für ein Unternehmen, dessen Belegschaft überwiegend aus Freunden und Familienangehörigen bestand. Malinda hatte besonders damit zu kämpfen, berufstätige Eltern entlassen zu müssen, und empfand es als schmerzhaft und beschämend, ehemaligen Mitarbeitern in Ventura zu begegnen. Chouinard selbst prägte rückblickend den Begriff »Schwarzer Mittwoch«, um diesen einschneidenden Tag zu beschreiben.

»Das war hart«, gab er zu. »Einige der gekündigten Mitarbeiter waren gute Freunde. Aber wir mussten es tun, um zu überleben. Wir haben uns letztendlich eingestanden, dass wir Geschäftsleute sind, und beschlossen, wenn wir weitermachen wollen, dann zu unseren eigenen Bedingungen. Wir mussten das ungebremste Wachstum stoppen und uns so aufstellen, dass wir unseren Erfolg nicht mehr an den Gewinnen messen, sondern daran, wie viel Gutes wir am Ende des Jahres erreicht haben.«[93]

Doch allein durch Entlassungen ließ sich Patagonias Krise nicht bewältigen. Die finanzielle Stabilisierung des Unternehmens würde weiterhin viel Arbeit erfordern. Der naheliegende Schritt wäre gewesen, Unternehmensanteile zu verkaufen, um neue Investoren ins Boot zu holen und die Kapitalbasis zu diversifizieren – schließlich ist das der Zweck von Kapitalmärkten. Aber Chouinard war so misstrauisch wie eh und je gegenüber neuen Partnern, überzeugt, dass dies letztlich das Ende von Patagonia bedeuten würde. Alison May, die Bussiere als Finanzchefin abgelöst hatte, riet ihm, standhaft zu bleiben. »Eines weiß ich ganz sicher«, sagte sie zu Chouinard. »Man gibt keine Anteile ab, wenn es nicht absolut notwendig ist. Geld leihen wird dir immer jemand.«[94]

Als die Sanierung in Gang kam, meldete sich HSBC bei McDivitt mit einer neuen Forderung: Solange das Unternehmen seine Schulden ordnete, solle es keine Umweltspenden mehr leisten. McDivitt protestierte. Ziel des Prozesses sei es, Patagonia zu retten, nicht es zu verändern, erklärte sie der Bank – und die Spenden würden weiter fließen. Einige Tage später meldete sich HSBC erneut. Dieses Mal forderte die Bank, dass Patagonia externes Kapital aufnehme. Wieder setzte sich McDivitt zur Wehr. Es gebe eine Abmachung, und sie erwarte, dass HSBC sich daran halte.

Inmitten dieser Verhandlungen rief McDivitt Doug Tompkins an, um seinen Rat einzuholen. Er hatte selbst finanzielle Turbulenzen durchlebt, als er Esprit leitete, und da er nach seinem Rückzug nun mit der nötigen Distanz auf die Dinge blickte, verfügte er über eine Perspektive, die hilfreich sein könnte. Tompkins war unnachgiebig: »Was auch immer du tust, nimm kein Geld von außen an«, riet er ihr.[95]

»Leicht gesagt«, entgegnete McDivitt, »aber ich stehe hier mächtig unter Druck.«

Daraufhin schlug Tompkins eine Lösung vor: Er bot Patagonia eine einmalige Kreditlinie über 5 Millionen Dollar an, die nur im Notfall genutzt werden sollte.

McDivitt und Chouinard nahmen das Angebot dankbar an, und Tompkins' Assistent ließ die Dokumente innerhalb eines Tages aufsetzen.

»Ich werde keinen einzigen Cent davon anfassen«, versprach McDivitt ihm. Und sie hielt ihr Wort.

Was sind unsere Werte?

Nach den Entlassungen tat Chouinard das, was er besonders gerne tat: Er zog sich in die Berge zurück. Gemeinsam mit einem Dutzend seiner Top-Manager reiste er für mehrere Wochen in die Anden, um den Schwarzen Mittwoch zu verarbeiten und sicherzustellen, dass so etwas nie wieder geschah. Er nannte diesen Rückzug einen »Walkabout«, in Anlehnung an die Visionssuche der Aborigines, die ihnen half, ihren Platz in der Welt zu finden. Gemeinsam durchquerten Chouinard und sein Führungsteam die raue Landschaft und stellten sich die grundlegende Frage, was für eine Art Unternehmen sie führen wollten. Gewinne waren wichtig, ja – doch genauso zählten die Produkte und vor allem die Menschen. Leistungsstarke Mitarbeiter waren ebenso wichtig wie ein Gespür für Work-Life-Balance. Vor allem aber war es entscheidend, das Unternehmen niemals wieder an einen Punkt kommen zu lassen, an dem Massenentlassungen notwendig wären. In der Praxis bedeutete das wohl, das Wachstum bewusst zu bremsen. Es war ebenso notwendig, die Unabhängigkeit des Unternehmens um jeden Preis zu wahren – was bedeutete, Schulden zu vermeiden.

Während er all das Revue passieren ließ, kam Chouinard zu einer unbequemen Erkenntnis: Bei allem Idealismus unterschied sich Patagonia im Kern kaum von anderen Unternehmen. Auch hier war man überdehnt, knapp bei Kasse und nicht in der Lage, die Mitarbeiter zu bezahlen. Es sei, so Chouinard, »ein Weckruf gewesen – dass ich Geschäfte machte wie alle anderen auch.« So schwer es ihm fiel, es zuzugeben: »Ich wuchs um des Wachstums willen, ohne zu hinterfragen, was ich da eigentlich tat.« sagte er. »Das hat uns gezwungen, uns als gesamte Belegschaft zusammenzusetzen und uns ernsthaft zu fragen: ›Okay, warum existieren wir als Unternehmen? Was versuchen wir zu erreichen? Was sind unsere Werte?‹«[96]

Zurück in Ventura setzte Patagonia erstmals einen Aufsichtsrat ein – ein längst überfälliger Schritt, mit dem das Unternehmen grundlegende Elemente guter Unternehmensführung einführte. Doch der von Chouinard ausgewählte Vorstand war alles andere als gewöhnlich. Zu denjenigen, die berufen wurden, die Geschicke von Patagonia zu lenken, gehörte Jerry Mander, ein Autor und Umweltaktivist. Mander drängte sofort darauf, dass sich das Unternehmen der ökologischen Krise mit größerer Entschlossenheit widmet. Während einer der ersten Sitzungen des neuen Vorstands, als der Rest des Teams in der Mittagspause war, zog sich Mander alleine zurück und verfasste einen neuen Wertekodex für das Unternehmen. Als alle zurückkamen, legte er es ihnen vor, was er erarbeitet hatte: eine Erklärung, die bis heute Patagonias Arbeitsweise prägt:

»Wir gehen von der Grundannahme aus, dass alles Leben auf der Erde in eine kritische Phase eintritt – eine Zeit, in der die Frage des Überlebens zunehmend ins Zentrum des öffentlichen Bewusstseins rückt«, heißt es darin. »Wo nicht das Überleben auf dem Spiel steht, geht es um die Qualität der menschlichen Lebenserfahrung – und um den fortschreitenden Verfall der natürlichen Umwelt, sichtbar im Verlust an biologischer Vielfalt, kultureller Vielfalt und den lebenserhaltenden Systemen unseres Planeten.«

Manders Wertekodex fasste einige Gedanken zusammen, die Chouinard schon lange beschäftigten, die er aber bis dahin nie vollständig in Worte gefasst hatte. Ihm wurde immer bewusster, in welchem Ausmaß der moderne Kapitalismus Ökosysteme belastet, natürliche Ressourcen erschöpft und benachteiligte Gemeinschaften ausbeutet. Nun erkannte er dieselbe zerstörerische Dynamik in seinem eigenen Unternehmen. Die Finanzkrise und die damit einhergehenden Fehlentwicklungen bei Patagonia spiegelten aus Chouinards Sicht die allgemeine wirtschaftliche Lage wider, die aus den Fugen geraten war. Patagonia war zu groß geworden und auf eine Weise expandiert, die nicht nachhaltig war. Ohne es wirklich zu merken, hatte er zugelassen, dass Patagonia von ständig wachsender Nachfrage abhängig wurde – – genau jene kurzsichtige, ausbeuterische Ausrichtung, die den schlechtesten Teil des amerikanischen Wirtschaftssystems ausmachte. Das Unternehmen war der Gnade einer globalen Finanzinstitution ausgeliefert, die sich nicht für Patagonia interessierte, sondern einzig und allein ihre eigenen Gewinne sichern wollte. Im Streben nach stetem Wachstum hatte sich Patagonia von Geld abhängig gemacht, das es nicht besaß. Im Grunde lebte das Unternehmen von seinen Kreditlinien und hoffte jeden Monat, seine Zahlungen leisten zu können. »Wir wollten einfach nur wachsen und haben zu nichts Nein gesagt«, gestand Chouinard. »Wir haben immer mehr Händler aufgenommen und noch mehr eigene Läden eröffnet. Doch nichts hält ewig: Je schneller ein Unternehmen wächst, desto schneller geht es auch wieder unter.«[97]

Chouinard erkannte zudem, dass das Unternehmen die Grenzen seiner angestammten Nische, des spezialisierten Outdoor-Marktes, erreicht hatte. Wollte Patagonia in diesem Tempo weiter wachsen, müsste es sich zwangsläufig zu einem Anbieter für den Massenmarkt entwickeln und Alltagskleidung wie einfache Hosen in Kaufhäusern anbieten. Doch genau das, so dachte Chouinard, würde die gesamte Mission des Unternehmens gefährden, indem es zwangsläufig sowohl den Qualitätsanspruch als auch die Werte von Patagonia untergraben würde. »Kann ein französisches Drei-Sterne-Restaurant mit zehn Tischen seine drei Sterne behalten, wenn es fünfzig weitere Tische hinzufügt?«, sinnierte er. »Kann ein Dorf in Vermont den Tourismus fördern (aber hoffen, dass die Touristen am Sonntagabend nach Hause gehen), progessiv sein und ›saubere‹ High-Tech-Firmen anlocken (damit die junge Generation nicht nach New York abwandert) und trotzdem seine Lebensqualität erhalten? Kann man wirklich alles haben? Ich glaube nicht.«[98]

Chouinard beschloss, das Wachstum von Patagonia künftig bewusst einzuschränken. Sein Ziel war es, das Unternehmen für mindestens 100 Jahre zu erhalten und alle Entscheidungen konsequent diesem Ziel unterzuordnen. Das bedeutete, den Umsatz zurückzufahren und gegebenenfalls lukrative Geschäftsmöglichkeiten auszuschlagen. Auf Werbung sollte verzichtet werden, und das Unternehmen musste lernen, mit schwankenden Einnahmen zu leben: In einem Jahr könnten es 3 Prozent Wachstum sein, im nächsten vielleicht 30. Doch diese Anpassungsfähigkeit sollte Patagonia agiler und widerstandsfähiger machen. »Es gibt zwei Arten von Wachstum«, bemerkte Chouinard. »Die eine macht dich stärker, die andere macht dich fett.«

Chouinards düstere Zukunftsvisionen prägten in dieser Zeit zunehmend das öffentliche Erscheinungsbild von Patagonia. Sein grundlegender Pessimismus schwang stets mit, und einige der Marketingmaßnahmen des Unternehmens schlugen eine drastische Richtung ein. Eine Anzeige aus den frühen 1990er-Jahren zeigte ein Bild eines überfüllten Strandes, auf dem sich Sonnenanbeter drängten, und forderte die Leser auf über »das zentrale Dilemma unserer Zeit« nachzudenken: »Zu viele Menschen, zu wenige Ressourcen, zu viel Verschwendung und zu wenig Fürsorge. Das Leben gerät aus dem Gleichgewicht.« Die Anzeige appellierte zudem, Organisationen wie Planned Parenthood und Zero Population Growth zu unterstützen – eine Bewegung, die sich dafür einsetzte, das Bevölkerungswachstum zu kontrollieren, um die Ressourcen der Erde zu schonen und das ökologische Gleichgewicht zu wahren.

Gleichzeitig sagte Chouinard idealistisch – und fälschlicherweise – voraus, dass die laufende Rezession bei den Menschen ein grundlegendes Umdenken bewirken würde. »Wir glauben nicht, dass Konsumausgaben uns aus dieser Krise führen werden«, schrieb er im Herbstkatalog 1992. »Wir betrachten dies nicht als eine vorübergehende Rezession. Vielmehr könnte sie eine ernsthafte globale Abwärtsentwicklung ankündigen – möglicherweise das Ende einer auf Konsum basierenden Wirtschaft. Allein in den Vereinigten Staaten zeigt sich deutlich, dass die Menschen nicht länger aus Langeweile einkaufen, dass Konsum um des Konsums willen seinen Reiz verloren hat … Angesichts dieser offensichtlichen Tatsachen haben wir uns zu einem radikalen Schritt entschlossen: Wir begrenzen Patagonias Wachstum in den USA – mit dem langfristigen Ziel, es vollständig zum Stillstand zu bringen. Wir haben 30 Prozent unserer Kollektion gestrichen. … In der nächsten Saison werden weitere Kürzungen folgen. Je weniger Modelle wir produzieren, desto mehr können wir uns auf Qualität konzentrieren. Wir glauben, dass die Zukunft der Mode in einem Prinzip liegt: Weniger ist mehr. Es reichen ein paar gute Kleidungsstücke, die lange halten. Wir wollten nie das weltgrößte Unternehmen für Outdoor-Bekleidung sein, sondern stets das beste.«

Inspiriert von Manders Erklärung, unternahm Chouinard den Versuch, die unternehmenseigenen Werte verbindlich zu formulieren. Angesichts der Nachwirkungen der Entlassungen, die weiterhin auf die Stimmung drückten, angesichts von Produkten, die eingeführt und kurz darauf wieder gestrichen wurden, und einer zunehmenden Fluktuation unter den Mitarbeitern, befürchtete Chouinard, dass Patagonia sich von seinen Idealen entfernte. »Ich baue hier ein sehr erfolgreiches Unternehmen auf, für das ich selbst nicht arbeiten will, mit dem ich nichts zu tun haben möchte, weil es weder die Werte widerspiegelt, die mir in Bezug auf Umweltschutz wichtig sind, noch die, die mir bei der Art, Geschäfte zu machen, am Herzen liegen«, sagte er damals.[99]

Um den Kontakt zu seinen Mitarbeitern nicht abreißen zu lassen, begann Chouinard, Gruppen von Angestellten zu kleinen Retreats einzuladen – ähnlich dem, den er kurz vor den Entlassungen mit O'Donnell und Bussiere in Patagonien unternommen hatte. Während dieser Ausflüge versammelte Chouinard sich mit ein paar Dutzend seiner Weggefährten in den Marin Headlands oder im Yosemite und sprach mit ihnen auf tiefgründige Weise darüber, was es bedeutet, ein Unternehmen zu führen. Was war der eigentliche Zweck von Patagonia? Wie definierte man Erfolg? Im Laufe der Jahre entwickelte Chouinard aus diesen Gesprächen eine Reihe von Grundsätzen, die er schließlich in seinem Buch *Lass die Mitarbeiter surfen gehen!* festhielt. Trotz all seiner hochgesteckten Ambitionen glaubten viele, dass Patagonias beste Zeiten bereits hinter dem Unternehmen lagen. Rückblickend auf die Krise von 1992 schrieb das Inc.-Magazin: »Yvon Chouinard preist sein Unternehmen als Modell der Zukunft an – dabei könnte seine Zeit in Wahrheit schon vorbei sein.«[100]

Ein hartes Stück Arbeit

Einige Jahre bevor die Entlassungen das Unternehmen erschütterten, eröffnete Patagonia eine Filiale in Boston. Doch bereits nach wenigen Tagen klagten die Mitarbeiter über anhaltende Kopfschmerzen. Als die Symptome nicht nachließen, beauftragte Patagonia einen Spezialisten, um der Sache auf den Grund zu gehen. Es dauerte nicht lange, bis ein Klimaanlagentechniker den Auslöser fand: Die neuen Kleidungsstücke setzten Formaldehyd frei, und wegen der mangelhaften Belüftung konnte keine frische Luft zirkulieren. Die Mitarbeiter im Einzelhandel waren giftigen Dämpfen ausgesetzt. Für Chouinard war die Erkenntnis niederschmetternd: Er vergiftete seine eigenen Mitarbeiter.

Es war schlimm genug, dass Mitarbeiter krank wurden. Doch mit einer verbesserten Klimaanlage ließ sich dieses Problem beheben. Schwerwiegender war jedoch der Umstand, dass Patagonias Kleidungsstücke überhaupt Formaldehyd enthielten. Chouinards hochwertig gedachte Produkte waren giftig. »Das war alarmierend«, sagte er. »Es war der Punkt, an dem wir begannen, uns grundsätzliche Fragen zu unserem Handeln zu stellen.«

Die erste Frage, der Chouinard nachgehen musste, war, woher die Schadstoffe stammten. Die Antwort lautete: Baumwolle. Nach der Fertigung wurden T-Shirts und andere Kleidungsstücke mit einer Chemikalie behandelt, die dafür sorgte, dass sie knitterfrei blieben. Diese Chemikalie enthielt Formaldehyd. Patagonia hatte bis zum Vorfall in Boston keine Ahnung von dieser Praxis.

Eine Lösung war nicht sofort ersichtlich. Patagonia war ein vergleichsweise kleiner Abnehmer von Baumwolle, da die meisten Kleidungsstücke aus synthetischen Stoffen hergestellt wurden. Dies bedeutete, dass das Unternehmen wenig Einfluss auf seine Lieferanten hatte und kaum in der Lage war, sie zum Verzicht auf Formaldehyd zu bewegen. Doch Chouinard hatte eine Idee, wo er ansetzen könnte. Jahre zuvor hatte Doug Tompkins begonnen, für einige Esprit-Kleidungsstücke Bio-Baumwolle zu verwenden. Diese war teurer und in großen Mengen schwer zu beschaffen. Doch je weiter Tompkins auf seiner Umweltreise voranschritt, je mehr er sich mit Tiefenökologie beschäftigte und sich dem Ziel verschrieb, ein guter Verwalter des Planeten Erde zu sein, desto klarer wurde ihm: Der Umstieg auf Bio-Qualität war den zusätzlichen Aufwand und die höheren Kosten wert. Nach dem Vorfall in Boston erkannte Chouinard, dass Tompkins' Ansatz nicht bloß ein innovativer Gedanke war, sondern eine unabdingbare Maßnahme.

Es dauerte nicht lange, bis Patagonia ein Team von Mitarbeitern zusammengestellt hatte, das die Details der Baumwoll-Lieferkette genauer untersuchen sollte. Eine der ersten Maßnahmen war eine Exkursion: Am 6. Mai 1992 trafen sie im »Holiday Inn« in Bakersfield, Kalifornien, ein – mitten im Herzen des San Joaquin Valley. Dort übernahm Jo Ann Baumgartner, die für das Sustainable Cotton Project arbeitete, die Leitung der Gruppe. Die gemeinnützige Organisation unterstützte Baumwollbauern bei der Umstellung auf biologischen Anbau und klärte Käufer über die Nachteile der industriellen Landwirtschaft auf. Die Mission des Tages war klar: den Unterschied zwischen konventioneller und biologischer Baumwolle direkt vor Augen geführt zu bekommen.

Zusammengepfercht in einem Kleinbus besuchte die Delegation von Patagonia an diesem Tag zunächst konventionelle Baumwollfarmen. Schon nach kurzer Zeit war klar: Die traditionelle Baumwollproduktion ist eine ökologische Katastrophe. An den Feldern lagen Rückhaltebecken mit Abflusswasser, das in der Hitze faulig vor sich hin gärte. Das Wasser war so gefährlich, dass die Behörden die Betriebe verpflichteten, Vorrichtungen anzubringen, um Vögel vom Landen abzuhalten. Auf den Schotterwegen ringsum stapelte sich Müll, darunter leere Kanister, die einst Pestizide enthalten hatten. Die Felder waren wie ausgestorben. Abgesehen von den Baumwollkapseln und Zweigen gab es keine Spur von Leben: keine Insekten auf den Pflanzen, keine Vögel am Himmel, keine Würmer im Boden. Über den Feldern surrten Flugzeuge, die weitere Chemikalien versprühten. Und der Geruch – ein beißender Gestank, der in der Nase brannte – lag schwer über dem gesamten Tal. Konventionelle Baumwolle, so stellte sich heraus, war auf mehr als nur eine Weise giftig. Neben dem Formaldehyd, mit dem der fertige Stoff behandelt wurde, machten die eingesetzten Pestizide die Felder biologisch tot. Die Krebsrate in der Region war zehnmal höher als im landesweiten Durchschnitt.

Nachdem sie einige dieser industrialisierten Baumwollplantagen besucht hatten, führte Baumgartner die Patagonia-Mitarbeiter zu einer kleinen Farm in der Nähe, auf der Bio-Baumwolle angebaut wurde. Der Kontrast war frappierend. Es gab keine Berge von Industrieabfällen, keine Tümpel mit giftigem Wasser. Insekten, Bienen und Vögel schwirrten und flatterten über die Felder. Der Boden roch nach Pflanzen, nicht nach Chemikalien. Die Mitarbeiter griffen in die Erde und gruben Regenwürmer aus. »Die Leute kamen von diesen Exkursionen verändert zurück«, sagte Vincent Stanley.[101]

Neben der Erkenntnis, dass konventionelle Baumwolle giftig war, kehrten die Mitarbeiter mit der festen Überzeugung zurück, dass Patagonia seine Lieferkette auf Bio-Baumwolle umstellen müsse. »Sie kamen zurück und sagten: ›Das wird eine Riesenschinderei, aber wir werden dafür sorgen, dass es klappt.‹«, erzählte Stanley. In den folgenden Jahren nahmen immer neue Gruppen von Patagonia-Mitarbeitern an den Touren teil, 1993 war auch Chouinard selbst dabei. (Malinda, die es vorzog, nicht einen ganzen Tag lang in einem Van durch das Central Valley zu fahren, verzichtete.) Als der lebenslange Outdoor-Fan durch die leblosen Felder ging und die verheerenden Folgen mit eigenen Augen sah, verlor er endgültig jedes Verständnis für konventionelle Baumwolle. »Ich möchte kein Teil dieses Geschäfts sein, wenn wir auf dieses Zeug angewiesen sind«, sagte er. Nach seiner Rückkehr stellte Chouinard Patagonia ein Ultimatum: Das Unternehmen hatte 18 Monate Zeit, um die Verwendung von konventioneller Baumwolle einzustellen. Und wenn sein Team nicht genügend Bio-Baumwolle auftreiben könnte, würde Patagonia die Produktion von T-Shirts und anderer Freizeitkleidung einstellen. »Ich steige aus dem Sportbekleidungsgeschäft aus, wenn ihr das nicht hinbekommt«, erklärte er dem Team.[102]

»Als wir Yvon mit auf diese Tour nahmen, legte sich bei ihm ein Schalter um«, sagte Jill Dumain, Leiterin von Patagonias Abteilung für Umweltanalyse. »Da war ihm klar: So geht's nicht weiter.«[103]

Der Verzicht auf herkömmliche Baumwolle war jedoch nicht einfach. Zu dieser Zeit bestanden 25 Prozent der Produkte des Unternehmens aus Baumwolle. Die Beschaffung einer solchen Menge an Bio-Material glich einer Herkulesaufgabe. Zudem war klar, dass der Umstieg teuer werden würde – Kosten, die Patagonia wohl an seine Kunden weitergeben müsste. Und das vielleicht Frustrierendste: Kein einziger Kunde schien konventionelle Baumwolle infrage zu stellen oder nach einer biologischen Alternative zu verlangen. Dennoch erstellten Dumain und ihr Team eine Liste von Bio-Baumwollbauern und bauten eine Lieferkette auf. Nur wenige Baumwollbetriebe setzten damals auf biologische Anbaumethoden, und noch weniger waren in der Lage, die für den Massenmarkt nötige gleichbleibende Qualität zu liefern. Als Patagonia begann, einige Artikel aus diesem neuen, umweltfreundlicheren Material herzustellen, litt die Qualität. Was besser für den Planeten war, war nicht unbedingt gut für das Produkt – zumindest noch nicht.

Ein Pullover namens Jumbo Pique aus Bio-Baumwolle verlor nach und nach seine Form. »Je länger man ihn trug, desto mehr wurde er zu einem Jumbo«, scherzte Dumain. Auch andere Bemühungen, das Sortiment mit Bio-Baumwolle neu aufzubauen, stießen auf große Hindernisse. Im Bestreben, sowohl ungiftige Farbstoffe als auch ungiftige Materialien zu verwenden, griff Patagonia auf minderwertige Farbstoffe zurück, die nicht an der Baumwolle hafteten. Als die Führungskräfte erkannten, wie schlecht die Qualität der Produkte war, stellten sie die Verwendung der ungiftigen Farbstoffe ein und kehrten zu herkömmlichen zurück. Damit räumte das Unternehmen ein, dass nicht alles auf einmal erreicht werden konnte. Es war ihnen bewusst, dass die Verbraucher das Vertrauen in Bio-Produkte schnell verlieren würden, wenn sie ihnen Bio-Hemden verkauften, die bei der ersten Wäsche ihre Farbe verloren.

Nach diesen anfänglichen Rückschlägen kamen die Verantwortlichen von Patagonia zu dem Schluss, dass es nicht ausreichen würde, von dem lose organisierten Netzwerk bestehender Bio-Farmen zu kaufen. Stattdessen müssten sie konventionelle Landwirte davon überzeugen, auf biologische Anbaumethoden umzusteigen. Das brachte jedoch völlig neue Herausforderungen mit sich. Einige der Landwirte, die Patagonia zu diesem Schritt bewegen wollte, weigerten sich, die Umstellung vorzunehmen. Sie war zu aufwendig, zu teuer und schlicht zu ungewohnt. Auch die Betreiber der Baumwollentkörnungsmaschinen, die die Samen von den Fasern trennen, mussten ihre Anlagen anpassen und sie vor der Verarbeitung des Bio-Materials gründlich reinigen. Eine zusätzliche Hürde, deren Kosten Patagonia übernehmen musste. Doch keines dieser Probleme war so komplex wie das, was die Spinnereien bewältigen mussten.

Die Spinnereien, die die Rohbaumwolle zu Garn verarbeiteten, berichteten Patagonia, dass sie äußerst ungern mit Bio-Baumwolle arbeiteten. Da diese nicht mit Pestiziden behandelt worden war, fanden sich in den Baumwollballen oft noch Blattläuse und andere Insekten sowie Samen, Stängel und sonstige Verunreinigungen. Dadurch wurde die Baumwolle klebrig und brachte die Maschinen immer wieder zum Stillstand. »Es ist ein bisschen so, als würde man versuchen, sich die Haare zu kämmen, während Kaugummi darin klebt«, erklärte Dumain. »Es ist zäh. Es ist verdreckt. Man kommt einfach nicht durch.« Und dennoch stellten sich einige Garnhersteller der Herausforderung.

In Thailand gab sich der Leiter einer Spinnerei – Johnny Yeung sein Name – besonders große Mühe, um die Zusammenarbeit möglich zu machen. Er erzählte Dumain, dass er insgeheim ein Umweltaktivist sei und etwas bewegen wolle. Würde er jedoch vor seinen Vorstand treten und um eine großzügige Spende bitten, würden sie ihn auslachen. Wenn aber der Wandel direkt in der Produktionsstätte stattfände, könnte er seine Abläufe so anpassen, dass sie Patagonias Mission unterstützen konnten. Das Problem der klebrigen Baumwolle bestand weiterhin, doch Yeung fand eine Lösung. Er drehte die Klimaanlage in der Fabrik auf volle Leistung, wodurch das klebrige Material kristallisierte und die Bio-Baumwolle reibungslos durch die Maschinen laufen konnte. »Mit der Zeit wussten wir, dass wir immer wieder auf Probleme stoßen würden«, sagte Dumain. »Aber wir gewannen auch an Zuversicht, dass wir immer eine Lösung finden könnten.«

Während Patagonia die Schwierigkeiten in seiner Lieferkette nach und nach in den Griff bekam, stellte das Unternehmen immer mehr Teile seines Sortiments auf Bio-Baumwolle um. Dann, während einer hitzigen Diskussion auf einer Managementsitzung im Sommer 1994, traf Chouinard die endgültige Entscheidung. »Wenn wir weiterhin Kleidung aus konventionell angebauter

Baumwolle herstellen und dabei ignorieren, was wir mit eigenen Augen gesehen haben, sind wir erledigt«, sagte er. »Also los. Wir setzen alles auf Bio.«[104] Sollte das nicht möglich sein, war Chouinard bereit, sein Ultimatum wahrzumachen und den Verkauf von Sportbekleidung einzustellen. In einer Pressemitteilung, die den Beschluss offiziell machte, kündigte das Unternehmen an, vollständig auf Bio-Baumwolle umzustellen. Diese Entscheidung sei unumkehrbar. »Wir haben mit den Jahren immer mehr begriffen, dass jedes Produkt, das wir herstellen, in gewissem Maß umweltschädlich ist«, erklärte Chouinard. »Daher gibt es jetzt kein Zurück mehr, ganz gleich, welche Auswirkungen die Entscheidung auf den Umsatz oder Gewinn des Unternehmens hat.«[105]

Im Verlauf von eineinhalb Jahren stellte Patagonia vollständig um. Dabei reduzierte das Unternehmen sein Sortiment an Sportbekleidung drastisch von 166 auf 91 Artikel, ein radikaler Schritt, der zu einem deutlichen Umsatzrückgang führte. Da das Unternehmen zudem mehr investierte, um seine Baumwollbauern, Entkörner und Spinner bei der Umstellung auf Bio zu unterstützen, schrumpfte auch die Gewinnmarge. Doch die Führungskräfte betrachteten die Ausgaben als lohnende Investition. »Als die Umsätze und die Marge wieder stiegen, standen wir in einer stärkeren Position gegenüber unseren Kunden«, sagte Stanley. Zweifellos mussten die Produkte auch profitabel sein. So wie Chouinard sich entschloss, keine Sportbekleidung mehr zu produzieren, wenn er dies nicht mit Bio-Baumwolle schaffen konnte, würde er die Produktionslinie auch dann einstellen, wenn sie sich finanziell nicht lohnte. »Unsere Mission damals war es, Lösungen für die Umweltkrise anzustoßen«, erklärte Dumain. »Ich habe immer gesagt: ›Wenn die Sache nicht profitabel ist, fühlt sich auch niemand inspiriert.‹«

Die Aufgabe, Bio-Baumwolle profitabel zu machen, fiel Dave Olsen zu, der Mitte der 1990er-Jahre als CEO zu Patagonia stieß, während das Unternehmen die vollständige Umstellung vorantrieb. Die mit Bio-Baumwolle verbundenen zusätzlichen Kosten waren erheblich, und eine vollständige Weitergabe an die Verbraucher hätte zu einem drastischen Preisanstieg geführt, was vermutlich einen Einbruch der Verkaufszahlen zur Folge gehabt hätte. Für das erste Jahr entschied Olsen, dass Patagonia lediglich die Hälfte der zusätzlichen Kosten an die Kunden weitergeben und den Rest als Verlust verbuchen würde. »Ich war darauf vorbereitet, in der Herbstsaison, als wir auf Bio-Baumwolle umstellten,

10 Millionen Dollar einzubüßen«, sagte er. »Aber wir waren uns ziemlich sicher, dass dies der richtige Weg war.«[106]

Der mutige Schritt zahlte sich schnell aus. Die Kunden unterstützten den ökologischen Ansatz zum Schutz der Umwelt, und innerhalb weniger Monate konnte Patagonia die Preise der Bio-Kleidungsstücke erhöhen, um alle zusätzlichen Kosten zu decken. Eine von Chouinards zentralen Überzeugungen – dass Verbraucher für Qualität bereit sind zu zahlen – wurde genau in dem Moment bestätigt, in dem es am meisten darauf ankam. Und damit setzte Patagonia ein klares Zeichen für die Branche: Konventionelle Baumwolle, obwohl billig und leicht zu beschaffen, war ein giftiges Material, das aufgegeben werden konnte, ohne das Geschäft zu gefährden. »Der Unterschied zwischen einem Bio-Baumwollfeld und einem konventionellen Baumwollfeld ist wie Tag und Nacht, Leben und Tod«, sagte Olsen.

Sobald Patagonia seine Lieferkette für Bio-Baumwolle etabliert hatte, tat das Unternehmen etwas, das in der Geschäftswelt nahezu beispiellos war: Es teilte sein neu gewonnenes Wissen über diesen Prozess mit jedem Wettbewerber, der daran interessiert war. Der einzige Weg, Bio-Baumwolle populärer – und günstiger – zu machen, bestand darin, mehr Unternehmen von ihrem Einsatz zu überzeugen. In Ermangelung einer branchenweiten Marketingkampagne übernahm Patagonia die Rolle eines freiwilligen Wegbereiters. Dumain verbrachte Zeit mit anderen Unternehmen und erklärte ihnen Schritt für Schritt, von Farm zu Farm, wie Patagonia sich von konventioneller Baumwolle gelöst hatte. »Das hat vielen Unternehmen geholfen, direkt in eine bessere Position zu gelangen«, sagte sie. »Und es hat auch viel Vertrauen bei unseren Zulieferern geschaffen, die sahen, dass sie das nicht nur für einen einzelnen Kunden taten.«[107]

Für Chouinard war die Abkehr von konventioneller Baumwolle ein Sieg. Doch er erkannte schnell, dass dies nur ein erster Schritt war. Er hatte vielleicht einen kleinen Teil seines Unternehmens entgiftet, aber was war mit synthetischen Materialien? Was war mit Plastik? Was war mit den Farbstoffen? Und was war mit Treibstoffen, Verpackungen und Arbeitsbedingungen? »Ich begann, tiefer und tiefer zu graben, Fragen zu stellen und immer mehr Wissen anzuhäufen, um den größtmöglichen Nutzen zu schaffen«, sagte er. »Denn letztendlich *nutzt* der Einsatz von Bio-Baumwolle der Welt nicht wirklich. Er richtet nur weniger Schaden an.«[108]

Die Lebensqualität auf unserem Planeten

Chouinard wusste, dass eine genaue Untersuchung seiner eigenen Lieferkette einige unangenehme Wahrheiten ans Licht bringen würde. Bei einem Treffen mit Führungskräften, Jahre bevor er die Baumwollfelder besuchte, schlug Tebbel, der Manager für Umweltförderprogramme, Chouinard vor, eine umfassende Ökobilanz der wichtigsten im Unternehmen verwendeten Stoffe aufzustellen. Damals tat Chouinard diese Idee noch ab.

»Warum sollte ich das tun?«, fragte er. »Dann werde ich zum Umweltmärtyrer. Das würde mein Unternehmen ruinieren.«[109]

Tebbel und die anderen Führungskräfte nahmen zur Kenntnis, dass ihr Chef zu diesem Zeitpunkt nicht bereit war, sein Unternehmen so intensiv auf den Prüfstand zu stellen. Doch am Ende Meetings beugte sich Kevin Sweeney, der Kommunikationschef, zu Tebbel hinüber. »Warte ab«, sagte er. »Du hast den Samen gepflanzt. Es darf nicht wie deine Idee wirken. Aber warte nur ab.«

Jetzt war der Moment gekommen: Chouinard war bereit, die Lieferkette grundlegend zu überarbeiten. Doch die konsequente Umsetzung von Nachhaltigkeit brachte zahlreiche Herausforderungen mit sich. Der Verzicht auf konventionelle Baumwolle zugunsten von Bio-Baumwolle war dabei nur ein vergleichsweise kleiner Schritt innerhalb eines zunehmend komplexen Netzwerks aus Zulieferern und Produktionspartnern. Wenn das Unternehmen es ernst meinte mit der Minimierung seines ökologischen Fußabdrucks, mussten Chouinard und sein Team weit über die Verbesserung der verwendeten Stoffe hinausgehen; sie mussten auch ihre Farbstoffe, die Transportinfrastruktur und die Arbeitsbedingungen unter die Lupe nehmen.

In der Hoffnung, das Ausmaß des Problems in den Griff zu bekommen, gab Chouinard grünes Licht für das Projekt, das er vor all den Jahren abgelehnt hatte. Tebbel führte eine Analyse der wichtigsten Stoffe von Patagonia durch, darunter Baumwolle, Polyester und Wolle. Überall, wo das Team hinschaute, stieß es auf neue Probleme. In einer der Fabriken in Portugal, die die Farben für die Kleidung herstellte, flossen giftige Abwässer in den Douro. Mitarbeiter von Patagonia besuchten einige der Fabriken in Hongkong und fanden dort mittelalterliche Zustände und Kinder bei der Arbeit vor. Jede neue Enthüllung führte zu einer Reihe frustrierender To-do-Listen.

Es war ein langwieriger Prozess, aber nach und nach stellte Patagonia die Inhaltsstoffe seiner Kleidung um. Der neue CEO, Olsen, forderte Chemieunternehmen auf, nach weniger schädlichen Alternativen für die von Patagonia benötigten Materialien zu suchen. Die Herstellung von Nylon erforderte den Einsatz von Schwefelsäure. Gab es eine bessere Alternative? Die schwarzen Farbstoffe, die zum Färben von Jacken, Hosen und Taschen verwendet wurden, enthielten das als krebserregend bekannte sechswertige Chrom. Milliarden Liter Wasser, die zur Produktion dieser Farbstoffe verwendet wurden, wurden dadurch verunreinigt. Olsen wandte sich an zehn Chemieunternehmen und versuchte, sie zur Herstellung eines Farbstoffs auf pflanzlicher Basis zu bewegen, aber die ersten Versionen waren nicht so farbbeständig wie die toxische Variante.

Einmal mehr stand Patagonia vor der Wahl zwischen dem Schutz des Planeten und der Funktionalität seiner Produkte. Und erneut entschied man – zumindest vorübergehend – zugunsten der Produktqualität. Die Kundschaft erwartete, dass die Produkte von Patagonia genau so funktionierten, wie sie beworben wurden. Der sicherste Weg, die Menschen dauerhaft zu verprellen, bestand darin, minderwertige Ware zu verkaufen. »Wir haben Umfragen durchgeführt, um herauszufinden, ob unsere Kundschaft uns die Zeit geben würde, eine Lösung zu finden, und die Antwort war: ›Nein‹«, erklärte Olsen. »Unsere Kunden waren nicht bereit, uns Spielraum zu geben, um das Richtige für die Umwelt zu tun.«[110] Patagonia konnte so idealistisch sein, wie es wollte, doch wenn die Kleidung nicht erstklassig war, hätte das Unternehmen seine Basis verloren.

Fleece stellte Patagonia vor ein weiteres Problem, das gelöst werden musste. Die Synchilla-Pullover und Fleecejacken hatten sich zu regelrechten Verkaufsschlagern entwickelt und gehörten zu den beliebtesten Artikeln, die Chouinard jemals entworfen hatte. Doch als die Führungskräfte die Lieferkette genauer untersuchten, wurde deutlich, dass das für die Herstellung verwendete Polyester fast ebenso problematisch war wie herkömmliche Baumwolle. Polyester wurde aus Erdöl gewonnen, einem fossilen Brennstoff, dessen Rolle als Hauptverursacher der globalen Erwärmung zunehmend ins Bewusstsein der Öffentlichkeit drang. Polyester hatte Chouinard einst zum Durchbruch verholfen, als er seinen ursprünglichen Wollpullover so verbessern wollte, dass er weder Wasser aufsog noch unangenehm roch. Doch mit dem gewachsenen Umweltbewusstsein des Unternehmens zeigte sich, dass zu einer weiteren Belastung geworden war, was einst zur Lösung eines Problems beigetragen hatte.

Polyester ließ sich nicht so einfach ersetzen. Dennoch begann das Patagonia-Team zu untersuchen, ob sich Fleece aus recycelten Materialien statt aus brandneuem Kunststoff herstellen ließ. Schon bald stieß man auf eine nahezu unerschöpfliche Quelle für recycelten Kunststoff: gebrauchte Getränkeflaschen. In kürzester Zeit entstand eine alternative Lieferkette. Das Kunststoffrecyclingunternehmen Wellman aus New Jersey sammelte Plastikflaschen und verwandelte sie in Kunststoffgranulat, das anschließend von Dyersburg Fabrics in Tennessee zu Garn gesponnen wurde. Anfangs gab es jedoch Schwierigkeiten, eine neutrale Basis zu schaffen, die verschiedene Farbstoffe aufnehmen konnte. Daher hatten die ersten recycelten Fleece-Produkte von Patagonia die charakteristische Farbe von grünen 7-UP-Flaschen. Diese Probleme konnten aber schnell gelöst werden, und innerhalb weniger Jahre bot Patagonia mehr als 30 Artikel aus recyceltem Kunststoff an. Wie gewohnt bemühte sich das Unternehmen nicht, seine Innovation exklusiv zu halten. Stattdessen ermutigte Patagonia andere, seine Methoden zu übernehmen. Schon bald begannen auch Konkurrenten wie L.L.Bean Plastikflaschen für ihre Produkte zu nutzen. Damit verlor Patagonia zwar seinen Marketingvorteil, trug aber dazu bei, dass eine umweltfreundlichere Methode zur Herstellung von Fleece in der gesamten Branche Verbreitung fand.

Auch andere Materialien waren nicht unproblematisch und verlangten nach kreativen Lösungen. Konventionelle Baumwolle brachte, wie das Unternehmen erkannt hatte, diverse Komplikationen mit sich, was schließlich zu Investitionen in Bio-Baumwolle führte. Doch auch bei Wolle gab es Schwierigkeiten – Schafherden können empfindliche Ökosysteme beeinträchtigen und unberührte Wildnisgebiete dauerhaft schädigen. Auf der Suche nach einer nachhaltigen Alternative begann Patagonia, recycelte Wolle von der Familie Calamai in Prato, Italien, zu kaufen, die seit 1878 gebrauchte Wollkleidung aufbereitet. Dann kombinierte Patagonia diese recycelte Wolle mit seinem recycelten Fleece, um einen neuen Hybridstoff namens Woolyester zu schaffen

Einige Jahre später beschloss Patagonia, keine geruchshemmenden Technologien mehr in der Herstellung einzusetzen. Solche Stoffe waren damals populär, eine Art eingebautes Deodorant für Sportbekleidung. Doch je mehr das Team von Patagonia über die chemischen Inhaltsstoffe erfuhr, desto mehr stank ihnen die ganze Sache. Die Behandlungen enthielten mehrere Giftstoffe und krebserregende Substanzen. Jahre später, als das Unternehmen die Technologie wiedereinführte, stammten die Anti-Geruch-Chemikalien aus natürlichen Quellen – und zwar aus zerkleinerten Krabbenschalen.

Patagonias Bemühungen, seine Lieferkette umweltfreundlicher zu gestalten, gipfelten 1997 in der ersten eigenen Konferenz für Zulieferer in Ventura. Bauern, Spinner, Entkörner, Färber und Näher aus aller Welt wurden eingeflogen, um sich mit der unkonventionellen Philosophie des Unternehmens vertraut zu machen. In den mehrtägigen Workshops betonte Patagonia, dass der Schutz der natürlichen Umwelt ein zentraler Wert des Unternehmens sei – eine geradezu revolutionäre Haltung. Für die meisten Zulieferer war der Gewinn das primäre Ziel: Sie waren im Geschäft, um bezahlt zu werden – nicht mehr und nicht weniger. Soweit überhaupt jemand von ihnen an einen Endkunden dachte, dann vielleicht an das Unternehmen Patagonia oder an dessen Kundschaft. Niemand von ihnen dachte dabei an den Planeten.

Mehrere Tage lang versuchten Patagonias Führungskräfte, die Zulieferer zu überzeugen, ihre Rolle neu zu überdenken. Zwischen Surfpausen und Barbecues wurden detaillierte Analysen präsentiert, wie die jeweiligen Industrien zur Umweltverschmutzung beitrugen. In Kleingruppen sollten die Teilnehmer anschließend Lösungen erarbeiten, um ihre Prozesse zu verbessern. »In den letzten zehn bis fünfzehn Jahren haben wir mit Ihnen über Qualität gesprochen«, erklärte Sweeney, der maßgeblich an der Organisation der Konferenz beteiligt war. »Jetzt müssen wir über die Lebensqualität auf unserem Planeten sprechen.«[111]

KAPITEL 7

EIN SPRUNG INS KALTE WASSER

Ein notorischer Blender

Kris McDivitt war bereit für einen Neuanfang. Sie hatte Patagonia aus einer schwierigen Lage geführt, die ersten Massenentlassungen durchgeführt und ihren wohlverdienten Urlaub geopfert. Nun nagte eine leise Identitätskrise an ihr. Zugegeben, sie war erfolgreich. Sie hatte das Unternehmen vor dem Aus bewahrt und dabei einen fantastischen Job abgeliefert. Sie hatte die richtigen Entscheidungen getroffen und Patagonia gerettet, als alles auf dem Spiel gestanden hatte. Aber das konnte nicht alles sein. Die Welt war groß, voller Möglichkeiten und Optionen. Kris spürte, dass eine größere Aufgabe auf sie wartete. Aber was konnte das sein? Sie hatte keine Ahnung, wie ihr nächster Schritt aussehen würde.

Ausgelaugt von der Aufgabe, ein Unternehmen zu führen, und erfüllt von dem Wunsch, sich aus einer zunehmend materialistischen Welt zurückzuziehen, fand sie bald einen Seelenverwandten in Doug Tompkins. McDivitt und Tompkins kannten sich seit Jahren aus der Ferne. Ihr früherer Ehemann, Dennis Hennek, war mit Tompkins im Himalaya geklettert, sie kannte Esprit, und Tompkins tauchte hin und wieder auf, um sich mit Chouinard auf irgendein Abenteuer einzulassen. Sie wusste auch, dass Tompkins verwegen, arrogant und ein Playboy war – und man hatte ihr geraten, Abstand von ihm zu halten.

Dann, im Jahr 1990, während eines Management-Retreats von Patagonia im argentinischen El Calafate, kamen McDivitt und Tompkins sich wirklich näher. Am letzten Tag des Treffens gesellte sich Tompkins beim Mittagessen zu den Patagonia-Führungskräften. Er schlenderte ins Restaurant, setzte sich neben McDivitt, klopfte ihr leicht auf den Rücken und sagte: »Na, Kleine, wie läuft's?« Eine Stunde unermüdlichen Flirtens endete damit, dass Tompkins ihr anbot, sie in seinem Privatflugzeug zurück in die USA zu fliegen. McDivitt lehnte seine Avancen ab und flog in einem Linienflieger nach Hause.

Doch in den folgenden Monaten, während McDivitt wieder in ihrer Arbeit versank und sich mit der Rettung von Patagonia beschäftigte, ließ Tompkins nicht locker. Schließlich – als das Unternehmen sich gefangen hatte und McDivitt auf dem Weg nach Paris war, um den Mont Blanc in den französischen Alpen zu besteigen – arrangierte er ein Wiedersehen. Obwohl sie damals mit einem anderen Mann verlobt war, willigte sie ein, einen gemeinsamen Abend mit Tompkins in der Stadt zu verbringen.

Tompkins' Vorstellung von einem romantischen Abend war, sie zu einem Anti-Globalisierungs-Workshop mitzunehmen. Doch nach dem Workshop folgte ein Abendessen, und nach dem Abendessen streiften McDivitt und Tompkins bis drei Uhr morgens durch die Straßen. Kurz vor der Morgendämmerung lud er sie ein, ihn nach Chile zu begleiten, wo er eine Farm gekauft hatte und an einem ehrgeizigen Projekt zur Erhaltung der Natur arbeitete.

»Auf keinen Fall«, sagte sie. »Jeder weiß, dass du ein Blender bist.«[112]

Doug hielt inne, blickte nach unten, dann wieder zu McDivitt und sagte: »Ich werde dafür sorgen, dass dir nie etwas passiert.«

Sie spürte, wie der Boden unter ihren Füßen nachgab. »Es war einer dieser Momente, in denen man erlebt, wie sich jemand verändert – und es sogar selbst realisiert«, sagte sie. »Ich dachte: Das ist der Mann, den ich heiraten werde. Die Chemie stimmte einfach. Es war, als würde ich vom Blitz getroffen werden.«

Nach der Besteigung des Mont Blanc nahm McDivitt die Einladung von Tompkins an und reiste mit ihm nach Chile, wo sie eigentlich nur zwölf Tage bleiben wollte. In der rustikalen Hütte tief im Herzen Patagoniens ließ sie die moderne Welt hinter sich und fand wieder eine Verbindung zur Natur – und zu dem Mann, vor dem sie gewarnt worden war. Aus zwölf Tagen wurden fünf Wochen. Bald löste sie ihre Verlobung und widmete sich ganz Tompkins.

Chouinard und Malinda waren anfangs gegen die Beziehung. Doch 1994 heirateten McDivitt und Tompkins im Rathaus von San Francisco. Kurz darauf gab McDivitt ihre Führungsposition bei Patagonia endgültig auf, verkaufte ihr Haus in Kalifornien und zog zu ihrem neuen Ehemann nach Reñihué, auf sein chilenisches Landgut. Kris McDivitt war nun Kris McDivitt Tompkins. »Es war skandalös«, sagte sie. »Ich habe mein Leben komplett auf den Kopf gestellt.

Es war ein großer Sprung ins kalte Wasser. Es hätte auch ganz anders ausgehen können. Was wir da taten, war verrückt. Aber es war das Beste, was wir je gemacht haben.«

Nachdem McDivitt fort war und auf die Schnelle kein professioneller Manager die Leitung von Patagonia übernehmen konnte, musste Chouinard selbst den Sprung ins kalte Wasser wagen. Sein erster Versuch, die Führung an einen Außenstehenden zu übergeben, war gescheitert. O'Donnell war sympathisch und naturverbunden, hatte aber durch schlechtes Management die Zukunft des Unternehmens gefährdet. Auf der Suche nach einem Ersatz wandte sich Chouinard an Alison May, die Finanzchefin. Sie zögerte zunächst, denn es genügte ihr, sich um die Finanzen zu kümmern, und sie hatte keine Ambitionen, ein Unternehmen zu führen. Doch nachdem McDivitt weg war, baten die Chouinards sie eindringlich, die Leitung zu übernehmen. Schließlich sagte sie zu. Allerdings gab es einen Haken: Chouinard wollte sie nicht zur CEO ernennen, sondern gab ihr den Titel »General Manager« – dieselbe Position, die McDivitt Ende der 1970er-Jahre innehatte, als sie die Leitung des Unternehmens übernahm. May empfand das als Kränkung. Es gab keine andere Führungskraft, die den täglichen Betrieb leitete. Sie berichtete direkt an Chouinard und den Vorstand, doch die Weigerung, sie CEO zu nennen, verletzte sie tief. »Das hat mich wirklich getroffen«, sagte May. »Es machte mich wütend.«[113]

Von Anfang an gab es zwischen May und den Chouinards grundlegende Meinungsverschiedenheiten darüber, wie Patagonia geführt werden sollte und wer vom Erfolg des Unternehmens profitieren sollte. May war seit Langem eine Befürworterin von Mitarbeiterbeteiligungsprogrammen. Diese sogenannten ESOPs (Employee Stock Ownership Plans) sind Modelle, mit denen Beschäftigte durch Unternehmensanteile am Erfolg der Firma beteiligt werden. Unternehmen mit einem ESOP gewähren ihren Mitarbeitern Anteile, die sich im Laufe der Zeit ansammeln. Ein unternehmenseigener Treuhandfonds kauft diese Anteile später von den Mitarbeitern zurück – so erhalten sie Liquidität, und die Anteile fließen an das Unternehmen zurück. Auf diese Weise können die Mitarbeiter am Erfolg des Unternehmens teilhaben, ohne dass die Eigentumsverhältnisse verwässert werden oder externe Investoren Einfluss gewinnen. May setzte sich bei den Chouinards für die Einführung eines ESOP ein. Diese lehnten jedoch ab. May schlug stattdessen vor, andere Wege zu prüfen, um die

Mitarbeiter am Unternehmenserfolg zu beteiligen – beispielsweise durch einen Gewinnbeteiligungsplan oder einen Börsengang, der es den Beschäftigten ermöglicht hätte, Aktien zu erwerben. Doch diese Vorschläge liefen ins Leere. Nach dem »Schwarzen Mittwoch« wollten die Chouinards keinerlei Optionen in Betracht ziehen, die die eigene Kontrolle über das Unternehmen geschwächt hätten.

May stimmte ihren Argumenten zwar nicht zu, konnte aber die Logik dahinter nicht leugnen. »Ihr Ziel ist es, so viele Arten wie möglich zu retten, bevor die Menschheit sie alle ausrottet«, sagte sie. »Das bedeutet eben nicht, dass Mitarbeiter Eigentum erhalten oder Ähnliches. Das ist nicht ihr Ziel. Die Projekte, die sie für wichtig halten, schließen Menschen nicht ein.« May machte den Job nicht lange. Nach ein paar Jahren wechselte sie als Chief Operating Officer zu Esprit. Anschließend trat sie dem Vorstand von King Arthur Flour bei, einem Hersteller von Backzutaten. In dieser Funktion half sie dem Unternehmen, ein ESOP einzuführen.

Mit Mays Ausstieg musste sich Chouinard erneut auf die Suche nach einer neuen Geschäftsführung begeben. Es war bereits der vierte Führungswechsel innerhalb von sechs Jahren – ein beunruhigendes Zeichen für die Instabilität an der Unternehmensspitze. Die Stellenanzeige war typisch Patagonia – zugleich respektlos, ambitioniert und ehrlich in Bezug auf die Schwächen des Unternehmens. »Wir suchen eine Frau oder einen Mann für eine gefährliche Reise«, lautete die Ausschreibung. »Erkunde neue Grenzen unternehmerischer und ökologischer Verantwortung. Keine Beteiligung. Häufige Kursbestimmung durch Vorstand und Gründer. Strenge Prüfung durch Überzeugungstäter. Sichere Rückkehr fraglich. Ehre und Anerkennung im Erfolgsfall.«[114]

Zu Beginn des Auswahlprozesses ließ Chouinard alle vorsprechen, auch den Rezeptionisten. Chipper Bro Bell war ein paar Jahre zuvor zu Patagonia gestoßen. Bell, in Südkalifornien aufgewachsen, hatte eine ungewöhnliche Karriere hinter sich: Er war professioneller Frisbee-Spieler, hatte einen internationalen Wettbewerb für Frisbee-Tricks gewonnen, tourte mit dem Rockgitarristen Stevie Ray Vaughan und wurde von Budweiser gesponsert. Als er sich bei Patagonia bewarb, bestand sein Lebenslauf aus nur drei Schlagworten: »Frisbee-Spieler. Surfer. Gärtner.« Er wurde auf der Stelle eingestellt. Seine Aufgabe: Telefonate annehmen. »Ich wusste nicht einmal, wie man ›Apparel‹

schreibt, geschweige denn ›Synchilla‹«, erinnerte er sich.[115] Bell wurde zur zentralen Anlaufstelle des Unternehmens und begrüßte Gäste und Anrufer. Einmal rief eine Kundin an, die erklärte, dass ihre neue Synchilla-Jacke von einer Katze angepinkelt worden sei, und fragte, ob sie Ersatz bekommen könnte. Bell antwortete prompt: »Aber selbstverständlich, gnädige Frau. Welche Art von Katze hätten Sie denn gerne?«

Als er hörte, dass die Spitzenposition vakant war, zögerte Bell nicht, sich zu bewerben. »Ich wusste, was es braucht, um Weltmeister zu sein. Warum also nicht?«, sagte er. »Ich kenne das Gefühl, an der Spitze zu stehen.« Er meisterte die erste Runde der Vorstellungsgespräche mit der Personalabteilung und wartete gespannt auf den nächsten Schritt. Schließlich erhielt er einen Anruf von Chouinard, der ihn zu einem Freitauchgang einlud. Bell hatte lange auf diesen Moment gehofft. Er und Chouinard hatten schon mehrfach darüber gesprochen, zusammen surfen zu gehen, doch es war nie dazu gekommen. Jetzt nutzte Chouinard die Gelegenheit, Bell in einer ungezwungenen Umgebung auf Herz und Nieren zu prüfen, so wie er es schon bei vielen anderen Führungskräften getan hatte, die er im Laufe der Jahre eingestellt hatte.

Sie trafen sich an der Hollister Ranch, einem exklusiven Küstenstreifen nördlich von Santa Barbara, wo Chouinard ein Grundstück besaß. Mit Bleigurten und Flossen ausgerüstet, stürzten sie sich mit Harpunen bewaffnet in die Wellen. Etwa 300 Meter vor der Küste begann Chouinard, hinabzutauchen und zwischen den Felsen nach Schafskopf-Meerbrassen und Seebarschen zu suchen. Bell versuchte mitzuhalten – folgte seinem Chef auf 4,5 Meter Tiefe, tauchte zum Luftholen wieder auf, dann hinunter auf 5,5 Meter, wieder auftauchen, dann auf 6 Meter. Chouinard, der bereits seit seiner Schulzeit das Luftanhalten geübt hatte, konnte fast zwei Minuten unter Wasser bleiben. Bell hingegen war bald erschöpft und hielt sich an der Oberfläche, um zuzusehen. Er beobachtete, wie Chouinard in eine kleine Höhle verschwand, wie eine Wolke Sand aus dem Eingang stob und wie sein Chef schließlich mit einer gut 1 Meter langen Meerbrasse an der Spitze seiner Harpune wieder auftauchte.

Während Chouinard auf Bell zuschwamm, der bereits mit einem Netz wartete, stieß er plötzlich seine linke Hand in einen Felsvorsprung und schnappte sich noch einen Hummer als Dreingabe. Zurück an Land sagte Chouinard zu Bell: »Du kannst behaupten, du hättest den Hummer gefangen.«

Chouinard nutzte die Gelegenheit, um seinem Rezeptionisten seine Überlegenheit zu demonstrieren und zu zeigen, dass sein Ruf als Elite-Outdoorsportler wohlverdient war. Aber Bell erkannte darin eine tiefere Botschaft. Indem er weiter hinabtauchte, länger unten blieb und mit der Beute wieder auftauchte, zeigte Chouinard Bell, was es wirklich bedeutete, ein Leader zu sein. »In einer so extremen Situation machte er mir klar, dass er nicht glaubte, ich könnte dem Druck standhalten«, sagte Bell später. Letztendlich entschied sich Chouinard gegen seinen Rezeptionisten. Der nächste CEO konnte zwar »Synchilla« buchstabieren, war jedoch ebenfalls ein Branchenfremder in der Bekleidungsindustrie.

Rüttel diese Firma wach

Dave Olsen war auf der Suche nach einer neuen Herausforderung, als der Anruf eines Headhunters kam. Olsen hatte im Lauf seiner Karriere Gelegenheitsjobs und persönliche Interessen miteinander verknüpft – begleitet von einigen respektablen Erfolgen. Er hatte versucht, eine neue Business School zu gründen, die sich für Gewerkschaften starkmachte und die Idee der Arbeitnehmerbeteiligung in Aufsichtsräten förderte. Er war ein Pionier der Bewegung für ethisches Investieren, die später Billionen von Dollar an Vermögenswerten umfassen sollte. Und lange bevor erneuerbare Energien ein etabliertes Geschäftsfeld waren, arbeitete Olsen bereits an Wind-, Solar- und Batteriesystemen und machte sich mit den strengen Standards für Zuverlässigkeit und Qualität in der Stromübertragungsbranche vertraut. Zuletzt hatte er eine kleine Firma für geothermische Energieerzeugung geleitet, als ihn die Personalagentur kontaktierte und fragte, ob er Interesse daran hätte, die Geschäftsführung bei Patagonia zu übernehmen.

Olsen brachte die gewünschten Umweltqualifikationen mit, die Chouinard suchte, sowie Erfahrung in etablierten Unternehmen, die wussten, wie man Geld verdient. Um sicherzugehen, dass er wirklich ins Team passte, wollte Chouinard jedoch sehen, wie er sich unter Outdoor-Bedingungen schlug. Eines Morgens brachen die beiden Männer also in die Sespe Wilderness auf, ein karges Gebiet mit sanften Hügeln in den Topatopa-Bergen bei Ventura. Olsen war begeisterter Wassersportler und ein versierter Wildwasser-Kanute und Meereskajakfahrer, Klettern war jedoch nicht seine Stärke. Das wusste Chouinard, und genau deshalb wollte er sehen, wie der potenzielle CEO sich außerhalb seines Elements schlug. Die Herausforderung: eine 120 Meter hohe, senkrechte Sandsteinwand zu erklimmen. Olsen erschien völlig unvorbereitet, trug Wanderschuhe statt Kletterschuhe. Doch Chouinard sorgte für sichere Bedingungen. Beide absolvierten den Aufstieg ohne Komplikationen, und Olsen bekam den Job als CEO.

Mit der Führungsverantwortung für Patagonia betraut, gab Chouinard Olsen vier Worte mit auf den Weg: »Rüttel diese Firma wach!«[116] Der jährliche Umsatz unter Mays Führung lange Zeit bei 150 Millionen Dollar stagniert. Das waren keineswegs schlechte Zahlen, zumal Chouinard ein ambivalentes Verhältnis zur Idee vom endlosen Wachstum hatte. Doch die Stagnation führte zu einem Gefühl der Lethargie. Es waren weder neue, bahnbrechende Produkte noch neue Märkte in Sicht. Gleichzeitig eroberte die wachsende Konkurrenz immer größere Anteile des Marktes für Outdoor-Bekleidung, den Patagonia einst fast allein abgedeckt hatte. »Yvons Eindruck war, dass sein komplettes Team ein langes Nickerchen hielt«, sagte Olsen. »Sie ruhten sich auf ihren Lorbeeren aus. Von Innovation keine Spur.«

Olsen war mit der Bekleidungsbranche nicht vertraut, aber er verstand genug von Marktdynamiken, um zu erkennen, dass Chouinard recht hatte. »Man nahm uns sprichwörtlich die Butter vom Brot«, sagte er. »Im Hauptquartier in Ventura schien niemand das wirklich zu bemerken.« Gemeinsam mit einer Handvoll neu eingestellter Manager erarbeitete Olsen eine Präsentation, die die Innovationen anderer Unternehmen, die wachsende Zahl an Wettbewerbern in der Branche und das stagnierende Wachstum von Patagonia im Vergleich zu anderen Outdoor-Marken aufzeigte. Dutzende Male präsentierte er die Ergebnisse seiner Analyse – vor wechselnden Gruppen von jeweils etwa 25 Mitarbeitern –, um der Belegschaft die Dringlichkeit der Lage vor Augen zu führen. Es war vergebens. »Niemand reagierte«, resümierte er.

Das Unternehmen musste wachgerüttelt werden – das war Olsens klare Schlussfolgerung. Ende 1996 forderte er alle Mitarbeiter auf, sich intern neu zu bewerben – entweder auf die eigene Stelle oder auch auf die eines Kollegen. »Damit hatte ich ihre Aufmerksamkeit«, sagte Olsen. Es folgte eine groß angelegte Umstrukturierung: Einige wechselten vom Designstudio ins Backoffice, andere vom Vorstandsbüro in die Fertigungshalle. Manche strebten anspruchsvollere und besser bezahlte Jobs an, während andere bewusst weniger verantwortungsvolle und nicht ganz so gut bezahlte Aufgaben übernahmen. Während die Neubesetzung nach und nach Gestalt annahm, strukturierte Olsen das Unternehmen auch in anderer Hinsicht um. Die Produktlinien wurden in Einheiten gegliedert, die jeweils auf einzelne Sportarten wie Klettern, Skifahren oder Angeln spezialisiert waren. Dadurch konnten kleinere Teams, die sich leidenschaftlich für bestimmte Sportarten interessierten, gezielt an Design und Qualität arbeiten. Diese neue Struktur brachte eine Welle an Innovationen mit sich.

Parallel zur Umstrukturierung stärkte Olsen zudem die finanzielle Basis des Unternehmens. Er verhandelte zusätzliche Kreditlinien mit zwei Banken, was Patagonia eine neue finanzielle Sicherheit verschaffte. Dadurch war praktisch garantiert, dass es nie wieder Schwierigkeiten bei der Gehaltszahlung geben würde. Die zusätzlichen Mittel boten dem Unternehmen zudem die Flexibilität, Produktion, Lagerbestände und Verkauf auszuweiten, während es gleichzeitig in technologische Entwicklungen investieren konnte.

Und noch ein weiterer Meilenstein fiel in Olsens Zeit: die Eröffnung eines neuen Distributionszentrums in Reno. Mit Kosten von 19 Millionen Dollar war es die bis dato größte Investition in der Unternehmensgeschichte. Das 16 000-Quadratmeter-Gebäude wurde aus recycelten Materialien errichtet, verfügte über ein energieeffizientes Heizsystem und eine umfangreiche Recyclinganlage, war mit Solarpaneelen ausgestattet und nutzte hochmoderne, ultraeffiziente Beleuchtung. Die Investition zahlte sich aus: Das Distributionszentrum brachte das Versandhandelsgeschäft auf ein neues Level, und Patagonia begann erstmals, seine Produkte online zu verkaufen. Neben dem Großhandel, den Einzelhandelsgeschäften und dem Versandkatalog etablierte die Einführung von Patagonia.com einen vierten Vertriebskanal.

Zu Beginn gab es Bedenken, dass der Online-Verkauf die anderen Vertriebskanäle ausbluten lassen könnte. Einzelhändler, die erfolgreich Patagonia-Produkte verkauften, zeigten sich skeptisch, ebenso einige der eigenen Filialleiter, die Umsatzeinbußen befürchteten. Doch das Gegenteil trat ein: Der Online-Store wirkte sich für alle positiv aus. Die frühe Webpräsenz steigerte die Markenbekanntheit, und auch die Großhändler profitierten diesem Momentum.

Gleichzeitig setzten sich die innovativen, sportartspezifischen Produkte zunehmend durch. Die Umsätze stiegen wieder an und lagen innerhalb weniger Jahre um fast 50 Prozent über dem früheren Niveau, sodass zu Beginn des neuen Jahrtausends die Marke von 220 Millionen Dollar erreicht wurde.

Olsen war es gelungen, das Unternehmen wieder auf Erfolgskurs zu bringen, doch dieses Wachstum hatte seinen Preis. Als engagierter Umweltschützer konnte er den grundlegenden Widerspruch, der Patagonia innewohnte, nie vollständig akzeptieren. Wie konnte ein Unternehmen, das Konsumgüter produzierte und verkaufte, glaubwürdig für den Schutz des Planeten eintreten? Es war dasselbe Dilemma, mit dem sich Chouinard seit Jahrzehnten herumschlug≈– dieselbe kreative Spannung, die auch McDivitt immer wieder beschäftigt hatte.

»Yvon und ich waren im Grunde auf einer Wellenlänge, aber wir sind unterschiedlich mit dem Konflikt umgegangen«, sagte Olsen. »Yvon sieht die ökologischen Schäden sehr, sehr klar. Er war fest entschlossen, Wege zu finden, den Schaden so weit wie möglich zu begrenzen. Ich konnte das nicht. Es ging nicht nur um den Widerspruch zwischen wachsendem Ressourcenverbrauch und zunehmenden Umweltauswirkungen. Es war auch der Konsumismus. Ich hatte das Gefühl, dass wir mit steigenden Verkaufszahlen eine materialistische Kultur noch verstärken – und ich fühlte mich zunehmend unwohl dabei, teure Kleidung an eine sehr elitäre Kundschaft zu verkaufen. Das passte einfach nicht zu dem, was ich bin. Es war fast so etwas wie eine spirituelle Frage.«

Olsen äußerte auch Enttäuschung über bestimmte Aspekte der Unternehmenskultur. Er versuchte, die Führungsstruktur neu zu organisieren und die Entscheidungsprozesse breiter aufzustellen – Veränderungen, die Chouinards Einfluss geschmälert hätten. Doch diese Bemühungen wurden blockiert. »Mein Führungsstil ist viel kooperativer und teamorientierter«, sagte er. »Bei Patagonia dreht sich alles um Yvon. Es ist äußerst schwierig, sich von der Vorstellung des Gründers und Vorsitzenden als zentraler Heldenfigur zu lösen.«

Und dann war da noch Chouinards schwieriges Verhältnis zum Geld. Als Olsen 1996 zu Patagonia stieß, so berichtete er später, habe Chouinard erwogen, das Unternehmen zu verkaufen. Gleichzeitig spielte er mit dem Gedanken, Black Diamond – ursprünglich als Chouinard Equipment gegründet – zurück zu erwerben. Er bedauerte es, das Geschäft mit Kletterausrüstung aufgegeben zu haben, und angesichts der abgeschlossenen Haftungsklagen und des Wachstumsbedarfs von Patagonia hielt er es für eine brillante Idee, die Hardware-Sparte wieder ins Unternehmen einzugliedern. Doch Peter Metcalf, der zu diesem Zeitpunkt die Mehrheit an Black Diamond hielt, zeigte kein Interesse, und der Deal kam nie zustande.

Etwa zur gleichen Zeit zeigten mehrere große Unternehmen Interesse an einem Kauf von Patagonia. Nautica war interessiert, ebenso wie Ralph Lauren, das gerade an die Börse gegangen war und den ungeduldigen Analysten an der Wall Street Wachstum präsentieren musste. Zwar kam es nie zu konkreten Vertragsentwürfen, doch Olsen verbrachte viel Zeit mit potenziellen Deals. Er lud Ralph-Lauren-Manager nach Ventura ein und reiste selbst nach New York, um deren Betriebsabläufe kennenzulernen. Sogar die Aufnahme von Kapital durch eine Private-Equity-Firma stand zur Diskussion. Doch keiner dieser Pläne wurde je umgesetzt. Patagonia holte nie zusätzliche Investoren ins Boot, noch akzeptierte das Unternehmen fremdes Kapital, und es wurde auch nie an einen größeren Konkurrenten verkauft.

Ein Grund, warum die Verhandlungen nie weit fortschritten, war der Preis. Damals war es üblich, Bekleidungsunternehmen mit dem einfachen Jahresumsatz zu bewerten. Für Patagonia hätte das einen Wert von etwa 150 bis 220 Millionen Dollar bedeutet. Für Chouinard war das inakzeptabel. »Auf gar keinen Fall«, erinnerte sich Olsen an seine Reaktion. »Ich verkaufe dieses Unternehmen nicht für so wenig.«

Mehr noch als Chouinards Führungsstil oder sein Umgang mit Geld störte Olsen etwas anderes an Patagonia: das, was er als latente Geringschätzung der Familie gegenüber den eigenen Mitarbeitern empfand. »Yvon und Malinda vertrauen den Menschen, die für sie arbeiten, nicht«, sagte Olsen. »Das haben sie nie.« Bell erinnerte sich, wie Chouinard beim Speerfischen in Hollister eine ähnliche Bemerkung machte: »Ich glaube, ich habe die besten Mitarbeiter der Welt«, sagte Chouinard am Strand zu Bell. »Ich glaube, sie leisten die beste Arbeit. Aber keiner von euch inspiriert mich.«[117]

Diese Einstellung spürten auch viele langjährige Angestellte, die die Chouinards gut kannten. Trotz all des Erfolgs von Patagonia und ihres erklärten Ziels, ein Unternehmen zu schaffen, bei dem die Menschen gerne arbeiten, vermittelte die Familie an der Spitze zuweilen den Eindruck, dass sie ihre eigenen Mitarbeiter für Drückeberger hielt. Die Ironie war nicht zu übersehen: Während der Chef die Vorzüge von Auszeiten an guten Surfbreaks pries und selbst monatelang auf Kletterreisen ging, beschwerte er sich, dass alle anderen ständig nachlässig seien. Chouinard war keineswegs der erste Firmengründer, der eine derart schlechte Meinung von seinen Mitarbeitern hatte. Viele knauserige Unternehmer entwickeln im Laufe der Zeit die Überzeugung, dass niemand hart genug arbeitet, dass alle auf Kosten der Firma leben und den Eigentümer ausnutzen. Eine Haltung, die leicht zu Unmut führt und die bei den Chouinards letztlich mitverantwortlich dafür war, dass sie den Angestellten nie eine Beteiligung am Unternehmen ermöglichten.

Wie May war auch Olsen der Ansicht, dass die Chouinards Möglichkeiten hätten finden sollen – und problemlos hätten finden können –, um die Mitarbeiter am finanziellen Erfolg von Patagonia zu beteiligen. Doch die wollten davon nichts wissen. »Sie sagten, wenn sie Mitarbeitern Unternehmensanteile überließen, würden diese im eigenen kurzfristigen Interesse handeln, um den Wert des Unternehmens zu steigern, und aufhören, langfristig in Forschung und Entwicklung zu investieren«, sagte Olsen. »Aber das ist schlicht unehrlich, denn es gäbe viele, viele Wege, um eine gewisse Form von Mitarbeiterbeteiligung zu ermöglichen.«

Mitunter kam es auch zu unberechenbaren Wutausbrüchen von Chouinard. Eines Morgens, während Olsens Zeit bei Patagonia, eskalierte die Situation in der Cafeteria. Der Koch hatte ein köstliches Rezept für Zimtschnecken kreiert, und an der Essensausgabe standen die Angestellten Schlange und freuten sich darauf, den Tag mit einer süßen Leckerei zu beginnen. Chouinard, der sich eigentlich über etwas ganz anderes geärgert hatte, beobachtete die Szene und reagierte lautstark gegenüber Olsen: »Die Leute fressen mir noch die Haare vom Kopf! Warum sollte ich ihnen überhaupt Frühstück bereitstellen?«

Noch am selben Tag ging Olsen zum Koch, um ihm auszurichten, dass es keine Zimtschnecken mehr geben würde.

Rückblickend sagte Olsen, dass er zwar eine tiefe Bewunderung für Chouinard hegte, aber nie in der Lage war, den großen Widerspruch in Einklang zu bringen, der Patagonia ausmacht: ein Konsumgüterunternehmen, das versucht, den Planeten zu retten; ein Betrieb, der seine Mitarbeiter feiert, geführt von einem Gründer, der nie zufrieden war.

»Ich wollte herausfinden, wie verantwortungsvoll ein Unternehmen sein kann, und Patagonia war das perfekte Testfeld: in Privatbesitz, ohne den Druck der Wall Street, mit einer aufgeschlossenen Kundschaft«, sagte er. »Ich habe einen genauen Einblick bekommen, und mein Fazit lautet, dass es nicht verantwortungsvoll genug war. Kein Unternehmen kann wirklich nachhaltig sein. Denn egal, wie sehr man sich bemüht, man richtet immer mehr Schaden an, als man wiedergutmachen kann.«

Olsen war bei den Angestellten nicht gerade beliebt. Viele langjährige Mitarbeiter von Patagonia sahen in ihm nicht viel mehr als ein Sprachrohr der Unternehmensführung. Er wirkte oft sehr förmlich und strahlte nicht die lässige Coolness aus, die Chouinard und McDivitt verkörperten. Nachdem Olsen einmal eine unternehmensweite E-Mail verschickte, in der er einen Mitarbeiter tadelte, der nach der Nutzung des Patagonia-Programms zur Rückerstattung von Studiengebühren gekündigt hatte, wurde er bei einer Mitarbeiterversammlung scharf kritisiert. Die Belegschaft warf ihm vor, den Bezug zur Unternehmenskultur verloren zu haben, er – ungeachtet der offiziellen Hierarchie – für die einfachen Angestellten arbeitete.

Es war genau die Art innerer Konflikte, die das Unternehmen belebten – im Guten wie im Schlechten. Denn so außergewöhnlich Patagonia in vielerlei Hinsicht auch war – unabhängig, idealistisch, erfolgreich, großzügig –, war es doch durchzogen von Spannungen, die sich im Kern nicht auflösen ließen. Chouinard wollte, dass seine Mitarbeiter glücklich waren, aber auch hart arbeiteten. Er wollte großzügig sein, aber auch die Kontrolle behalten. Er wollte ein schlankes Unternehmen führen, das dennoch vielseitig war. Er wollte Gewinne erzielen und zugleich wohltätig sein. Er wollte einen kleinen Betrieb mit großer Wirkung. Doch in seinem Streben nach einer verantwortungsbewussten Unternehmensführung hatte Chouinard einen unlösbaren Widerspruch geschaffen.

Wir waren Teil des Problems

Mehrere Dutzend Aktivisten der Graswurzelbewegung hatten sich im Chico Hot Springs Resort in Pray, Montana, versammelt. Am Rande des Yellowstone-Nationalparks tauschten sie Strategien aus, suchten gegenseitige Inspiration und schmiedeten Pläne für ihre nächsten Schritte. Patagonia veranstaltete seine erste Tools-Konferenz, die Umweltaktivisten aus dem ganzen Land für ein paar Tage des Wissensaustauschs und Feierns zusammenbrachte. Ihr Gastgeber, Förderer und wichtigster Motivator war Yvon Chouinard.

Während einer der Plenarsitzungen trat Dave Foreman als Hauptredner auf, der Gründer von Earth First!, einer der radikalsten Umweltschutzgruppen überhaupt. Chouinard und Tompkins hatten Foreman nach einem versuchten FBI-Komplott gegen ihn finanziell unterstützt und seine Anwaltskosten übernommen. Nun revanchierte sich Foreman, indem er bei der Tools-Konferenz auftrat. Unbeirrt von seinem jüngsten Konflikt mit dem Gesetz, forderte er die versammelten Aktivisten im Saal dazu auf, radikale, sogar gewaltsame Maßnahmen in Betracht zu ziehen, um ihre Ziele zu erreichen. Wenn es nicht für das Überleben des Planeten zu kämpfen lohne, wofür dann? Und wenn das eine Gefängnisstrafe bedeutete: War das im Großen und Ganzen nicht vielleicht ein angemessener Preis? Als ersten Schritt schlug Foreman den anwesenden Unruhestiftern vor, den Glen-Canyon-Staudamm zu sprengen, der den Colorado River bei Page, Arizona, aufstaut. Weg damit!

Der Jubel von Chouinard war deutlich zu vernehmen.

Ein anwesender PR-Manager von Patagonia zuckte zusammen, als er das hörte. Malinda erging es nicht anders. Es war eine Sache, eine Gruppe von kämpferischen Umweltaktivisten zu unterstützen, aber Öko-Terrorismus gutzuheißen, warf ein denkbar schlechtes Licht auf den Besitzer eines Markenunternehmens.

Für Chouinard hingegen glich das Zusammensein mit Foreman und seinesgleichen einer Rückkehr zu seinen Dirtbag-Wurzeln. In den Aktivisten erkannte er denselben Widerwillen gegenüber Autoritäten und die Bereitschaft zum Nonkonformismus, die ihn in seinen Tagen im Camp 4 in Yosemite und in der verlassenen Müllverbrennungsanlage in Wyoming geprägt hatten. »Zu diesen Menschen fühlt Yvon sich wirklich hingezogen«, sagte John Sterling, der bei Patagonia die Umweltprogramme leitete und an der Tools-Konferenz teilnahm. »Er empfindet eine tiefe Verbundenheit zu diesen Dirtbag-Aktivisten, die versuchen, die Welt zu retten.«[118]

Als Patagonia wuchs und Chouinard über mehr Geld verfügte, begann er, immer mehr seiner Mittel in die Unterstützung von Aktivisten zu stecken. Auf der Tools-Konferenz holte er Führungskräfte von Patagonia ans Podium, um Basisgruppen etwas über Kommunikationsstrategien und Marketing beizubringen – in der Hoffnung, dass ein wenig von Patagonias Zauber auch auf kleine Initiativen abfärben würde, die beispielsweise versuchten, einen Fluss in Appalachia zu säubern oder den Bau eines weiteren Staudamms im Westen zu verhindern. Auch über das Förderprogramm von Patagonia lenkte Chouinard immer größere Summen in direkte Umweltaktionen. Ende der 1990er-Jahre spendete er jährlich weit über 1 Million Dollar und bestand darauf, dass die Zuschüsse in allgemeine Betriebsmittel und nicht in spezifische Projekte fließen sollten. Diese Form von flexibler Unterstützung war in philanthropischen Kreisen relativ selten, aber genau das, was die meisten Non-Profit-Organisationen benötigten. Für eine finanziell angeschlagene Organisation ist es ebenso wichtig, die Stromrechnung bezahlen und Toilettenpapier kaufen zu können, wie Proteste an irgendwelchen Brennpunkten zu finanzieren.

Diese Strategie barg jedoch durchaus Risiken. Sollten von Patagonia unterstützte Aktivisten das Gesetz brechen, könnte die öffentliche Empörung heftig ausfallen. Sweeney warnte Chouinard eindringlich davor: »Die Schlagzeilen werden vernichtend sein.«[119]

»Nein, das werden sie nicht«, entgegnete Chouinard. »Aber ich werde die Aufmerksamkeit der Presse bekommen. Und die Menschen, die schätzen, was wir tun, werden uns mehr lieben als je zuvor.«

Doch auch jene, die Patagonias Haltung nicht teilten, nahmen Notiz. Kurz bevor das Unternehmen die Tools-Konferenz ausrichtete, hatte es das Buch *Clearcut: The Tragedy of Industrial Forestry* (Kahlschlag: Die Tragödie der industriellen Forstwirtschaft) verkauft und sämtliche Einnahmen an die Foundation for Deep Ecology gespendet. Wyoming Resource Providers, eine Vereinigung, die die Holzwirtschaft unterstützte, hatte daraufhin zu einem Boykott von Patagonia aufgerufen. Die Gruppe forderte Menschen auf, bei Patagonia anzurufen und dem Unternehmen mitzuteilen, dass es wegen seiner Haltung zur Forstwirtschaft Kundschaft verliere.

Als die Unternehmensleitung von diesem Plan erfuhr, beschloss sie, die Taktik der Holzindustrie zu ihrem Vorteil zu nutzen. Ganz ähnlich wie bei den Protesten gegen die Zusammenarbeit mit Planned Parenthood entschieden sie, dass Patagonia für jeden eingehenden Anruf 10 Dollar an eine Organisation in

Wyoming spenden würde, die sich gegen Kahlschlag einsetzt. Nach über 100 Anrufen hatte Patagonia 1340 Dollar an die Non-Profit-Organisation Friends of the Bow gespendet, die sich genau für diesen Zweck engagierte. Patagonia wich den Protesten nicht aus – im Gegenteil, es hatte noch eine Schippe draufgelegt. Doch ein solches Vorgehen half nicht weiter, als erstmals mehrere Patagonia-Mitarbeiter verhaftet wurden.

Der Vorfall ereignete sich an einem Spätsommertag in den Redwood-Wäldern Nordkaliforniens: Seit mehr als hundert Jahren betrieb dort ein Unternehmen namens Pacific Lumber Holzernte und Sägewerkswirtschaft im Humboldt County. In Familienbesitz und lokal geführt über mehrere Generationen hinweg, verfolgte Pacific Lumber das Ziel, die Wälder langfristig zu bewirtschaften – und war damit größtenteils erfolgreich. Eines der Grundstücke des Unternehmens war ein besonders sensibles Gebiet: der Headwaters Forest im Humboldt County, in dem sich der größte privat gehaltene Redwood-Altbestand Kaliforniens befand. Dann wurde Pacific Lumber im Zuge einer feindlichen Übernahme von einem texanischen Unternehmen namens Maxxam aufgekauft – einem Industriekonglomerat mit dem Ruf, uralte Wälder rücksichtslos kahlzuschlagen.

Der CEO von Maxxam, Charles Hurwitz, hatte die 874 Millionen Dollar schwere Übernahme mit Junk Bonds finanziert. Kaum hatte er die Kontrolle über Pacific Lumber erlangt, stellte er die nachhaltigen Forstwirtschaftspraktiken ein. Um die hohen Schulden zu tilgen, die durch den Kauf entstanden waren, ließ Hurwitz massiv alte Redwood-Bäume abholzen – rigoros auf kurzfristigen Profit ausgerichtet, ohne jegliche Skrupel, was die Zukunft des Waldes betraf. »Sie haben die Abholzung praktisch über Nacht mehr als verdoppelt, fast verdreifacht, und viel mehr alte Bäume gefällt«, berichtete Karen Pickett, eine Aktivistin, die gegen Maxxam protestierte. »All diese Praktiken standen in krassem Gegensatz zu dem, was Pacific Lumber in den letzten 100 Jahren vorgelebt hatte.«[120]

Sterling, der kurz zuvor bei Patagonia angefangen hatte, um in den Umweltprogrammen mitzuarbeiten, machte sich daran, seine neuen Kollegen über die Lage aufzuklären. Der Druck, den Headwaters Forest zu retten, nahm zu. Der Schauspieler Woody Harrelson wurde verhaftet, nachdem er zusammen mit anderen Aktivisten die Golden Gate Bridge erklommen und ein Transparent angebracht hatte, um auf das Problem aufmerksam zu machen. Im September 1996 überzeugte Sterling einige Kollegen, sich ihm bei einer Anti-Maxxam-Demonstration nahe Eureka anzuschließen. Er selbst hatte bereits an einer ähnlichen Aktion teilgenommen und empfand das direkte Engagement als befreiend. Sein Ziel war es, seinen Kollegen die Möglichkeit zu geben, aus erster Hand zu erleben, für welchen Aktivismus das Unternehmen mit seinen Fördergeldern einstand.

Am Abend vor der großen Protestaktion schlugen Sterling und die anderen Mitarbeiter zusammen mit tausend weiteren Aktivisten ihr Lager in einem nahegelegenen Redwood-Hain auf. Die Countrysängerin Bonnie Raitt und Glen Frey von den Eagles traten spontan auf und sorgten für Begeisterung. Der rhythmische Klang von Trommelkreisen hallte durch den Wald. Am nächsten Morgen, dem 16. September, versammelte sich eine große Menge Demonstranten vor dem Headwaters Forest und machte sich langsam, aber entschlossen auf den Weg zum Maxxam-Wald. Das Unternehmen war vorbereitet, ebenso wie die Polizei. Jeder, der die Grundstücksgrenze überschritt, wurde von den Beamten festgehalten und mit Kabelbindern gefesselt. Als Sterling die Grenze übertrat, sprach ihn ein Polizist an: »Sie wissen, dass Sie dieses Gelände widerrechtlich betreten haben?«

»Ja«, antwortete Sterling.

»Wenn Sie nicht gehen, werde ich Sie festnehmen«, drohte der Polizist.

»Ich werde nicht gehen«, entgegnete Sterling.

Der Polizist band daraufhin Sterling die Hände mit Kabelbindern zusammen und führte ihn zu bereitstehenden Bussen, wo er sich zu Hunderten anderen Festgenommenen gesellte, darunter auch Bonnie Raitt. Die Demonstranten wurden noch am selben Tag freigelassen, und die Anklage fallengelassen. Doch als Sterling und seine Kollegen nach Ventura zurückkehrten, sorgte die Aktion für Aufsehen auf dem Patagonia-Campus. Chouinard war begeistert, als er davon hörte, und lud die Ruckus Society – eine Gruppe ehemaliger Earth-First!-Aktivisten – auf den Campus ein, um seinen Angestellten ein Training in gewaltfreiem zivilem Ungehorsam anzubieten. Dieses Training ging mit einem neuen Versprechen von Chouinard einher: »Wer an diesem Training teilnimmt und anschließend bei einer Protestaktion verhaftet wird, die mit unseren Werten übereinstimmt – den holen wir raus.«

Im Jahr nach der Verhaftung von Sterling und seinen Kollegen schlossen sich Mitglieder des Patagonia-Vorstands den Protesten gegen Maxxam an (ohne selbst verhaftet zu werden). Bald darauf trugen all die Bemühungen Früchte. Im Rahmen einer von Präsident Clinton ausgehandelten Vereinbarung erklärte sich Hurwitz bereit, 3000 Hektar Land – darunter den Headwaters Forest – für 380 Millionen Dollar an die US-Regierung zu verkaufen.

Und während Chouinard Aktivisten finanzierte, die alte Wälder schützen wollten, verbrauchte das Unternehmen gleichzeitig Frischholz. Ein neues, großes Bürogebäude auf dem Campus war im entspannten Strandstil gestaltet – mit sichtbarem Holz und einer Ästhetik, die zu einem Unternehmen an der Küste passte. Doch der Bau selbst war alles andere als nachhaltig. Im gesamten Gebäude wurden massive Träger aus unberührter Douglasie verbaut – genau jener Art von Altbäumen, deren Schutz Patagonia mit großem Einsatz betrieb. »Je tiefer wir in die Umweltbewegung eintauchten, desto deutlicher wurde uns, dass wir mit der einen Hand das eine taten und mit der anderen etwas ganz anderes«, sagte Paul Tebbel, der das Umweltförderprogramm leitete. »Wir waren Teil des Problems.«[121]

Patagonia war jedoch gefragter als je zuvor. 1996 trat Chouinard gemeinsam mit US-Präsident Bill Clinton in Washington bei der »Corporate Citizenship Conference« auf, und zwar an der Georgetown University, die Teil einer Initiative des Weißen Hauses zur Förderung neuer fairer Arbeitsstandards war. Chouinard, der ausnahmsweise Anzug und Krawatte trug, saß neben anderen CEOs wie Howard Schultz von Starbucks und gab sich ganz so, als ob er solche Veranstaltungen regelmäßig besuchen würde.

Zu Beginn der Diskussionsrunde stellte Clinton Chouinard vor und bat ihn, über das Kinderbetreuungsprogramm von Patagonia zu berichten.

»Ich würde mich auf einem Berggipfel deutlich wohler fühlen als hier«, sagte Chouinard.[122]

»Stellen Sie sich einfach vor, Sie wären jetzt dort oben«, erwiderte Clinton.

Obwohl der Präsident eine prägnante Antwort zum Thema Kinderbetreuung erwartet hatte, lenkte Chouinard das Gespräch auf sein Lieblingsthema: Qualität. »Ich glaube nicht, dass es möglich ist, ein qualitativ hochwertiges Produkt herzustellen, ohne auch ein qualitativ hochwertiges Arbeitsumfeld zu schaffen«, erklärte er. »Das alles hängt zusammen – hochwertige Produkte, guter Kundenservice, ein erstklassiger Arbeitsplatz, Lebensqualität für die Mitarbeiter und auch für alle Lebewesen auf diesem Planeten. Wenn man einen dieser Aspekte vernachlässigt, riskiert man, dass alles andere ebenfalls scheitert. Ein familienfreundliches Unternehmen versucht, die Grenzen zwischen Arbeit und Familie sowie zwischen Arbeit und Freizeit aufzuheben.«

Clinton zeigte sich begeistert von Patagonia. »Ich weiß nicht, wie viele von Ihnen schon einmal in einem dieser Läden waren, aber jedes Mal, wenn ich einen betrete, fühle ich mich fast wie bei einem missionarischen Jugendtreffen, wegen all der jungen Leute, die dort arbeiten«, sagte er. »Man kommt gar nicht mehr raus aus dem Laden, selbst wenn man nichts kauft – man kriegt diese Botschaft mit, wissen Sie: dass das Unternehmen irgendwie umweltbewusst ist und man selbst es auch sein sollte.«

Eine Woche später war Chouinard denkbar weit weg von Washington: Er campte mit Freunden und seiner Tochter Claire auf der hawaiianischen Insel Moloka'i. Nach einer Paddeltour rund um die Insel in einem Schlauchkajak kehrte Chouinard zum Lagerplatz zurück und entschied sich, eine Klippe hochzuklettern, die durch uralte Lavaflüsse geformt worden war. Während die restliche Gruppe das Abendessen vorbereitete, war er etwa 5 Meter die Felswand hinaufgestiegen, als ein Vorsprung, an dem er sich festhielt, nachgab. Er stürzte zu Boden und verletzte sich dabei schwer am Ellbogen. Claire improvisierte mit zwei Sarongs eine Schlinge und stabilisierte seinen verletzten Arm. »Er hatte die Kappe eines Vorderzahns verloren und sich seit sechs Tagen nicht rasiert«, erinnerte sie sich. »Sein Gesicht glänzte vor Schweiß, und er schrie zweimal laut auf, während wir ihn langsam durch die Felsen zurück ins Lager halfen.«[123] Chouinard fiel in einen Schockzustand, und ein Rettungshubschrauber wurde gerufen. »Sein sonst so dunkles Gesicht war kreidebleich, mit einem bläulichen Schimmer unter den Augen und Lippen«, erzählte Claire. »So hatte ich ihn noch nie gesehen. Diese weichen Schatten um seine Augen kannte ich nicht.«

Chouinard wurde ins Queen's Medical Center in Honolulu geflogen, allerdings ohne Geldbörse oder Versicherungskarte. Man säuberte die Wunde und legte seinen Arm in eine Schlinge. Um zwei Uhr nachts wurde er entlassen, ohne zu wissen, wohin er gehen sollte. Ein Sicherheitsbeamter wies ihm den Weg zur medizinischen Fakultät, wo er in einer Gästeunterkunft Unterschlupf fand. Während er auf den Sonnenaufgang wartete, schaltete er CNN ein und sah Aufnahmen von der »Corporate Citizenship Conference« der vergangenen Woche. Dort war er, im Fernsehen, an der Seite von Präsident Clinton.

Nach seiner Genesung widmete sich Chouinard erneut den Vorgängen in Washington. Diesmal geriet er jedoch in Konflikt mit dem Weißen Haus. In einem Brief an den Präsidenten ließ er eine Tirade gegen das nordamerikanische Freihandelsabkommen (NAFTA) los, einen multilateralen Pakt zwischen den USA, Mexiko und Kanada. Dieses Abkommen förderte den grenzüberschreitenden Handel und machte günstige Waren leichter verfügbar, führte jedoch auch zur Aushöhlung der Mittelschicht und zur Schwächung der Gewerkschaften. »Es scheint eine Diskrepanz zu geben – denn ich glaube nicht, dass Sie in der Politik dieselben Prinzipien anwenden, die Sie in der Wirtschaft schätzen«, schrieb er. »Die Freihandelsabkommen haben nicht dazu beigetragen, mehr Sicherheit zu schaffen. Im Gegenteil, sie vermitteln den Menschen das Gefühl, weniger Kontrolle über ihr eigenes Schicksal zu haben, weil irgendeine gesichtslose Organisation über unsere Gesetze und Vorschriften entscheidet. Ebenso wichtig ist, dass diese Abkommen den zunehmenden Trend zur Globalisierung unterstützen. Sicherheit liegt in kleinen, gesunden lokalen Wirtschaften und Gemeinschaften, nicht in gewaltigen Großunternehmen.«[124]

Etwa zur gleichen Zeit reagierte Chouinard ähnlich ungehalten, als die Yale University ihm die Ehrendoktorwürde der Humanwissenschaften verlieh, um seine »Beiträge zum Schutz der Umwelt« zu würdigen und Patagonia als »ein Modell für soziale Verantwortung« hervorzuheben. Als er den Brief erhielt, der ihm die Auszeichnung ankündigte, war er verblüfft: »Humanwissenschaften? Verdammt, ich mag nicht mal Menschen. Ich mag Bäume. Aber Yale hat ja eine Forstwirtschaftsschule. Also, warum nicht?«[125]

BHs töten keine Menschen

Versteckt in den Hochlagen der Sierra Nevada, südlich des Lake Tahoe, liegt das Mountain Warfare Training Center des US Marine Corps. Auf 2100 Metern Höhe diente die Anlage Generationen von Spezialkräften als Schauplatz für Übungen in Gebirgskriegführung und Hochgebirgskampf. In den 1970er-Jahren begann das US-Militär dort erstmals, Patagonias Ausrüstung einzusetzen.

Den Anfang machte der Eispickel. Während Chouinard die Grenzen des Eiskletterns erweiterte und neue Techniken für das Bezwingen von Gletschern einführte, kaufte das Militär seine Eispickel und schulte Soldaten darin, Chouinards Techniken zu übernehmen. Damit öffnete sich Chouinard Equipment die Tür zur US-Regierung. Als zugelassener inländischer Zulieferer wurde das Unternehmen eingeladen, sich an Spezialprojekten zu beteiligen, wie etwa der Produktion tausender ovaler Aluminiumkarabiner. Als Chouinard und sein Team innovative Stoffe wie Capilene und Synchilla entwickelten, wurde auch dies von der Regierung registriert. In den 1980er-Jahren wurden Angehörige des Militärs, die in kalten Klimazonen arbeiteten, mit Baselayern und Fleecejacken von Patagonia ausgestattet. Kurz darauf stattete die 3. US-Infanteriedivision ihre Fernaufklärungsteams mit kompletten Sets aus Patagonias handelsüblicher Thermounterwäsche und dunkelblauen Pile-Anzügen aus, um sie vor der Kälte zu schützen. Wenig später wurde nicht gebrandete Patagonia-Ausrüstung in das »Extended Cold Weather Clothing System« der Armee aufgenommen.

Patagonia war eines der wenigen heimischen Unternehmen, das neue Stoffe entwickelte, und die Generäle, die dafür verantwortlich waren, die Truppen gut auszustatten, wollten nicht nur bei der Waffenentwicklung, sondern auch bei Kleidung stets auf dem neuesten Stand der Forschung bleiben. Bei einigen Projekten unterstütze Patagonia das Militär diskret bei der Konzeption eines maßgeschneiderten Schichtsystems für kalte Wetterbedingungen. Im Laufe der Jahre vertiefte sich die Geschäftsbeziehung, und das Unternehmen begann schließlich, auch Sport-BHs und Knieschoner für das Militär herzustellen.

Auf den ersten Blick mag eine Zusammenarbeit zwischen Patagonia und den Streitkräften unvereinbar erscheinen. Was hatte eine Gruppe von Hippies mit der Entwicklung von Kampfausrüstung zu tun? Wie konnte ein Haufen von Nonkonformisten, die stolz darauf waren, sich gegen die Obrigkeit aufzulehnen, mit dem Pentagon zusammenarbeiten und trotzdem nachts ruhig schlafen? Doch anfangs waren die Stückzahlen so gering und die Beziehung zum Militär finanziell so unbedeutend, dass sich nur wenige innerhalb des Unternehmens ernsthaft damit auseinandersetzten.

Die Arbeit für das Militär lief jahrzehntelang eher nebenher, bis Michael Crooke ins Spiel kam. Crooke wurde von Chouinard als Nachfolger von Olsen für die Rolle des CEO ausgewählt. Es war eine weitere seiner unberechenbaren

Personalentscheidungen, diesmal teils motiviert durch den Wunsch, das Unternehmen zu vergrößern und möglicherweise für einen Verkauf vorzubereiten.

Crooke, ein ehemaliger Navy SEAL, leitete das Radsportbekleidungsunternehmen Pearl Izumi, als Chouinard ihn kennenlernte. Vom Wesen und seinen kulturellen Standpunkten her eher konservativ, wirkte Crooke wie ein Fremdkörper in der Welt von Patagonia. Zwar brachte er eine athletische Statur, eine hohe Schmerztoleranz und relevante Berufserfahrung mit, doch fehlten ihm die Ausstrahlung und Lockerheit, die in der von Surfern geprägten Unternehmenskultur geschätzt wurden. Als dominanter Alpha-Typ trat Crooke mit der Intensität eines Drill-Sergeants und einem autoritären Führungsstil auf, der Einschüchterung über Teamwork stellte. Mitarbeiter berichten, dass er jeden Morgen vor dem Büroeingang demonstrativ 100 Liegestütze machte – eine fast absurde Machtdemonstration, die bei den meisten nicht Bewunderung, sondern Belustigung hervorrief. Seine Angewohnheit, sich täglich das *Wall Street Journal* ins Büro liefern zu lassen, wurde ebenfalls eher belächelt. In einer Firma, deren Mitarbeiter Magazine wie *Surfer* oder *Mother Jones* bevorzugten, wirkte diese Lektüre wie ein untrügliches Zeichen dafür, dass Crooke den Spirit von Patagonia nicht verstand.

Als Crooke von Patagonias Verkäufen an das Militär erfuhr, erkannte er die Chance, seine beiden Welten zusammenzuführen. Nach den Terroranschlägen vom 11. September 2001 rückten die Bedürfnisse von Spezialeinheiten, die in anspruchsvollen Gebieten wie den Bergen Afghanistans operierten, verstärkt in den Fokus der US-Streitkräfte. Patagonia begann bald darauf, maßgeschneiderte Kits für die Eliteeinheiten des Landes zu entwickeln, darunter die Navy SEALs, Delta Force und die Army Rangers. Im Laufe der Jahre übernahm das Unternehmen eine führende Rolle bei der Gestaltung einer »Kampfuniform« für Spezialeinsätze. Auf einer Veranstaltung im texanischen El Paso präsentierte Patagonia den Prototy: Soldaten testeten die Ausrüstung – komplett mit Gefechtswesten, Sturmgewehren und Magazinen –, indem sie in der neuen Montur Gefechtsmanöver simulierten. Die Uniform war ein voller Erfolg, und Patagonia produzierte sie schließlich in verschiedenen Tarnmustern.

Mit den wachsenden Umsätzen im Militärsegment erhielt das Geschäft eine eigene Marke, die nach dem berühmten Lost-Arrow-Gipfel im Yosemite-Nationalpark benannt wurde. Innerhalb von Patagonia wurden die Regierungsaufträge fortan als »Lost Arrow Project« bezeichnet. Es entstand ein umfangreicher Katalog mit Patagonia-Ausrüstung für Kampfeinsätze: von einfachen Kleidungsstücken wie Boxershorts und T-Shirts bis hin zu neuen Varianten bewährter Artikel wie dem Nano-Air-Hoodie in Oliv und Camouflage. Auch spezialisierte Artikel wie die Patagonia Level 9 Combat Pants mit Gürtelschlaufen für Waffenholster, Cargotaschen für medizinische Ausrüstung und Knieschützern wurden angeboten. Ebenfalls erhältlich war das Patagonia Level 9 Combat Shirt, das unter kugelsicheren Westen getragen werden konnte.

Im Gegensatz zu den meisten Patagonia-Kleidungsstücken wurde die Lost-Arrow-Ausrüstung nicht in Südostasien gefertigt. Um das Berry Amendment einzuhalten – eine Vorschrift, die das Verteidigungsministerium verpflichtet, nach Möglichkeit in den USA hergestellte Waren zu kaufen –, ließ man die Ausrüstung von Peckham Vocational Industries herstellen. Dieser gemeinnützige Betrieb in Lansing, Michigan, beschäftigte vor allem Menschen mit körperlichen und geistigen Beeinträchtigungen. Das Lost Arrow Project war finanziell nie besonders erfolgreich. Der höchste Jahresumsatz, den Patagonia jemals durch Regierungsaufträge erzielte, lag bei etwa 6 Millionen Dollar. Doch als die Zusammenarbeit mit dem Militär an Bedeutung gewann, führte dies zunehmend zu Spannungen innerhalb des Unternehmens. »Nicht alle Mitarbeiter waren damit einverstanden, an das Militär zu verkaufen«, erklärte Dean Carter, Leiter der Personalabteilung.[126] Der vergleichsweise geringe Umsatz der Abteilung machte die Entscheidung, das Lost Arrow Project fortzuführen, für viele umso unverständlicher. Da der Beitrag zum Gesamtgeschäft kaum ins Gewicht fiel, fragten sich einige, warum Patagonia diesen Weg weiterhin beschritt. Auch externe Kritiker taten sich schwer damit, das umweltbewusste Image von Patagonia mit der Arbeit für das Militär zu vereinen. »Wenn man Kleidung herstellt, in der Menschen getötet werden, wird das Logo früher oder später auf der Brust einiger der übelsten Typen prangen«, schrieb James Stout, ein Kriegsgegner und Kritiker des Programms. »Krieg hat menschliche und ökologische Kosten, die sich nicht durch recycelte Materialien oder Spenden an wohltätige Organisationen aufwiegen lassen.«[127]

Chouinard ließen solche Einwände kalt. Das Unternehmen stellte keine Waffen oder Munition her, argumentierte er, sondern einfach nur Kleidung. »BHs töten keine Menschen«, sagte Chouinard einmal. »Menschen töten

Menschen.«[128] Außerdem war er selbst Veteran und hatte in Korea gedient. Er konnte die Lage des einfachen Soldaten nachvollziehen, der ohnehin schon die kleinen Demütigungen und die zermürbende Eintönigkeit des Militärlebens ertragen musste. Das war schlimm genug; warum sollte man ihm dann nicht wenigstens ein wenig Komfort ermöglichen? Als erfahrener Bergsteiger wusste er zudem, wie wichtig die richtige Kleidung bei schlechtem Wetter ist. Und obwohl er französischsprachig aufgewachsen war, war er sein Leben lang Amerikaner und Patriot – dankbar dafür, in einem Land leben zu dürfen, in dem selbst ein Schmied ohne Hochschulabschluss Außenseiter sein konnte – und dabei auch noch erfolgreich. »Ich hatte da keinerlei Gewissensbisse«, sagte er. »Ich will, dass unsere Truppen es bequem haben, und wir stellen die bequemste Kleidung für heiße und kalte Wetterbedingungen her. Damit war die Sache für mich erledigt.«

Abgesehen davon, dass er das Militärgeschäft ins Rollen brachte, bleibt Crooke bei Patagonia vor allem als jemand in Erinnerung, der nicht ins Unternehmen passte. »Er wirkte immer sehr glatt«, sagte Elissa Foster, eine langjährige Mitarbeiterin. »Ich hatte nicht das Gefühl, dass er wirklich authentisch war.«[129] Der Ruf, den er sich früh als ehrgeiziger, aggressiver und autoritärer Führungstyp verschaffte, haftete an ihm, und er gewann weder die Sympathie der Belegschaft noch, was vielleicht noch entscheidender war, die der Familie. Chouinard war der Meinung, Crooke habe den Job, mehr als jeder andere CEO, vermutlich nicht angenommen, um etwas zu bewegen, sondern um finanziell davon zu profitieren. »Michael Crooke war der Einzige, der wirklich hoffte, dass wir die Firma verkaufen würden, damit er auf irgendeine Weise Gewinn machen könnte«, sagte er.[130] Nach weniger als sechs Jahren als Geschäftsführer verließ Crooke das Unternehmen.

Mit dem Abgang von Crooke stand Patagonia erneut vor einem Führungswechsel. In den zehn Jahren zuvor hatte das Unternehmen bereits ein halbes Dutzend verschiedene CEOs erlebt – darunter Crooke, Olsen, May, O'Donnell, Tompkins und sogar eine Farmerin namens Eve Jursch, die Chouinard für nur ein Jahr an die Spitze des Unternehmens berufen hatte. »Wir haben viele CEOs und Management-Teams durchgeschleust, die nicht verstanden haben, worum es bei uns geht«, sagte Chouinard über Crookes Weggang. »Die Werte hier sind so tief verwurzelt, [...] dass es schwer ist, einen Geschäftsführer zu finden, der mit dem Unternehmen wachsen kann.«[131] Langjährige Mitarbeiter erkannten in der Fluktuation sowohl Chouinards Genialität als auch seine Unbeständigkeit. »Nachdem Kris zurückgetreten war, blieb jeder CEO, den sie einstellten, nur vier bis sieben Jahre«, sagte Kulczycki, der langjährige Vertriebsmitarbeiter. »Es war Yvons Philosophie, stets einfach alles zu verändern.«[132]

Das erklärte jedoch nur teilweise den schnellen Personalwechsel innerhalb der Geschäftsführung. Es gehörte auch zur Wahrheit, dass Chouinard ständig seine Meinung änderte und aufgrund seiner Launen voreilige Entscheidungen traf. »Sie holten jemanden und waren zunächst sehr begeistert von ihm«, sagte Kulczycki. »Dann verblasste der erste Glanz, und sie kamen zu der Einsicht, dass es doch nicht die richtige Person war.«

KAPITEL 8

LEADERSHIP

Weit über meinen Horizont hinaus

Zu viert waren sie unterwegs: Yvon und Malinda Chouinard. Doug und Kris Tompkins. In den ersten Tagen des Jahres 2004 streiften sie durch das Chacabuco-Tal im chilenischen Hinterland – mit einem Geländewagen unterwegs in einer fremdartigen Landschaft aus geothermischen Quellen, roten Flüssen und schwarzen Seen. Dieses Land wollten die Tompkins kaufen. Ein 70 000 Hektar großes Gebiet, nahezu unberührt vom Menschen, stand zum Verkauf. Und sie wussten: Wenn sie es sichern könnten, würden sie einem Traum näherkommen, der für sie inzwischen alles überragte – einen Nationalpark zu schaffen, der eine der großartigsten Landschaften Südamerikas schützt.

Als der Kauf näherrückte, luden die Tompkins Yvon und Malinda Chouinard ein, das Land selbst zu erleben. Der Hauptzweck der Reise war das Abenteuer um des Abenteuers willen – eine entschärfte Variante eines Fun-Hogs-Trips: mehr Autocamping und Geschichten am Lagerfeuer, weniger alpine Klettereien und Hunger in Eishöhlen. Doch Doug und Kris Tompkins verfolgten auch ein zweites Ziel. Der Kauf würde ihre finanziellen Möglichkeiten ausreizen.Sie wussten: Um ihre ehrgeizigen Naturschutzpläne verwirklichen zu können, würden sie Partner brauchen. Nach einer Woche unterwegs war das Thema Geld jedoch immer noch nicht zur Sprache gekommen. Schließlich aber platzte es aus McDivitt Tompkins heraus, als sie die Chouinards am Ende der Reise zum Flughafen fuhr:

»Ich muss 2,5 Millionen Dollar auftreiben«, sagte sie. »Wärt ihr bereit, das gemeinsam zu stemmen?«

»Natürlich«, sagte Chouinard.[133]

Die Chouinards halfen den Tompkins bei diesem ersten Kauf im Chacabuco-Tal und erwarben damit das Herzstück des heutigen Patagonia-Nationalparks. Damit sich die mediale Aufmerksamkeit nicht ganz auf Doug Tompkins richtete, kauften die Chouinards zudem ein angrenzendes Grundstück, das später in das Schutzgebiet integriert werden sollte.

Doug Tompkins' Bedeutung herunterzuspielen war zu diesem Zeitpunkt eine operative Notwendigkeit. Im Verlauf des vergangenen Jahrzehnts hatte er einen Großteil seines Vermögens dafür eingesetzt, Land in Chile und Argentinien aufzukaufen. Und obwohl er sich dem Naturschutz verpflichtet fühlte und immer wieder öffentlich erklärte, dass er seine Ländereien später an den Staat übergeben wolle, wandten sich viele Einheimische gegen ihn. Einige glaubten ihm seine Geschichte schlicht nicht – sie konnten sich nicht vorstellen, dass ein wohlhabender Amerikaner Millionen für Grundstücke ausgeben würde, nur um sie am Ende zu verschenken. Umweltschützer wiederum misstrauten Tompkins aus einem anderen Grund: Sie vermuteten, dass er die Flächen irgendwann doch entwickeln oder an die Industrie verkaufen würde. Lokale Geschäftsleute lehnten seine Pläne ebenfalls ab, weil sie darin eine Behinderung wirtschaftlicher Entwicklung sahen. Regierungsbeamte waren besorgt, dass Tompkins durch den massiven Kauf in einigen schmalen Gebieten Chiles das Land in zwei Teile spalten und damit die nationale Sicherheit gefährden könnte. Selbst die katholische Kirche mischte sich ein und stellte sich gegen die von Tompkins unterstützte Foundation for Deep Ecology, die sie beschuldigte, die Geburtenkontrolle zu propagieren.

Tompkins wurde in den lokalen Medien verteufelt, Demonstranten gingen auf die Straße, um sein Vorgehen anzuprangern. Er wurde vor das chilenische Parlament geladen, mit Ausweisung bedroht und erhielt sogar Morddrohungen. »IIn Südamerika dachte man einfach nicht in Begriffen wie ›Wohltätigkeit‹«, erklärte Chouinard. »Und dann schlägt da dieser verrückte Amerikaner in Chile auf und sagt: ›Ich kaufe all dieses Land, mache daraus Parks und schenke es den Menschen, die ohnehin schon immer auf dem Land gelebt haben.‹ Und die Leute denken: ›Komm schon. Niemand macht so etwas. Da muss ein anderer Grund dahinterstecken.‹«[134] Selbst seine Verbündeten vor Ort taten sich schwer, das Ganze zu begreifen. »Das ging weit über meinen Horizont hinaus«, sagte Rod Noriega, ein chilenischer Buschpilot, der die Tompkins jahrzehntelang durch den Kontinent flog. »Es hat eine Weile gedauert, bis ich's kapiert habe – vor allem, als er sagte, er wolle das alles verschenken. Das konnten wir einfach nicht glauben.«[135]

Doch Grundstück für Grundstück erweiterten die Tompkins ihren Besitz – bis sie schließlich über eine Million Acres an gemäßigtem Regenwald, unberührten Tälern und grünen Lagunen in ihren Besitz gebracht hatten. Sie kauften alte Rinderfarmen und begannen, das Land zu verwildern. Zäune wurden ausgerissen, Gebäude abgerissen, Straßen sich selbst überlassen, bis sie im Fluss versanken. Allein im Gebiet des künftigen Patagonia-Nationalparks entfernten sie 600 Kilometer Zaun und 25 000 Schafe.

Chouinard liebte die Idee, ehemalige Weideflächen wieder in wilde Landschaft zu verwandeln. Er bezahlte Patagonia-Mitarbeiter dafür, ihre Jobs in Ventura für ein paar Wochen ruhen zu lassen und Tompkins' Grundstücke von menschlichen Spuren zu befreien. Schon bald schwitzten Stoffdesigner in der Sonne, zersägten Zaunpfähle und wickelten Stacheldraht zu Bündeln, um ihn endgültig zu entsorgen. All das war Teil von Tompkins' spiritueller Mission, den Planeten zu retten.

»Ich sehe Gott als Natur – ganz schlicht«, sagte er. »Das große Manifest in der Welt, in all seinen Formen – vom Sternenhimmel über die Ozeane bis zu den Elementen, die wir sehen und wahrnehmen – das ist ein überwältigendes Phänomen, das sich nicht in Worte fassen lässt. Wenn es etwas gibt, das wir ›Gott‹ nennen wollen, etwas, das größer ist als wir selbst, dann ist es die Natur. Und wenn es etwas gibt, das die Welt retten kann, dann setze ich auf die Schönheit.«[136]

Während Tompkins den Kontinent nach neuen Flächen durchkämmte und bereits Pläne für elegante Besucherzentren und weitläufige Wanderwegenetze schmiedete, übernahm McDivitt Tompkins de facto wieder die Rolle einer Geschäftsführerin. 20 Jahre lang hatte sie Chouinards Ambitionen mitgetragen und dessen kreative Energie in praktische Arbeit umgemünzt, um Patagonia zu einem profitablen und funktionierenden Unternehmen zu machen. In Chile erfüllte sie nun eine ähnliche Aufgabe für Chouinards besten Freund, der zugleich die Liebe ihres Lebens war. Wie Chouinard vertraute auch Tompkins vor allem seinem eigenen Urteilsvermögen und verfolgte seine Ziele mit unermüdlicher Entschlossenheit. McDivitt Tompkins war sich dessen bewusst und widmete sich der Umsetzung ihrer gemeinsamen Vision: Sie verwaltete die Finanzen, koordinierte ein umfangreiches Team aus Juristen und operativen Fachkräften und behielt sowohl große als auch kleine Projekte im Blick.

Im Laufe der Jahre investierten die Tompkins fast 400 Millionen Dollar in den Erwerb von Land. Zusätzliche Mittel kamen von Patagonia: 2003 gründete das Unternehmen den Patagonia Land Trust, der Unternehmensgewinne für den Kauf großer Landflächen in Südamerika einsetzte. Auch die Chouinards begannen, einen immer größeren Teil ihres Vermögens in das ehrgeizige Projekt zum Schutz der patagonischen Landschaft zu investieren. (Im Gegensatz zu Tompkins machte Chouinard seine Beteiligungen jedoch nie öffentlich, sondern hielt sich lieber im Hintergrund und blieb den Schlagzeilen fern.)

Tompkins versuchte immer wieder, Chouinard zu überreden, einen noch mutigeren Schritt zu wagen, und schlug vor, Patagonia zu verkaufen und den gesamten Gewinn in Naturschutzprojekte zu investieren. »Er hat mich immer wieder aufgefordert, es ihm gleich zu tun«, sagte Chouinard. »Verkauf die Firma, komm hierher.«[137] Doch Chouinard war überzeugt, dass er mehr Gutes bewirken könnte, indem er der Maxime seines Unternehmens treu blieb: die besten Produkte herstellen, keinen unnötigen Schaden anrichten und das Unternehmen als Plattform zu nutzen, um andere Firmen zu beeinflussen.

Sein Vermögen für Naturschutzprojekte in Südamerika einzusetzen, war Teil von Chouinards fortwährender Auseinandersetzung mit dem, was er aufgebaut hatte. Er war reicher denn je, und Patagonia war größer als je zuvor. Doch schon damals stand für ihn fest, dass er das Unternehmen weder verkaufen und sich auszahlen lassen noch es seinen Kindern hinterlassen würde. Fletcher und Claire waren inzwischen erwachsen, aber beide nicht sonderlich erpicht darauf, CEO von Patagonia zu werden. Die Familie verfügte über genügend Geld, besaß Häuser in Ventura und Wyoming – welchen Sinn hätte es gemacht, den Kindern ein Unternehmen zu vererben?

Immer wieder flammten Diskussionen darüber auf, ob man das Unternehmen verkaufen oder an die Börse bringen solle. Einmal stellte die Investmentbank Robertson Stephens den Chouinards einen Zahltag von 100 Millionen Dollar in Aussicht. Ein andermal rief Warren Buffett persönlich an und bot an, Patagonia zu kaufen.

Von allen potenziellen Käufern wäre Buffett womöglich noch der passendste gewesen. Als »Orakel von Omaha« war er einer der reichsten Männer der Welt geworden, indem er Firmen übernahm und auf langfristigen Erfolg ausrichtete. Doch Chouinard lehnte auch dieses Angebot ab. Er konnte sich einfach nicht dazu durchringen, sich von Patagonia zu trennen.

Was ihn allerdings sehr wohl beschäftigte: wie er noch mehr von den finanziellen Mitteln des Unternehmens in die Projekte lenken konnte, die ihm wirklich am Herzen lagen.

Auf einer seiner Angeltouren in West Yellowstone lernte Chouinard Craig Mathews kennen, den Gründer von Blue Ribbon Flies, einem Angelgeschäft am Rande des Parks. Mathews war weder eine Berühmtheit noch ein Geschäftsmogul, doch er führte sein Unternehmen mit Herz und Verstand. Schon seit jeher spendete er 2 Prozent des Jahresumsatzes von Blue Ribbon für Umweltprojekte, die ihm wichtig waren. Als Chouinard davon erfuhr, erkannte er in Mathews einen Gleichgesinnten und berichtete ihm, dass Patagonia 10 Prozent seines Gewinns für wohltätige Zwecke spendete. Und sofort tauschten die beiden idealistischen Angler Ideen aus, wie sie ihre Vision noch weiter vorantreiben könnten: Was, wenn sie andere Unternehmen dazu bewegen könnten, ebenfalls einen Teil ihrer Gewinne zu spenden? Wie groß könnte die Wirkung sein?

Ein erster Schritt, diese Frage zu beantworten, war die Reform von Patagonias eigenem Philanthropie-Modell. Anstatt weiterhin 10 Prozent des Jahresgewinns zu spenden, beschloss Chouinard, dass das Unternehmen künftig 1 Prozent des Umsatzes abgeben würde. In der Praxis machte das kaum einen Unterschied – Patagonias Gewinnmarge lag ohnehin meist um die 10 Prozent, sodass die gespendete Summe in den meisten Jahren etwa gleich blieb.

Aber: Der neue Ansatz verpflichtete Patagonia dazu, in guten wie in schlechten Zeiten zu geben. An Margen lässt sich schrauben. In einem schwachen Jahr konnten die Spenden für Umweltprojekte versiegen – selbst wenn der Umsatz bei einer Milliarde Dollar lag. Mit der Entscheidung, unabhängig vom Gewinn dauerhaft 1 Prozent des Umsatzes zu spenden, machte Chouinard das gemeinnützige Engagement zu einem unverrückbaren Teil der Unternehmensidentität.

Das Geld floss weiterhin an dieselben Organisationen, die Chouinard bereits unterstützte, seit er Mark Capellis Bemühungen zur Renaturierung des

Ventura Rivers finanziell förderte – Basisaktivisten, die an vorderster Front für den Naturschutz kämpften. Chouinard war überzeugt, dass sozialer Wandel nicht durch große Taten bedeutender Persönlichkeiten entsteht, sondern durch den unbeirrbaren Widerstand ganz gewöhnlicher Menschen. Der Vietnamkrieg – so seine Überzeugung – sei von den Hippies auf der Straße beendet worden. Die Bürgerrechte habe nicht etwa Präsident Johnson errungen, sondern Rosa Parks. Gleiches galt seiner Ansicht nach für das Frauenwahlrecht, die Rechte Homosexueller und sonstige gesellschaftliche Umwälzungen. Natürlich ist das eine stark vereinfachte Sicht auf den Lauf der Geschichte – eine, die den Fokus auf die Unruhestifter legt, nicht auf die Institutionen. Aber sie entsprach Chouinards rebellischem Weltbild: seinem Misstrauen gegenüber staatlichen Lösungen und seiner Hoffnung, dass selbst Außenseiter, Querköpfe und Aktivisten den Lauf der Dinge verändern können.

Um eine Bewegung ins Leben zu rufen, die andere Unternehmen dazu inspirieren sollte, ihrem Beispiel zu folgen, gründeten Chouinard und Mathews im Jahr 2002 die gemeinnützige Organisation »1% for the Planet«. Anfangs war es ein kleines Vorhaben – ein paar Freunde von Chouinard erklärten sich bereit, Spenden zu leisten. Doch mit der Zeit schlossen sich immer mehr Unternehmen an, darunter bekannte Marken wie OXO, Flickr und Tazo. Heute sind rund 6000 Unternehmen Mitglied bei »1% for the Planet«. Gemeinsam haben die Mitglieder über 655 Millionen Dollar an Umweltorganisationen gespendet. »Für viele von ihnen ist Yvon eine Inspiration«, sagte Kate Williams, Geschäftsführerin der Organisation. »Yvon gab ihnen den Mut und ebnete ihnen den Weg, über eine andere Art des Wirtschaftens nachzudenken.« Ohne Patagonia wäre eine ganze Generation sozial verantwortlicher Unternehmen vermutlich nie entstanden: »Viele der Unternehmen in unserem Netzwerk existieren direkt oder indirekt dank des Vorbilds von Patagonia.«[138]

Teste die Grenzen der Vernunft

Jib Ellison wusste, dass dies seine letzte Chance sein könnte. Ellison, einer der Do Boys, hatte Chouinard und Tompkins auf zahllosen Expeditionen begleitet. Den Großteil seiner Karriere, wenn man sie denn so nennen konnte, hatte er als

Rafting-Guide verbracht. Sein letzter Job als klassischer Unternehmensberater war simpel gewesen: unstrukturierte Firmen dabei unterstützen, ihre Abläufe zu ordnen, ihre Marktposition zu schärfen und mehr Geld zu verdienen. Doch die Arbeit für Pharmagroßhändler verschaffte ihm eher Unbehagen. Nun versuchte er sich in San Francisco als Nachhaltigkeitsberater und hatte seine eigene Firma, Blu Skye, gegründet. Alles, was ihm noch fehlte, war ein Kunde.

Ellison wandte sich an Peter Seligmann, den Chef von Conservation International, den er über Tompkins kennengelernt hatte, und bat um ein Treffen mit einigen Vorstandsmitgliedern der Organisation. Seine Überlegung war simpel: Wer wohlhabend genug war, um im Vorstand einer großen gemeinnützigen Organisation zu sitzen, hatte vermutlich auch die Mittel, einen aufstrebenden Berater zu engagieren. Seligmann erfüllte Ellisons Wunsch, und so kam es 2003 zu einem Treffen mit Rob Walton, dem Vorsitzenden von Walmart. Rob Walton, der älteste Sohn des Firmengründers Sam Walton, war zu dieser Zeit der zehntreichste Mensch der Welt und zeigte ein wachsendes Interesse am Umweltschutz. Er hatte seine Söhne auf Reisen nach Madagaskar, zu den Galapagosinseln und nach Brasilien mitgenommen, um ihnen die Bedeutung der Natur näherzubringen. Zudem spendete er erhebliche Summen für Naturschutzprojekte, darunter 21 Millionen Dollar an Conservation International. Für Ellison stand fest: Wenn er Walmart als Kunden gewinnen könnte, wäre das sein Durchbruch.

Als die beiden Männer sich schließlich trafen, machte Ellison ein klar umrissenes Angebot: Er wolle einige Monate lang bei Walmart arbeiten und den Führungskräften des Unternehmens helfen, Möglichkeiten zu finden, um den ökologischen Fußabdruck des Unternehmens zu verringern und Kosten einzusparen. Walton war einverstanden und stellte Ellison dem CEO des Unternehmens, Lee Scott, vor.

Dass ausgerechnet Walmart sich in Sachen Nachhaltigkeit beraten ließ, entbehrte nicht einer gewissen Ironie: Mitte der 2000er-Jahre galt kein Konzern als größeres Feindbild – Walmart war der Inbegriff des Bösen in der Unternehmenswelt. In den Jahrzehnten zuvor hatte sich der Konzern landesweit ausgebreitet, tausende Filialen eröffnet, den lokalen Einzelhandel verdrängt und eine konsumistische Monokultur geschaffen. Gleichzeitig bestach das Unternehmen Behörden im Ausland, um Genehmigungen zu erhalten, unterdrückte Mitarbeitende, die ethische Bedenken äußerten, und führte einen offenen Kampf gegen Gewerkschaften.

Dennoch gab es Anzeichen dafür, dass Walmart offen für Veränderungen war. Neben Waltons persönlichem Interesse am Umweltschutz holte die anhaltend schlechte Presse das Unternehmen ein. Verbraucher wandten sich ab, Aufsichtsbehörden wurden aufmerksam, und die Führungskräfte suchten nach Wegen, das Image zu verbessern. »Wir hatten ernsthafte Reputationsprobleme und eine Reihe von Strategien, um die öffentliche Wahrnehmung von Walmart zu ändern«, sagte John Fleming, damals Chief Merchandising Officer bei Walmart. »Eine davon war die Initiative zum Thema Nachhaltigkeit.«[139]

Als Ellison schließlich Scott seinen Vorschlag unterbreitete, war klar, dass Umweltbelange bei Walmart nicht an erster Stelle standen. Bereits als Scott zum ersten Mal den Begriff »Nachhaltigkeit« zu erklären versuchte, fragte der CEO skeptisch: »Sprechen Sie von der Sicherung unserer Gewinne?«[140]

»Ja«, antwortete Ellison zögernd, bemühte sich jedoch, das Missverständnis zu klären. »Es geht um die Sicherung der Gewinne, aber auf eine ganz andere Art und Weise.«

Ellison erläuterte, dass Walmart mit seinem gewaltigen Einfluss tatsächlich etwas für die Umwelt tun könne – mit spürbaren Auswirkungen weltweit. »Was, wenn Größe gut sein könnte?«, sagte er. »Was, wenn ihr über eure gesamte Lieferkette hinweg wirklich etwas verbessern könntet? Ihr könntet einen riesigen Unterschied machen – und ihr seid die Einzigen, die das können.« Scott ließ sich überzeugen und Ellison durfte loslegen.

Zu Ellisons ersten Aufgaben gehörte es, die zahllosen Auswirkungen auf die Umwelt eines Unternehmens wie Walmart zu analysieren. Die Liste war schier endlos – von der Menge an Kraftstoff, den die Lieferwagen verbrauchten, über die Beleuchtung in den Filialen bis hin zur Verpackung der Waren und den Fabriken, in denen sie hergestellt wurden. Zunächst unterstützte Ellison das Unternehmen dabei, rasche Fortschritte zu erzielen, die Kosten reduzierten. Auch hier waren die Möglichkeiten nahezu unbegrenzt. Durch die Optimierung der Verpackung von Waschmittel konnte Walmart beispielsweise fast 60.000 Tonnen Karton beim Versand einsparen. Diese Volumenreduktion führte dazu, dass jährlich rund 2 Millionen Liter Diesel weniger gebraucht wurden, da die zusätzlichen Ladungen nicht mehr transportiert werden mussten. Walmart forderte zudem seine Lieferanten von Tiefkühlhähnchen auf, recycelbare Kartons ohne Wachsbeschichtung zu verwenden, wodurch die Zahl der Kartons, die jedes Jahr auf Deponien landeten, um 2,5 Millionen reduziert wurde. Mit der schrittweisen Erweiterung seiner Nachhaltigkeitsstrategie stellte Walmart fest, dass die potenziellen finanziellen Vorteile erheblich waren. Allein durch eine effizientere Nutzung der Kraftstoffe seiner riesigen Lkw-Flotte konnten jährliche Einsparungen von bis zu 300 Millionen Dollar erzielt werden. »Als wir uns intensiver damit beschäftigten, wurde deutlich, dass es zahlreiche einfache Ansatzpunkte gibt«, sagte Fleming. »Man kann erhebliche Kosten im Unternehmen senken, wenn man sich gezielt auf Effizienzsteigerungen und Abfallvermeidung konzentriert.«

Im August 2005, als Hurrikan Katrina New Orleans heimsuchte, machte Walmart gerade erste Fortschritte in seinen Bemühungen um mehr Nachhaltigkeit. Die Deiche hielten dem Sturm und den Wassermassen nicht stand, und die Stadt wurde überflutet – eine urbane Katastrophe bahnte sich an. Staatliche und lokale Behörden waren mit dem Ausmaß der Zerstörung völlig überfordert, und die US-Regierung reagierte nur zögerlich. Doch Walmart war vorbereitet. Lange bevor die Bundesbehörde für Katastrophenschutz (FEMA) einsatzbereit war, rollten Walmart-Lastwagen in die Stadt, beladen mit Lebensmitteln, Wasser, medizinischen Hilfsgütern und Notunterkünften. Dieser Moment markierte einen Wendepunkt: Er offenbarte sowohl die Unfähigkeit der Regierung als auch die unerwartete Handlungsfähigkeit eines gut organisierten Unternehmens.

Nach dem Hurrikan hielt CEO Lee Scott eine Rede mit dem Titel »Leadership im 21. Jahrhundert«, in der er über die Verantwortung eines Unternehmens wie Walmart reflektierte. »Ich habe gesehen, wie ein Unternehmen seine Ressourcen und seine Größe genutzt hat, um das Leben der Menschen maßgeblich und positiv zu beeinflussen«, sagte er. »Katrina hat entscheidende Fragen aufgeworfen, und ich möchte sie Ihnen stellen: Was müsste Walmart tun, um das Unternehmen zu sein, das immer sein volles Potenzial ausschöpft? Was wäre, wenn wir unsere Größe und unsere Ressourcen nutzen würden, um dieses Land und diesen Planeten zu einem besseren Ort für uns alle zu machen: für unsere Kunden, unsere Mitarbeiter, unsere Kinder und die Generationen, die noch kommen werden? Was würde das bedeuten? Könnten wir das schaffen? Und steht das im Einklang mit unserem Geschäftsmodell?«[141]

Nach dieser existenziellen Herausforderung widmete Scott den Großteil seiner Rede der Verantwortung von Walmart gegenüber der Umwelt. »Als eines der größten Unternehmen der Welt mit einer wachsenden globalen Präsenz sind Umweltprobleme auch *unsere* Probleme«, sagte er. »Die Verfügbarkeit natürlicher Ressourcen – Fische, Lebensmittel, Wasser – kann nur gewährleistet werden, wenn die Ökosysteme, die sie bereitstellen, erhalten und geschützt werden.« Scott skizzierte eine Reihe ehrgeiziger Ziele für das Unternehmen: zu 100 Prozent auf erneuerbare Energien setzen, keinerlei Abfall mehr produzieren und sämtliche Produkte nachhaltig gestalten. Für das Jahr 2005 war dies eine radikale Agenda, die den Veränderungswillen innerhalb des größten Einzelhändlers der Welt befeuerte.

Nach Hurrikan Katrina intensivierte sich Ellisons Zusammenarbeit mit Walmart. Er holte Rick Ridgeway ins Boot, Chouinards langjährigen Freund und Kletterpartner. Ridgeway arbeitete mittlerweile fest für Patagonia und war dafür zuständig, die Welt mit der einzigartigen Philosophie des Unternehmens vertraut zu machen. Schon bald kamen er und Ellison auf eine kühne Idee: Sie mussten Chouinard dazu bringen, am Hauptsitz von Walmart in Bentonville, Arkansas, einen Vortrag zu halten.

Es bedurfte einiger Überredungskunst, aber schließlich wurde der Plan in die Tat umgesetzt. Ein Walmart-Firmenjet landete auf dem Flughafen von Jackson Hole, Wyoming, südlich von Moose, und brachte Chouinard und Malinda für einen Tagesausflug nach Arkansas. Malinda wurde versichert, dass sie rechtzeitig zum Abendessen wieder zu Hause sein würde. Auch Ridgeway schloss sich an, musste jedoch aus der Wildnis geholt werden, da er gerade für das Magazin *National Geographic* die kilometerlange Wanderung einer Gabelbockherde dokumentierte. Zusammen mit Ellison und einigen Walmart-Angestellten flog das Patagonia-Team nach Bentonville und landete pünktlich für eine Besichtigung der Firmenzentrale. Was sie dort sahen, erschütterte sie. Die Architektur war trist, die Wände in freudlosen Farben gestrichen, und die meisten Büros hatten keine Fenster. »Es war so klaustrophobisch und trostlos, dass wir nur ungläubig den Kopf schütteln konnten«, sagte Ridgeway.

Als Chouinard an der Reihe war, seinen Vortrag zu halten, begab sich das Team in einen großen Hörsaal. Dort hatten sich etwa 1200 Walmart-Manager versammelt, um von dem über 70-jährigen Naturburschen ein paar Weisheiten aus den Bergen zu hören. Zur Begrüßung erschien Rob Walton auf einem großen Bildschirm über der Bühne, live zugeschaltet aus seinem Strandhaus in Costa Rica. Im Hintergrund konnte man einen makellosen Strand und brechende Wellen sehen.

»Yvon, willkommen bei Walmart«, sagte Walton und winkte durch den Video-Feed – ein fast dystopischer Moment, in dem der Milliardär von oben auf seine Angestellten hinabblickte wie eine Art Gottheit.

Chouinard ließ sich nicht beirren. »Rob, das ist ein ziemlich schickes Büro, das du da hast«, sagte er trocken.

Aus dem Publikum war nervöses Gelächter zu vernehmen – an so viel Unverblümtheit war man hier nicht gewöhnt.

Dann begann Chouinard, gekleidet in das einzige Wolljackett, das er besaß – eine abgewetzte Jacke mit Lederflicken auf den Schultern – mit seinem Standardvortrag:

dass er aufgewachsen war in dem Glauben, Geschäftsleute seien schleimige Typen; dass er selbst kaum glauben könne, inzwischen auch einer zu sein.

Er erzählte, wie er einst Felshaken im Sinne der Funktionalität neu entworfen hatte – und dabei erkannte, dass Qualität über allem steht.

Und er erklärte Patagonias Kampf um das Wohl des Planeten Erde – einen Kampf der bestmöglichen Schadensbegrenzung: Schritt für Schritt, durch die stete Optimierung von Produkten, Lieferketten und Herstellungsprozessen.

Chouinard machte den Managern unmissverständlich klar, dass Unternehmen, die Güter produzieren, unvermeidlich Schaden anrichten – daran führte kein Weg vorbei. Das galt für Patagonia, und es galt umso mehr für einen Giganten wie Walmart. Die entscheidende Frage war nicht, ob dieser Schaden existierte, sondern wie man damit umging. Man konnte die Augen verschließen, die Konsequenzen des eigenen Handelns ignorieren und sich einreden, dass billige Produkte keinen hohen Preis für die Umwelt forderten. Oder man konnte sich der Realität stellen, die zerstörerischen Auswirkungen anerkennen und daran arbeiten, die Dinge Schritt für Schritt zu verbessern.

Nachdem Chouinard kurz die Geschichte seines Unternehmens skizziert hatte, ging er in die Offensive. Er warf Walmart vor, amoralisch zu handeln und den zahlreichen Problemen gegenüber, die es verursachte, gleichgültig zu sein.

»Ihr seid das größte Unternehmen der Welt«, sagte er. »Und ihr nutzt euren Einfluss nicht.« Dann kam er auf den größten Limonadenhersteller des Landes zu sprechen und kritisierte scharf Walmarts Beitrag zur schleichenden Vergiftung der amerikanischen Bevölkerung. »Schaut euch Coca-Cola an«, forderte er. »Das ist einer der Hauptgründe für die Diabetes-Epidemie in den USA. Jeder trinkt diese zuckerhaltigen Softdrinks.« Chouinard wandte sich direkt an Scott, den CEO von Walmart, und stellte eine klare Forderung: »Sagen Sie Coke, dass damit Schluss ist. Erklären Sie, dass Sie diesen Mist nicht länger verkaufen werden.« Scott und seine Kollegen wanden sich unbehaglich, wohl wissend, dass eine solche Entscheidung nicht so bald zu erwarten war.

Zum Abschluss zog Chouinard eine riesige Jeans hervor, die er bei Walmart gekauft hatte. Die Denim, gedacht für stark übergewichtige Personen, hatte weite Beine, die breit genug waren, um den Oberkörper eines erwachsenen Mannes zu umschließen. Während er die Jeans hochhielt, sagte er: »Ich muss euch lassen, das ist beeindruckend. Wie verkauft ihr so etwas für 8,99 Dollar? Der Stoff allein muss doch schon so viel kosten!« Die Buchhalter im Publikum brachen in schallendes Gelächter aus.

Für Walmart-Verhältnisse war es eine unkonventionelle Rede, doch sie durchbrach die sonst oft starre Geschäftsatmosphäre in Bentonville. »Die Leute konnten plötzlich die Zusammenhänge erkennen«, sagte Fleming. »Sie fragten sich: ›Was bedeutet das für mich und meine Rolle bei Walmart, und wie kann ich etwas bewirken?‹ Es schien, als wäre das ein Wendepunkt. Danach ergriffen deutlich mehr Menschen in operativen Führungspositionen Initiative und übernahmen Verantwortung.«

Während Chouinard seinen Vortrag hielt, sah sich Malinda die Firmenzentrale von Walmart etwas genauer an. Sie besuchte das Notfallzentrum, einen Komplex, in dem das Unternehmen Katastrophenhilfe koordinierte und Krisen managte. Sie war beeindruckt, wie das Unternehmen Wasser, Lebensmittel und Vorräte bereitstellte, um bei Katastrophen wie Hurrikan Katrina schnell reagieren zu können; wie es beschädigte Filialen nach extremen Wetterereignissen wieder instand setzte; wie es auf gewalttätige Auseinandersetzungen oder Schießereien auf seinen Grundstücken reagierte; oder wie es Mitarbeitern (»denjenigen, die ohnehin unterbezahlt waren«, wie sie anmerkte) in anderen Filialen Arbeitsstunden verschaffte, falls der eigene Standort vorübergehend geschlossen war. »Es gab keine Notfallsituation, auf die sie nicht vorbereitet waren«, sagte sie. »Im Vergleich dazu wirkte FEMA unglaublich schwach.«[142]

Als das Patagonia-Team Bentonville verließ, fing Mary Fox, Walmarts Senior Vice President für die Textilbeschaffung, Ridgeway ab. »Wir wollen nachhaltiger werden, aber wir wissen wirklich nicht wie«, sagte sie zu ihm. »Bitte bringt uns alles bei, was ihr wisst.«[143] Ridgeway versprach, es zu versuchen, und bald waren Manager von Walmart regelmäßig in Ventura anzutreffen. Delegationen flogen ein, verbrachten ein paar Tage auf dem Campus, aßen Tacos und beobachteten die Angestellten, die mit ihren Surfbrettern kamen und ging, während sie selbst versuchten, das Konzept von Patagonia zu begreifen. Diejenigen, die zum ersten Mal dort waren, trugen oft Anzüge, was Ridgeway zu der Bemerkung veranlasste: »Hey Leute, ihr braucht hier keine Jacketts tragen.«[144]

Einige Patagonia-Mitarbeiter stellten die Vorteile der Zusammenarbeit infrage. Genau wie viele zuvor die Ethik des Unternehmens belächelt hatten, als es Ausrüstung für das Militär herstellte, glaubte auch eine ähnliche Gruppe – darunter Malinda –, dass es eine Zusammenarbeit mit Walmart angesichts dessen miserabler Bilanz bei Umweltschutz und Menschenrechten kaum vorteilhaft sei. »Malinda fühlte sich zunehmend unwohl damit, sich mit einem riesigen multinationalen Konzern wie diesem ins Bett zu legen«, sagte Ridgeway. »Sie richteten immer noch mehr Schaden an, als dass sie Gutes taten.« Doch Ridgeway – und vor allem Chouinard – waren überzeugt, dass die potenziellen Vorteile überwögen. Wenn Patagonia dazu beitragen konnte, Walmart ein bisschen umweltfreundlicher zu machen, dann hätte sich die Sache doch letztendlich gelohnt, oder etwa nicht? »Wenn du die Richtung eines riesigen Schiffs auch nur um 1 Grad änderst, erzeugt das eine große Welle«, sagte Ridgeway.

Die Gelegenheit, dieses Versprechen einzulösen, ließ nicht lange auf sich warten. Schon bevor die Verbindung zu Patagonia entstanden war, hatte Walmart mit biologischer Baumwolle experimentiert. Die Ergebnisse waren mäßig, und der Versuch wurde nicht weiter verfolgt. Doch jetzt wollte Ellison, dass sie es erneut probierten. Nach dem Vorbild von Patagonia nahm er den Executive Vice President für den Bekleidungseinkauf von Walmart mit auf eine Reise zu Baumwollfarmen in der Türkei. Zuerst besuchten sie eine konventionelle Baumwollfarm. Dort gab es kein Insektenleben, es roch übel, alles war durch Herbizide und Pestizide verseucht und über den Feldern kreisten Sprühflugzeuge. Danach führte Ellison sie zu einer biologischen Baumwollfarm, die voller Leben war und nach Erde roch. Genau wie damals bei den Patagonia-Führungskräften hatte der direkte Vergleich eine tiefgreifende Wirkung auf das Walmart-Team. Das Unternehmen beschloss, den Einsatz von biologischer Baumwolle zu erhöhen, und ging eine große gemeinsame Einkaufsvereinbarung mit Patagonia ein. Und hier waren sie nun: der größte Einzelhändler der Welt und die kleine Outdoor-Marke aus Kalifornien, die gemeinsam die Lieferkette für eine der problematischsten Nutzpflanzen der Welt umgestalteten.

Innerhalb von Patagonia äußerten einige Mitarbeiter weiterhin Bedenken gegen die Partnerschaft. Biologische Baumwolle war eines der Alleinstellungsmerkmale, das Patagonia von der Konkurrenz abhob. Aber wenn bald Walmart T-Shirts aus Bio-Baumwolle zum Ramschpreis verkaufte, wer würde dann noch Produkte von Patagonia kaufen? Trotzdem bewerteten Ellison und Ridgeway die Zusammenarbeit als Erfolg, und der Dialog zwischen den beiden Unternehmen ging weiter. Walmart begann, eigenständig Bio-Baumwolle zu beziehen, und wurde innerhalb eines Jahres der weltweit größte Abnehmer, der die Nachfrage von Patagonia natürlich in den Schatten stellte.

Der nächste Schritt der Kooperation bestand darin, dass Patagonia Walmart dabei half, ein Bewertungssystem zu entwickeln, mit dem es seine Auswirkungen auf die Umwelt messen konnte. Walmart hatte bereits versucht, ein solches System zu schaffen, doch die frühen Ansätze waren unbefriedigend und gingen nicht auf die Details der Lieferkette ein. Gleichzeitig arbeitete Patagonia mit der Outdoor Industry Association an der Entwicklung eines Bewertungssystems mit deutlich strengeren Standards, das schließlich als Eco-Index bekannt wurde. Ridgeway drängte Walmart, seine Selbstbewertung zu verschärfen, erkannte jedoch bald, dass es wenig sinnvoll war, wenn jedes Unternehmen sein eigenes System verwendete. Stattdessen sollte die Bekleidungsindustrie ein gemeinsames Set an Standards haben, das von allen Unternehmen genutzt wird.

Ridgeway schlug vor, eine gemeinsame Bewertungsliste zu entwickeln, die die gesamte Branche in eine nachhaltigere Richtung lenken könnte. Der Codename für das Projekt: David und Goliath. Walmart erklärte sich bereit, die Initiative zu finanzieren, und 2009 wurde eine Einladung an 16 weitere CEOs von Bekleidungsunternehmen verschickt. Auf dem Briefkopf prangten sowohl das Logo von Walmart als auch das von Patagonia. Der von Chouinard und Fleming unterzeichnete Brief lud dazu ein, sich in den kommenden Monaten zu treffen, um eine neue Koalition zur Förderung der Nachhaltigkeit zu gründen. Es war eine ungewöhnliche und zugleich überzeugende Allianz: der größte Einzelhändler der Welt mit seiner enormen Marktmacht, vereint mit Patagonia, einem Unternehmen, dessen Umweltengagement über jeden Zweifel erhaben war. Für die anderen Führungskräfte war es kaum möglich, abzulehnen.

Im folgenden Jahr trafen sich Vertreter von 15 der 16 eingeladenen Unternehmen. Neben Patagonia und Walmart waren unter anderem Target, Gap, Kohl's, Levi's, Nike, JCPenney, H&M, Hanes und Marks & Spencer vertreten. Schnell herrschte Einigkeit darüber, dass gemeinsame Standards dringend notwendig waren – schon allein, um den Lieferanten das Leben zu erleichtern. Bislang hatte jedes Bekleidungsunternehmen eigene Verhaltensregeln, Berichtssysteme und Prüfer. Das führte dazu, dass Lieferanten innerhalb eines Monats mehrfach inspiziert wurden. Für die Lieferanten war das eine enorme Belastung, für die Unternehmen bedeutete es einen ineffizienten Mehraufwand. Schließlich einigten sich die Unternehmen darauf, eine neue Organisation namens Sustainable Apparel Coalition zu gründen, die gemeinsame Standards entwickeln sollte. Es bedurfte zwei Jahre intensiver Arbeit, in denen unzählige Aspekte analysiert und zahlreiche Diskussionen geführt wurden, um die wirklich relevanten Kriterien zu bestimmen. Am Ende hatte die Koalition ein System geschaffen, auf das sich alle Mitglieder einigen konnten. Bei der Namensfindung des Systems ließ man sich von der Popularität des Higgs-Bosons inspirieren, des »Gottesteilchens«, das Wissenschaftler am CERN kürzlich nachgewiesen hatten. 2012 wurde der Higg Index eingeführt, der laut einem Teilnehmer die »Suche nach den Bausteinen der Nachhaltigkeit« symbolisieren sollte. Heute zählt die Gruppe, die einst als Sustainable Apparel Coalition begann und mittlerweile unter dem Namen Cascale firmiert, mehr als 300 Konsumgüterunternehmen zu ihren Mitgliedern.

Die Zusammenarbeit zwischen Walmart und Patagonia ging jedoch nicht über diesen Punkt hinaus. Nach der Einführung des Higg-Index zog sich Walmart aus der Kooperation mit anderen Bekleidungsherstellern zurück und konzentrierte sich stattdessen auf seine direkten Beziehungen zu Lieferanten. Mike Duke, der Scott als CEO von Walmart abgelöst hatte, rückte von den Nachhaltigkeitsbemühungen ab, und das Unternehmen blieb weit hinter der ehrgeizigen Vision von Unternehmensverantwortung zurück, die Scott in seiner

Rede skizziert hatte. Chouinard zeigte sich von dieser Entwicklung enttäuscht, wenn auch nicht überrascht. »Walmart hat ein bisschen was getan, die niedrig hängenden Früchte gepflückt und dann festgestellt, dass es zu viel Aufwand bedeutet, auch nur einen Schritt weiterzugehen«, sagte er. »Um wirklich voranzukommen, muss man alle Lieferanten mit ins Boot holen und die gesamte Lieferkette umkrempeln. Viel Glück dabei.«[145]

Keinen Stein auf dem anderen lassen

Als Patagonia sich verpflichtete, die negativen Auswirkungen seiner Arbeit genau zu überwachen, wurde jedes Wachstum zu einem zweischneidigen Schwert. Einerseits führten steigende Verkaufszahlen zu größerem Erfolg, zu besseren Arbeitsplätzen bei den Zulieferern und letztlich zu mehr finanziellen Mitteln, die die Chouinards für ihre wachsenden wohltätigen Projekte einsetzen konnten. Andererseits gingen sie auch mit einer stärkeren Belastung der Ressourcen des Planeten einher. Patagonia operierte zunehmend in Entwicklungsländern mit schwer kontrollierbaren Arbeitsbedingungen und ließ in immer mehr Fabriken produzieren, deren Qualität nur schwer überprüfbar war. »Schnelles Wachstum birgt enorme Risiken«, sagte Casey Sheahan, der im Jahr 2005 Crooke als CEO ablöste. »Man kann die Kontrolle über soziale und ökologische Standards verlieren. Das hat mir große Sorgen bereitet.«[146]

In den wenigen Jahren, bevor Sheahan das Ruder übernahm, hatte Patagonia die Zahl seiner Zulieferbetriebe in Südostasien ausgeweitet. Stets um Effizienz bemüht, begann das Unternehmen, die Hersteller gegeneinander auszuspielen, um die Kosten zu drücken. Der gewünschte Spareffekt stellte sich zwar ein – doch bald zeigte sich, dass die Qualität darunter litt. Die neuen Produzenten hatten keine gemeinsame Geschichte mit Patagonia und teilten nicht den hohen Anspruch an Verarbeitung und Standards. Es kam zu Größenabweichungen, lockeren Knöpfen, defekten Reißverschlüssen und anderen Mängeln. Ein schlechtes Omen: Die Rücklaufquoten stiegen wieder.

Noch gravierender war, dass bei Fabrikinspektionen deutlich wurde: Einige dieser Betriebe arbeiteten unter fragwürdigen Arbeits- und Menschenrechtsbedingungen.

Als Reaktion auf die schleichende Erkenntnis, dass die Standards erodierten, reduzierte Patagonia drastisch die Zahl seiner Fertigungspartner. Um solche Probleme künftig zu vermeiden, führte das Unternehmen eine neue Regel ein: Bevor ein neuer Zulieferer beauftragt wurde, schickte Patagonia ein Team aus Führungskräften vor Ort – zur Prüfung der Produktqualität ebenso wie der sozialen und ökologischen Bedingungen in der Fabrik. Diese Prüfer hatten ein Vetorecht. Wenn sie Mängel feststellten, kam kein Vertrag zustande.

Ein entscheidender Punkt: Die Prüfer hatten keinerlei Anreiz, grünes Licht zu geben. Sie konnten einen Anbieter auch dann ausschließen, wenn das zu kostspieligen Verzögerungen führte.

»Niemand wurde je dafür entlassen«, sagte Vincent Stanley. »Im Gegenteil – wer das Richtige tat, wurde gelobt.«[147]

Der nächste Schritt auf Patagonias Weg zu mehr Transparenz war die Einführung der Website »Footprint Chronicles«, die 2007 online ging. Diese Seite war ein ungewöhnliches Beispiel für Unternehmenskommunikation und stellte Patagonias ersten Versuch dar, einige der Probleme in seinem weit verzweigten Lieferantennetzwerk offen anzusprechen. »Unser Ziel ist es, durch Transparenz in der Lieferkette unsere negativen sozialen und ökologischen Auswirkungen zu reduzieren – und zwar in industriellem Maßstab«, hieß es auf der Website. »Wir sind schon lange genug im Geschäft, um zu wissen, dass andere Unternehmen unserem Beispiel folgen werden, wenn wir Schäden reduzieren oder beseitigen können.«

In einer Reihe von Geschichten schilderte »Footprint Chronicles« detailliert Patagonias Bemühungen, schädliche Materialien und schlechte Arbeitsbedingungen auszumerzen. Die Website berichtete, wie Patagonia lernte, chlorfreie Wolle zu beziehen, wie das Unternehmen begann, Tencel zu verwenden – einen rayonähnlichen Stoff, der aus Zellstoff von schnell wachsenden Eukalyptusbäumen hergestellt wird, die auf nachhaltig bewirtschafteten Farmen wachsen und vom Forest Stewardship Council (FSC), einer internationalen Organisation für verantwortungsvolle Waldwirtschaft, zertifiziert sind – und wie es den Einsatz von recyceltem Nylon anstelle von neuem Nylon aus Erdöl deutlich ausweitete.

Doch je genauer Patagonia hinschaute, desto mehr Probleme tauchten auf. Bei der Überprüfung der Arbeitsbedingungen in einer Fabrik stellte das Unternehmen fest, dass beim Färbeprozess Abwässer direkt in einen Fluss eingeleitet wurden. Einige natürliche Materialien schienen zunächst vielversprechend, bis Patagonia entdeckte, dass für ihre Behandlung giftige Weichmacher verwendet wurden. Mit zunehmendem Wissen über seine Lieferkette reduzierte Patagonia die Zahl seiner Hauptlieferanten – also derjenigen, die tatsächlich die fertigen Produkte herstellen – von 109 auf etwa 75. Das erleichterte die Kontrolle der wichtigsten Fabriken, warf aber auch neue Fragen darüber auf, was bei diesen Zulieferern in den vorgelagerten Produktionsschritten passierte.

Die Förderung unternehmerischer Selbstverantwortung war eine der zentralen Intentionen hinter den Footprint Chronicles. Indem Patagonia seine Versuche und Fehler öffentlich im Internet dokumentierte, zwang sich das Unternehmen zu mehr Transparenz und damit zu größerer Verantwortung. Gleichzeitig hatte die Website auch eine pädagogische Funktion: Die meisten Menschen machen sich keine Gedanken darüber, woher ihre Kleidung eigentlich stammt. Patagonia wollte seinen Kunden zeigen, was alles nötig ist, um Baggies, Fleecejacken und lange Unterwäsche herzustellen. »Der Kunde hat das Recht, zu erfahren, was in einem Unternehmen auf allen Ebenen der Produktentwicklung passiert«, erklärte Sheahan. »Wir haben unsere Lieferkette komplett offengelegt: Wir haben Videokameras und Tonbandgeräte in unsere Fabriken gebracht, Fotos veröffentlicht und die Arbeiter an den Fließbändern, in ihren Unterkünften und in den Kantinen gezeigt. Wir wollten der Welt einfach verdeutlichen: ›Hey, wir stellen unsere Kleidung nicht im Keller in Ventura her. Wir fertigen sie in China, in Thailand, in Vietnam. Und dahinter steht eine komplexe, vielschichtige, global vernetzte Gemeinschaft von Menschen, die für uns arbeitet. Und wir bemühen uns, überall hohe Standards einzuhalten.‹«[148]

Patagonia hatte nicht immer Erfolg. Wenige Jahre nach dem Start der »Footprint Chronicles« entdeckten Prüfer bei einer Kontrolle eines nachgelagerten Zulieferbetriebs in Taiwan Hinweise auf Menschenhandel und Schuldknechtschaft. Es handelte sich nicht um eine Fabrik, die Patagonia-Kleidung herstellte, sondern um eine Spinnerei, die die Stoffe produzierte, aus denen Patagonias Jacken, Hosen und andere Artikel gefertigt wurden. Es stellte sich heraus, dass dieser Zulieferer in Taipeh Arbeitsvermittler einsetzte, um Arbeitskräfte aus ärmeren südostasiatischen Ländern anzuwerben. Diese Vermittler verlangten von den Migranten bis zu 7000 Dollar für die Beschaffung eines Arbeitsplatzes. Als die Arbeiter schließlich in der Fabrik ankamen, wurden ihre Gehaltszahlungen auf firmeneigene Bankkonten überwiesen, von denen automatisch Gebühren für Lebenshaltungskosten abgezogen wurden. Den Arbeitern wurden ihre Pässe abgenommen, sie mussten enorme Schulden bei ihren Arbeitgebern abzahlen, bevor sie gehen durften, und sie wurden sogar dazu gezwungen, für das Privileg, ihre Arbeitsplätze zu behalten, zu zahlen. »Das hat mit Freiheit nichts zu tun«, sagte Sheahan. »Und die Beweise dafür fielen uns in die Hände, als wir den Laden auf den Kopf stellten.«

Patagonia lagerte die Produktion aus der beanstandeten Fabrik aus. Bei weiteren Nachforschungen wurde allerdings deutlich, dass diese Praxis der Schuldknechtschaft bei den Zulieferern aus Taiwan weit verbreitet war. Patagonia machte diese Enthüllungen auf seinem Blog öffentlich und beschrieb sie als »eine Form von Knebelverträgen, die man weniger höflich auch als moderne Sklaverei bezeichnen könnte«.[149] Als Reaktion auf diese Erkenntnisse startete Patagonia eine Initiative zur Verbesserung der Arbeitsbedingungen bei seinen Zulieferern der zweiten Ebene. Das Unternehmen beauftragte Verité, eine Organisation zur Überwachung von Arbeitsbedingungen, mit zusätzlichen Kontrollen. Eine Reihe neuer Beschäftigungsstandards für Arbeitnehmer in der Lieferkette wurde entwickelt, um den Menschenhandel zu bekämpfen. Außerdem verpflichtete Patagonia seine Zulieferer, den Arbeitern alle Gebühren zu erstatten, die sie gezahlt hatten, um ihre Jobs zu sichern.

Die schockierenden Enthüllungen in Taiwan blieben indes kein Einzelfall. Einige Jahre später veröffentlichte die Tierschutzorganisation PETA ein Video, das die grausame Behandlung von Schafen auf einer Farm in Argentinien zeigte, die Patagonia mit Wolle belieferte. Die verstörenden Aufnahmen zeigten, wie Widder auf Farmen von Ovis 21 – einem Lieferanten, der als ethisch einwandfrei galt und seit Jahren Wolle an Patagonia verkaufte – kastriert, gefesselt, geschnitten, getreten und sogar getötet wurden. Dies stellte einen eklatanten Verstoß gegen die von Patagonia proklamierten Tierschutzstandards dar und löste eine Welle negativer Publicity aus. »Es war ein sehr bedrückender Moment«, sagte Matt Dwyer, Patagonias Vizepräsident für Produktverantwortung und Innovation. »Wir waren wirklich davon überzeugt, dass wir etwas sehr, sehr Gutes geschaffen hatten. Und dann kam das.«[150]

Patagonia zögerte nicht, die volle Wahrheit offenzulegen, als es von dem Video erfuhr. »Es ist verstörend – wie alles, was PETA veröffentlicht«, erklärte das Unternehmen in einem Blogbeitrag. Innerhalb weniger Tage kündigte Patagonia an, die Zusammenarbeit mit Ovis 21 zu beenden. Anschließend arbeitete Patagonia mit der Branchenorganisation Textile Exchange zusammen und unterstützte diese dabei, eine Reihe neuer branchenspezifischer Regelungen zu entwickeln. Daraus entstand der Responsible Wool Standard, ein Zertifikat für tiergerecht gewonnene Schafswolle. Es war ein weiteres Problem in der Lieferkette, ein weiterer komplizierter Fall, den Patagonia bereinigen musste. Doch diesmal haftete den Enthüllungen eine gewisse Ironie an, die selbst Chouinard nicht entgangen sein dürfte.

Patagonia hatte jahrelang Umweltaktivist:innen unterstützt – darunter auch solche, die mit direkten Aktionen und Schocktaktiken gegen Missstände vorgingen, um Aufmerksamkeit zu erregen und ein Zeichen zu setzen. Nun war Patagonia selbst Ziel solcher Methoden geworden. Das Management reagierte gereizt auf die öffentliche Breitseite – man war es schlicht nicht gewohnt, in derart negativem Licht dazustehen.

»Mit so einem Angriff konnten wir nicht umgehen«, sagte Dwyer. »Wir teilen nicht alle Mittel, die da angewendet wurden. Sie hätten einfach das Gespräch mit uns suchen können – das hätte wahrscheinlich viel besser funktioniert.«

Natürlich war das nicht die Art, wie Patagonia selbst versuchte, die Welt zu verändern – und auch nicht die Art, wie man sich das Handeln der Aktivisten vorstellte, die man finanziell unterstützte. Doch Chouinard war überzeugt: Wer etwas bewegen will, muss auch anecken. Er hatte Verständnis für Unruhestifter, die bereit waren, Staub aufzuwirbeln, um auf Missstände hinzuweisen. Das galt für die Aktivisten, die beim Protest gegen die Kahlschlagaktionen von Maxxam verhaftet wurden – und letztlich auch für die Tierschützer, die sich nun gegen Patagonia richteten.

Kaufen Sie diese Jacke nicht

Die Finanzkrise im Jahr 2008 erschütterte die globale Wirtschaft nachhaltig. Unseriöse Kreditgeber hatten leichtgläubigen amerikanischen Verbrauchern riskante Subprime-Hypotheken aufgebürdet, die sie sich nicht leisten konnten.

Diese wurden von der Wall Street in komplexe Finanzinstrumente umgewandelt, die selbst stabile Finanzinstitute ins Straucheln brachten. Als Banken insolvent gingen und die Börsen einbrachen, bekam jedes Unternehmen auf der Welt die Folgen des Abschwungs zu spüren. Verbraucher weltweit verloren ihre Kaufkraft, große Marken wankten, und niemand blieb von dem Gemetzel verschont.

In den ersten chaotischen Tagen der Krise spielte Sheahan mit dem Gedanken, bei Patagonia eine Kürzung des Personalbestands vorzunehmen. Vorsorglich die Kosten zu senken und die Liquiditätsreserven des Unternehmens zu stärken, schien eine vernünftige Maßnahme zu sein. Besonders ein Unternehmen wie Patagonia, dessen Produkte im hochpreisigen Segment angesiedelt sind, schien ihm in der Krise besonders gefährdet. Doch der Gedanke, Mitarbeiter entlassen zu müssen, bereitete ihm großes Unbehagen. Das Gespenst der »Black Wednesday«-Entlassungen von 1991 lastete noch immer auf dem Unternehmen, und Sheahan wollte nur dann Personal abbauen, wenn es absolut unvermeidlich war. In Gesprächen mit seiner Frau Tara sprach er offen über seine Sorgen und bat sie um Rat.

»Was würdest du anders machen, wenn du das Unternehmen aus Liebe statt aus Angst führen würdest?«, fragte sie. »Denn Angst ist das Gegenteil von Kreativität.«[151]

»Ich würde niemanden entlassen«, antwortete Sheahan. »Unsere Angestellten haben Hypotheken, sie haben Kinder, die zur Schule gehen, und wir müssen sie unterstützen. Wir müssen alternative Wege finden, um diese Krise zu überwinden, ohne das Unternehmen zu ruinieren.«

Und genau das tat er. Patagonia würde zumindest vorerst keine Entlassungen vornehmen. Stattdessen würde das Unternehmen überall dort Kosten einsparen, wo das möglich war, ohne die Qualität der Produkte zu beeinträchtigen. Langstreckenflüge, einschließlich der bezahlten Freiwilligeneinsätze bei Tompkins, wurden stark eingeschränkt. Finanzierungszuschüsse in Höhe von 5000 Dollar, die Mitarbeitern angeboten wurden, die ein Hybridauto kaufen wollten, wurden gestrichen. Ein Programm zum Kauf von CO_2-Kompensationen wurde auf Eis gelegt. Boni und Gehaltserhöhungen gab es in diesem Jahr ebenfalls nicht. Durch die Einsparungsmaßnahmen gelang es Patagonia, die Krise zu überstehen. Die Umsätze gingen zwar zurück, aber nicht so stark, dass das

Unternehmen in Gefahr geriet, und nicht einmal so stark, dass Personalabbau ernsthaft in Betracht gezogen werden musste.

Dann geschah etwas Bemerkenswertes: Einige Monate nach Beginn der Krise begannen die Umsätze plötzlich zu steigen. Sicher, die Verbraucher kauften insgesamt weniger. Aber wenn sie etwas kauften, dann waren es hochwertige Produkte, von denen sie sich eine lange Lebensdauer versprachen – und dafür waren sie bereit, mehr zu zahlen. Es war einmal mehr eine Bestätigung eines von Chouinards frühesten Grundsätzen: Die besten Produkte herzustellen, zahlte sich immer aus. Auch wenn sie teurer waren – Kunden zahlten den Aufpreis, wenn sie glaubten, das Beste zu bekommen.

Als Rick Ridgeway und Vincent Stanley darüber nachdachten, wurde ihnen jedoch klar, dass es nicht ausreicht, einfach nur großartige Produkte zu machen. Ein Unternehmen musste seine Kunden auch davon überzeugen, dass es ihnen zur Seite steht, wenn etwas schiefläuft. Patagonia musste seiner Community die Sicherheit bieten, beschädigte Artikel zu reparieren, sie bei Bedarf zu ersetzen und ein System zu schaffen, um abgenutzte Kleidung zu recyceln.

Einige dieser Ideen waren bereits umgesetzt worden. Nachdem Walmart begonnen hatte, Bio-Baumwolle zu verwenden, forderte Chouinard sein Team auf, noch ambitionierter zu werden und neue Wege zu finden, um Patagonia aus der Masse hervorzuheben. Daraus entstand ein Programm namens Common Threads, später umbenannt in Worn Wear, bei dem das Unternehmen gebrauchte, aber noch gut erhaltene Artikel aufkaufte, um sie dann weiterzuverkaufen. Zudem kündigte Patagonia an, alle abgetragenen Kleidungsstücke zurückzunehmen – auch solche, die nicht weiterverkauft werden konnten. Das Unternehmen versprach, dass die Spenden nicht auf einer Mülldeponie landen würden – die Waren würden entweder recycelt oder wiederverwendet werden.

Von dort aus entwickelte sich in Gesprächen eine noch extremere Idee: Was, wenn Patagonia seine Kunden dazu ermutigen könnte, generell weniger zu kaufen? Es war eine Sache, Reparaturen und Recycling zu versprechen, aber es war viel radikaler, die Käufer dazu aufzufordern, sich zu überlegen, ob sie überhaupt eine neue Jacke brauchten. Chouinard gefiel die Idee grundsätzlich, aber es war nicht klar, wie man diese Botschaft vermitteln sollte. Ridgeway schlug vor, alle Geschäfte am Black Friday, dem größten Einkaufstag des Jahres, zu schließen und mit Absperrband zu versehen. Doch dieser Vorschlag fand keine Zustimmung. Schließlich kam Ridgeway auf »A Plea for Responsible Consumption« zurück, die Anzeige, die Doug Tompkins 1990 in der Zeitschrift *Utne Reader* geschaltet hatte. Tompkins war seiner Zeit weit voraus gewesen, als er die Verbraucher dazu angeregt hatte, zu hinterfragen, ob sie wirklich mehr Kleidung kaufen mussten. Was wäre, wenn Patagonia jetzt, mehr als zwei Jahrzehnte später und inmitten einer weltweiten Finanzkrise, etwas Ähnliches tun würde?

Ridgeway schlug den Slogan »Kaufen Sie diese Jacke nicht« vor, den er sich über der Abbidung einer neuen Patagonia-Fleecejacke vorstellte. Er entwarf eine ganzseitige Zeitungsanzeige und präsentierte sie dem Vorstand von Patagonia. Chouinard war offen dafür, aber McDivitt Tompkins war skeptisch. Sie befürchtete, dass die Botschaft scheinheilig sei und nach unechter Marketingmasche rieche. Bei Patagonia ging es doch darum, Produkte zu verkaufen. Wie konnte man den Verbrauchern allen Ernstes sagen, sie sollten weniger kaufen? Außerdem bestand die Gefahr, dass in der wichtigsten Zeit des Jahres Umsätze verloren gingen. Wollten sie das wirklich riskieren?

Ihr Einwand war berechtigt. McDivitt Tompkins sprach damit das Paradoxon an, das Patagonia schon lange prägte: jene kreative Spannung, die sie bereits in ihrer Zeit als Geschäftsführerin erkannt hatte. Ridgeway zog sich zurück, um die Botschaft zu überarbeiten. Er integrierte das Common-Threads-Programm, das die Bemühungen von Patagonia zur Abfallreduzierung und Wiederverwertung in den Fokus rückte, und ließ sich von *Die Grenzen des Wachstums* inspirieren. Dieses 1972 vom Club of Rome veröffentlichte Buch hatte davor gewarnt, dass das Streben nach unendlichem Wirtschaftswachstum der sprichwörtliche Elefant im Raum sei und zwangsläufig zum Kollaps der natürlichen Ökosysteme führen würde. Als Ridgeway sein überarbeitetes Konzept erneut vorstellte, erhielt er grünes Licht.

Am 25. November 2011, pünktlich zum Black Friday, schaltete Patagonia eine ganzseitige Anzeige in der *New York Times*. Der Zeitpunkt war bewusst gewählt: Black Friday, der Tag nach Thanksgiving, markiert den Beginn der Weihnachtseinkaufszeit und steht sinnbildlich für hemmungslosen Konsum. Die Anzeige war schlicht, genau wie Ridgeway sie sich vorgestellt hatte: Über einem Bild einer grauen R2-Fleecejacke stand in großen Lettern: »Kaufen Sie diese Jacke nicht.« Darunter erklärte das Unternehmen seine Beweggründe. »Es ist Black Friday, der Tag im Jahr, an dem der Einzelhandel aus den roten Zahlen kommt und richtig Geld verdient«, hieß es in dem Text. »Aber der Black Friday und die Konsumkultur, die er widerspiegelt, bringen die Ökosysteme, die alles Leben auf der Erde erhalten, in eine prekäre Lage. Wir verbrauchen derzeit die Ressourcen von eineinhalb Planeten auf unserem einzigen Planeten. Da Patagonia noch lange im Geschäft bleiben und unseren Kindern eine lebenswerte Welt hinterlassen möchte, machen wir heute das Gegenteil von dem, was andere Unternehmen tun. Wir bitten Sie, weniger zu kaufen und nachzudenken, bevor Sie einen Cent für diese Jacke oder etwas anderes ausgeben.« In der Anzeige wurde weiter erklärt, dass für die Herstellung der abgebildeten R2-Jacke 135 Liter Wasser benötigt wurden, obwohl sie zu 60 Prozent aus recycelten Materialien besteht. »Kaufen Sie nichts, was Sie nicht brauchen«, lautete die Schlussfolgerung. »Überlegen Sie zweimal, bevor Sie etwas kaufen.«

Die Reaktionen ließen nicht lange auf sich warten. Fachpublikationen lobten die Anzeige als genial subversive Marketingstrategie, die das vermeintlich Unsagbare nutzte, um noch mehr Kunden für Patagonias Produkte zu begeistern. Mainstream-Medien berichteten über die Kampagne. »Für diese 57 000-Dollar-Anzeige in der *New York Times* bekamen wir kostenlose Publicity im Wert von 40 bis 50 Millionen Dollar«, erklärte Sheahan. Wie McDivitt Tompkins vorhergesehen hatte, gab es auch Gegenwind. Kritiker warfen Patagonia Heuchelei vor und beschuldigten das Unternehmen, mit umgekehrter Psychologie absichtlich den Umsatz anzukurbeln. Selbst innerhalb der Firma äußerten einige Zweifel an den Motiven. »Was war die wahre Absicht?«, fragte Grose, ein Berater von Patagonia. »War es einfach nur cleveres Marketing?«[152] Wie auch immer, die Anzeige verfehlte ihre Wirkung nicht. In den Monaten nach ihrer Veröffentlichung erzielte Patagonia Rekordumsätze.

Chouinard war begeistert und skeptisch zugleich. Er befürchtete, dass der plötzliche Anstieg der Verkaufszahlen das Unternehmen in eine ähnliche Lage bringen könnte wie zwei Jahrzehnte zuvor, als eine Phase des rasanten Wachstums gefolgt von einem Abschwung zu den Entlassungen am »Schwarzen Mittwoch« geführt hatte. Doch der jetzige Erfolg war kein kurzlebiger Höhenflug. Die Anzeige »Kaufen Sie diese Jacke nicht« war vielleicht der bislang reinste Ausdruck von Patagonias unkonventioneller Philosophie, und die Verkaufszahlen stiegen weiterhin an. »Es war tatsächlich die Quintessenz all der internen Diskussionen, die wir darüber führten, was für eine Art Unternehmen wir sein wollten«, erklärte Sheahan. »Und all das wurde von der Kernbotschaft geleitet: das beste Produkt herzustellen, keinen unnötigen Schaden zu verursachen und Lösungen für die Umweltkrise zu finden und umzusetzen.«

Sich als ein Unternehmen der anderen Art zu profilieren, war eine Sache. Aber im Jahr nach der »Kaufen Sie diese Jacke nicht«-Kampagne unternahm Patagonia Schritte, um seinen Status als außergewöhnliches Unternehmen zu festigen. Seit einigen Jahren hatte die sogenannte B Corp-Bewegung an Fahrt gewonnen. Benefit Corporations oder B Corps sind Unternehmen, die vorbildliche soziale und ökologische Standards einhalten. Um eine B Corp zu werden, muss ein Unternehmen eine strenge Selbstprüfung absolvieren und anschließend eine Zertifizierung von einer gemeinnützigen Organisation namens B Lab erhalten. Große Unternehmen wie Ben & Jerry's und Natura, der größte Kosmetikhersteller Brasiliens, gehörten zu denen, die das Gütesiegel bereits erhalten hatten. Doch auch ein halbes Jahrzehnt nach Beginn der Bewegung gehörte Patagonia noch nicht dazu.

Dabei hatten die Gründer von B Lab, als sie die Organisation ins Leben gerufen hatten, Patagonia gebeten, sich als erstes Unternehmen zertifizieren zu lassen. Chouinard hatte damals abgelehnt. Er und der Vorstand wollten nicht den Eindruck erwecken, Patagonia habe die Zertifizierung ins Leben gerufen, um sich selbst auf die Schulter zu klopfen. Zudem wollten sie sich nicht durch zusätzliche Prüfungen belasten, da das Unternehmen bereits zahlreiche eigene Initiativen verfolgte und sich anderen unabhängigen Prüfungen von Organisationen wie Verité und bluesign unterzog. Das änderte sich 2012, als der Bundesstaat Kalifornien Unternehmen erstmals die Möglichkeit gab, sich als sogenannte Benefit Corporation eintragen zu lassen. Dieser neue Rechtsstatus erlaubte es Firmen, in ihrer Satzung verbindlich festzuschreiben, dass sie nicht nur auf Gewinnmaximierung ausgerichtet sind, sondern auch dem Gemeinwohl dienen wollen. Das war ein Ansatz, mit dem Chouinard sich identifizieren konnte. Für ihn bedeutete die Umwandlung in eine Benefit Corporation mehr als bloße Imagepflege – es war die Möglichkeit, Patagonias Verpflichtung gegenüber dem Planeten auch rechtlich verbindlich zu machen.

Am Morgen des 3. Januar 2012, als die kalifornischen Behörden nach den Feiertagen ihre Arbeit aufnahmen, waren Chouinard, Malinda und Ridgeway in Sacramento, um die entsprechenden Unterlagen einzureichen. Es war der erste Tag, an dem Unternehmen im Bundesstaat diesen Status beantragen konnten, und Chouinard wollte den Wechsel persönlich vollziehen. Die Umwandlung in eine Benefit Corporation war ein rein formaler Akt, der für die Kunden unsichtbar blieb und keinen direkten Einfluss auf den Geschäftsbetrieb hatte. Doch symbolisch war dieser Schritt von großer Bedeutung. Zum einen ebnete er Patagonia den Weg, endlich eine B Corp zu werden. (B Lab verknüpfte die Zertifizierung mit dem Status als Benefit Corporation, und nach der rechtlichen Änderung war Patagonia bereit, auch offiziell das Gütesiegel »B Corp« zu erhalten). Für Chouinard hatte die Umwandlung von Patagonia in eine Benefit Corporation jedoch eine tiefere Bedeutung. Seit Jahrzehnten hatte er nach Möglichkeiten gesucht, der Welt zu zeigen, dass Patagonia ein Unternehmen der besonderen Art ist – eines, das sich nicht ausschließlich auf Gewinnmaximierung fokussiert. Mit der neuen Rechtsform war dieser Anspruch nun unanfechtbar.

KAPITEL 9
KÄMPFE

Eine regelrechte Falle

Doug und Kris Tompkins hatten ein wahres Imperium aufgebaut. Nach zwei Jahrzehnten kühner Landkäufe, cleverer juristischer Auseinandersetzungen und heftiger PR-Schlachten erstreckten sich ihre Ländereien vom eisigen Süden Chiles bis zu den üppigen Tropenwäldern Argentiniens. Doch sie hatten nicht nur Land erworben, sie hatten auch eine Infrastruktur geschaffen, die eines Nationalparks würdig war. Der Ästhet in Tompkins bestand darauf, dass die Wege, Brücken und Gebäude auf seinen Grundstücken von unvergleichlicher Schönheit und handwerklicher Qualität waren. Er engagierte lokale Kunsthandwerker, die kunstvolle Holzarbeiten schnitzten, ließ die Gebäude mit Schindeln aus uralten Alerce-Bäumen verkleiden und bestand darauf, dass selbst die Mülleimer bis ins Detail durchgestaltet waren. Manchmal erschien selbst engen Freunden die aufwendige Handwerkskunst übertrieben. Einmal, als Tompkins einige der neuen Gebäude im zukünftigen Patagonia-Nationalpark präsentierte, lief Chouinard hinterher und murmelte in sich hinein: »Das ist doch alles Mist.«[153] Es sei zu teuer, eine Verschwendung von Geld, zu schwer zugänglich für die Einheimischen und zu kostspielig im Unterhalt.

Doch obwohl die beiden alten Fun Hogs nicht immer einer Meinung darüber waren, wie sie ihr jeweiliges Vermögen einsetzen sollten, blieben sie enge Vertraute. Kurz nach ihrer Tour durch das Chacabuco-Tal saßen sie gemeinsam in Pumalín, Chile, und führten jene weit ausschweifenden, philosophischen Gespräche, wie sie sie schon in den Hügeln Kaliforniens geführt hatten – damals, als Chouinard noch die Armee schwänzte. Bei einer Tasse Yerba Maté zeigte sich Tompkins wie gewohnt kompromisslos und geißelte die Massen für ihren leichtfertigen Umgang mit der Natur.

»Die meisten Menschen betrachten die Natur nur als einen Fundus an Ressourcen«, sagte er. »Ein Füllhorn, von dem die menschliche Wirtschaft profitiert.«[154]

An diesem Tag teilte Chouinard den Pessimismus seines Freundes. »Sie glauben, wir könnten ohne die Natur leben«, antwortete er. »Oder sie denken, sie seien der Natur überlegen, weil sie gelernt haben, sie zu manipulieren. Sie meinen, wir bräuchten keine frei fließenden Flüsse, denn wenn die Lachse nicht mehr die Flüsse hinaufziehen, dann züchten sie eben Lachse.«

Chouinard hatte seinen Kumpel in Fahrt gebracht, und Tompkins legte nach. »Sie reden sich ein, sie könnten in einer Glasbox über der Natur leben«, sagte er und trieb die Rhetorik mit sichtlichem Vergnügen auf die Spitze. »Sie begreifen nicht, dass Zivilisationen genauso zerbrechlich sind wie das Leben selbst. Zack!, – und eines Tages ist alles vorbei. Die Osmanen, die Römer, die Griechen, die Maya … untergegangene Kulturen. Aber keiner von diesen Globalisten will sich mit dieser Möglichkeit auseinandersetzen.«

Chouinard griff den Gedanken auf. »Die Tatsache zu akzeptieren, dass man sterben wird, dass wir alle sterben werden – dass alle Gesellschaften einen Anfang und ein Ende haben –, bedeutet nicht, dass man das Leben aufgeben muss oder dass man dazu beitragen muss, das Ende zu beschleunigen«, sagte er. »Du und ich, Doug, sind uns in diesem Punkt einig. Aber in anderer Hinsicht sind wir Gegensätze. Du machst dir Sorgen um das Ende der Menschheit und willst aktiv etwas dagegen tun. Ich bin eher ein entspannter Zen-Buddhist und sage nur: ›Ich werde tun, was ich kann, und so soll es sein.‹«

Tompkins lächelte nachdenklich ließ seine Antwort ein wenig ins Metaphysische gehen: »Nun, mein Freund Yvon vergisst, dass alle guten Buddhisten das Bodhisattva-Gelübde ablegen müssen: Sie verzichten auf ihre Erleuchtung, bis die gesamte Welt erleuchtet ist.«

Mehr als 40 Jahre nachdem sie sich gegenseitig angetrieben hatten, immer höher zu klettern, sich immer noch höhere Ziele zu setzen und immer größere Träume zu hegen, spornten sich Chouinard und Tompkins noch immer an. Und obwohl sie mittlerweile über 70 Jahre alt waren, erprobten sie Weiterhin die Grenzen ihrer körperlichen Belastbarkeit.

Im Dezember 2015 begaben sich Chouinard und Tompkins auf ein weiteres Do-Boys-Abenteuer, diesmal eine Kajaktour an der Nordküste des Lago

General Carrera, einem riesigen See an der Grenze zwischen Chile und Argentinien. Rick Ridgeway und Jib Ellison waren bereits vor Ort. In Fortsetzung ihrer mit Walmart begonnenen Arbeit hatten die beiden 50 Nachhaltigkeitsbeauftragte von Unternehmen wie Tiffany, Boeing, Disney und Apple zu einem Retreat eingeladen, um ihnen die Bedeutung des Umweltschutzes näherzubringen. Tompkins schloss sich an und hielt einen Vortrag, in dem er seine Ansicht vertrat, dass der Kapitalismus an sich nicht nachhaltig sei, eine Botschaft, die einige seiner Zuhörer verärgerte, da er sie praktisch des Greenwashings bezichtigte. Ebenfalls an der Kajakexpedition beteiligt waren Lorenzo Alvarez-Roos, der Ellison vom Wildwasserrafting kannte, und Weston Boyles, der Sohn von Edgar Boyles, der 1981 mit Chouinard und Ridgeway bei der Minya-Konka-Lawine dabei gewesen war, die Jonathan Wright das Leben gekostet hatte. Ellison und Boyles, die beide Grundstücke am See besaßen, hatten die Tour organisiert. Der Plan war, die abgelegene Nordküste zu erkunden und anschließend ein Tal hinauf zu wandern, das von einer Reihe atemberaubender Gipfel flankiert war.

Am Abend, bevor sie aufbrachen, kamen sie mit Malinda, McDivitt Tompkins und anderen Freunden aus der Gegend zu einem gemeinsamen Essen zusammen. Beim Abendessen scherzten sie über ihr Alter. Aus den »Do Boys« waren inzwischen die »Done Boys« geworden. Ganz so scherzhaft war das nicht gemeint. Chouinard bemerkte, wie sehr die Jahre an Tompkins gezehrt hatten. »Ich war ein wenig schockiert, wie gebrechlich er aussah«, erinnerte sich Chouinard. »Aber wahrscheinlich dachte er dasselbe über mich.«[155]

Am nächsten Morgen verabschiedeten Malinda und McDivitt Tompkins die Gruppe und bestanden darauf, dass die Männer ein Satellitentelefon mitnehmen. Chouinard und Tompkins protestierten – sie wollten keinen überflüssigen technischen Schnickschnack in die abgeschiedene Wildnis schleppen. Schließlich gaben sie jedoch nach, und Ellison steckte das Telefon in seinen Rucksack.

Die sechs Männer verteilten sich auf vier Boote. Chouinard und Boyles nahmen die Einzelkajaks, während Ellison und Alvarez-Roos sowie Ridgeway und Tompkins sich die Doppelkajaks teilten. Das Doppelkajak von Ridgeway und Tompkins hatte ein leicht defektes Steuerruder. Drei Tage lang genossen sie außergewöhnlich gutes Wetter, das ihnen ein Hochdrucksystem beschert hatte.

Der Himmel war strahlend blau, der Wind leicht, und kein Sturm war in Sicht. Nachts schlugen sie ihre Lager am Ufer auf, umgeben nur von Felsen, Wasser, Erde und Bäumen. Einmal sprangen sie in den See, ihre Rufe hallten durch die Kälte der Gletscherfluten, die ihre alternden Körper prickelnd durchströmte. Chouinard kochte Pasta, und sie versammelten sich um ein Lagerfeuer, tauschten Geschichten aus und blickten hinauf. Über ihnen entfaltete sich die Milchstraße in all ihrer Pracht.

In der dritten Nacht in der Wildnis schlug das Wetter um. Als sie am Morgen des 8. Dezember 2015 erwachten, fegten heftige Böen über den See. Nachdem sie ihr Lager abgebaut hatten, setzten sie die Kajaks ins Wasser und paddelten los – zunächst mit dem Wind im Rücken. Tompkins' und Ridgeways Boot kämpfte besonders, da das beschädigte Steuerruder das Manövrieren enorm erschwerte, und schon bald drifteten die Kajaks auseinander, gepeitscht von den Wellen, die sich rasch zu über ein Meter hohen Brechern auftürmten. Mit jeder Minute wurde das Wetter unberechenbarer. Als Seitenwinde dazukamen, schossen scharfe Böen durch die Täler und rüttelten an den Booten. »Wir gerieten in eine regelrechte Falle«, erinnerte sich Chouinard später. »Ein Wind von über 75 Kilometern pro Stunde drückte von hinten, ein ebenso starker Seitenwind türmte große, chaotische Wellen auf. Ein einziger verpasster Paddelschlag hätte genügt, um zu kentern.«[156]

Tompkins warnte Ridgeway, dass die Lage gefährlich ernst sei. »Wir müssen vorsichtig sein«, rief er. Ridgeway konnte kaum antworten, denn er war völlig auf das Paddeln konzentriert. Die anderen drei Boote hatten es bereits um einen felsigen Vorsprung geschafft und waren außer Sichtweite. Tompkins und Ridgeway lagen etwa 200 Meter zurück und kämpften verzweifelt darum, ihr Kajak stabil zu halten, während immer höhere Wellen unter ihnen aufstiegen, sie in die Höhe trugen und dann steil hinabstürzen ließen. Der See tobte nur so, bis schließlich eine gewaltige Welle ihr Doppelkajak erfasste. Sie wurden emporgehoben, das Boot drehte sich seitlich, und eine weitere Welle überspülte sie vollständig.

Ridgeway tauchte unter, das Wasser presste ihn nach unten. Doch binnen weniger Sekunden hatte er sich befreit, und die Schwimmweste trieb ihn zurück an die Oberfläche. Mit festem Griff hielt er sein Paddel und das Kajak, als er erleichtert sah, wie auch Tompkins auftauchte – seine weiße Kappe noch immer auf dem Kopf. Ihre Blicke trafen sich, und in diesem Moment wurde beiden klar: Sie kämpften jetzt ums nackte Überleben.

»Wir müssen das Boot umdrehen!«, brüllte Tompkins gegen den tosenden Wind.

Gemeinsam schafften sie es, das Kajak wieder aufzurichten und sich daran hoch zu ziehen, doch kaum hatten sie Halt gefunden, krachte die nächste Welle heran und warf sie erneut ins eisige Wasser. Wieder zogen sie sich auf das Boot, und wieder wurden sie von den Wellen hinabgeschleudert.

»Der Wind treibt uns vom Ufer weg!«, schrie Ridgeway.[157]

Tompkins starrte nur zurück – das ganze Ausmaß der Situation dämmerte ihm.

Der Sturm zerrte sie unbarmherzig weiter hinaus in die Mitte des Sees. Schließlich entschieden Tompkins und Ridgeway, die wenigen hundert Meter bis zum Ufer zu schwimmen. Ridgeway versuchte es zuerst mit Rückenschwimmen, dann mit Brustschwimmen, kämpfte gegen die immer höheren Wellen, während ihm das kalte Wasser in Mund und Nase spritzte. Er verschluckte sich, hustete, keuchte, und kämpfte weiter. Tompkins hielt sich verzweifelt an seinem Paddel fest, als wäre es ein Rettungsboot.

Doch die Wellen, Strömungen und der Wind rissen die beiden Männer auseinander. Irgendwann entdeckte Ridgeway die anderen, die bereits am Ufer standen. Er versuchte, sich bemerkbar zu machen, doch niemand schien ihn zu sehen. Der Wind verschluckte jeden Ruf, die Distanz machte Worte sinnlos. Ridgeway kämpfte weiter, aber es schien, als komme er kaum voran. Allmählich dämmerte ihm die bittere Erkenntnis, dass er sterben würde. Er blickte zum Himmel hinauf, staunte über die Welt um ihn herum und hörte auf zu kämpfen, um sich von Patagonien besiegen zu lassen.

Doch dann riss er sich noch einmal zusammen. Er spuckte Wasser aus, begann wieder zu schreien, und wenig später sah er die anderen Männer in ihren Kajaks, wie sie direkt auf ihn zusteuerten.

Ellison und Alvarez-Roos erreichten ihn mit ihrem Doppelkajak und riefen ihm zu, dass er nach der Schlaufe am Heck greifen solle. Es war zu gefährlich, Ridgeway ins Boot zu ziehen. Als Ridgeway sich festhielt und sie zum Ufer paddelten, fragte er nach Tompkins.

»Weston hat ihn«, antwortete Ellison.

Doch auch Boyles war am Rande seiner Kräfte. In seinem Einzelkajak hatte er Tompkins eingeholt, der sich verzweifelt festklammerte, während Boyles ans Ufer paddelte, doch mit ihm im Schlepptau kaum vorankam. Tompkins war von der Kälte zunehmend gelähmt und konnte sich nur mit Mühe festhalten. Boyles versuchte, ihn aus dem Wasser zu hieven, doch dabei begann das Kajak, sich mit Wasser zu füllen. Boyles konnte das Kentern vermeiden, aber als Tompkins schließlich aus dem Wasser gezogen wurde, war er bereits bewusstlos.

Am Ufer hatten Ellison und die anderen inzwischen über Satellitentelefon einen Rettungshubschrauber gerufen. Tompkins wurde ins Krankenhaus von Coyhaique geflogen. Als die Ärzte ihn dort untersuchten, stellten sie eine Körperkerntemperatur von nur noch 19 Grad Celsius fest.

Die Männer am Ufer versuchten unterdessen, sich zu sammeln. Ridgeway erwachte in einem Schlafsack, und sein Körper bebte aufgrund der einsetzenden Unterkühlung. Ellison hatte sich neben ihn gelegt und versuchte, ihn zu wärmen. Ridgeway fragte benommen, was passiert sei. Ellison erklärte, dass Tompkins per Hubschrauber evakuiert worden war. Chouinard saß in der Nähe.

Nach einer Weile hörte Ridgeway Stimmen durch seine Benommenheit dringen:

»Weston ist bei Yvon, er ist in Sicherheit«, sagte jemand.

»Und Doug?«, fragte Ellison.

»Doug ist tot.«[158]

Raum für Katastrophen

Der Tod von Doug Tompkins hinterließ eine ganze Reihe von Lücken, die niemals zu schließen sein würden. Kris McDivitt Tompkins, nun Witwe, war am Boden zerstört. Ein halbes Jahrhundert, nachdem ihr Vater in Venezuela gestorben war, hatte sie nun ihren Ehemann in Argentinien verloren. Die Liebe ihres Lebens, ihr täglicher Begleiter und Partner in einem der kühnsten Naturschutzprojekte der Welt, existierte nicht mehr. Sie versank in Depressionen. Innerhalb des weit verzweigten Netzwerks ihrer gemeinnützigen Organisation brachte Tompkins' plötzlicher Tod jahrelange akribische Planungen durcheinander. Projekte zum Erwerb weiterer Grundstücke und zur Übergabe riesiger Landflächen an die Regierungen Chiles und Argentiniens gerieten ins Wanken. Das Schicksal einiger der prachtvollsten Naturlandschaften Südamerikas stand auf der Kippe. Auch in der eng verbundenen Patagonia-Gemeinschaft hinterließ der Verlust tiefe Bestürzung. Nach all den Jahren, in denen sie ein scheinbar unbeschwertes Leben geführt und dem Tod immer wieder entkommen waren, hatte den Do Boys fast ein Hauch von Unverwundbarkeit angehaftet. Nun war ihr Glück aufgebraucht.

Chouinard hatte schon einmal den Tod eines Freundes miterlebt, als Jonathan Wright 1981 in einer Lawine ums Leben kam. Ein Vierteljahrhundert später musste er miterleben, wie sein engster Verbündeter ums Leben kam. Es zerriss ihn, und doch schien es auf eine tragische Weise konsequent. »Wir suchten immer das Abenteuer«, sagte Chouinard. »Doch es gibt kein Abenteuer ohne Risiko. Wir liebten das Leben und hatten keine Angst vor dem Tod – doch sterben wollten wir nicht.«[159]

Chouinard räumte ein, dass die Gruppe leichtfertig gehandelt und sich dem See ungeschützt ausgesetzt hatte. »Wir waren einfach nicht gut vorbereitet«, sagte Chouinard. »Doug trug eine gebügelte Chinohose, ein Hemd von Brooks Brothers, einen leichten Pullover und eine Regenjacke. Wie jener Zen-Maler, der immer einen Teil seines Bildes unvollendet lässt, haben wir immer Raum für Katastrophen gelassen.«[160]

Tompkins' Tod hatte eine weitere tragische Konsequenz: Seine Familie geriet in erbitterte Erbstreitigkeiten, die das Schicksal seines Vermächtnisses überschatteten. Während die Chouinards trotz des Erfolgs von Patagonia und ihres wachsenden Vermögens eine harmonische Einheit blieben, hatte der Reichtum die Familie Tompkins entzweit.

Vor seinem Tod hatte Tompkins unmissverständlich erklärt, dass sein verbleibendes Vermögen im Falle seines Ablebens ausschließlich für zusätzliche Naturschutzmaßnahmen in Südamerika eingesetzt werden solle. Nichts lag ihm mehr am Herzen, als so viel unberührte Natur wie möglich zu bewahren. Unter keinen Umständen, so betonte er, sollten seine Töchter Summer und Quincey sein Geld erben. »Ich glaube nicht, dass Erbschaften der Entwicklung von Kindern guttun«, sagte er. »Sie bremsen die Eigenständigkeit und hindern Menschen daran, ihren eigenen Weg zu gehen.«[161]

Nach seinem Tod jedoch hatte Tompkins keine Kontrolle mehr über sein Vermögen. Kurz darauf reichte seine Tochter Summer Klage ein, um Zugang zu seinem Erbe zu erlangen und zu verhindern, dass McDivitt Tompkins die Mittel für Naturschutzprojekte einsetzte. Summer, die in San Francisco lebte, scheute nicht davor zurück, ihren verstorbenen Vater öffentlich zu kritisieren. »Wir sind alle sehr fleißige, produktive Menschen, die keine Almosen verlangen. Aber er hatte offensichtlich weder Vertrauen noch Respekt für uns«, sagte sie. »Das ist definitiv eine Beleidigung. Aber er ist tot und verrottet in der Erde.«[162] Summer erzählte weiter, dass sie in den letzten 20 Jahren nur dann von ihrem Vater gehört habe, wenn er auf der Durchreise war und bei ihr übernachten wollte. Sein Lebensstil glich bis zum letzten Tag dem eines Dirtbags. »Er war ein völlig selbstbezogener Mensch«, fügte sie hinzu. »Ein Narzisst.«

Summers Argument vor Gericht war schlüssig. Tompkins hatte seinen Nachlass in Kalifornien geregelt und ein Testament verfasst, das klar festlegte, dass seine Kinder nicht erben sollten. In Chile jedoch, wo Tompkins zuletzt lebte, ist es Eltern gesetzlich untersagt, ihre Kinder vollständig zu enterben. Summer argumentierte daher, dass der Nachlass nach chilenischem Recht geregelt werden müsse.

McDivitt Tompkins widersprach entschieden. In einer Klageerwiderung erklärte ihr Anwalt, dass Tompkins den materialistischen Lebensstil und die Werte seiner Tochter verachtet habe, die »das genaue Gegenteil von allem waren, woran Doug glaubte und wofür er in seinem Leben stand«. Summer habe bereits ein großes Vermögen von ihrer Mutter Susie Tompkins Buell geerbt, die mit Esprit reich geworden war. Ein weiterer Anteil am Nachlass ihres Vaters, so der Anwalt, »würde lediglich die Reichen noch reicher machen«, während es gleichzeitig die Verwirklichung von Tompkins' Traum – die Schaffung von Nationalparks in Chile und Argentinien – gefährden würde. »Doug hätte sich niemals die grausame Ironie ausmalen können, dass Summer seinen Tod und die Gesetze der Länder, deren Natur er so leidenschaftlich schützen wollte, ausnutzen würde«, schrieb der Anwalt.

Nachdem ein Richter in Los Angeles Summers erste Klage abgewiesen hatte, zogen ihre Anwälte vor ein Gericht in Chile und forderten für ihre Mandantin 50 Millionen Dollar aus dem Tompkins-Nachlass. McDivitt Tompkins wehrte sich erneut gegen die Forderungen und setzte sich erneut vor Gericht durch. Es war ein unschönes Nachspiel zu Tompkins' Leben und ein scharfer Kontrast zu den Chouinards und ihren Kindern, die materiellem Reichtum stets misstrauisch gegenüberstanden und bald gemeinsam daran arbeiteten, sich von ihrem Vermögen zu lösen.

Während McDivitt Tompkins ihre Trauer verarbeitete und die gerichtlichen Auseinandersetzungen hinter sich ließ, richtete sie ihren Fokus neu aus. Es gab noch viel zu tun, um die Parks zu schaffen, und sie musste die Aufgabe nun allein zu Ende bringen. Zumindest war der Plan klar. Nur wenige Monate vor Tompkins' Tod hatte seine Organisation der chilenischen Regierung ein Angebot gemacht: Tompkins Conservation würde dem Staat mehr 400 000 Hektar Land überschreiben, wenn Chile sich im Gegenzug verpflichtete, angrenzende große Gebiete zu schützen und ein neues Netzwerk von Nationalparks zu schaffen.

Die chilenische Präsidentin Michelle Bachelet nahm nicht nur das Angebot an, sondern ging noch einen Schritt weiter. Als überzeugte Umweltschützerin erklärte sie sich bereit, 3,5 Millionen Hektar Land beizusteuern, mehr als doppelt so viel, wie Tompkins ursprünglich vorgeschlagen hatte. Gemeinsam würden die neu geschützten Gebiete die Grundlage für fünf neue Nationalparks bilden und drei bereits bestehende erweitern. Insgesamt würde das neue Patagonia-Nationalparksystem die geschützte Fläche Chiles um mehr als 40 Prozent vergrößern und ein Naturrefugium schaffen, das mehr als dreimal so groß ist wie Yellowstone und Yosemite zusammen.

An einem klaren Tag im Februar 2018 traf sich McDivitt Tompkins mit Bachelet in Cochrane, einem abgelegenen Ort im Herzen Patagoniens, wo Tompkins begraben liegt. Chouinard und Ridgeway waren ebenso anwesend wie andere Mitglieder des inneren Kreises, die sich versammelt hatten, um den Pumalín-Douglas-Tompkins-Nationalpark, das Kronjuwel des neuen Parksystems, offiziell einzuweihen. Die Vereinbarung sei »nicht nur gut für Chile, sondern für den gesamten Planeten«, erklärte Bachelet. »Er zeigt, dass man kein reiches Land sein muss, um solche Entscheidungen zu treffen. Man braucht nur Willen und Mut.«[163]

McDivitt Tompkins, zugleich wehmütig, nachdenklich und von Stolz erfüllt, genoss diesen Augenblick. Ihr goldweißes Haar wurde vom Wind zerzaust, während sie an Tompkins und ihr gemeinsames Lebenswerk dachte – ein

Projekt, das ihr so viel gegeben, aber auch so viel genommen hatte. »Es gibt etwas an der Weite Patagoniens, eine Art unwiderstehliche Beseeltheit, die einen körperlich berührt«, sagte sie. »Nur wenige Orte fesseln einen so sehr und lassen einen nicht mehr los, wie es Doug und mir hier passiert ist.«[164]

100 Prozent für den Planeten

Als Donald J. Trump im November 2016 zum Präsidenten der Vereinigten Staaten gewählt wurde, waren die Mitarbeiter von Patagonia, wie so viele auf der linken Seite des politischen Spektrums, fassungslos. Für die idealistischen Händler von Surf- und Outdoor-Ausrüstung im kalifornischen Ventura schien es unbegreiflich, dass nach acht Jahren Barack Obama im Weißen Haus nun ein skandalumwitterter Reality-TV-Star, der die Wahlmännerstimmen gewonnen hatte, aber nicht die Mehrheit der Wähler, das Land führen sollte. Trump war bekannt dafür, Migranten zu verteufeln und Lügen zu verbreiten. Auch wenn es noch zu früh war, um die genauen Folgen einer Trump-Präsidentschaft abschätzen zu können, war eines unstrittig: Seine Regierung würde eine Katastrophe für die Umwelt sein. Mit ihrer unternehmerfreundlichen Haltung, einer Abneigung gegen jede Form von Regulierung und einer langen Tradition der Klimawandelleugnung, war die Trump-Administration bereit, viele von Obamas Umweltschutzmaßnahmen rückgängig zu machen. In den Tagen nach der Wahl lag eine bleierne Schwere über dem Patagonia-Campus. Die Mitarbeiter verweilten wie benommen in der Kantine, als wäre jemand gestorben.

Doch schließlich kehrte der Arbeitsalltag wieder ein, und wenige Tage nach der Wahl traf sich das Marketing-Team, um zu überlegen, wie – und ob – das Unternehmen auf den Aufstieg Trumps reagieren sollte. Jemand schlug vor, einfach alle Geschäfte zu schließen. Eine andere Idee war, schwarze Trauerflore in den Schaufenstern aufzuhängen. Dann fiel jemandem ein, dass der Black Friday bevorstand. Patagonia hatte diesen Tag vor fünf Jahren mit der kraftvollen »Kaufen Sie diese Jacke nicht«-Kampagne genutzt. Warum nicht auch diesmal ein starkes Zeichen setzen? Jemand schlug vor, nicht nur ein, sondern 5 Prozent der Black-Friday-Einnahmen dem Planeten zugutekommen zu lassen. Schließlich meldete sich eine junge Mitarbeiterin aus dem Marketingteam zu Wort:

Was, wenn Patagonia an diesem Tag 100 Prozent des Umsatzes für den Planeten spenden würde?

Das Marketingteam war begeistert und rief Rose Marcario an, die 2013 die Nachfolge von Sheahan als CEO angetreten hatte. Marcario, eine Anhängerin des tibetischen Buddhismus, die in jungen Jahren während Pro-LGBTQ-Protesten verhaftet worden war, teilte Chouinards antiautoritären Geist. Sie war sehr angetan von der Idee und legte sie den Chouinards vor. Auch die waren sofort überzeugt. Innerhalb weniger Minuten war die Entscheidung gefallen, und wenige Tage vor dem Black Friday gab das Unternehmen bekannt, dass es an eben diesem Tag seinen gesamten Umsatz an Umweltaktivisten spenden würde.

Bei Patagonia rechnete man mit einem Umsatz von etwa 2 Millionen Dollar – etwas mehr als der durchschnittliche Tagesumsatz und im Rahmen der bisherigen Black Fridays. Doch nachdem das Unternehmen sein Vorhaben publik gemacht hatte und die Medien die Geschichte aufgriffen, sahen sich die Filialen und die Website mit einem beispiellosen Ansturm konfrontiert. Der Umsatz stieg an diesem Tag auf über 10 Millionen Dollar, die Patagonia vollständig spendete. Mehr als 25 000 Menschen kauften an diesem Tag zum ersten Mal bei Patagonia ein. Natürlich schnappten sich die Kunden ihre Lieblingsregenjacken und -taschen. Aber es ging ihnen nicht nur darum, die neueste Ausrüstung zu ergattern, sondern sie kauften mit einer bestimmten Absicht. Die »100 Prozent für den Planeten«-Aktion war für die Kunden eine Möglichkeit, ihre Unterstützung für Patagonia zu bekunden, und echt Patagoniacs machten nun mal keine halben Sachen. »So eine Werbung kann man nicht kaufen«, sagte Chouinard. »Mir war nicht bewusst, wie viel Macht wir haben. Und diese Macht nicht zu nutzen, wäre unverantwortlich.«[165]

In den folgenden Jahren stiegen die Verkaufszahlen stetig an, getragen von einer Welle der Sympathie seitens der Umweltbewegung. Der Black Friday hatte nicht nur die Lagerbestände effektiv reduziert, sondern auch die Markenloyalität gestärkt. Mit den boomenden Absätzen und der Überzeugung, die öffentliche Debatte zu nationalen Themen beeinflussen zu können, begannen die Führungskräfte von Patagonia, sich stärker politisch zu engagieren.

Schlüsselperson in diesem Vorhaben war eine neue Mitarbeiterin, die sich in Washington und darüber hinaus durchzusetzen wusste: Corley Kenna. Mit ihrer Vergangenheit im US-Außenministerium unter Obama und als Mitglied von Hillary Clintons Präsidentschaftskampagne 2008 war sie eine gewiefte Politstrategin mit besten Verbindungen ins demokratische Establishment – und damit alles andere als eine typische Patagonia-Mitarbeiterin. Nach einigen Jahren in der Regierung war sie in die Wirtschaft gewechselt, zuletzt zu Ralph Lauren, bevor sie wenige Monate vor Trumps Wahl von den Chouinards nach Ventura geholt wurde. Kaum angekommen, widmete sie sich mit Nachdruck der Aufgabe, ein Thema zu finden, bei dem Patagonia politisch aktiv werden konnte.

Kurz nach seinem Amtsantritt ordnete Trump eine Überprüfung der National Monuments an, Gebiete unberührter Wildnis, die unter föderalem Schutz standen. Trump argumentierte, diese seien zu groß, und das Land solle für kommerzielle Nutzung freigegeben werden. Er versprach, »einen weiteren ungeheuerlichen Machtmissbrauch der letzten Regierung zu beenden«. Hinter dieser Rhetorik verbarg sich jedoch eine weitaus bedenklichere Agenda: Der Abbau des Schutzstatus für diese Gebiete würde weite Flächen unberührter Natur für Öl- und Gasbohrungen sowie den Bergbau öffnen.

Ein besonders gefährdetes Gebiet war das Bears Ears National Monument, weit über eine halbe Million Hektar beeindruckender Wüstenlandschaft, die von indigenen Völkern als heilig betrachtet wird. Dieses Land war Patagonia gut bekannt. Seit 2012 hatte das Unternehmen eine kleine gemeinnützige Organisation, die Friends of Cedar Mesa, durch sein »1% for the Planet«-Programm finanziell unterstützt, um das Gebiet zu schützen. Zudem war Bears Ears durch seine Felswände ein beliebtes Ziel für Kletterer, was Chouinard und sein Team noch enger mit diesem Land verband. Doch nun stand dieses Areal auf dem Spiel. Trump hatte es ins Visier genommen, und Utahs vollständig republikanische Kongressdelegation unterstützte den Entzug des Schutzstatus von Bears Ears.

Nachdem Trump die Überprüfung angekündigt hatte, bat das Innenministerium die Öffentlichkeit um Stellungnahmen. Patagonia organisierte eine Briefkampagne, bei der die Kundschaft mehr als 150 000 Kommentare einsandte. Die überwältigende Mehrheit davon, ebenso wie über 2 Millionen weitere Einsendungen, die beim Innenministerium eingingen, sprachen sich für den Erhalt der Schutzgebiete aus. Marcario, die neue CEO, versuchte, ein Treffen mit Innenminister Ryan Zinke zu arrangieren, wurde jedoch von dessen Büro abgewiesen. Während Patagonia Druck auf das Weiße Haus ausübte, suchte es gleichzeitig nach Einflussmöglichkeiten bei den Republikanern in Utah.

Die Outdoor-Branche setzte ihren Hebel schließlich bei einer Fachmesse an. Alle zwei Jahre nahmen Patagonia und andere Vertreter großer Sportswear-Marken an der Outdoor Retailer teil. Das Branchentreffen in Salt Lake City brachte allein der lokalen Wirtschaft rund 45 Millionen Dollar ein. Peter Metcalf, der immer noch bei Black Diamond involviert war, hatte die Idee, die Messe zu boykottieren, sollte die republikanischen Politiker Utahs ihren Kurs nicht ändern. Um ihre kollektive Macht zu nutzen und Bears Ears zu schützen, organisierte eine Gruppe von Führungskräften der Outdoor-Branche im Februar 2017 eine Telefonkonferenz. Mit dabei waren Marcario, Vertreter von The North Face, REI und anderen großen Marken. Ebenfalls zugeschaltet war Gary Herbert, der Gouverneur von Utah. Die CEOs stellten Herbert ein Ultimatum: Sollte er sich nicht öffentlich gegen die Versuche seiner Kongressabgeordneten stellen, den Schutzstatus der zur Diskussion stehenden Gebiete aufzuheben, würden sie die Outdoor Retailer boykottieren.

Herbert ließ sich nicht erweichen. Nach dem Gespräch machten die Unternehmen deutlich, dass sie sich für ihre Messe einen neuen Standort suchen würden. Herbert nannte den Schritt »unverschämt« und stellte die Outdoor-Firmen als falsch informierte Wirtschaftsakteure dar, die sich in kleinliche Politikspielchen verstrickten. Doch schon bald warben andere Gouverneure um die Unternehmen – in der Hoffnung, die Outdoor Retailer in ihren Bundesstaat zu holen. Die Messe fand schließlich ein neues Zuhause in Denver, wo Colorados Gouverneur John Hickenlooper zusicherte, sich dauerhaft für den Schutz öffentlicher Flächen einzusetzen.

Selbst angesichts dieses Erfolgs zeigte sich Chouinard unzufrieden. Die meisten anderen Unternehmen, die ihren Einfluss genutzt hatten, um die Outdoor Retailer aus Utah zu verlegen, sprangen seiner Meinung nach nur auf den Zug auf, wenn es ihnen politisch opportun erschien. Keines von ihnen engagierte sich jedoch nennenswert finanziell für Umweltzwecke. »Die gesamte Outdoor-Branche wird von Weicheiern geleitet«, ereiferte sich Chouinard. »Keiner von denen übernimmt Verantwortung. Sie saugen die Outdoor-Ressourcen aus und geben nichts zurück.«[166] Während andere CEOs der Branche befürchteten, einen zu konfrontativen Kurs zu fahren oder konservative Kunden zu vergraulen, war Chouinard verärgert darüber, dass die Gruppe nicht weitergegangen war. »Warum sollten wir uns diesen proletenhaften Wählern und republikanischen Politikern beugen?«, fragte er. »Das Beste, was man dabei erreichen kann, ist ein Kompromiss, und der löst nie ein Problem.«

Chouinard sollte bald zeigen, wie weit er bereit war zu gehen. Im Dezember 2017 kündigte Trump offiziell an, mehrere National Monuments drastisch zu verkleinern, darunter auch Bears Ears. Sollte Trumps Plan umgesetzt werden, würde Bears Ears um 85 Prozent schrumpfen – mehr als 400 000 Hektar Land wären betroffen. Ein weiteres Schutzgebiet in Utah, Grand Staircase-Escalante, sollte halbiert werden. Trump stellte die Entscheidung als Maßnahme dar, um die Macht des Bundes einzudämmen. »Manche Leute glauben, dass die natürlichen Ressourcen Utahs von ein paar abgehobenenBürokraten in Washington kontrolliert werden sollten«, erklärte er. »Und wisst ihr was? Sie liegen falsch.«[167] Doch es ließ sich kaum verbergen, wer wirklich von dem Plan profitieren würde: Die Lobby der fossilen Brennstoff- und Bergbauindustrie stand bereits in den Startlöchern, bereit, das Land für Öl- und Gasbohrungen sowie den Abbau von Mineralien auszubeuten.

Im Bewusstsein dessen, was bevorstand, setzte Patagonia einen Plan in Bewegung, an dem das Unternehmen im Stillen gearbeitet hatte: Es bereitete eine Klage gegen den Präsidenten vor. Gemeinsam mit der Kanzlei Hogan Lovells wurden erste Klageschriften entworfen, die Strategie festgelegt und die konsequente Umsetzung mit Nachdruck vorangetrieben. Gerichtsdokumente wurden geprüft, und das juristische Team des Unternehmens schaltete sich in eine Dringlichkeitskonferenz mit Anwälten in Washington ein. Kenna bereitete derweil eine umfassende Medienoffensive vor, und das Grafikdesign-Team machte sich bereit, seinen Beitrag zu leisten, denn Patagonia stand vor der bislang riskantesten Aktion seines Aktivismus.

Als erster Schritt wurden die Website und die Social-Media-Kanäle des Unternehmens grundlegend überarbeitet. Bilder von Sportlern und Ausrüstung wichen einer eindringlichen Botschaft vor schwarzem Hintergrund: »Der Präsident hat Euch Euer Land gestohlen.«

Kurz darauf zog Patagonia vor Gericht. In Zusammenarbeit mit einer Handvoll lokaler Umweltgruppen verklagte das Unternehmen Trump, Innenminister Ryan Zinke, den Landwirtschaftsminister, den Direktor des Amtes für Landverwaltung und den Leiter des Forstdienstes vor einem US-Bezirksgericht in Washington. Die Klage basierte auf einer klaren Prämisse: Der Antiquities Act von 1906 gab Präsidenten zwar die Befugnis, Gebiete zu National Monuments zu erklären, gewährte ihnen jedoch nicht die Befugnis, diese zu verkleinern.

Allein die Klage gegen den Präsidenten wäre schon ein bemerkenswerter Schritt gewesen. Doch nur wenige Stunden nach Trumps Ankündigung, füllte sich die Luft über Ventura mit Rauch. Ein Buschfeuer war in der Nähe von Santa Paula ausgebrochen, und heiße, trockene Santa-Ana-Winde verwandelten es rasch in einen Flächenbrand. Der Patagonia-Campus leerte sich, die Stadt wurde evakuiert, und die Mitarbeiter flohen. Einige versuchten noch, in letzter Minute Wertgegenstände aus ihren Häusern zu retten, während die Flammen auf dicht besiedelte Gebiete zurasten. Unter den von der Feuerwalze Bedrohten war auch Marcario selbst. Als sie auf dem Highway 101 fuhr, sah sie, wie das Feuer Ventura einkreiste, und erkannte, dass sie sich nicht nur auf einen Rechtsstreit einstellen musste, sondern gleichzeitig mit einer humanitären Krise in ihrem Unternehmen konfrontiert sein würde.

Patagonia hatte für diesen Fall einen Plan entwickelt, inspiriert durch Malindas Besuch in der Walmart-Zentrale in Bentonville. Dort hatte sie erfahren, was ein Unternehmen für seine Mitarbeiter in einer Katastrophensituation leisten kann. Sie hatte darauf bestanden, dass auch Patagonia vorbereitet sein müsse. Über Nacht erhielten die Mitarbeiter die Anweisung, zu Hause zu bleiben. Für alle, die evakuiert werden mussten, übernahm das Unternehmen die Hotelkosten. Eine Notbesetzung blieb auf dem Firmengelände und bekämpfte kleinere Brände, die durch Glut entfacht wurden, die in der Nähe der Bürogebäude niederfiel. »Es regnete Asche«, erinnerte sich Marcario. »So etwas habe ich noch nie erlebt.«[168]

Während sich das Feuer weiter nach Norden ausbreitete, eskalierte der öffentliche Schlagabtausch zwischen Chouinard und Trumps Team. Chouinard, der sich selten in den Medien äußerte, nutzte einen Auftritt bei CNN, um Trump scharf zu kritisieren: »Diese Regierung ist böse, und ich werde nicht tatenlos zusehen, wie das Böse triumphiert.«

Zinke konterte prompt und forderte Patagonia auf, sich auf seine wesentlichen Aufgaben zu konzentrieren: »Sie sollten daran arbeiten, die Produktion zurück in dieses Land zu holen, anstatt die Öffentlichkeit über den Verlust von Schutzgebieten anzulügen«, erklärte er dem Sender Fox Business Network. Auch der Ausschuss für natürliche Ressourcen des Repräsentantenhauses schaltete sich ein: »Patagonia lügt euch an«, hieß es auf Twitter. »Ein Konzernriese, der unsere Debatte über Schutzgebiete kapert, um mehr Produkte an wohlhabende, elitäre Stadtbewohner von New York bis San Francisco zu verkaufen.« Kurz darauf kursierte der Hashtag #BoycottPatagonia in den sozialen Medien.

Während Patagonia und Trumps Unterstützer sich gegenseitig mit Sticheleien überzogen, wurde das Thomas Fire zu einem der größten Waldbrände in der jüngeren Geschichte Kaliforniens. Über einen Monat lang wütete das Feuer, zerstörte mehr als tausend Gebäude und zwang rund 100 000 Menschen zur Evakuierung. Die Innenstadt von Ventura und der Patagonia-Campus blieben verschont, doch fünf Mitarbeiter verloren ihre Häuser. Für Marcario war die Verbindung zwischen den Bränden, den umfassenderen Bedrohungen für den Planeten und Trump unübersehbar: »Diese Katastrophen sind Folgen des Klimawandels, und sie werden noch schlimmer werden«, sagte sie. »Wir haben eine Regierung, die das vollkommen ignoriert.«

Bears Ears war ein Wendepunkt für Patagonia. Das Unternehmen verstand sich zwar als Hersteller hochwertiger Ausrüstung, doch letztendlich war es ein Unternehmen von Aktivisten. Mit dieser klareren Selbstwahrnehmung entschied sich Chouinard, die Kernbotschaft von Patagonia zu überdenken. Über Jahre hinweg lautete sie unverändert: »Das beste Produkt herstellen, keinen unnötigen Schaden verursachen und durch unternehmerisches Handeln Lösungen für die Umweltkrise finden und umsetzen.« Nun schien etwas Einfacheres, Direkteres und zugleich Ambitionierteres angebracht. Im Jahr 2018 fand Chouinard die passende Formulierung: »Wir sind im Geschäft, um unseren Heimatplaneten zu retten.«

Es war die bisher präziseste Formulierung des eigentlichen Anliegens des Unternehmens. Es reichte nicht mehr aus, lediglich die negativen Auswirkungen des Geschäftsbetriebs zu minimieren. Stattdessen, so überraschend es auf den ersten Blick erscheinen mochte, war der eigentliche Zweck von Patagonias Produktentwicklung der Schutz des Planeten.

Stanley gehörte zu denjenigen, die anfangs Bedenken äußerten. »Ich war zunächst skeptisch«, sagte er. »Ich dachte, das klingt in der Tat sehr ambitioniert. Die Botschaft mag die Werte unseres Unternehmens widerspiegeln, aber ist sie wirklich von so zentraler Bedeutung?«[169] Vor allem war dieser Leitspruch voller offensichtlicher Widersprüche. Natürlich kämpfte Patagonia für den Schutz der Umwelt. Doch mit jeder Fleecejacke, jedem T-Shirt und jedem Rucksack, den das Unternehmen herstellte, belastete es den Planeten, den es zu retten versuchte. Es verwendete immer noch neue Kunststoffe, die aus fossilen Brennstoffen hergestellt wurden und mitverantwortlich für die globale Erwärmung waren. Einige Produkte enthielten weiterhin PFAS, jene »Ewigkeitschemikalien«, die Grundwasser, Menschen und Tiere belasten. Und die Lieferkette war nach wie vor nicht frei von fragwürdigen Arbeitsbedingungen.

Chouinard jedoch zweifelte nie an sich selbst. Der neue Leitspruch wurde zum Schlachtruf des Unternehmens, zum Maßstab, an dem sich alle großen und kleinen Entscheidungen orientierten. »Manche behaupteten: ›Das ist doch nur eine abgedroschene Floskel. Ihr meint das nicht ernst. Es ist bloß ein Marketing-Gag‹«, erklärte Chouinard zur neuen Unternehmensphilosophie. »Doch dem ist nicht so. Sie hat die gesamte Arbeitsweise der Firma verändert. Wir treffen jede Entscheidung unter der Prämisse, dass sie die richtige für unseren Heimatplaneten ist.«[170]

Wir hatten es nicht leicht

Am 13. März 2020 war Patagonia eines der ersten Einzelhandelsunternehmen, das angesichts der sich verschärfenden COVID-19-Pandemie seine Geschäfte schloss. Alle Filialen wurden sofort dichtgemacht, die Büros geräumt, und auch der E-Commerce-Betrieb sowie das Vertriebszentrum in Reno kamen zum Stillstand. Innerhalb weniger Tage brachen die Verkäufe in Nordamerika vollständig ein. Um liquide zu bleiben, ergriff das Unternehmen Maßnahmen wie Gehaltskürzungen bei der Führungsebene und die vorübergehende Freistellung von 80 Prozent der Angestellten im Einzelhandel.

Andere Einzelhändler öffneten ihre Läden relativ schnell wieder, führten Abstandsregeln ein, verlangten das Tragen von Masken und boten die Abholung vor Ort an. Patagonia hingegen blieb zurückhaltend. Malinda, die das Wohlergehen ihrer Mitarbeiter stets an erste Stelle setzte, wollte keinerlei Risiko für deren Gesundheit eingehen. Dank der umsichtigen Finanzpolitik des

Unternehmens (insbesondere der dauerhaft hohen Barreserven, eine Lehre aus den Entlassungen von 1991) hatte Patagonia die Mittel, um die Krise auszusitzen. »Wir waren eines der ersten Unternehmen, das geschlossen hat, und wir werden wahrscheinlich eines der letzten sein, das wieder vollständig öffnet, aber das ist mir egal«, erklärte Marcario. »Unser oberstes Ziel ist es, alles zu tun, damit unsere Mitarbeiter bestmöglich versorgt sind.«[171]

Neben den Sicherheitsbedenken gab es noch einen weiteren Grund, die Wiedereröffnung der Geschäfte möglichst hinauszuzögern. Während die globale Wirtschaft ins Stocken geriet, erkannte Chouinard eine Art Silberstreif am Horizont. Der Flugverkehr war nahezu zum Erliegen gekommen, es fuhren kaum mehr Autos auf den Straßen, Lieferketten wurden zunehmend unterbrochen. Weltweit kauften die Menschen weniger ein, nutzten weniger Produkte und verbrannten weniger fossile Brennstoffe. Diese spürbare Reduktion menschlicher Aktivitäten wurde als »Anthropause« bezeichnet. Ohne den üblichen Smog, der sich häufig über zahlreiche Metropolen ausbreitete, klarte sogar der Himmel in Nordindien auf, und die Himalaya-Gebirgskette wurde sichtbar, befreit von ihrem sonst allgegenwärtigen Dunst. Natürliche Lebensräume begannen, sich zu erholen, die Lärmbelastung in den Ozeanen nahm ab, und die Qualität von Luft und Wasser verbesserte sich. »Die Natur erholt sich«, verkündete ein beliebtes Meme. Für Chouinard klangen diese Entwicklungen wie Musik in seinen Ohren. Jahrzehntelang hatte er die zunehmend verheerenden Auswirkungen menschlicher Aktivitäten auf den Planeten beklagt. Nun, da die Patagonia-Filialen geschlossen und die Büros leer waren, sah Chouinard eine willkommene Gelegenheit, das Wachstum, das das Unternehmen in den vergangenen Jahren genossen hatte, auf natürliche Weise zu bremsen.

Als Patagonia Monate nach vielen seiner Konkurrenten langsam den Arbeitsalltag wieder aufnahm, wurden neue Sicherheitsmaßnahmen eingeführt. Etwa die Hälfte der üblichen Belegschaft war im Vertriebszentrum in Reno beschäftigt, alle trugen dort Handschuhe und Mundschutzmasken, und die Räumlichkeiten wurden regelmäßig desinfiziert. Das Unternehmen machte die COVID-Impfung für seine Mitarbeiter zur Pflicht. Doch bevor im Büro wieder so etwas wie Normalität einkehren konnte, wurde Patagonia – wie viele andere US-Unternehmen auch – durch den gewaltsamen Tod von George Floyd und die daraufhin entstandenen gesellschaftlichen Spannungen erschüttert.

Floyd, ein unbewaffneter Afroamerikaner, war in Minneapolis, Minnesota, von einem Polizisten am helllichten Tag getötet worden. Das Video des Vorfalls verbreitete sich rasch im Internet und löste landesweite Proteste aus. Während Demonstranten auf die Straße gingen und die Black-Lives-Matter-Bewegung neue Dynamik gewann, veröffentlichten viele große Marken hastig Erklärungen, um der Black Community ihre Unterstützung zuzusagen. Auch Patagonia bezog Stellung: »Wir schließen uns denen an, die in Trauer und Wut gegen den systemischen Rassismus, der unser Land durchdringt, den Namen George Floyd rufen«, erklärte das Unternehmen. »Wir stehen in Solidarität mit Afroamerikanern und Menschen anderer Hautfarbe, einschließlich unserer Kollegen und ihrer Familien. Und wir rufen die Wirtschaft dazu auf, gemeinsam mit der Regierung und der Zivilgesellschaft entschlossen gegen Rassismus vorzugehen.«[172]

Es war eine unverbindliche Erklärung, eine jener austauschbaren Plattitüden, wie sie zu jener Zeit von vielen Unternehmen veröffentlicht wurden. Und für die wenigen afro-amerikanischen Mitarbeiter von Patagonia und ihre Unterstützer war diese Aussage bei Weitem nicht ausreichend. In solchen allgemeinen Beileidsbekundungen und dem Fehlen konkreter Maßnahmen spiegelte sie aus ihrer Sicht die schwierige Beziehung des Unternehmens zu People of Color wider. Leah Thomas, eine afroamerikanische Mitarbeiterin aus der Marketingabteilung von Patagonia, die während der Pandemie freigestellt worden war, kritisierte die Reaktion als viel zu dürftig und viel zu spät kommend. Schon vor George Floyds Tod, so berichtete sie, habe sie wiederholt versucht, das Unternehmen dazu zu bewegen, sich in Fragen ethnischer Gerechtigkeit klar zu positionieren, jedoch ohne Erfolg. »Ich hatte das Gefühl, dass Menschen, mit denen ich mich für den Schutz von Lachsen und anderen bedrohten Arten eingesetzt hatte, nicht dieselbe Dringlichkeit spürten, wenn es um bedrohte afro-amerikanische und andere marginalisierte menschliche Schicksale ging.«[173]

Diese Argumentation war schwer zu entkräften. Zum einen gab es bei Patagonia kaum afroamerikanische Mitarbeiter. Klettern, Surfen und Skifahren sind zudem keine Sportarten, die dafür bekannt sind, ein vielfältiges Publikum anzuziehen, geschweige denn, es zu integrieren. Die Belegschaft des Unternehmens spiegelte diese Homogenität wider. Die meisten Mitarbeiter in der Zentrale entsprachen demselben Profil: jung bis mittelalt, weiß, naturverbunden, liberal, mit einer entspannten Ausstrahlung, die zwar locker wirkte, wenn man dazugehörte, für Außenstehende jedoch leicht einschüchternd oder abweisend sein konnte. Dean Carter, der frühere Leiter der Personalabteilung, erinnerte sich daran, wie er an seinem ersten Arbeitstag von Chipper Bro Bell zusammen mit einer Gruppe neuer Kolleginnen und Kollegen zum Surfen am Strand von Ventura eingeladen wurde. Carter war begeistert: Er erlebte eine idealisierte Version des Berufslebens und sah Chouinards Versprechen erfüllt, seinen Mitarbeitern Zeit zum Surfen einzuräumen. Doch während Carter eine Welle ritt, fiel ihm eine neue Kollegin auf – eine junge afroamerikanische Frau, die allein am Strand saß. Er paddelte zurück und fragte sie, warum sie nicht mit den anderen ins Wasser ging. Ihre ernüchternde Antwort lautete: »Ich kann nicht schwimmen.«[174]

Es war nicht nur die reguläre Belegschaft, der es an Diversität mangelte. Auch in den Führungsetagen des Unternehmens waren Afroamerikaner auffällig unterrepräsentiert. In den Katalogen von Patagonia waren über Jahre hinweg kaum Menschen mit nicht-weißer Hautfarbe zu finden. Die mangelnde Diversität war auch ein Problem, wenn es darum ging, afroamerikanische Mitarbeiter davon zu überzeugen, sich in einer verschlafenen Surferstadt niederzulassen. »Wir hatten es nicht leicht, unsere afroamerikanischen Mitarbeiter in Ventura zu halten, weil es dort keine Black Community gibt«, sagte Carter. »Sie kamen und zogen nach einiger Zeit wieder weg.«

All diese Themen traten in den Monaten nach George Floyds Tod unübersehbar zutage. Das Unternehmen begann, sein langjähriges privilegiertes Selbstverständnis kritisch zu hinterfragen und unangenehme Wahrheiten über bisherige Versäumnisse zu erkennen. »Wir hatten nach George Floyd wirklich eine schwierige Zeit«, sagte Carter. »Es fiel uns schwer, einzugestehen, dass die Sportarten, die wir unterstützten, eine gewisse Privilegiertheit mit sich brachten. Surfen etwa, obwohl es seinen Ursprung in Südamerika hat, war in den USA bis zu einem gewissen Grad ein elitärer Sport. Man brauchte ein Surfbrett, Zugang zu einem Strand und musste schwimmen können.«

Das Unternehmen bemühte sich, seine Versäumnisse einzugestehen, als die Unzufriedenheit unter den Mitarbeitern wuchs, und veröffentlichte eine neue, selbstkritische Stellungnahme: »Die wenigen Worte, die wir bisher geäußert haben, waren unzureichend und konnten den Schmerz unserer Kolleginnen und

Kollegen anderer Ethnien sowie unserer Partner in der Outdoor-Community nicht erfassen. Die Black-Lives-Matter-Bewegung hat eine Auseinandersetzung mit der tief verwurzelten Rassenungerechtigkeit um uns herum erzwungen und unsere Verstrickungen offengelegt. Wir sind ein weiß geführtes Outdoor-Unternehmen, das von Freizeitaktivitäten auf gestohlenem indigenen Land lebt, das noch immer nicht für alle sicher ist. Die vergangenen Monate haben gezeigt, wie viel mehr wir tun müssen, um unseren Werten als aktivistisches Unternehmen gerecht zu werden.«[175]

Die Unruhe endete nicht mit der Auseinandersetzung um Black Lives Matter. Mitten in der Pandemie kündigte Marcario überraschend. Das traf das Unternehmen völlig unvorbereitet. Niemand wusste, wer die zukünftige Geschäftsführung nun übernehmen könnte. Gemeinsam versuchten Marcario und die Chouinards, die Geschichte so zu drehen, als sei ihr plötzlicher Rücktritt von langer Hand geplant gewesen. »Das war eine gemeinsame Entscheidung«, erklärte Marcario. »Irgendwann muss der Schüler den Meister verlassen.«[176]

Tatsächlich war die Sachlage aber doch komplizierter. Insider berichten, dass Marcario letztlich wegen des enormen Drucks durch die Pandemie, persönlichen Herausforderungen und einer zunehmend angespannten Beziehung zur Familie Chouinard zurücktrat. Die Chouinards waren von Marcarios Entscheidung enttäuscht und gingen die Situation nicht besonders diplomatisch an. Als Marcario Malinda darauf ansprach, wann der Rücktritt am besten erfolgen solle, soll diese trocken geantwortet haben: »Wie wäre es mit Freitag?«

Es wurde zwar eine Interimslösung gefunden, und die Familie begann mit der Suche nach einer neuen Geschäftsführung, doch praktisch gesehen war das Unternehmen monatelang führungslos, während es versuchte, sich von der Pandemie zu erholen. In einem börsennotierten Unternehmen wäre ein solches Chaos undenkbar gewesen. Doch bei Patagonia war es eben so: Die Zukunft hing in der Schwebe, während die Chouinards versuchten, einen neuen Kurs zu finden. Darunter litt die Stimmung in der Belegschaft, Innovationen kamen zum Stillstand, und eine ganze Reihe langjähriger Mitarbeiter verließ das Unternehmen. Zwar erfüllte sich Chouinards Wunsch nach sinkenden Umsätzen, doch das Unternehmen nahm nachhaltigen Schaden. Es sollte Jahre dauern, bis sich Patagonia davon erholte.

Monate nach Marcarios Weggang einigte sich der Vorstand schließlich auf einen festen Nachfolger: Ryan Gellert, ein Veteran der Outdoor-Branche, erfahrener Snowboardfahrer und Kletterer, der die europäischen Aktivitäten des Unternehmens leitete und sich ebenfalls ernsthaft für den Umweltschutz engagierte. In Europa hatte er sich für den Schutz des Flusses Vjosa in Albanien eingesetzt, eine Reihe geplanter Wasserkraftwerke verhindert und damit den letzten frei fließenden Fluss Europas erhalten. Gellerts Aufstieg brachte zumindest ein gewisses Maß an Stabilität für das Unternehmen, doch weitere Veränderungen standen bevor.

Ihren fairen Anteil zahlen

Mit einem neuen Leitbild und dem festen Ziel, sich weiterhin im Widerstand gegen Trump zu engagieren, startete Patagonia eine Welle von zunehmend parteiischem politischem Aktivismus. Im Jahr 2020 ging ein Twitter-Post viral, der den Innenbund einer neuen Stand Up Shorts zeigte. Auf der Rückseite des Etiketts war eine schlichte Botschaft aus vier Worten eingenäht: »Vote The Assholes Out« (Wählt die Arschlöcher ab).

Dieser subversive Hinweis wurde zunächst ohne Wissen oder Zustimmung der Unternehmensleitung vorgenommen. Eine Gruppe rebellischer Designer hatte den Text eigenmächtig auf die Etiketten einfügen lassen, und die Änderung schaffte es unbemerkt durch die Lieferkette. Die Führung erfuhr davon erst, als ein Journalist anrief und um eine Stellungnahme bat, nachdem er den viralen Tweet gesehen hatte. In anderen Unternehmen hätte so etwas wahrscheinlich Konsequenzen bis hin zur Kündigung nach sich gezogen. Doch bei Patagonia, wo vom CEO bis zur Näherin alle weitgehend auf derselben Wellenlänge waren, wurde die Aktion mit Humor aufgenommen. Die »Arschlöcher« waren, falls es nicht ohnehin offensichtlich war, jene Politiker, die die wissenschaftlichen Erkenntnisse zum Klimawandel leugneten und Bemühungen zur Verbesserung der Umwelt blockierten. Die nächsten US-Präsidentschaftswahlen standen kurz bevor, und als Chouinard von der eigenmächtigen Aktion erfuhr, reagierte er begeistert: »Das finde ich großartig. Ich bräuchte die Hose bitte sie in Größe 48.«[177]

Nachdem Patagonia die Auswirkungen der Pandemie überstanden hatte, geriet das Unternehmen in eine Auseinandersetzung mit republikanischen Politikern, die auf Steuererleichterungen drängten. Als die Trump-Regierung eine massive Reform der Unternehmenssteuern verabschiedete, konnte auch Patagonia, wie die meisten Unternehmen, von einem finanziellen Vorteil profitieren. Über Nacht sank die Steuerlast des Unternehmens um geschätzte 10 Millionen Dollar. Für die meisten Firmen wäre das ein Grund zum Feiern gewesen. Doch der neue CEO, Ryan Gellert, war außer sich. In einer Reihe von Social-Media-Beiträgen forderte er die Regierung auf, den Unternehmenssteuersatz zu erhöhen. »Unternehmen müssen ihren fairen Anteil zahlen«, erklärte er und betonte, dass Patagonia »bereit sei, einen höheren Unternehmenssteuersatz zu entrichten«, um »Investitionen in den Klimaschutz« zu finanzieren.[178]

Doch Gellert beließ es nicht dabei. Er nahm auch führende Köpfe anderer Unternehmen ins Visier und warf ihnen Heuchelei vor. In einem Beitrag vom November 2021 mit dem Titel »Corporate America: Hört auf, euch hinter der Handelskammer und den Lobbys zu verstecken« übte er scharfe Kritik an großen Unternehmen, die sich öffentlich für hehre soziale Initiativen – insbesondere den Kampf gegen den Klimawandel – einsetzten, während sie gleichzeitig Handelsgruppen unterstützten, die den Status quo aufrechterhielten. »Viel zu viele Unternehmensführer sagen in Sachen Klimaschutz genau das Richtige, verstecken sich aber hinter Wirtschaftsverbänden, die bedeutende Klimaschutzgesetze torpedieren«, erklärte er.

Zu dieser Zeit arbeitete die Biden-Regierung (Joe Biden hatte im Herbst 2020 die Präsidentschaftswahlen gewonnen) daran, das »Build Back Better«-Programm zu verabschieden, das eine Erhöhung der Unternehmenssteuern vorsah, um die zusätzlichen Einnahmen in Maßnahmen zur Reduzierung gefährlicher klimaschädlicher Emissionen zu investieren. Während viele CEOs diese Bemühungen öffentlich unterstützten, setzten einige ihrer Wirtschaftsverbände, darunter die Handelskammer und der Business Roundtable, hinter den Kulissen alles daran, das Gesetz wegen der Steuererhöhungen zu blockieren. Diese Organisationen, so Gellert, »haben daran gearbeitet, dieses historische Gesetz zu verzögern und zu schwächen, und Millionen ausgegeben, um gemäßigte Abgeordnete unter Druck zu setzen, gegen den Planeten zu stimmen«.

Gellert äußerte besonders scharfe Kritik an CEOs, die ein doppeltes Spiel treiben würden. »Diese CEOs sprechen gerne öffentlich über ihre Ambitionen, ›klimaneutral‹ zu werden, darüber, ein ›regeneratives‹ Unternehmen zu schaffen, oder über ihren Fokus auf ›gerechte Klimaschutzmaßnahmen‹«, sagte er. »Hinter verschlossenen Türen spielen sich jedoch ganz andere Dinge ab. Diese Unternehmen nutzen ihre Ressourcen und die Macht ihrer Marke, um ihre Gewinne zu sichern. Diese Heuchelei ist schlecht fürs Geschäft. Sie ist schlecht für uns alle.«

Als Gellert in die Offensive ging, reduzierte Patagonia auch seine Geschäftsbeziehungen zu einigen ideologischen Gegnern. Das Unternehmen war lange Zeit als »Patagucci« verschrien, ein spöttischer Begriff, der sowohl auf die hohen Preise als auch auf die Beliebtheit bei stilbewussten Großstädtern anspielte. Jahrelang hatte man gute Geschäfte mit dem Versand von Markenartikeln an Wall-Street-Firmen gemacht. Hedgefonds, Private-Equity-Firmen und Banken zahlten einen Aufpreis für Großbestellungen von Synchilla-Jacken und Nano-Puff-Westen, auf denen neben dem ikonischen Patagonia-Label das eigene Logo aufgestickt war. Die Westen waren in Manhattan so allgegenwärtig, dass der typische Look der Finanzbroker – Anzughose, blaues Hemd und eine Patagonia-Weste – als »Midtown Uniform« bezeichnet wurde. Auf einem Instagram-Account, der 114000 Follower verzeichnete, wurden zahlreiche Beispiele dokumentiert. Viele dieser Westen hatten eine relativ kurze Lebensdauer. Mitarbeiter, die sie am ersten Arbeitstag erhielten, entsorgten sie, wenn sie zu einem neuen Job wechselten, was die Führungskräfte von Patagonia verärgerte. Sie wollten Produkte herstellen, die lange hielten, und nicht solche, die während eines Sommerpraktikums verteilt und dann weggeworfen wurden. Wie konnte das Unternehmen hinter der »Kaufen Sie diese Jacke nicht«-Werbung auch Einwegwesten für Wall-Street-Praktikanten herstellen? Das ging nicht, also stellte das Unternehmen sein Co-Logo-Programm ein und reduzierte seine Verkäufe an Finanz- und Tech-Unternehmen.

Kurz darauf trennten sich die Führungskräfte von Patagonia von einem weiteren wichtigen Kunden. Im Jahr 2021 veranstaltete die Familie, der das Jackson Hole Mountain Resort gehörte – ein beliebtes Skigebiet in Wyoming und unweit von Chouinards Wohnort – eine Spendengala der Republikaner. Zu den Gästen zählten Marjorie Taylor Greene und Jim Jordan, zwei der radikalsten rechten Abgeordneten der Partei. Als Patagonia davon erfuhr, entschied sich das Unternehmen, seine Produkte aus dem Resort, seinem größten Einzelhändler in der Region, zurückzuziehen. Der Umsatzeinbruch in einer der bekanntesten Ferienregionen des Landes spielte keine Rolle. Patagonia wollte nicht mit einer Familie Geschäfte machen, die Geld für die extreme Rechte sammelte.

All diese entschlossenen politischen Aktivitäten schadeten dem Ruf von Patagonia offenbar nicht. Selbst als das Unternehmen die Republikaner ins Visier nahm, behielt es eine breite, parteiübergreifende Unterstützung. Laut einer jährlichen Umfrage von Axios und Harris Poll wurde Patagonia sowohl 2021 als auch 2023 zur beliebtesten Marke der Vereinigten Staaten gewählt. Es genoss das Vertrauen von Demokraten und Republikanern gleichermaßen und übertraf dabei Branchenriesen wie Apple, Amazon und Costco.

Patagonias immer deutlichere politische Ausrichtung war eine Reaktion auf eine außergewöhnliche Situation in der Politik. Doch wie Kenna erklärte, ging es diesem unternehmerischen Aktivismus nicht unbedingt darum, Republikaner oder Demokraten zu unterstützen. Vielmehr setze man sich für Positionen ein, die dem Umweltschutz dienlich seien. »Wir werden unser Unternehmen weiterhin nutzen, um für politische Maßnahmen einzutreten, die unseren Planeten schützen, nachhaltigkeitsorientierte Gemeinschaften fördern und eine starke Demokratie unterstützen«, sagte sie.[179]

Fast 50 Jahre nach seiner Gründung war Patagonia politischer denn je. Das zeugte von Chouinards anhaltendem Bekenntnis zu seinen Werten und seinem Glauben daran, dass Aktivismus etwas bewirken kann. Doch während die Auseinandersetzungen mit der Trump-Regierung an Schärfe gewannen, wurde immer deutlicher, dass noch größere Herausforderungen bevorstanden. Angesichts der Bedrohung unseres Planeten und der ungebremsten Konsumkultur wollte Chouinard sicherstellen, dass Patagonia auch für die nächsten 50 Jahre gerüstet ist. Der Gründer befand sich erneut in einer Phase der disruptiven Veränderung. Patagonia würde sich wieder wandeln, auch wenn die Mitarbeiter – und der »Dirtbag Billionaire« selbst – noch nicht genau wussten, wie. Es war an der Zeit, Veränderungen anzustoßen, allein um Bewegung in festgefahrene Strukturen zu bringen. Und dieses Mal sollte das zu den tiefgreifendsten Veränderungen in der Geschichte des Unternehmens führen.

KAPITEL 10
ALLES WIRD VERSCHENKT

Ich habe keine Milliarde Dollar auf dem Konto

Während Tompkins' Familie um seinen Nachlass stritt und Patagonia mit den Herausforderungen der Pandemie kämpfte, sah sich der über 80-jährige Chouinard mit der komplizierten Realität seines wachsenden Vermögens konfrontiert. Im Jahr 2017 nahm ihn das Magazin *Forbes* erstmals in seine jährliche Liste der Milliardäre auf. Für viele Geschäftsleute wäre die Aufnahme in diese prestigeträchtige Rangliste eine Auszeichnung gewesen. Für Chouinard jedoch war es ein Albtraum. Der Herumtreiber, der stets eine Abneigung gegen schmierige Geschäftsmänner gehegt hatte, wurde plötzlich als einer der mächtigsten Wirtschaftsmogule gefeiert. »Das hat mich wirklich, wirklich wütend gemacht«, sagte er, als er von der Platzierung erfuhr. »Ich habe keine Milliarde Dollar auf dem Konto. Ich fahre keinen Lexus.«[180] Verärgert lief Chouinard durch das Büro und forderte eine Lösung, um die Einstufung rückgängig zu machen. »Nehmt mich von dieser Liste!«, wiederholte er gegenüber jedem, der ihm zuhörte. »Ich hasse diese Liste!«[181]

Die Veröffentlichung der *Forbes*-Rangliste ließ ihn nicht zur Ruhe kommen. Für Chouinard war es akzeptabel, Gewinne zu erzielen, solange sie dem Unternehmen und seinem Engagement zugutekamen. Doch der Gedanke, als jemand wahrgenommen zu werden, der Reichtümer anhäuft, widerstrebte ihm zutiefst. Er fasste den Entschluss, um jeden Preis von dieser Liste zu verschwinden. Milliardär zu werden hatte nie zu seinen Lebenszielen gehört, und er wollte auch nicht als solcher sterben. Sollte dies drastische Maßnahmen für das Unternehmen erfordern, war er bereit, diesen Weg zu gehen.

Die Pandemie verlieh Chouinards Mission dann neue Dringlichkeit. Mit jedem weiteren Jahr tauchte er weiterhin auf der *Forbes*-Liste auf, und mit dem zunehmenden Erfolg von Patagonia stieg auch sein Vermögen – sehr zu seinem Ärger – weiter an. Schließlich wandte er sich im Jahr 2020 an seinen engsten Kreis und stellte ein Ultimatum: Entweder sie fanden einen Weg, ihn von dieser Liste zu streichen, oder er würde es selbst in die Hand nehmen.

An einem Tag im Februar 2021 lud Chouinard den CEO Ryan Gellert in sein Haus in Ventura ein und drohte, das Unternehmen zu verkaufen. »Ich schwöre bei Gott, wenn ihr nicht bald etwas unternehmt, nehme ich mir die *Forbes*-Liste der Milliardäre und beginne, mir die Leute persönlich vorzunehmen«, sagte er.[182] Gellert war noch recht neu in seinem Job, aber er erkannte schnell, dass sein Chef es ernst meinte.

Während Chouinard über Möglichkeiten nachdachte, die ihn von der Last befreien könnten, ein milliardenschweres Unternehmen zu besitzen, wandte er sich an Charles Conn, einen erfolgreichen Unternehmer und Manager, der auch im Vorstand von Patagonia saß. Conn und Chouinard hatten sich vor 20 Jahren auf einem Angeltrip kennengelernt. Conn und Chouinard hatten sich vor zwanzig Jahren auf einem Angeltrip kennengelernt. Als sie damals ihr Lager erreichten, regnete es in Strömen, und Chouinard wollte sich gerade unter einem Truck zusammenrollen und schlafen. Conn bot ihm an, das Zelt zu teilen – seitdem waren sie befreundet. Einige Jahre später, während sie hüfthoch in einem argentinischen Fluss standen und fliegenfischten, fragte Conn Chouinard, was mit Patagonia geschehen würde, wenn er eines Tages sterbe. »Nun«, sagte Chouinard, »dann müssen wir das Unternehmen schließen, denn ich traue niemandem genug, um es weiterzuführen.«[183] Auf der Suche nach akzeptableren Alternativen zogen Gellert und Conn Patagonias Justiziarin Hilary Dessouky und ihren Stellvertreter Greg Curtis hinzu. Diese Gruppe sollte Chouinard dabei helfen, eine Lösung für die Zukunft des Unternehmens zu finden.

Von Anfang an war klar, dass es für ein solches Problem keine offensichtlichen Lösungen gab. Conn brachte dies in einem Memo auf den Punkt, in dem er seine Überlegungen zur Situation zusammenfasste. »Hier sind Ihre Optionen«, schrieb er. »Keine davon ist ideal.« Während Conn, Gellert, Dessouky und Curtis verschiedene Optionen prüften, führten sie eine Reihe von Gesprächen mit Chouinards Familie. Mit der Zeit kristallisierten sich einige übergeordnete Prioritäten heraus, die als Grundlage für das weitere Vorgehen dienten.

- Patagonia musste weiterbestehen, trotz Chouinards früherer Drohung, das Unternehmen einfach zu schließen. Die Firma, mit all ihren Eigenheiten, Kuriositäten und Schwächen, sollte aus jeder Veränderung mehr oder weniger als das unabhängige Unternehmen hervorgehen, das es immer gewesen war. Es durfte nicht passieren, dass irgendein Konzern Patagonia schluckte und Stück für Stück auseinandernahm. Die Firma hatte nun schon mehr als 50 Jahre überdauert und verdiente die Chance, weitere 50 Jahre zu bestehen.
- Ein größerer Anteil der Gewinne, die mittlerweile über 100 Millionen Dollar jährlich betrugen, sollte Umweltprojekten zugutekommen. 1 Prozent des Umsatzes zu spenden, war ein guter Anfang. Die Chouinards hatten bereits einen erheblichen Teil ihres persönlichen Einkommens in Projekte zur Landbewahrung in Südamerika und anderswo gesteckt. Doch Chouinard wollte mit der kommenden Veränderung etwas Größeres erreichen: die philanthropischen Bemühungen deutlich ausbauen und möglichst viel Geld an Aktivisten und Naturschützer auf der ganzen Welt weitergeben.
- Welche Lösung das Team auch immer finden würde, sie musste so umgesetzt werden, dass die Familie in der Öffentlichkeit weniger in den Vordergrund rückte und die Privatsphäre von Fletcher und Claire Chouinard sowie ihrer Kinder geschützt wurde. Die Chouinards hatten kein Interesse daran, ihren Ruf durch eine Stiftung mit ihrem Namen aufzupolieren oder eine Universität zu unterstützen. Und ihre Kinder wollten das Unternehmen nicht erben, kein riesiges Vermögen besitzen und schon gar nicht berühmt werden.

Über diese drei vorrangigen Zielsetzungen hinaus rückten noch einige weitere Anforderungen in den Fokus. Um die Unabhängigkeit Patagonias zu bewahren und gleichzeitig die Chouinards von ihrem Vermögen zu befreien, musste ein kreativer Ansatz für den Umgang mit dem Unternehmenskapital gefunden werden. Die Familie besaß zwar alle Anteile des Unternehmens – mit einem geschätzten Wert von rund 3 Milliarden US-Dollar –, wollte diese jedoch weder behalten noch an Dritte abgeben. Dies machte einen herkömmlichen Verkauf des Unternehmens praktisch unmöglich. Es musste eine Alternative geben.

Dies war ein wesentlicher Teil des zu lösenden Problems für den es keine offensichtliche Lösung gab. »Was alle anderen auf der Welt motiviert, motiviert die Chouinards nicht«, konstatierte Curtis. »Es ist ihnen einfach egal.«

Gleichzeitig wollten die Chouinards weiterhin mit Patagonia verbunden bleiben. Sie hatten kein Interesse daran, die Unternehmensanteile zu behalten, die sie zu Milliardären gemacht hatten. Aber sie erwarteten, auch in Zukunft eine enge Beziehung zum Unternehmen zu pflegen. Fletcher und Claire arbeiteten weiterhin Vollzeit bei Patagonia. Chouinard und Malinda hielten sich noch immer regelmäßig im Büro auf. Alle vier saßen im Vorstand. Patagonia war das das Einzige, was sie wirklich kannten. Ein abrupter Rückzug wäre sowohl für die Familie als auch für das Unternehmen befremdlich gewesen.

Zudem war klar: Was auch immer geschehen sollte, es musste bald geschehen. Chouinard war für sein Alter noch erstaunlich vital, aber er wollte nicht sterben, ohne eine Lösung gefunden zu haben. Zu vieles bliebe sonst offen – und, noch wichtiger, das würde seiner Ansicht nach Patagonias Integrität gefährden.

Mit diesen Vorgaben im Blick machte sich das Team an die Arbeit. Ab Anfang 2021 trafen sich Conn, Gellert, Dessouky und Curtis alle zwei Wochen, um verschiedene Optionen zu prüfen und mögliche Szenarien zu entwickeln. Sie tauschten Ideen aus und präsentierten gelegentlich handgezeichnete Skizzen mit möglichen Strategien. Wie bei sensiblen Unternehmensprojekten üblich, erhielt das Vorhaben einen Codenamen: »Projekt Chacabuco«, in Anlehnung auf das unberührte Tal in Chile, das die Chouinards und die Tompkins vor Jahrzehnten gemeinsam unter Schutz gestellt hatten. Die Beratungen waren streng vertraulich, und selbst langjährige Insider wie Ridgeway und Stanley wussten nicht, was geplant wurde.

Die Geschwister Chouinard waren jedoch einbezogen, und ihre Sichtweise würde von entscheidender Bedeutung sein. Im Laufe der Jahre hatte Chouinard die stimmberechtigten und nicht stimmberechtigten Anteile von Patagonia zwischen sich selbst und Malinda sowie Fletcher und Claire aufgeteilt. Beide arbeiteten mittlerweile im Unternehmen: Fletcher leitete das Surfboard-Geschäft FCD, während Claire in der Designabteilung tätig war. Beide waren in ihren 40ern und hatten eigene Familien. Es wäre verständlich gewesen, wenn sie sich aufgrund ihrer langjährigen Verbindung zum Unternehmen finanzielle

Vorteile oder sogar die spätere Übernahme von Patagonia erhofft hätten. Doch keiner von beiden hatte solche Ambitionen. Die Chouinard-Kinder verstanden nicht nur die Vision ihrer Eltern, sie teilten sie auch. »Meine Kinder wollten das Unternehmen nicht besitzen«, sagte Chouinard. »Beide stehen einer öffentlichen Rolle mit gemischten Gefühlen gegenüber und glauben, dass Milliardäre ein Versagen der Politik sind. Sie wurden gut erzogen.«[184]

Mit dieser Gewissheit hinsichtlich der Prioritäten der Familie machte sich das Team von Projekt Chacabuco auf die Suche nach einer Lösung, die all den Wünschen Chouinards gerecht werden würde. Eine relativ naheliegende Option wäre gewesen, das Unternehmen an die Belegschaft zu verkaufen. Seit Jahrzehnten hatten sich Patagonia-Mitarbeiter darüber beklagt, dass sie nicht an dem Wertzuwachs beteiligt wurden, den sie selbst mitgeschaffen hatten. Die Firma in ein mitarbeitergeführtes Kollektiv zu überführen – das wäre ein großes Zeichen gewesen, ein Schritt zur Wiedergutmachung. Doch dieser Weg hatte offensichtliche Schwächen: Bei einem kollektiven Eigentümerkreis war keineswegs garantiert, dass die Gewinne weiterhin Umweltprojekten zugutekämen. Und ebenso wenig ließ sich sicherstellen, dass Patagonia auf Dauer bereit wäre, kurzfristige Profite seinen Grundwerten unterzuordnen.

Das Team erwog sogar, das Unternehmen in ein anderes Land zu verlegen, etwa in die Schweiz oder nach Dänemark, wo verschiedene Rechtsmodelle gemeinnützige Gesellschaften ermöglichen. Ein anderes Szenario sah vor, dass die Chouinards das Unternehmen an einen gleichgesinnten Milliardär oder an eine wohlwollende Privatgesellschaft verkauften. Doch dieselben Bedenken sprachen auch hier dagegen: Selbst wenn sie Patagonia an einen idealistischen Nachfolger übergaben, der es in den nächsten zehn Jahren umsichtig leitete, wer würde garantieren, dass dieser es nicht später weiterverkaufte? Und was würde dann passieren? Dies war nicht nur reine Spekulation. Malinda erzählte, sie hätten einmal ein Angebot über 6 Milliarden Dollar auf dem Tisch gehabt. Doch sie hatte kein Vertrauen darin, dass ein Käufer Patagonia in seiner Substanz bewahren würde. »Wir haben eine Sechs-Milliarden-Wette darauf abgeschlossen, dass wir mit diesem Unternehmen den Planeten retten können«, sagte sie. »Hätten wir stattdessen 6 Milliarden für den Umweltschutz kassiert, wären innerhalb eines Jahres 3.000 Leute ihren Job losgewesen.«[185]

Und natürlich hatte Chouinard die Idee eines Börsengangs längst völlig verworfen. Ein IPO – bei dem institutionelle Investoren und Privatpersonen Aktien eines Unternehmens erwerben können – hätte eine Vielzahl von Abhängigkeiten geschaffen, die Patagonias Fähigkeit, den eigenen Werten treu zu bleiben, dauerhaft eingeschränkt hätten. Investoren hätten auf endloses Wachstum gesetzt, die Geschäftsführung hätte in Quartalszahlen denken müssen, und aktivistische Hedgefonds wären mit Sicherheit auf den Plan getreten. »Ich habe keinerlei Respekt vor dem Aktienmarkt«, sagte Chouinard. »Sobald du an der Börse bist, verlierst du die Kontrolle über dein Unternehmen und musst die Gewinne für die Aktionäre maximieren. Du gibst die Kontrolle ab – und wirst zu einer dieser verantwortungslosen Firmen.«[186] Die Chouinards wollten Patagonia nicht an die Mitarbeiter übergeben, nicht verkaufen, nicht an die Börse bringen und auf keinen Fall selbst besitzen. Genau wie Conn vorausgesagt hatte, gab es keine idealen Optionen.

Nach monatelanger Recherche kam das Team von Projekt Chacabuco zu derselben ernüchternden Erkenntnis: Es gab keine offensichtliche Lösung für dieses Milliardenproblem. Selbst bei anderen Unternehmen, die von visionären Gründerpersönlichkeiten geprägt wurden – man denke an Ben & Jerry's oder Newman's Own – führten Eigentümerwechsel selten zu einem glücklichen Ende. Ben & Jerry's wurde von Unilever übernommen, einem großen Konsumgüterkonzern. Zwar bewahrte der Speiseeishersteller viele der ursprünglichen Eigenheiten, die ihn zu einem Vorreiter im Bereich sozial verantwortlicher Unternehmen gemacht hatten, doch ging dies nicht ohne Kompromisse vonstatten. Heute ist Ben & Jerry's kaum noch das leuchtende Beispiel für soziale Verantwortung, das es unter der Führung seiner Gründer war. Newman's Own hingegen blieb als unabhängiges Privatunternehmen bestehen und spendete seine Gewinne gemäß dem Wunsch seines Gründers, des Schauspielers Paul Newman, an wohltätige Zwecke. Doch durch die Strukturierung des Unternehmens und seiner philanthropischen Aktivitäten war die Familie Newman gezwungen, sich zurückzuziehen. In jüngster Zeit verklagten Newmans Töchter das Unternehmen mit der Begründung, die Führung würde nicht so viel Geld für wohltätige Zwecke spenden, wie ursprünglich vorgesehen. Patagonia benötigte eine maßgeschneiderte Lösung, etwas völlig Neues, das es so noch nie gegeben hatte. Was also tun?

Auf der Suche nach Antworten nahmen die zweiwöchentlichen Meetings zunehmend philosophische Züge an – das Team diskutierte über existenzielle Fragen:

»Woran und wann erkennen wir, ob das Patagonia-Experiment gelungen oder gescheitert ist?« hieß es im Protokoll eines Meetings.[187]

»Wenn das Unternehmen ohne die Chouinards nicht erfolgreich sein kann – ist das nicht ein Scheitern?«

»Wie können wir die negativen Auswirkungen des Geschäfts aufhalten oder umkehren und sogar Veränderungen im Kapitalismus bewirken, um unseren gesamten Planeten zu retten?«

Conn verglich die Diskussionen mit einer Therapie. »Es klingt absurd«, sagte er, »aber es war wie Gestalttherapie, jede Woche oder jede zweite Woche, über mehr als zwei Jahre hinweg.

Lasst es uns tun

Passenderweise war es eine von Chouinards Expeditionen, die letztlich eine Entscheidung erzwang. Die Familie hatte für August 2021 eine Reise geplant. Aus Sorge, bei einem möglichen Unfall gemeinsam ums Leben zu kommen und das Unternehmen ohne klare Nachfolge zu hinterlassen, baten sie Gellert, Conn, Dessouky und Curtis, vor ihrer Abreise einen tragfähigen Plan zu entwickeln.

Das Team von Project Chacabuco präsentierte der Familie die vielversprechendste Lösung. Der Entwurf sah vor, dass die Chouinards sämtliche Firmenanteile an eine private Stiftung übertragen würden. Diese sollte die Anteile schrittweise, etwa 5 Prozent pro Jahr, verkaufen. Die Erlöse daraus würden an Umweltorganisationen fließen und so über Jahrzehnte hinweg eine stabile Finanzierungsquelle für wohltätige Zwecke schaffen. Optimalerweise würde ein einzelner Käufer – vielleicht ein idealistischer Milliardär – alle Anteile erwerben und sich verpflichten, die zentralen Werte des Unternehmens zu bewahren, die Chouinard und Malinda so wichtig waren. Die Frage, was passieren würde, wenn ein neuer Eigentümer die Kontrolle über Patagonia übernähme, blieb offen, doch es war ein erster Ansatz. Das Team formulierte einen vorläufigen

Vertragsentwurf, der von der Familie vor ihrer Abreise unterzeichnet wurde. Dennoch war allen bewusst, dass diese Lösung noch Raum für Feinschliff ließ.

Die Arbeit des Projekts Chacabuco war damit noch nicht abgeschlossen. Der vorgeschlagene Plan schob das Problem lediglich auf die lange Bank. »Wir waren mit dieser Wahl nicht zufrieden«, erklärte Curtis. »Wir hielten sie für unzureichend, da sie Konsequenzen nach sich zog, die wir mit mehr Zeit anders hätten gestalten können.« Besonders gravierend war, dass der aktuelle Plan die Integrität des Unternehmens gefährdet hätte, indem er die Kontrolle schrittweise an Dritte übergab. »Es wurde deutlich, dass das Wichtigste, was Patagonia geleistet hatte, nicht die beträchtlichen Beträge waren, die die Familie gespendet hatte, so beeindruckend diese auch waren«, betonte Conn. »Es war vielmehr die Tatsache, dass Patagonia vollkommen anders geführt wurde als jedes andere Unternehmen. Die größte Leistung von Patagonia war es, sämtliche Konventionen infrage zu stellen.« An diesem Punkt entschied Conn, jemanden von außen hinzuzuziehen.

Dan Mosley hat seine Karriere darauf aufgebaut, für die Superreichen eine Art Problemlöser zu sein. Zu Beginn seiner Laufbahn, als Partner bei Cravath, Swaine & Moore, einer der angesehensten Wirtschaftskanzleien in New York, löste er Probleme für multinationale Konzerne: Rechtsstreitigkeiten, Fusionen und Übernahmen, Patentkonflikte. Es gab kaum eine Herausforderung, die er nicht im Interesse seiner Mandanten bewältigen konnte. Nach 30 Jahren bei Cravath wechselte Mosley zu BDT, einer von Byron Trott gegründeten Finanzberatungsfirma. Trott, bekannt als Warren Buffetts Banker, hatte das Unternehmen darauf spezialisiert, vermögenden Menschen bei der Verwaltung ihres Nachlasses zu helfen.

Nachdem Conn Mosley eingebunden und ihm die Situation dargelegt hatte, war der erfahrene Wall-Street-Veteran verblüfft über die aufrichtige Absicht der Chouinards, sich von ihrem gesamten Vermögen zu trennen. »Es ist äußerst selten, eine Familie zu finden, die ein so fabelhaftes Unternehmen wie dieses besitzt und kontrolliert und bereit ist, es zu Lebzeiten vollständig abzugeben«, sagte er.[188] Schnell richtete Mosley seinen Blick auf eine Option, die das Patagonia-Team bislang nicht in Betracht gezogen hatte.

Mosley schlug vor, die Möglichkeit eines Purpose Trusts zu prüfen – einer nicht gemeinnützigen Einrichtung, die im Interesse eines besonderen Zwecks gegründet und betrieben wird, statt für eine bestimmte Person. Purpose Trusts existieren seit Jahrzehnten und sind Teil der komplexen Gesetze zur Verwaltung von Nachlässen. Bislang wurden sie jedoch meist für vergleichsweise kleine Aufgaben genutzt, etwa zur Versorgung eines Haustiers nach dem Tod seines Besitzers, zur Verwaltung eines Grundstücks oder zur Pflege eines Grabes. Mosley ermutigte das Team von Projekt Chacabuco, größer zu denken. Was wäre, wenn ein Purpose Trust dazu genutzt würde, die Werte von Patagonia selbst zu verankern? Was, wenn genau das das entscheidende Element wäre, um eine völlig neue Form der Unternehmensnachfolge zu ermöglichen? Bei richtiger Umsetzung könnte ein Purpose Trust den Chouinards erlauben, all ihre Ziele zu verwirklichen, ohne das Unternehmen verkaufen zu müssen.

Binnen weniger Monate zeichnete sich ein finales Modell ab: Die Chouinards würden unwiderruflich sämtliche stimmberechtigten Anteile – das entsprach 2 Prozent der gesamten Unternehmensanteile – in eine neu gegründete Stiftung überführen, die den Namen Patagonia Purpose Trust tragen sollte. Diese Stiftung würde von Familienmitgliedern und engsten Vertrauten kontrolliert und dafür sorgen, dass Patagonia seinem Anspruch gerecht wird, sozial verantwortlich zu handeln und sämtliche Gewinne zu spenden.

Die Chouinards würden anschließend auch die übrigen 98 Prozent der Unternehmensanteile – die stimmrechtslosen – unwiderruflich an eine neu gegründete gemeinnützige Organisation mit dem Status 501(c)(4) übertragen, die den Namen Holdfast Collective tragen sollte. Diese Organisation sollte mehrere Funktionen erfüllen. Vor allem aber würde sie dauerhaft die wirtschaftliche Mehrheit an Patagonia halten. Zwar gingen die Anteile – die mehrere Milliarden Dollar wert sein konnten – in ihr Eigentum über, verkauft werden sollten sie jedoch nicht. Stattdessen würde das Holdfast Collective sämtliche Gewinne erhalten, die nicht direkt im Unternehmen reinvestiert wurden, und diese Mittel kontinuierlich an Gruppen ausschütten, die gegen die Klimakrise kämpfen.

Über die groben Linien der Förderstrategie sollte ein Gremium aus Familienmitgliedern und engsten Vertrauten entscheiden. Und weil es sich beim Holdfast Collective um eine 501(c)(4)-Organisation handelte – und nicht um eine klassische 501(c)(3) –, konnte sie auch politische Initiativen und Organisationen finanziell unterstützen. »Patagonia hat von nun an jedes Interesse daran, profitabel zu wirtschaften – um so für alle Beteiligten den größtmöglichen

Nutzen zu stiften und dem Holdfast Collective weitere Mittel zur Verfügung zu stellen, mit denen sich der Planet retten lässt«, sagte Dessouky.[189]

Durch die Festlegung der stimmberechtigten Anteile im Patagonia Purpose Trust war sichergestellt, dass weder ein gewissenloser Milliardär noch ein unmoralisches Unternehmen die Kontrolle übernehmen könnte. Die Unabhängigkeit von Patagonia war auf Dauer gewahrt. »Aus der Perspektive der Familie, insbesondere aus der von Yvon, geht es nicht allein um Gewinne«, sagte Mosley. »Er will, dass dieses Unternehmen gemäß den Prinzipien geführt wird, die er aufgestellt hat, selbst wenn es weniger Geld einbringt. Sein Ziel war es, sicherzustellen, dass Patagonia so agiert, wie er es vorgesehen hat, und dass es dabei genau die Gewinne macht, die es macht.«

Das Wichtigste war, dass die Kinder damit einverstanden waren. Fletcher, der noch medienscheuer ist als sein Vater, gab eine seltene Erklärung ab: »Generationswechsel sind für jedes Unternehmen ein riskanter Schritt, um Kontinuität zu gewährleisten, und sie bieten kaum Gewissheit, dass die Werte eines Unternehmens auch in ferner Zukunft erhalten bleiben. Dies ist die erste wirklich tragfähige Option. Für Patagonia und meine Familie bedeutet das eine große Erleichterung, und ich bin einfach froh, dass wir nicht mehr über den Tod reden müssen und wieder an die Arbeit gehen können!«[190]

Auch Claire, die ähnlich zurückhaltend ist, war mit der Lösung im Reinen: »Die Klima- und Biodiversitätskrisen sind die existenziellen Bedrohungen für das Leben auf unserem Planeten und müssen im Zentrum unserer Arbeit stehen, um ihn zu schützen. Doch als wir die Ursachen genauer betrachteten, erkannten wir, dass dies nur Symptome sind. Sie sind das direkte Ergebnis eines ausbeuterischen kapitalistischen Modells. Wir müssen das gesamte System verändern und es regenerativ gestalten. Unser aller Leben und das zukünftiger Generationen hängen jetzt von unserem schnellen Handeln ab.«[191]

Mit der weitgehend abgeschlossenen Planung war es Zeit, das gesamte Team mit ins Boot zu holen. An einem strahlenden Dezembermorgen im Jahr 2021 lud Kris McDivitt Tompkins den inneren Kreis von Patagonia in ihr Zuhause in den goldenen Hügeln von Santa Paula, unweit von Ventura, ein. Yvon und Malinda Chouinard waren dort, ebenso wie Fletcher und Claire. Auch Gellert, Conn, Dessouky und Curtis, das Team von Projekt Chacabuco, sowie Mosley waren anwesend. Byron Trott, der legendäre Bankier, der BDT gegründet hatte, war für das Treffen eingeflogen worden, da er die Bedeutung des Ereignisses erkannte. Ebenfalls anwesend war Dan Emmett, ein enger Freund der Familie und Vorstandsmitglied von Patagonia. McDivitt Tompkins servierte selbstgemachte Quiche, und die Gruppe nahm in Adirondack-Stühlen im Garten unter einer Eiche Platz, direkt neben einem Avocadohain. Zwei Labrador-Retriever tollten über das Grundstück. Es war das erste Mal seit Jahren, dass der innere Kreis von Patagonia wieder persönlich zusammenkam – die Pandemie hatte selbst die engsten Freunde gezwungen, auf Distanz zu bleiben. Nun waren sie vereint, um das Unternehmen zu verschenken. Mosley und das Team von Projekt Chacabuco erläuterten den Plan bis ins letzte Detail – und dann noch einmal. Fragen wurden beantwortet, Bedenken diskutiert, und nach und nach lösten sich die Vorbehalte in Luft auf. Als schließlich die endgültige Zustimmung aller Anwesenden eingeholt wurde, fiel das Votum einstimmig aus.

»Ja, das fühlt sich gut an. Das fühlt sich richtig an.«

»Alles, was ihr gesagt habt, gefällt mir.«

»Das ist genau das, wonach wir gesucht haben.«

»Lasst es uns tun.«[192]

Eine Frage, die über fünfzig Jahre im Raum gestanden hatte, war endlich beantwortet. »Das war ein Tag, an dem die Sterne tatsächlich mal günstig standen, und man sehen konnte, wie sich die Lösung abzeichnet«, sagte Gellert. »Wir hatten immer noch eine Million Dinge zu klären, aber allmählich wurde klar: ›Heilige Scheiße, das könnte wirklich funktionieren.‹ Und ich glaube, alle, die beteiligt waren, spürten in dem Moment: ›Wow, ich verstehe das. Ich vertraue dem. Ich sehe wirklich, wie das die Dinge löst, die mir am wichtigsten sind.‹«[193]

Es folgten einige Monate mit administrativen Arbeiten im Hintergrund, alles als Vorbereitung auf ein finales Treffen, bei dem die Transaktion offiziell gemacht werden sollte. Im August 2022 reiste Curtis zum Wohnsitz der Chouinards in Moose, Wyoming, um den Deal zu besiegeln. Mit wenigen Federstrichen genehmigte die Familie die Übertragung aller ihrer Anteile an den Holdfast Collective und den Patagonia Purpose Trust. Eben noch waren sie die alleinigen Besitzer eines Privatunternehmens, das für 6 Milliarden Dollar hätte verkauft werden können – im nächsten Moment waren sie es nicht mehr.

Nachdem Chouinard und Malinda die Dokumente unterzeichnet hatten, fuhren sie die kurze Strecke zu »Dornans«, einem Restaurant und Gemischtwarenladen am Eingang zum Grand-Teton-Nationalpark. Chouinard saß an einem Picknicktisch im schwindenden Abendlicht, aß einen Hamburger und trank ein Guinness. Er erhob sein Glas auf das Team vom Projekt Chacabuco. Dann, während die Dämmerung hereinbrach, machten sich Chouinard und Malinda langsam auf den Heimweg, Arm in Arm, stilecht im Partnerlook – in ihren Patagonia-Jacken.

Kein Milliardär mehr

Einen Monat später war es an der Zeit, die Nachricht dem Rest des Unternehmens und der Welt zu verkünden. Das Geheimnis war erstaunlich gut gehütet worden. Abgesehen von den wenigen Personen, die die Eigentumsübertragung geplant hatten und deren Zustimmung notwendig war, wusste niemand Bescheid. Als schließlich der Moment gekommen war, die Belegschaft einzuweihen, feierte Patagonia dies mit einer großen Party. Am Abend des 13. September wurde aus diesem Anlass allen Mitarbeitern der kommende Tag im Kalender geblockt. Als die Beschäftigten in Ventura am nächsten Morgen zur Arbeit kamen, erwarteten sie Foodtrucks auf dem Parkplatz, eine interaktive Ausstellung mit den Meilensteinen aus einem halben Jahrhundert Firmengeschichte – und eine Bühne, von der aus Kameras die Veranstaltung in alle Büros der Firma weltweit übertrugen. Auch ehemalige Mitarbeiter waren eingeladen worden. Es kursierten Gerüchte. Einige sagten, Beyoncé werde kommen, um eine Rede zu halten.

Zu Beginn der Veranstaltung saß Chouinard in der ersten Reihe des Publikums, flankiert von Malinda, den Kindern, McDivitt Tompkins, Gellert und Ridgeway. Auf einer großen Leinwand erschien der Komiker Trevor Noah, lobte die Einzigartigkeit von Patagonia und kündigte die große Enthüllung an. Anschließend wurde ein Zusammenschnitt der Unternehmensgeschichte gezeigt, gefolgt von einem Video von Chouinard, der in die Kamera blickte und erklärte, was er und seine Familie vorhatten. Mit wenigen Worten versuchte er, ein kompliziertes Konstrukt aus Treuhandstiftungen, gemeinnützigen Organisationen und Beratungsgremien so zu erklären, dass ein paar Tausend Surfer und Kletterer es verstehen konnten. Das gelang nur bedingt. Nach dem Film herrschte zunächst Verwirrung. War die Firma verkauft worden? Hatten sie noch einen Job? Und was war mit dem Geld? Das Führungsteam beantwortete Fragen aus dem Publikum und bemühte sich um Klarheit – und nach und nach verstanden die meisten, was der Plan bedeutete.

Dann betrat Chouinard selbst die Bühne. In Jeans und einem Hawaii-Hemd sprach er über seine Karriere und die Bedeutung dieses Augenblicks. »Indem wir das Eigentum an unserem Unternehmen an unseren Heimatplaneten übergeben, erfinden wir den Kapitalismus neu«, sagte er. »Ich glaube, dass wir dank dieser neuen Struktur nicht nur überleben, sondern auch aufblühen werden. Sie erreicht zwei der wichtigsten Ziele: Sie bewahrt unsere Werte und investiert noch mehr Geld für die Bekämpfung der Umweltkrise.« Am Ende seiner Rede wurde Chouinard sichtlich emotional. »Ich weine nie bei Beerdigungen«, sagte er. »Ich weine nur bei Rodeos und an Tagen wie diesem.«[194]

Noch während die Veranstaltung in Ventura lief, wurde mein Artikel mit der Überschrift »Billionaire No More: Patagonia Founder Gives Away the Company« (»Kein Milliardär mehr: Patagonias Gründer verschenkt das Unternehmen«) auf der Website der *New York Times* online veröffentlicht. Die Geschichte ging viral, erreichte Millionen von Lesern im Netz. Andere Medien griffen die Nachricht auf, Prominente teilten sie in den sozialen Medien, und eine Welle von Patagonia-Fans flutete das Internet mit Lobeshymnen auf das Unternehmen, das nun einen neuen Werbeslogan veröffentlichte: »Die Erde ist jetzt unser einziger Aktionär.«

Es war ein triumphaler Moment für die Chouinards und ihre Verbündeten, und zugleich eine Gelegenheit für Patagonias inneren Kreis, über das Vermächtnis von Doug Tompkins nachzudenken. Jahrelang hatte Tompkins Chouinard gedrängt, das Unternehmen zu verkaufen und den Erlös für Naturschutzprojekte einzusetzen, genau wie er es mit Esprit getan hatte. Doch nun hatte Chouinard eine vollkommen neue Lösung gefunden, die nicht nur eine einmalige Auszahlung ermöglichte, sondern eine dauerhafte Einnahmequelle schuf, um Umweltprojekte über Jahrzehnte hinweg zu finanzieren. McDivitt Tompkins erklärte, ihr verstorbener Mann hätte diese Lösung unterstützt. »Was Doug getan hat, war genau richtig – er wollte aus dem Geschäft aussteigen. Aber ich bin froh, dass Yvon einen anderen Weg als Doug gewählt hat«, sagte sie. »Doug wäre wirklich sehr stolz auf Yvon gewesen, so wie Yvon jedes Mal stolz auf uns war, wenn wir einen neuen Nationalpark geschaffen haben.«[195]

Mit dieser Spende gesellte sich Chouinard zu einer kleinen Gruppe von Milliardären, die ihr gesamtes Vermögen wohltätigen Zwecken gewidmet haben. Der legendäre Investor Warren Buffett hat über die von ihm und Microsoft-Mitbegründer Bill Gates ins Leben gerufene Initiative »Giving Pledge« Milliarden an wohltätige Organisationen gespendet. Diese Initiative ermutigt Milliardäre, den Großteil ihres Vermögens für gemeinnützige Zwecke einzusetzen. Gates selbst hat über die »Bill & Melinda Gates Foundation« mehr als 50 Milliarden Dollar mobilisiert, mit einem Fokus auf globale Gesundheit, Bildung und Armutsbekämpfung. Der Milliardär und Investor George Soros hat über 32 Milliarden Dollar an die Open Society Foundations gespendet, ein Netzwerk von Organisationen, das sich für Demokratie, Menschenrechte und soziale Gerechtigkeit einsetzt. Chuck Feeney, Mitbegründer der Duty Free Shoppers Group, verschenkte sein gesamtes Vermögen von 8 Milliarden Dollar über die Atlantic Philanthropies, um Bildung, Gesundheitsversorgung und Menschenrechte zu fördern. MacKenzie Scott, die ehemalige Ehefrau von Jeff Bezos, hat in kurzer Zeit Milliardenbeträge an historisch unterfinanzierte Organisationen gespendet und setzt sich damit für die Bekämpfung von Ungleichheit ein. Nun reiht sich auch Yvon Chouinard in diese illustre Gruppe ein.

Außerhalb des Unternehmens vermuteten einige Kommentatoren hinter der Unternehmensumstrukturierung eine weniger edle Absicht: Steuervermeidung. »Patagonias Schenkung in Höhe von 3 Milliarden Dollar ist auch eine bequeme Möglichkeit, Steuern zu vermeiden«, hieß es auf dem Wirtschaftsportal *Quartz.*[196] »Der Gründer von Patagonia lehnt seinen Milliardärsstatus ab, spart aber dennoch 700 Millionen Dollar an Steuern durch eine gesetzliche Hintertür«, berichtete das Magazin *Fortune.*[197] »Das ist ein massives Steuervermeidungsschema«, twitterte Jesse Eisinger, ein Redakteur vom Non-Profit-Newsdesk *ProPublica,* der über Steuerfragen berichtet.[198]

Es stand außer Frage, dass die Chouinards angesichts der Größe von Patagonia eine vergleichsweise geringe Summe an die Steuerbehörde entrichten würden. Beim Verkauf eines Unternehmens können sich staatliche und bundesstaatliche Steuern auf über 33 Prozent des Verkaufspreises summieren. Hätten die Chouinards Patagonia verkauft, hätten die Steuern leicht 1 Milliarde Dollar oder mehr betragen können. Kapitalertragssteuern fallen jedoch per Definition nur an, wenn tatsächlich Gewinne realisiert werden. Durch die Übertragung ihrer Anteile an den Patagonia Purpose Trust und das Holdfast Collective hatten sie das Unternehmen verschenkt und somit keinen Gewinn erzielt.

Stattdessen konnten die Chouinards durch die Schenkung des Großteils ihrer Anteile an das Holdfast Collective ihr Eigentum am Unternehmen aufgeben, ohne eine erhebliche Steuerlast auf sich zu ziehen – ein klarer Vorteil. Gleichzeitig verzichtete die Familie jedoch auf eine potenziell enorme steuerliche Vergünstigung. Hätten sie das Holdfast Collective als 501(c)(3)-Organisation strukturiert, hätten sie durch die Schenkung ihrer Anteile an diese gemeinnützige Organisation eine massive Steuervergünstigung geltend machen können. Da sie sich jedoch entschieden, das Holdfast Collective als 501(c)(4) zu strukturieren, um politisches Engagement zu ermöglichen, war ein solcher Steuerabzug nicht möglich.

Die Chouinards wurden lediglich auf die Schenkung der stimmberechtigten Anteile an den Patagonia Purpose Trust besteuert – eine Rechnung von knapp 17,5 Millionen Dollar. »Es war eine spürbare Belastung für sie, aber eine, die sie bereitwillig akzeptierten, um sicherzustellen, dass dieses Unternehmen seinen Prinzipien treu bleibt«, erklärte Mosley. »Und sie haben dafür keinen Spendenabzug geltend machen können. Es gab hier keinerlei steuerliche Vergünstigung.«[199] Am Ende des Tages war es nahezu ein Nullsummenspiel: Die Chouinards erzielten keinen großen Gewinn, erhielten keinen erheblichen Steuervorteil und mussten keine hohen Steuern zahlen.

Obwohl es sich um ein einzigartiges Konstrukt handelte, das es so bisher noch nicht gegeben hatte, behaupteten Kritiker weiterhin, das Ganze sehe aus wie ein geschicktes Steuersparmodell. Die Chouinards behielten faktisch die Kontrolle über Patagonia, während sie kaum Steuern zahlten. Wenn das keine gezielte Ausnutzung des Systems war, was dann? Nur wenige Wochen zuvor hatte der republikanische Großspender Barre Seid Schlagzeilen gemacht, als er einen ähnlichen Schachzug unternahm. Seid, der alleiniger Eigentümer des Computerhardware-Unternehmens Tripp Lite war, schenkte seine Firma einer konservativen 501(c)(3)-Organisation namens Marble Freedom Trust und sicherte sich damit einen enormen Steuerabzug. Kaum hatte die Marble Freedom Trust die Kontrolle über Tripp Lite übernommen, verkaufte sie das Unternehmen an einen irischen Konzern für 1,65 Milliarden Dollar und behielt den gesamten Erlös, während Seid keine Steuern zahlte.

Auf den ersten Blick schien es, als hätten die Chouinards nahezu dasselbe getan. Doch im Fall von Patagonia gab es einen entscheidenden Unterschied. Während Seid seine Anteile an Tripp Lite einer Non-Profit-Organisation übertrug, die sie anschließend an ein anderes Unternehmen verkaufte, wurde der Wert von Patagonias Eigenkapital nie monetarisiert. Der Wert dieser Aktien – in Milliardenhöhe – wurde de facto für immer eingefroren. Und während im Fall von Seid die Erlöse aus dem Verkauf von Tripp Lite eine Reihe konservativer Projekte durch die Marble Freedom Trust finanzieren, stammen die Mittel für die Umweltarbeit der Chouinards aus den laufenden Gewinnen von Patagonia, nicht aus dem Verkauf des Unternehmenskapitals.

Es steht außer Frage, dass die Chouinards den Deal so hätten strukturieren können, dass sie mehr Steuern gezahlt hätten. Hätten sie beispielsweise alle ihre Aktien an den Patagonia Purpose Trust gespendet – statt nur 2 Prozent der Stimmrechtsaktien –, hätten sie eine Steuerlast von 850 Millionen Dollar schultern müssen. Doch eine offensichtliche Möglichkeit, diese Summe aufzubringen, gab es nicht. Woher hätten sie ohne den Erlös aus dem Verkauf des Unternehmens die Mittel für eine solche Steuerrechnung nehmen sollen? Um so viel Geld aufzubringen, hätten sie Anteile an einen externen Investor verkaufen müssen, was sie gerade vermeiden wollten.

Kritiker der Transaktion beharren darauf, dass es sich um einen ausgeklügelten Plan handelte, der Chouinard letztendlich als gierigen Kapitalisten entlarve. Doch diese Kritik entbehrt jeder Grundlage. Chouinard und seine Familie haben den Wert des Unternehmens nie zu Geld gemacht. Sie hätten Milliarden von Dollar Gewinn einstreichen können, aber sie taten es nicht. Sie haben sich keine neuen Häuser und Yachten gekauft. Stattdessen haben sie alles verschenkt und sich von einem Vermögen befreit, das sie von Grund auf aufgebaut hatten. »Jetzt können wir in Frieden sterben«, sagte Malinda.[200]

Eine existentielle Exit-Strategie

Selten in der Geschichte des Kapitalismus hat ein Unternehmen sich so umstrukturiert, dass alle Gewinne wohltätigen Zwecken zugutekommen. Es gibt Beispiele wie Newman's Own, das seit den frühen 1980er-Jahren die Erlöse aus Paul Newmans Salatdressings und Keksen für gemeinnützige Zwecke eingesetzt. Auch einige europäische Unternehmen wie IKEA und Lego spenden den Großteil ihrer Gewinne an Stiftungen. Überraschenderweise gehört auch Rolex dazu: Der Schweizer Uhrenhersteller leitet seine Einnahmen an die Hans-Wilsdorf-Stiftung weiter, die Umwelt- und Bildungsprojekte fördert. Doch mit Patagonias Entscheidung, seine Gewinne dem Holdfast Collective zukommen zu lassen, und den hohen Erwartungen der Chouinards an sofortige Ergebnisse, lastete nun ein enormer Druck auf dem Unternehmen.

Noch bevor die Nachricht vom Eigentümerwechsel veröffentlicht wurde, floss bereits das erste Geld. Unmittelbar nach Vertragsunterzeichnung überwies Patagonia 50 Millionen Dollar an das Holdfast Collective und stattete die Organisation damit mit einer Dividende aus, die sie sofort zu einer der bedeutendsten Umweltstiftungen des Landes machte. Nun musste Holdfast passende Möglichkeiten finden, das Geld zu verteilen. Wie für die Chouinards typisch, gab es keinen konkreten Plan. Obwohl sie so viel Zeit damit verbracht hatten, herauszufinden, wie sie ihren Reichtum loswerden könnten, hatten sie nur am Rande darüber nachgedacht, wie komplex es sein würde, zu entscheiden, wofür das Geld tatsächlich eingesetzt werden sollte.

Am Ende war es Greg Curtis, der die ersten Schecks ausstellte: der ehemalige stellvertretende Justiziar von Patagonia, der nun mit der Leitung von Holdfast beauftragt wurde, war gleichzeitig auch der einzige Vollzeitmitarbeiter der Organisation. Er hatte kein festes Team, sondern erhielt lediglich Unterstützung durch einige Teilzeitkräfte in den Bereichen Recht und Finanzen. Doch Ende 2022 begann er, von einem Büro aus, das er von Patagonia auf dem Campus in Ventura gemietet hatte, die ersten Zahlungen vorzunehmen.

Das Holdfast Collective hatte keine Website und kein Bewerbungsverfahren für Fördermittel. Es trat nicht in den Medien auf, und weder Holdfast noch Patagonia oder die Chouinards machten sich die Mühe, Curtis oder den Geldtopf, über den er nun verfügte, öffentlich bekannt zu machen. Auch gab es keinerlei Hinweise darauf, nach welchen Prinzipien Holdfast seine Fördergelder verteilen würde. Chouinard selbst hatte nur eine vage Vorstellung davon, was Curtis mit dem Geld tun – oder besser nicht tun – sollte. »Wir werden wohl nicht in Technologien investieren, die CO_2 aus der Atmosphäre extrahieren«, sagte er und wies damit eine von Techno-Optimisten favorisierte Methode zurück, die darauf setzt, die Erderwärmung durch künstliche CO_2-Entnahme zu bremsen. »Wir haben ein besseres Verständnis von natürlichen Systemen als von Technologie. Diese CO_2-Abscheidesysteme, die Milliarden verschlingen, überzeugen mich einfach nicht.« Stattdessen wolle Chouinard gezielt auf naturbasierte Lösungen setzen. »Man kann eine Menge Kohlenstoffdioxid binden, wenn man die Art und Weise verändert, wie wir Landwirtschaft betreiben. Das wird ein Schwerpunkt sein«, erklärte er. »Wir helfen auch dabei, große Gebiete des Planeten zu kaufen, die als Kohlenstoffsenken dienen, und bewahren sie vor Bebauung. Das wird eine große Sache.«

Mit kaum mehr als dieser groben Vorgabe nahm Curtis seine Arbeit auf. Ähnlich wie Paul Tebbel, der vor Jahrzehnten begonnen hatte, die Gewinne von Patagonia für wohltätige Zwecke einzusetzen, legte Curtis Chouinard Vorschläge für Spenden vor und holte dessen Zustimmung zur allgemeinen strategischen Ausrichtung ein, jedoch nicht für jede einzelne Zuwendung. Nach diesem Prinzip vergab Holdfast im ersten Jahr seines Bestehens 690 Zuschüsse und Zusagen im Gesamtwert von über 61 Millionen Dollar. Zu den größeren Spenden zählten Mittel für Naturschutzprojekte, darunter ein Zuschuss zum Schutz des Flusses Vjosa in Albanien. Die Naturschutzorganisation The Nature Conservancy erhielt 5,2 Millionen Dollar, um 3200 Hektar Land im Mobile-Tensaw-Delta zu erwerben und damit einen sensiblen Wasserlauf zu sichern.

Kurz nachdem Curtis seine Arbeit aufgenommen hatte, erfuhr er von einer Kampagne gegen den Bau der Pebble Mine, eines geplanten Gold- und Kupferbergwerks in Alaska. Ziel war es, durch den Kauf strategisch wichtiger Grundstücke das Vorhaben zu stoppen. Innerhalb weniger Tage sagte Curtis die fehlenden 3,1 Millionen Dollar zu, die nötig waren, um den Plan abzuschließen. Der Kauf wurde finalisiert, und das Bergbauprojekt war damit vom Tisch.

Insgesamt trugen die Gelder dazu bei, weltweit rund 65 800 Hektar Wildnis zu bewahren. Neben großzügigen Zuwendungen an Organisationen wie Earthjustice, eine gemeinnützige Rechtsorganisation, die sich der Bekämpfung von Umweltverschmutzung und Klimawandel widmet, gab es auch außergewöhnliche Spenden für Gruppen wie Hot Pink Dolphins, eine Aktivistengruppe, die sich für den Schutz der Indopazifischen Großen Tümmler in der Nähe der südkoreanischen Insel Jeju einsetzt. Dieser Ansatz – vergleichsweise kleine Zuschüsse an lokale Basisgruppen zu vergeben – setzte in vielerlei Hinsicht mit fast obsessiver Konsequenz jene Tradition fort, die Chouinard vor rund 50 Jahren mit seinen ersten Spenden an Capelli und die Friends of the Ventura River begründet hatte.

Holdfast mischte sich auch in die Politik ein. Es gab größere Spenden an den Senate Majority PAC und den House Majority PAC – zwei einflussreiche politische Organisationen, die sich darauf spezialisiert haben, Demokraten in den Kongress zu bringen. Daneben flossen kleinere Beträge an Basisgruppen wie den Black Voters Matter Fund, das Center for American Progress Action Fund und den Georgia Investor Action Fund, die allesamt die Demokratische Partei fördern. Insgesamt gingen rund 1 Million Dollar in den ersten Betriebsjahren der Organisation an Projekte, die demokratische Kandidaten im ganzen Land unterstützen. Curtis betonte, dass keine parteipolitische Absicht dahinterstehe: »Wir wollen nicht der verlängerte Arm der Demokratischen Partei sein«, sagte er. »Unser einziges Ziel bei politischem Engagement und politischer Arbeit ist es, eine stärkere Umweltpolitik voranzubringen. Wir wären daran interessiert, jeden führenden Klimaschützer zu unterstützen – ob Republikaner, Demokrat oder Unabhängiger. Es ist nur so, dass viele von ihnen Demokraten sind.«

Die Beteuerungen der Unparteilichkeit wirkten wenig überzeugend, und die Republikaner nutzten die Gelegenheit, um zu behaupten, die Spenden an demokratische Projekte seien ein klarer Beleg für parteipolitische Voreingenommenheit. Eine konservative Aktivistengruppe reichte bei der Federal Election Commission eine Beschwerde ein, in der sie behauptete, das Holdfast Collective habe einige seiner Spenden an demokratische Organisationen im Jahr 2022 falsch deklariert.

Caitlin Sutherland, Geschäftsführerin der konservativen Gruppe Americans for Public Trust, versuchte, Chouinard als eine Art linken George Soros darzustellen, einen politischen Drahtzieher, der gezielt die öffentliche Meinung manipulieren wolle. »Es ist inakzeptabel, dass ein gewinnorientiertes Unternehmen sich als Wohltäter inszeniert, um ein Netzwerk von gemeinnützigen Organisationen zu tarnen, die heimlich unser politisches System untergraben wollen«, sagte sie. »Durch die falsche Deklaration seiner Spenden versucht Holdfast, seine wahre Organisationsstruktur zu verheimlichen – das ist ein 1,7-Milliarden-Dollar-Geldautomat für liberale Gruppen.«[201] Sutherlands Kritik wirkte heuchlerisch: Americans for Public Trust war selbst eine undurchsichtige Finanzgruppe, die politischen Einfluss ausübte. Ihr eigentlicher Vorwurf schien zu sein, dass Holdfast seine Mittel zugunsten der Demokraten einsetzte.

Innerhalb von Patagonia hatte sich die anfängliche Unsicherheit über den Eigentümerwechsel schnell gelegt. Auch die Enttäuschung darüber, dass die Mitarbeiter keinen direkten Anteil am Gewinn erhielten, verflog rasch, und die Arbeit von Holdfast erfüllte die Belegschaft mit Stolz. »Das motiviert und gibt den Mitarbeitern von Patagonia jeden Tag ein echtes Gefühl von Sinnhaftigkeit«, sagte John Sterling, der im Team für Umweltzuschüsse arbeitet. »Sie kommen nicht nur zur Arbeit, um die beste Fleecejacke herzustellen. Sie kommen zur Arbeit, um den Planeten zu retten.«[202]

Mehrere Multimillionäre, die beobachteten, was Chouinard erreicht hatte, suchten seinen Rat. Dutzende wohlhabende Personen wandten sich an das Unternehmen, um herauszufinden, wie sie etwas Ähnliches umsetzen könnten. Auch über den Campus in Ventura hinaus fanden ähnliche Gespräche statt. 1% for the Planet, die von Chouinard und seinem Angelpartner Craig Mathews gegründete gemeinnützige Organisation, begann ebenfalls, anderen Unternehmen Ratschläge zu geben, wie sie sich so umstrukturieren könnten, dass sie ihre gemeinnützigen Beiträge maximieren.

Zumindest kündigten einige andere Großunternehmer an, Chouinards Beispiel folgen zu wollen, auch wenn die Details noch unklar waren. Michael Bloomberg, Gründer von Bloomberg L.P. und ehemaliger Bürgermeister von New York City, beendete jahrelange Spekulationen und bestätigte, dass er den Großteil seines 22,5-Milliarden-Dollar-Unternehmens an seine Stiftung Bloomberg Philanthropies übertragen werde. Diese nutzte er bereits, um enorme Summen für wohltätige Zwecke einzusetzen.

David Green, Gründer und Geschäftsführer von Hobby Lobby, kündigte hingegen an, dass er sein 4,6-Milliarden-Dollar-Unternehmen dem Allmächtigen übergeben wolle. Green hatte Hobby Lobby schon zuvor als Plattform für sein konservativ-christliches Engagement genutzt. Jahre zuvor hatte das Unternehmen vor dem Obersten Gerichtshof gewonnen, nachdem es sich geweigert hatte, seinen Angestellten Krankenversicherungen anzubieten, die Verhütungsmittel abdeckten. Nun erklärte Green: »Ich habe mich für Gott entschieden.« Er gab dies in einem Gastbeitrag auf der Fox-News-Website bekannt und zog dabei eine direkte Parallele zu Patagonia. »So wie Chouinard gesagt hat, er diene sich nicht der Börse an, dienen wir einem höheren Zweck.«[203]

Ohne auf Einzelheiten einzugehen, erklärte Green, dass er sämtliche stimmberechtigten Anteile von Hobby Lobby in einen Treuhandfonds übertragen habe und dass er die Erlöse des Unternehmens nutzen wolle, um die »Finanzierung des Christentums« zu unterstützen.[204] Anders als Chouinard war Green nicht so transparent, was die genauen Details seines Plans anging, und die beiden Männer unterstützten mit ihren Mitteln sehr unterschiedliche Zwecke. Dennoch bekannte sich Green zu derselben Art von Selbstlosigkeit und Ablehnung von Materialismus, die Chouinard seit jeher antrieb. »Wir wollten etwas tun, das in hundert Jahren noch von Bedeutung ist«, sagte er. »Anstatt uns selbst zu bereichern, wollten wir uns in unterschiedlichen Bereichen engagieren.«

Für Beobachter der Geschäftswelt wurde klar, dass die Entscheidungen von Green, Bloomberg und anderen zeigten, wie Chouinard einmal mehr einen neuen Weg gewiesen hatte. Wir wussten alle, dass es hier nicht nur um das Unternehmen ging«, sagte Ridgeway. »Es ging darum, wie das Unternehmen der ganzen Welt zeigen konnte, dass es andere Wege gibt. Darum ging es. Dies war potenziell ein historischer Moment in der Weiterentwicklung des Unternehmertums. Ich kann mir leicht vorstellen, dass man in 50 Jahren erkennt, dass dies ein Wendepunkt war, in dem wir Kapitalismus völlig neu gedacht haben.«[205]

Oder wie es Malinda Chouinard ausdrückte: »Stellen Sie sich vor, alle reichen Menschen würden so handeln. Aber nein, sie kaufen sich lieber eine Yacht.«[206]

Selbst Jim Collins, der bekannte Management-Guru und Autor von Wirtschaftsbestsellern wie *Der Weg zu den Besten,* sprach der grundlegenden Umstrukturierung der Eigentumsverhältnisse bei Patagonia seine vorsichtige Anerkennung aus. »Nennen wir es ein großes und wunderbares Experiment«, sagte er. »Noch tiefgreifender als Produktinnovationen sind organisatorische Innovationen. Wenn diese Umstrukturierung der Familie Chouinard gelingt, wenn sie erfolgreich ist, könnte das eine neue Entwicklungsstufe für einige Unternehmen bedeuten und zeigen, wie sie sich über die Zeit verändern … Wenn man fragt: ›Was ist deine Exit-Strategie?‹, dann hat Chouinard die Antwort darauf gerade neu definiert. Es ist eine existentielle Exit-Strategie. Er sagt: ›Darum geht es in meinem Leben.‹«[207]

Doch weit mehr als eine Exit-Strategie war die Änderung der Eigentümerstruktur Chouinards Weg, sein Lebenswerk nach seinen eigenen Vorstellungen zu vollenden. Jahrzehntelang lag die Frage in der Luft, was aus diesem außergewöhnlichen Unternehmen werden würde. Solange diese Frage offenblieb, konnte das Vermächtnis von Patagonia nicht abschließend bewertet werden, und es gab keine echte Möglichkeit, die Wirkung von Chouinards Lebenswerk zu messen. Doch indem er alles verschenkte, setzte Chouinard ein deutliches Zeichen: Es gibt tatsächlich einen anderen Weg, Geschäfte zu machen. Er hatte bleibenden Wert geschaffen, nicht für sich selbst, sondern für den Planeten. Er widerstand bis zum Schluss dem Reiz materiellen Reichtums und investierte sein Vermögen in den Schutz von etwas wahrhaft Unbezahlbarem: der natürlichen Welt. Indem er eine Struktur schuf, die das Unternehmen vor fremdem Eingriff schützt, sicherte er diese Regelung dauerhaft ab und schuf eine eiserne Garantie dafür, dass Patagonia auch nach seinem Ableben fortbestehen wird und die Gewinne des Unternehmens weiterhin dem Schutz des Planeten dienen werden.

KAPITEL 11
DIE NÄCHSTEN 50 JAHRE

Verantwortungsvoll handeln

Die Sonne verschwand langsam hinter den Anden, als ich Chouinard aus einem Fluss in Argentinien steigen sah, klatschnass und sichtlich zufrieden nach einem langen Tag in eisigen Gewässern. Wir verbrachten die Woche in der Las Pampas Lodge, einem abgelegenen Refugium für wohlhabende Fliegenfischer und gleichzeitig der inoffizielle Treffpunkt für Patagonias Anglerteam. Obwohl Chouinard gerade seinen 85. Geburtstag gefeiert hatte, ließ er sich nichts anmerken. Jeden Morgen stand er früh auf, stärkte sich mit einem kräftigen Frühstück und stieg in seinen Pick-up, der ihn über holprige Straßen zu seiner liebsten Angelstelle brachte. Dort verbrachte er unermüdlich mindestens acht Stunden am Wasser, unterbrochen nur von einem schnellen Mittagessen im Schatten der Büsche. Abends war er stets der Letzte, der den Fluss verließ – und er war Abstand der beste Angler weit und breit. An einem Tag stellte er mit 101 gefangenen Fischen einen persönlichen Rekord auf. Am nächsten Tag zog er 25 prächtige Bachforellen an Land, sehr zur Bewunderung und auch ein wenig zum Neid seiner Begleiter, die froh waren, wenn sie im Laufe einer ganzen Woche auch nur eine einzige erwischten.

Doch bei diesen Ausflügen ging es nicht nur darum, Forellen zu fangen. Chouinard nutzte die Gelegenheit auch, um Patagonias Angel-Ausrüstung weiter zu perfektionieren. So wie er in seinen Zwanzigern während seiner eigenen Erstbesteigungen die Spezifikationen von Haken und Karabinern verfeinert hatte, war er auch jetzt noch mit demselben Feuereifer dabei, seine Zeit am Fluss für die Optimierung seiner Produkte einzusetzen. Nachdem er aus dem Wasser gestiegen war, ging Chouinard zu Eric Noll hinüber, einem der Designer von

Patagonia. Vor der Reise hatte Noll eine kleine Auswahl an Jacken zusammengestellt, alles Prototypen, die sich in Materialien und Designs leicht voneinander unterschieden. Jeden Tag testete Chouinard ein neues Modell und gab Noll bei Sonnenuntergang detailliertes Feedback.

An diesem Tag war Chouinard weitgehend zufrieden. Sein Körper und die unteren Schichten seiner Kleidung waren trocken. Die Hose hatte kein Wasser aufgesaugt, und – noch besser – ein neues Ableitungssystem an der Kapuze der Jacke, das Noll entworfen hatte, funktionierte gut und leitete das Wasser von der Krempe weg, ohne es auf Chouinards Gesicht tropfen zu lassen. Aber Chouinard erklärte Noll, dass es auch ein Problem gab: Ein Streifen Klettverschluss, der die Manschetten festzog, war zu nah am Ende des Ärmels angebracht und kratzte seine Haut. Die Designer sollten ein paar Millimeter Stoff hinzufügen, um das Problem zu beheben. Es war die gleiche Art von Perfektionismus, die Chouinard ein halbes Jahrhundert lang in seine Arbeit eingebracht hatte, und er fasste immer noch die kleinen Dinge ins Auge, verfeinerte Materialien und Designs in dem Versuch, das platonische Ideal eines jeden Produkts zu schaffen, dem er sich widmete.

Bislang scheint diese Liebe zum Detail aufgegangen zu sein. Seit der Pandemie und dem Wechsel der Eigentümerstruktur sind die Umsätze von Patagonia weiter gestiegen. Natürlich gab es einige Schwankungen, wie es bei einem Unternehmen mit einem Jahresumsatz von mittlerweile über 1 Milliarde Dollar unvermeidlich ist. Doch wenn Patagonia die nächsten 50 Jahre überstehen will, wird es notwendig sein, dieses kompromisslose Engagement für Qualität aufrechtzuerhalten, auch wenn Chouinard irgendwann nicht mehr da ist. Und es wird mehr benötigt als nur eine bessere Angeljacke.

Mit der stetigen Verbesserung von Patagonias Sortiment sind auch die entsprechenden Produkte der Konkurrenz immer ausgefeilter geworden. Der Markt für hochwertige Outdoor-Ausrüstung ist heute umkämpfter denn je. Wem Patagonias Winterkollektion nicht zusagt, der hat die Qual der Wahl: Arc'teryx, Black Diamond, Bogner, Canada Goose, Columbia, Cotopaxi, Fjällräven, Helly Hansen, Jack Wolfskin, L.L.Bean, Marmot, Norrøna, Osprey, Outdoor Research, The North Face, REI, Salomon – und die Liste geht weiter. Ganz zu schweigen von günstigeren Alternativen bei Amazon, Temu oder einer Vielzahl von Discountern. Um sich weiterhin abzuheben, muss Patagonia seinen Konkurrenten mehrere Schritte voraus bleiben. Und das bedeutet, sich unermüdlich den schwierigsten Herausforderungen zu stelle – und sie zu lösen.

Einige Tage nach meiner Zeit mit Chouinard in Las Pampas saß ich rittlings auf einem Surfbrett in Punta de Lobos, Chile, und testete ein neues Ausrüstungsstück, das Patagonia entwickelt hatte, um eines seiner langjährigen Probleme anzugehen. Seit 2006 stellt das Unternehmen Neoprenanzüge für Surfer her. Die ersten Modelle wurden in Japan gefertigt und waren mit einem Merino-Wollfutter ausgestattet – inspiriert von den Wollpullovern, die Chouinard in den 1960er-Jahren beim Surfen getragen hatte. Zudem bestand das Neopren dieser Anzüge aus Kalkstein, einer Innovation, die Patagonia als umweltfreundlicher betrachtete als herkömmliches, aus Erdölchemikalien hergestelltes Neopren. Mit diesen Anzügen erwarb sich Patagonia in der Surfszene schnell Anerkennung.

Doch das Team in Ventura stellte bald schon fest, dass diese Anzüge erhebliche Schwächen hatten. Das Neopren war bei weitem nicht so umweltfreundlich, wie das Unternehmen zunächst angenommen hatte, die Anzüge waren nicht so langlebig, wie sie sein sollten, und die Wolle zeigte mit der Zeit deutliche Abnutzungserscheinungen. Einige Jahre später hörte das Surfteam von einem neuen Material namens Yulex, das aus natürlichem Kautschuk vom Hevea-Baum gewonnen wurde. Nach intensiver Entwicklungsarbeit brachte Patagonia schließlich die erste Charge von Yulex-Neoprenanzügen auf den Markt. Die Lieferkette war so eingerichtet, dass eine größere Produktion problemlos möglich war, ein Medienplan stand, und die Surfgemeinschaft war gespannt auf die neuen Anzüge. Doch als die ersten Exemplare bei den Kunden ankamen, saßen sie alle falsch. In der Fabrik waren die Brustpartien vertauscht worden, sodass kleine Teile in mittelgroßen Anzügen landeten und umgekehrt. Die Kunden waren außer sich, der Launch scheiterte spektakulär, und Jahre harter Arbeit wurden durch einen einzigen Produktionsfehler zunichtegemacht. Die nächste Charge passte dann, wie sie sollte, und obwohl es Zeit brauchte, hat Patagonia mittlerweile einen wachsenden Markt für seine Yulex-Neoprenanzüge gefunden.

Während die Sonne vor der Küste unterging und ihre Strahlen die beiden riesigen Felsformationen beleuchteten, die Punta de Lobos seine markante Brandung verleihen, paddelte ich mit Ramón Navarro hinaus – einem der besten Big-Wave-Surfer der Welt und Botschafter von Patagonia. Das Wasser des Pazifiks war kalt, doch in unseren Yulex-Anzügen froren wir nicht. An diesem Tag war der Wellengang sanft, und so trieben wir meist in der Gischt, bewunderten die Küste und lauschten dem Geschrei der Möwen. Gerade als wir zurückkehren wollten, kam eine gute Welle auf. Ich stieg aufs Brett, ritt sie für ein paar Sekunden, bis ich von der Brandung ins Wasser geworfen wurde.

Mehr als 1500 Kilometer nördlich von Punta de Lobos liegt das Küstenstädtchen Chincha in Peru. Chincha ist unscheinbar, wäre da nicht sein größter Arbeitgeber: eine vertikal integrierte Textilfabrik namens Textil del Valle, kurz TDV. Die Qualität von Patagonias Kleidung wird immer nur so gut sein wie die Qualität der Fabriken, in denen sie hergestellt wird. Und genau in Fabriken wie TDV lotet Patagonia die Grenzen aus und versucht herauszufinden, wie verantwortungsbewusst man in einer grundsätzlich unverantwortlichen Industrie sein kann.

Vor weniger als einem Jahrzehnt steckte TDV in einer tiefen Krise: Das Unternehmen lieferte sich einen erbitterten Preiskampf mit anderen konventionellen Bekleidungsfabriken, zahlte seinen Arbeitern niedrige Löhne und kürzte Ausgaben, was sowohl die Qualität als auch die Rentabilität beeinträchtigte. Die Folge waren schrumpfende Gewinne und eine immer schwächere Marktposition. Im Jahr 2018 entschieden die Eigentümer, Juan José Córdova, einen erfahrenen Bauunternehmer, ins Boot zu holen, um dem Betrieb neuen Aufschwung zu geben. Córdova erkannte schnell, dass der alte Kurs nicht tragfähig war. Stattdessen setzte er auf einen strategischen Wandel: Er nutzte das Potenzial der wachsenden Nachfrage nach umweltfreundlicher Kleidung und richtete das Unternehmen neu aus.

TDV, das auch eigene Baumwollfelder bewirtschaftete, leitete eine umfassende Umstellung auf ökologischen Anbau ein. Das Unternehmen setzte auf regenerative Anbaumethoden, optimierte die Abwasseraufbereitung, reduzierte den Energieverbrauch und kompensierte Emissionen durch den Kauf von CO_2-Zertifikaten. Ein weiterer wichtiger Schritt war die Modernisierung der Fabrik, das Angebot zusätzlicher Dienstleistungen und die Erhöhung der Löhne für die Tausenden Beschäftigten. Juan José Córdova hatte ein ehrgeiziges Ziel: »die nachhaltigste Textilfabrik der Welt« zu schaffen. Der Weg dorthin erforderte anfangs erhebliche Investitionen. Viele Bestandskunden verlangten diese hochwertigen Standards noch nicht, und TDV musste Millionen in die Modernisierung seiner Anlagen investieren. Doch der Fokus auf Qualität machte sich bald bezahlt. Mit Bio-Baumwolle, natürlichen Farbstoffen und einer engagierten Belegschaft zog TDV lukrative Aufträge von Marken wie Lululemon und Lacoste an – ein Erfolg, der die Gewinne des Unternehmens spürbar steigen ließ.

Nachdem TDV seinen Betrieb grundlegend optimiert hatte, wandte sich Córdovas Team an Patagonia. In der Textilbranche war bekannt, dass Chouinards Unternehmen die strengsten Standards für seine Lieferanten zugrunde legte, und TDV war überzeugt, diesen Anforderungen gerecht werden zu können. Doch der erste Versuch scheiterte. Als Patagonias Prüfer die Fabrik besuchten, waren sie nicht zufrieden. Es gab Zweifel an der Rückverfolgbarkeit der Bio-Baumwolle, an der Wasserwirtschaft und den Arbeitsbedingungen. Ein Jahr später trat TDV erneut an Patagonia heran und erklärte, die Probleme beseitigt zu haben. Dieses Mal stimmte Patagonia zu und vergab einen Auftrag zur Produktion von T-Shirts. Seitdem hat TDV seinen Anteil an Patagonias Produktion kontinuierlich ausgebaut und stellt inzwischen auch Rugby-Shirts und Sweatshirts her. Dieser Erfolg zeigte, dass nicht nur Patagonia, sondern auch seine Lieferanten wirtschaftlich profitieren können, wenn sie die Qualität ihrer Produkte und die Gesundheit des Planeten in den Mittelpunkt stellen. »Der Gewinn war das Resultat verantwortungsvollen Handelns«, sagte Córdova über die Transformation von TDV.[208]

Auch wenn Patagonia bei der Verbesserung seiner wasserdichten Materialien, Neoprenanzüge und Produktionsstandorte erhebliche Fortschritte erzielt, steht das Unternehmen weiterhin vor Herausforderungen, für die es keine einfachen Lösungen gibt. Im Jahr 2019 erfuhr Patagonia, dass ein Teil der Bio-Baumwolle aus der chinesischen Region Xinjiang unter sklavenähnlichen Bedingungen von Uiguren produziert wurde. Nach einem PR-Skandal stellte das Unternehmen die Verwendung von Baumwolle aus Xinjiang ein. Dieser Vorfall war jedoch eine schmerzhafte Erinnerung daran, wie schwierig es ist, gefährdete Arbeitnehmer zu schützen. Jahre nachdem Patagonia glaubte, Zwangsarbeit in seinen taiwanesischen Produktionsstätten beseitigt zu haben, sah es sich in China mit einer ähnlichen Situation konfrontiert.

Ein weiterer wunder Punkt für das Unternehmen: Mikroplastik. Die Verwendung von recyceltem Polyester ist in vielerlei Hinsicht ein Gewinn für die

Umwelt. Sie reduziert den Verbrauch neuer Erdölprodukte und damit geringfügig die Nachfrage nach fossilen Brennstoffen. Doch jedes Kleidungsstück aus Polyester, das Patagonia herstellt, trägt auch zur Umweltbelastung bei, da es winzige Plastikpartikel freisetzt. Diese Partikel sind zwar mit bloßem Auge nicht sichtbar, stellen jedoch eine langfristige Gefahr für Ökosysteme dar. Mit wachsendem Bewusstsein für die Problematik von Mikroplastik hat Patagonia seine Stoffe neu gestaltet, um die Partikelabgabe zu reduzieren. Das Unternehmen klärt Verbraucher über die richtige Pflege auf und empfiehlt, Fleece-Kleidung seltener und bei niedrigen Temperaturen zu waschen. Darüber hinaus hat Patagonia mit dem koreanischen Haushaltsgerätehersteller Samsung eine Waschmaschine mit speziellen Mikroplastikfiltern entwickelt. Doch trotz dieser Bemühungen zeigen aktuelle Analysen, dass Fleece-Kleidung von Patagonia weiterhin erhebliche Mengen an Mikroplastik freisetzt. Unterdessen breiten sich mikroskopisch kleine Plastikpartikel unaufhaltsam aus und gelangen überall hin – vom Schnee am Südpol bis in die Atemwege von Delfinen im Pazifik.

Was fossile Brennstoffe angeht, reduziert Patagonia die Verwendung von Einwegkunststoffen, wo immer möglich. Dennoch lässt sich der weltweite Transport der Waren nicht ohne den Verbrauch großer Mengen Kerosin, Schiffsdiesel und Benzin realisieren. Auch in den Fabriken werden viele Produkte weiterhin einzeln in Plastik verpackt. Trotz bedeutender Fortschritte seit Beginn seiner Umweltinitiativen vor vielen Jahren stößt das Unternehmen mit jedem Schritt auf neue Herausforderungen, die es bewältigen muss. Selbst nach einem halben Jahrhundert Arbeit war Chouinard bewusst, dass das schwer greifbare Ziel, ein Unternehmen zu sein, das tatsächlich gut für den Planeten ist, noch in weiter Ferne liegt. »Patagonia ist kein nachhaltiges Unternehmen«, sagte er. »So etwas gibt es nicht. Ich betrachte unsere philanthropischen Aktivitäten nicht als Wohltätigkeit, sondern als Kosten unserer Geschäftstätigkeit.«[209]

Ich reiste mit Chouinard und dem Patagonia-Team während des heißesten Jahres seit Beginn der Wetteraufzeichnungen nach Südamerika. Der Kohlendioxidgehalt in der Atmosphäre hatte einen historischen Höchststand erreicht, während die Emissionen, die zur Erderwärmung beitragen, und die Produktion fossiler Brennstoffe unvermindert anhielten. Weltweit wurden gefährdete Landstriche von Stürmen heimgesucht, deren Auswirkungen durch den Klimawandel noch verheerender wurden. Während unserer Reise wüteten Waldbrände in

Chile, und eine monatelange Dürre setzte dem Amazonasgebiet schwer zu. Wenige Monate später gewann Donald Trump seine zweite Präsidentschaftswahl. Nach vier Jahren unter US-Präsident Joe Biden, der den Klimaschutz ins Zentrum seiner Politik gestellt hatte, markierte Trumps Rückkehr ins Weiße Haus einen radikalen Bruch. Er zeigte sich entschlossen, Umweltschutzmaßnahmen zurückzuziehen und die Förderung fossiler Brennstoffe massiv auszubauen.

Dieses Mal hielt sich bei Patagonia der Schock in Grenzen. Stattdessen ging ein kollektiver Seufzer der Resignation durch das Unternehmen, ähnlich wie in weiten Teilen der liberalen Welt. Doch dann machte sich das Team wieder an die Arbeit. Sie würden weiterhin ihre Kleidung und Ausrüstung verkaufen, die erwirtschafteten Einnahmen nehmen und sie in den Schutz des Planeten investieren. Trump könnten sie alleine nicht aufhalten, aber wenn sie es ihm erschweren könnten, der Natur weiteren Schaden zuzufügen, dann wäre das schon ein Anfang.

»Jeder Fortschritt in unserer Gesellschaft basiert auf Aktivismus«, erklärte Chouinard wenige Tage nach der US-Wahl. »Es sind die Graswurzelbewegungen, die auf Veränderungen pochen. Es sind die Nichtregierungsorganisationen, die dort tätig werden, wo weder Märkte noch Aktionäre Einfluss nehmen – nichts von diesem Bullshit. Es sind mutige Unternehmen, die Verantwortung übernehmen und ihren Beitrag leisten … Am Ende ist es ganz einfach: Jedes Unternehmen sollte sich zuerst und vor allem den Menschen und dem Planeten verpflichtet fühlen – für zukünftige Generationen und für die Wirtschaft der Zukunft.«[210]

Bedeutender als die Bekleidungsindustrie

Wenn es nach Chouinard geht, könnte Patagonia in 50 Jahren weniger für Outdoor-Kleidung als vielmehr für Lebensmittel bekannt sein. So unwahrscheinlich das auch klingen mag, ist dies eine Zukunft, die das Unternehmen aktiv anstrebt. Unterstützt wird es dabei von Paul Lightfoot, einem Unternehmer, der Chouinards Abneigung gegen das herkömmliche Lebensmittelsystem teilt.

Meine erste Begegnung mit Lightfoot fand im »Rusty Duck« statt, der einzigen Bar in Dawson, Minnesota, einem kleinen Ort mit nur einer Ampel, umgeben von riesigen Agrarbetrieben. Lightfoot ist General Manager von Patagonia Provisions, dem noch jungen Lebensmittelzweig des Unternehmens, und wir waren ins Zentrum der industriellen Landwirtschaft gekommen, um einen Blick in die Zukunft zu werfen. Ringsum erstreckten sich endlose Reihen von Sojabohnen und Futtermais, der für Ethanol und Maissirup mit hohem Fruktosegehalt angebaut wird, nicht für den Verzehr vom Kolben. Es sind die profitabelsten Feldfrüchte der USA – und ihr Anbau in diesem Maßstab erfordert eine ganze Reihe fragwürdiger Praktiken. Chemische Pestizide und synthetischer Dünger werden im Übermaß eingesetzt. Die geringe genetische Diversität macht die Pflanzen anfälliger für Krankheiten und Schädlinge. Und Boden sowie Grundwasser werden durch Abwässer stark belastet. Doch an diesem Sommertag führte unser Weg nicht zu einer dieser problematischen Großfarmen. Unser Ziel war die A-Frame Farm, eine 500 Hektar große Oase im Herzen des amerikanischen Farmlands.

Die A-Frame-Farm wird von Luke Peterson betrieben, einem Landwirt, der in der konventionellen Landwirtschaft begann, bevor diese ihn so enttäuschte, dass er sich dem biologischen Anbau zuwandte. Seine Anbaufläche ist zwar nur ein winziger Fleck inmitten des Meeres von Großfarmen, doch sie fällt durch ihre Vielfalt auf. Bienen und Insekten schwirren durch die Luft, Blumen blühen an den Rändern zwischen den Feldern und den Wiesen. Es gibt Sonnenblumen, Vieh und Gerste. Etwa 15 Prozent des Landes sind dem Anbau von Kernza gewidmet, einem mehrjährigen Getreide, das wie Weizen verwendet werden kann und im Zentrum von Patagonias Lebensmittelstrategie steht.

Im Gegensatz zu herkömmlichem Weizen – oder den meisten anderen Nutzpflanzen – ist Kernza kein einjähriges Gewächs; es muss nicht jedes Jahr neu ausgesät werden. Eine einzige Kernza-Pflanze kann mehrere Jahre lang im Boden bleiben und Erträge liefern, was eine ganze Reihe von Vorteilen für Landwirte und den Planeten mit sich bringt. Für Landwirte bedeutet der Anbau von mehrjährigen Pflanzen wie Kernza weniger Arbeitsaufwand, geringeren Kraftstoffverbrauch und weniger Wasserbedarf.

Was unseren Planeten anbelangt, so ist Kernza ein Segen für den Boden. Da die Pflanze viele Jahre lebt, bilden ihre Wurzeln ein tiefes Netz – sie reichen bis zu 4,5 Meter tief, im Vergleich zu etwa 1,5 Metern bei herkömmlichem Weizen. Dadurch kann Kernza erheblich mehr Kohlendioxid speichern, ein vielversprechender Beitrag zur Rolle der Landwirtschaft im Kampf gegen die globale Erwärmung.

Die Kombination dieser Vorteile – gut für die Landwirte, gut für den Planeten – erklärt, warum Paul Lightfoot zu den größten Verfechtern von Kernza in den USA gehört. Er verwendet es für die Biere und Nudeln, die unter der Marke Patagonia Provisions verkauft werden. »Die Mission von Patagonia ist es, unseren Heimatplaneten zu retten – eine wunderschön einfache Mission«, sagte er, während wir unter dem Sternenhimmel ein Kernza-Lagerbier genossen. »Und wenn man all die verschiedenen Wege betrachtet, wie das Unternehmen dazu beitragen kann, dann ist die Lebensmittelproduktion der stärkste Hebel, den Patagonia in Bewegung setzen kann.«[211]

Chouinard hatte die Idee, ein Lebensmittelunternehmen zu gründen, bereits vor mehr als 40 Jahren. Im Jahr 1984 holte er Lorenz Schaller, einen Experten für Urgetreide, ins Team, um das Projekt zu leiten. Schaller erhielt den Auftrag, eine Abteilung aufzubauen, die Mischungen aus geröstetem Getreide wie Gerste – in Tibet als Tsampa bekannt – verkaufen sollte. Die Verpackung sollte an das Logo von Celestial Seasonings Tee erinnern, jedoch mit einem Fokus auf »kulturelle Traditionen und Rezepte für Bergregionen und Reisen«. Bereits im darauffolgenden Jahr arbeitete das Unternehmen daran, japanischen Reis, chinesische Fingerhirse und südamerikanisches Getreide mit aztekischen und inkaischen Ursprüngen auf den Markt zu bringen. Doch schnell zeigte sich, dass die ad-hoc-Gründung eines Lebensmittelunternehmens kein leichtes Unterfangen war. Die Beschaffung exotischer Getreidesorten in großen Mengen erwies sich als schwierig, der Markt war begrenzt, und der Vertrieb stellte eine erhebliche Herausforderung dar. Das Vorhaben verlief im Sande.

Jahrzehnte später versuchte Chouinard es erneut. Im Jahr 2012 engagierte er die Lebensmittelunternehmerin Birgit Cameron, um Patagonia Provisions zu gründen. Ihn trieb eine simple Hypothese an: Es gibt keinen Weg, Kleidung so herzustellen, dass sie wirklich gut für den Planeten ist. Selbst mit recycelten, umweltfreundlichen Materialien, erneuerbarer Energie und hohen Arbeitsstandards können auch die nachhaltigsten Kleidungsstücke nicht dazu beitragen, dass sich die Natur wieder erholt. Lebensmittel hingegen können das. Die richtigen Anbaumethoden verbessern die Bodenqualität, die richtigen Pflanzen binden Kohlendioxid. Richtig gehaltene Weidetiere helfen, Wildnis wiederherzustellen, und nachhaltige Meeresfrüchte tragen zur Regeneration der Ozeane bei. »Unsere Gesellschaft braucht eine Revolution, und die kann nur aus der Landwirtschaft kommen«, erklärte Chouinard. »Die Menschen interessieren sich nicht dafür, wie Baumwolle in der Türkei angebaut wird, aber bei ihren Nahrungsmitteln ist es etwas ganz anderes.«[212]

Mit dem ehrgeizigen Ziel, ein profitables Unternehmen aufzubauen, das regenerative Landwirtschaft fördern und zugleich nennenswerte Umsätze für eine Firma von Patagonias Größe erzielen sollte, machte sich Cameron an die Arbeit. Innerhalb weniger Jahre brachte Patagonia Provisions dutzende Produkte auf den Markt. Neben Crackern und Fischkonserven gab es Suppen, Chilis, Fruchtriegel und Getreide. Ambitionierte Expansionspläne sahen die rasche Einführung von Babynahrung, Ölen, Soßen und weiteren Artikeln vor. Im Jahr 2021 lancierte Patagonia sogar einen eigenen Wein. (Die Kritiken waren allerdings wenig schmeichelhaft.) Schon bald umfasste das Sortiment über 70 Produkte, und die Firma arbeitete mit Hochdruck daran, weitere einzuführen.

Es war eine kühne Expansionsstrategie – aber sie brachte Provisions an die Grenze seiner Belastbarkeit. Nach einigen Jahren waren es nur wenige Produkte – vor allem die Fischkonserven –, die nennenswerte Umsätze erzielten. Dennoch produzierte Patagonia die übrigen Artikel weiter. Das Ergebnis war ein Katalog von wahren Ladenhütern: Produkte mit geringer Verbreitung und minimaler Markenbekanntheit, die die begrenzten Ressourcen einer kleinen Abteilung stark beanspruchten – und das innerhalb eines Unternehmens, das nach wie vor kaum Erfahrung im Lebensmittelgeschäft hatte. Im Jahr 2022 hatte Chouinard genug. Cameron musste das Unternehmen verlassen, und besagter Lebensmittelexperte Lightfoot wurde mit der Aufgabe betraut, Patagonia Provisions profitabel zu machen.

Lightfoot begann mit einer gründlichen Bereinigung des Sortiments. Gemeinsam mit seinem Team prüfte er jedes Produkt nach vier zentralen Kriterien: War die Qualität überzeugend? War es nahrhaft und schmackhaft? Hatte es positive Auswirkungen auf die Umwelt? Und schließlich: War es profitabel? Einige Artikel fielen in allen Kategorien durch. So verschwanden etwa Cracker aus Brotfrucht – einer tropischen Pflanze, die auf Barbados heimisch ist – aus dem Angebot. Sie verkauften sich schlecht, und es gab keine weiteren Brotfruchtprodukte in Planung. Dasselbe Schicksal ereilte alle Artikel mit niedrigen

Verkaufszahlen. Das in limitierter Menge hergestellte Büffel-Jerky wurde gestrichen, ebenso wie Obstriegel, Suppen, Chilis und verschiedene Getreideprodukte. Stattdessen fokussierte sich Lightfoot auf drei Kategorien: Cracker, Pasta und konservierte Meeresfrüchte.

Meeresfrüchte machen den größten Teil des Geschäfts aus und sind in gewisser Weise am einfachsten zu handhaben. Fischkonserven erleben derzeit ein Comeback bei den Verbrauchern, und Patagonia Provisions profitiert von einer starken Marke mit treuer Kundschaft sowie etablierten Vertriebswegen bei großen Ketten wie Whole Foods. Nach mehr als einem Jahrzehnt des Aufbaus der Lieferkette verfügt das Unternehmen zudem über ein zuverlässiges Netzwerk an Fischzüchtern. Die angebotenen Sardinen, Sardellen, Makrelen und Muscheln überzeugen alle durch eine vorbildliche Umweltbilanz. Muscheln reinigen das Meer, indem sie Algen und Schlamm herausfiltern. (Provisions verkauft mittlerweile über 1 Million Dosen Muscheln pro Jahr.) Sardinen, Sardellen und Makrelen hingegen sind kleine Fischarten, die sich schnell vermehren und im Gegensatz zu größeren Arten wie Thunfisch nicht von Überfischung bedroht sind. Und all das passt perfekt zum Image von Chouinard, der selbst gerne Fische fängt, kocht, isst und ebenso gerne über Fische spricht.

Dann ist da noch Kernza. Obwohl dieses Getreide bislang wenig bekannt ist, sehen seine Befürworter darin das Potenzial, eine Art Wundermittel für die amerikanische Landwirtschaft zu werden. Sobald die Erträge steigen und die Kosten sinken, glauben sie, dass es herkömmlichen Weizen in zahlreichen Produkten ersetzen könnte. Doch dafür braucht es zunächst einen Markt. Derzeit ist die Produktion winzig: weniger als 20.000 Hektar. Zum Vergleich: In den USA werden rund 19 Millionen Hektar herkömmlicher Weizen angebaut. Doch Patagonia hat sich schon früher ähnlichen Herausforderungen gestellt. Wie damals, als das Unternehmen Bio-Baumwolle im Mainstream etablieren wollte, zahlt es kurzfristig einen Aufschlag für Kernza, integriert es in seine Lieferkette und unterstützt andere Unternehmen dabei, ebenfalls einzusteigen.

Als ersten Schritt ging Patagonia Provisions Partnerschaften mit einigen US-amerikanischen Brauereien ein, darunter Sierra Nevada, Topa und Aslan. Diese Brauereien stellten Bier unter der Marke Patagonia her, das mit Kernza gebraut wurde. So halfen sie nicht nur, einen Markt für das mehrjährige Getreide zu schaffen, sondern stärkten auch die Markenpräsenz von Patagonia und leisteten vielleicht sogar einen kleinen Beitrag zum Klimaschutz. Da war es natürlich hilfreich, dass das Bier gut schmeckt. Eine der Sorten, das alkoholfreie Kernza Golden Brew, für das Patagonia Provisions mit der Deschutes Brewery kooperierte, gewann eine Goldmedaille beim Great American Beer Festival. Außerdem wird Patagonias Bier nun bei Whole Foods verkauft. »Mit Umweltfreundlichkeit allein kannst du nichts gewinnen«, erklärte Lightfoot und nahm damit Chouinards Philosophie auf. »Wenn die Qualität nicht stimmt, hast du keine Chance.«

In Lebensmitteln sieht Chouinard einen Weg zu einem völlig neuen Geschäftsmodell. Mit der richtigen Art der Landwirtschaft eröffnet sich die Möglichkeit – so schwierig dies auch umzusetzen sein mag –, tatsächlich etwas Gutes für die Erde zu bewirken. In großem Maßstab können Schalentiere sowie Kernza und andere regenerative Nutzpflanzen tatsächlich Kohlendioxid binden, Gewässer reinigen und Schadstoffe aus der Atmosphäre entfernen. Wenn Chouinard die Wahl hätte, würde er die Bekleidungsindustrie auf der Stelle hinter sich lassen und sich ganz auf Fisch, Cracker und Bier konzentrieren. In 50 Jahren, so sagt er, »könnte ich mir vorstellen, dass die Lebensmittelindustrie bedeutender ist als die Bekleidungsindustrie«.[213]

Eine spirituelle Verbindung zur Natur

Chouinard und ich waren noch vor Sonnenaufgang auf den Beinen. Die vergangenen Tage hatten wir in Las Pampas verbracht – fischten unter Regenbögen, machten Mittagspause mit Wein zwischen den Sträuchern und ließen die Abende bei kräftigen Mahlzeiten aus argentinischem Steak und Kartoffeln in der Lodge ausklingen. Der Strom war 48 Stunden ausgefallen, wir aßen bei Kerzenlicht und hatten keinerlei Kontakt zur Außenwelt. Jetzt war es Zeit aufzubrechen. Es war noch dunkel, und während wir unsere Seesäcke auf die Ladefläche eines Pick-ups warfen, blickte ich nach oben und sah die Milchstraße, die sich wie ein silbernes Band über den Himmel zog.

Unser Ziel war Bariloche, die Stadt am See, wo die Fun Hogs vor all den Jahren ihre Vorräte zusammengetragen hatten, bevor sie den Fitz Roy bestiegen. Nach einer Stunde auf unbefestigten Wegen erreichten wir die berühmte

Nationalstraße Ruta 40 – dieselbe Straße, die Chouinard bereits 1968 befahren hatte. Inzwischen war sie asphaltiert, doch sonst hatte sich kaum etwas verändert. 56 Jahre nach jener wegweisenden Expedition war er immer noch unterwegs, immer noch auf der Suche nach den entlegensten und unberührtesten Winkeln dieses Planeten.

Auf der Rückbank des alten Toyota-Pick-ups saßen wir eng beieinander, reichten uns einen Becher Yerba-Maté hin und her und nippten abwechselnd durch einen Metallstrohhalm an dem bitteren Gebräu, während Chouinard mir erzählte, was ihn momentan beschäftigte. Natürlich war er stolz auf Patagonia – wie könnte er das nicht sein? Doch Chouinard war schon immer ein Griesgram gewesen, jemand, der mit einem »Das Glas ist halb leer«-Blick auf die Welt schaute, selbst wenn sein Leben von außergewöhnlichem Glück geprägt war. Jetzt, im Alter, wirkte er noch pessimistischer, manchmal unfähig, zu schätzen, dass Patagonia eines der beliebtesten und einflussreichsten Unternehmen der Welt war. Ja, die Firma war erfolgreicher, als er es sich je hätte träumen lassen. Ja, die Unternehmenskultur blieb eigenwillig und unkonventionell. Der Campus war weiterhin voller junger Menschen, die Kantine servierte noch immer Bio-Essen, und idealistische Fachkräfte rissen sich nach wie vor darum, in Ventura zu arbeiten. Und doch konnte Chouinard das nagende Gefühl nicht abschütteln, dass das Unternehmen allmählich das Wesentliche aus den Augen verlor.

Einige Sachen hatten sich bereits deutlich abgezeichnet. Da war der Rückgang des Umsatzwachstums nach COVID, die gesellschaftliche Debatte über den allgegenwärtigen Rassismus und der plötzliche Ausstieg von Marcario. Kürzlich hatten die Mitarbeiter des Ladens in Reno für die Gründung einer Gewerkschaft gestimmt, und eine Umstrukturierung hatte zu einigen Entlassungen geführt. Auch unter den Führungskräften des Unternehmens herrschte Spannung. Selbst nach dem Eigentümerwechsel hielten die Differenzen zwischen dem Vorstand und dem Managementteam an. Gellert und die anderen Führungskräfte haben es mit Zielsetzungen zu tun, die manchmal unvereinbar scheinen: Einerseits sollen sie Gewinne erzielen, um Umweltprojekte zu unterstützen; andererseits wird von ihnen verlangt, das Wachstum zu begrenzen.

Das Unternehmen bemühte sich, seinen hohen Standards in Bezug auf faire Arbeitsbedingungen gerecht zu werden, doch diese Verpflichtung verlangsamte nicht selten die Produktentwicklung und führte zu einer Unternehmenskultur, der es an Schlagkräftigkeit mangelte. Der Vorstand wünschte sich mehr Agilität, aber allzu oft mussten bedeutende Entscheidungen noch von den Chouinards abgesegnet werden. Und obwohl Patagonia-Ausrüstung zu den besten auf dem Markt zählt, scheute Chouinard nicht davor zurück, Kritik an Haltbarkeit, Materialien und Passform zu üben. »Wir haben Manager, die einfach nur verwalten«, sagte er mir. »Aber sie bringen uns nicht wirklich weiter.«[214]

Im Mittelpunkt von Chouinards Kritik stand sein Eindruck, dass die heutigen Mitarbeiter einfach kein Verständnis für Qualität hätten. Es gab zu viele verschiedene Versionen ähnlicher Artikel. Die Kleidung erfüllte nicht immer die Erwartungen. Das Unternehmen stellte zu viele Produkte her, die nur eine Saison oder zwei hielten, anstatt ein Leben lang. »Das Geheimnis unseres Erfolgs war immer die Qualität«, sagte er. »Wir versuchen wirklich, das qualitativ beste Produkt zu bieten, und unsere Definition von Qualität schließt Umweltverantwortung mit ein. Und jedes Mal, wenn wir eine Entscheidung auf Grundlage von Qualität oder Umweltverantwortung treffen, verdienen wir mehr Geld. Mehr braucht es tatsächlich nicht.«

Chouinard hatte die Hoffnung für die Menschheit noch nicht aufgegeben. Einerseits sorgte ihn, dass junge Leute zu viel Zeit vor Displays und Bildschirmen verbringen. »Es gibt eine Art gestörtes Verhältnis zur Natur, ein großes Defizit«, sagte er. »Die Dinge werden sich erst ändern, wenn wir alle eine spirituelle Verbindung zur Natur herstellen.« Aber tatsächlich glaubte er auch daran, dass die breite Bevölkerung kurz vor einer kollektiven Erkenntnis stehe. Bei der schlechten Qualität des modernen Lebens – wie sollten die Menschen nicht merken, dass das System krank ist? Wann würden sie einsehen, dass es ein Irrweg ist, ihre ganze Zeit und ihr ganzes Geld für materielle Dinge zu verschwenden? »Wenn jemand sich einen billigen Plastikmixer kauft, einen Eiswürfel reinlegt und das Ding durchbrennt, spart er beim nächsten Mal vielleicht für einen Mixer, der ein Leben lang hält«, sagte er. Es war eine einfache Analogie, aber sie drückte seine große Hoffnung aus: dass die Verbraucher genauso qualitätsbewusst werden wie er selbst, weniger kaufen und dafür langlebige Dinge.

»Wir versuchen, die Kunden zu überzeugen, weniger, aber klüger zu kaufen«, sagte er. Wenn die Verbraucher so handeln, »wird das die Unternehmen zum Umdenken zwingen. Und wenn sich die Unternehmen ändern, wird auch die Politik nachziehen.« Und wenn die Politik sich verändert, könnte sich vielleicht auch die Welt verändern. Das mag zwar etwas unausgegoren klingen, doch Chouinards Ansinnen ruhte auf Werten, von denen er felsenfest überzeugt war.

Was Chouinard wirklich wollte: dass den Menschen bewusst wird, wie ernst die ökologische Krise ist – und dass sie handeln. Er hatte die Zerstörung mit eigenen Augen gesehen: schmelzende Gletscher, verschmutzte Flüsse, das unaufhörliche Wachstum der Städte. Er selbst hatte seinen Beitrag zum Schutz des Planeten geleistet. Warum taten nicht alle anderen dasselbe? »Ich glaube, jeder einzelne Mensch muss es zu seiner obersten Priorität machen«, sagte er. »Während des Zweiten Weltkriegs haben wir Gärten angelegt, Zucker rationiert und sogar Pferdefleisch gegessen. Das hat das ganze Land zusammengeschweißt. So müssen wir jetzt gemeinsam handeln, um den Planeten zu retten. Jeder von uns muss tief in sich gehen und sich fragen: ›Was kann ich tun?‹« Dann richtete er den Blick auf sich selbst. »Tue ich selbst genug?«, fragte er. »Die Antwort ist Nein. Also wie können wir mit diesem Unternehmen mehr Gutes bewirken?«

Was den Wunsch angeht, mit Patagonia noch mehr Gutes zu bewirken, so hatte sich das grundlegende Vorgehen nicht verändert. Das Unternehmen blieb seiner Mission treu, den Heimatplaneten zu retten. Dieses Anliegen war weiterhin sein Leitstern, und mit dem Eigentümerwechsel sowie der Gründung des Holdfast Collective hatte er seine Prioritäten fest verankert: Patagonias Gewinne würden auch in Zukunft in den Naturschutz fließen, solange das Unternehmen besteht.

Dafür musste Patagonia profitabel bleiben. In dieser Hinsicht war man bestens aufgestellt: keine langfristigen Schulden, keine ungeduldigen Investoren, keine gierigen Aktionäre. Die Kundschaft war dank Chouinards eigener Geschichte, seines Aktivismus und der Naturschutzbemühungen begeisterter denn je von der Marke. Solange die ungefähr zehnprozentigen Gewinnmargen gehalten werden konnten, standen dem Holdfast Collective jedes Jahr ausreichend Mittel zur Verfügung.

Die Qualität war das Schwierigste. Chouinard wollte, dass das Unternehmen seine handwerklichen Fertigkeiten stetig weiterentwickelt, nicht nur bei den Nähten und Stoffzusammensetzungen, sondern auch bei der Nachhaltigkeit der Materialien und der ethischen Verantwortung der Lieferanten – kurzum: in allen Bereichen. Wenn Patagonia nicht kontinuierlich mehr Verantwortung übernehmen würde, welchen Sinn hätte das Ganze dann noch? »Wir sind kein perfektes Unternehmen«, sagte er. »Aber zumindest sind wir uns dessen bewusst und handeln entsprechend.«

Und unbestreitbar war, dass Patagonia – mit seinem Fokus auf nachhaltigem Wirtschaften, seinem Aktivismus und dem Aufbau von Allianzen – weit über Ventura hinaus Wirkung entfaltet hatte. Das Unternehmen mag den Kapitalismus nicht im Alleingang verändern können, doch Chouinards Spuren finden sich in der gesamten Geschäftswelt. Wenn Unternehmen heutzutage besser für ihre Mitarbeiter sorgen, Kinderbetreuung anbieten und ihren Beschäftigten erlauben, im Büro sie selbst zu sein, dann ist das ein Vermächtnis von Patagonia. Wenn Firmen ihre Lieferanten drängen, ihre Belegschaft fair zu behandeln, giftige Materialien aus der Lieferkette zu verbannen und verantwortungsvoll handeln – auch wenn es mehr kostet –, dann ist das ebenfalls Teil von Chouinards Erbe. Wenn CEOs Stellung beziehen, Präsidenten widersprechen und Kunden zum Wählen auffordern, ist auch das zum Teil dem Einfluss von Patagonia zu verdanken. Dazu kommen die Nationalparks in Chile und Argentinien, die Nachhaltigkeitsinitiativen, die Patagonia mitbegründet hat, die 1%-for-the-Planet-Zuschüsse, der Eigentümerwechsel sowie nun die finanziellen Zuwendungen für den Umweltschutz des Holdfast Collective.

War Chouinard nun zufrieden? Nach all den Jahren, den vielen kritischen Entscheidungen, den zahlreichen Erfolgen und Verlusten. Nach allem, was er letztlich verschenkt hatte. Hatte er endlich innerlich Frieden gefunden?

»Ich habe das Gefühl, dass ich morgen sterben könnte und das Unternehmen noch die nächsten 50 Jahre bestehen wird. Es wird weiterhin das Richtige tun, dafür brauchen sie mich jetzt nicht mehr«, sagte er. »Ich war nie ein Mikromanager. Ich bin der Philosoph des Unternehmens, der Unternehmer mit den verrückten Ideen. Manche haben funktioniert, andere nicht. Aber ich fühle eine große Erleichterung darüber, dass ich mein Leben geordnet habe. Jetzt werde ich nur noch daran arbeiten, mein eigenes Leben so einfach wie möglich zu gestalten.«[215]

*

Nach einer sechsstündigen Fahrt erreichten wir Bariloche, wo wir das neueste Patagonia-Projekt in Augenschein nahmen. Das Unternehmen hatte vor Kurzem ein grünes Anwesen mit Blick auf den Nahuel-Huapi-See erworben und war nun dabei, das Gelände in einen Laden mit angeschlossenem Wohn- und Arbeitsbereich für das regionale Team umzuwandeln. Das Herzstück bildete ein prachtvolles historisches Haus, erbaut 1916 von Emilio Frey, einem argentinischen Entdecker, der an der Festlegung der Grenze zu Chile beteiligt war. Nun wurde das Haus, eingedeckt mit Alerce-Schindeln, zu einem Patagonia-Geschäft umgestaltet. Ein nahegelegenes Gebäude sollte als Hostel für Mitarbeiter und Sportler dienen, die durch die Stadt reisen. Ringsum erstreckten sich Gärten, Wälder und Wanderwege.

Chouinard verbrachte eine halbe Stunde damit, das Haus zu erkunden, die Tischlerarbeiten und sonstige Handwerksarbeiten zu bewundern und die Qualität dieses Gebäudes zu wertschätzen, das vor seiner Geburt errichtet worden war und nun neues Leben erhielt. Anschließend trat er nach draußen und schlenderte durch die Obstgärten. Es war früher Nachmittag, und wir hatten wenig gegessen, also pflückte Chouinard einen Apfel vom Baum, biss einmal hinein und ließ ihn anschließend fallen. Vom Garten aus blickten wir auf den See. Dann war es Zeit für mich aufzubrechen. Ich musste meinen Flug erwischen, doch Chouinards Abenteuer begann gerade erst. Vermutlich würde er sich noch kurz frisch machen, ein paar Sachen tauschen. Und dann aufbrechen – einen weiteren Berg umrunden, einen anderen Fluss befischen, um sich selbst zu finden. Irgendwo in Patagonien.

DANKSAGUNGEN

Unendlicher Dank gilt all den vielen Menschen, die zur Entstehung dieses Buches beigetragen haben. Zuallererst meiner Familie, die mir die Zeit, den Freiraum und die Liebe gibt, die ich für diese Arbeit gebraucht habe. Ali ist mein größter Fan, Franny und Clark sind meine kleinsten Fans, und ich liebe euch alle so sehr.

Eamon Dolan ist ein brillanter Lektor, Autor und Freund, der Bücher veröffentlicht, die die Meinung der Menschen verändern, und ich bin ihm dafür sehr dankbar. Das gesamte Team von Simon & Schuster, darunter Jon Karp, Priscilla Painton, Jackie Seow, Tzipora Chein, Ingrid Carabulea, Brianna Scharfenberg und Patty Romanowski, betreibt den besten Verlag der Welt; es ist eine Ehre, Teil ihres Programms zu sein. Ich habe das Glück, den besten Agenten und die beste Agentur der Welt an meiner Seite zu haben; vielen Dank an Binky,Helen Manders und alle bei CAA. Danke an meine Kollegen bei der *New York Times,* einer unverzichtbaren Institution, die nach der Wahrheit sucht und den Menschen hilft, die Welt zu verstehen. Es ist ein Privileg, jeden Tag in dieser Redaktion zu arbeiten. Hannah Fairfield und Lyndsey Layton hat die Bedeutung der Geschichte über den Eigentümerwechsel sofort verstanden, als ich sie ihr zum ersten Mal vorgestellt habe, und Ryan McCarthy hat mit seinen wertvollen Korrekturen an einem späten Entwurf dieses Buches dazu beigetragen, dass ich meine eigene Stimme gefunden habe. Freunde wie Rimjhim Dey und ihr Team bei DEY, Alan Fleischmann und Dafna Tapiero, Sam Potolicchio, Erin Allweiss, Jolie Hunt, Margaret Richardson, Daphne Wang, Deb Greenspan, Joe and Christie Marchese, Ash Chang, Anand Giridharardas,Ted Oberwager, Pete Stavros, Adam Met, Adam Grant, Nick Bilton, Charles Duhigg, Conrad Anker, Lynn Forester de Rothschild, Paul Hawken, John Vaillant, Darren Walker, the Lader family, Jay Simpson, Greg Behrman, Susan McPherson, Susan MacTavish Best, Sharon Johnson, Kevin Delaney, Raj Shah, Aron Cramer, und andere haben mich auf diesem Weg maßgeblich unterstützt. Und ich wäre kein Leser und Schriftsteller, wenn meine Eltern nicht auch so gerne lesen und schreiben würden. Danke euch sehr, Mom und Dad.

Bücher und Artikel von Yvon und Malinda Chouinard, Vincent Stanley, Rick Ridgeway und anderen langjährigen Mitarbeitern und Partnern von Patagonia waren ein wesentlicher Bestandteil meiner Recherche. Besonders empfehlenswert sind *Some Stories, Let My People Go Surfing, The Responsible Company, Family Business* und *Life Lived Wild. A Wild Idea* von Jonathan Franklin zeichnet ein lebhaftes Bild von Doug Tompkins' Leben und enthält eine umfassende Beschreibung der Fun-Hogs-Reise.

Dieses Buch wäre ohne die Zusammenarbeit mit der Familie Chouinard und Patagonia nicht möglich gewesen. Besonderer Dank gilt Yvon und Malinda, die mich in ihr Leben aufgenommen haben, meinen Mitreisenden Corley Kenna und Alex Perry *(todo sí!)* sowie Kris McDivitt Tompkins, Vincent Stanley, Rick Ridgeway, Ryan Gellert, Val Franco, Terri Laine, Corey Simpson und Alexa Liccardi für ihre unschätzbare Hilfe bei der Recherche, Berichterstattung und Faktenprüfung. Danke auch an die Erstleser, darunter Chris Van Leuven, Michael Peppard, Edward Sullivan, Sabrina Shankman, Sali Christeson, Seth Boyd und Ali, die alle dazu beigetragen haben, dieses Manuskript zu verbessern. Danke an Rascal, der mich bedingungslos liebt. Und vor allem danke ich Ihnen, meinen Lesern, dass Sie mir Ihre Zeit anvertrauen.

Legen Sie das Buch jetzt bitte beiseite und gehen Sie raus an die frische Luft.

ANMERKUNGEN

1 Yvon Chouinard, im Gespräch mit dem Autor, 2024.

2 Jeremy Bernstein, »Ascending« (Aufsteigen), *The New Yorker*, 31.01.1977.

3 Grayson Haver Currin, »Yvon Chouinard on Why He Gave Away Patagonia to Save the Planet« (Yvon Choinard über die Gründe, warum er Patagonia verschenkte, um den Planeten zu retten), *National Geographic*, »National Geographic 33 2025«, 18.03.2025, https://www.nationalgeographic.com/culture/article/yvon-chouinard-nat-geo-33-2025.

4 Karen Frishman, im Gespräch mit dem Autor, 2023.

5 Greg Dalton, »Yvon Chouinard: Founding Patagonia & Living Simply« (Yvon Chouinard: Die Gründung Patagonias und die Kunst des einfachen Lebens), 27.11.2016, in Climate One, https://www.climateone.org/audio/yvon-chouinard-founding-patagonia-living-simply.

6 Paul Bruun, »Yvon Chouinard Profile« (Yvon Chouinard Portät), *Fly Rod & Reel*, 25.09.2008.

7 John Steinbreder, »He's in His Element in the Elements« (In den Elementen ist er in seinem Element), *Sports Illustrated*, 11.02. 991, https://vault.si.com/vault/1991/02/11/hes-in-his-element-in-the-elements-yvon-chouinard-the-man-behind-patagonia-outfitters-does-his-best-work-in-the-rugged-outdoors.

8 Royal Robbins, »The North America Wall« (Die North America Wall), *American Alpine Journal* (1965): S. 331–38, AAC Publications, https://publications.americanalpineclub.org/articles/12196533100/The-North-America-Wall.

9 Bernstein, »Ascending«.

10 Yvon Chouinard, *Some Stories: Lessons from the Edge of Business and Sport* (Patagonia Press, 2019), S. 335 (Einige Geschichten: Grenzerfahrungen aus dem Geschäft und aus dem Sport, übers.).

11 John Muir, »The Approach to the Valley« (Die Annäherung ans Valley), 1912, https://vault.sierraclub.org/john_muir_exhibit/writings/the_yosemite/chapter_1.aspx.

12 Chouinard, *Some Stories*, S. 101.

13 Chouinard, *Some Stories*, S. 106.

14 Chouinard, *Some Stories*, S. 105.

15 Yvon Chouinard, »Modern Yosemite Climbing« (Bigwall-Klettern im Yosemite), *American Alpine Journal* (1963): S. 319–27, AAC Publications, https://publications.americanalpineclub.org/articles/12196331900/Modern-Yosemite-Climbing.

16 David Browne, »The North Face's Epic 1966 Store Opening, Starring the Grateful Dead« (Die legendäre Ladeneröffnung von The North Face – mit den Grateful Dead), *Men's Journal*, 4.12.2017, https://www.mensjournal.com/gear/north-faces-epic-1966-opening-party-featuring-the-grateful-dead-w446385.

17 Dick Dorworth, im Gespräch mit dem Autor, 2023.

18 Bennett Barthelemy, »Remembering Tom Frost (1937–2018): The Full Perspective Interview« (In Gedenken an Tom Frost (1937-2018): das vollständige Interview), *Climbing*, 8.04.2009, https://www.climbing.com/news/tom-frost-the-full-perspective-interview/.

19 Chouinard, Interview, 2024.

20 Dorworth, im Gespräch mit dem Autor, 2023.

21 Jonathan Franklin, *A Wild Idea* (Eine verwegene Idee), New York, HarperOne, 2021.

22 Bernstein, »Ascending«.

23 Chouinard, Interview, 2022.

24 Tom Frost, »Preserving the Cracks!« (Erhaltet die Felsspalten!) *American Alpine Journal* (1972): S. 1–6, AAC Publications, https://publications.americanalpineclub.org/articles/12197200100/Preserving-the-Cracks.

25 Chouinard Equipment Katalog, 1972.

26 Daniel P. Moynihan, »Daniel P. Moynihan an John Ehrlichman, 17.09.1969«, https://www.nixonlibrary.gov/sites/default/files/virtuallibrary/documents/jul10/56.pdf.

27 Chouinard, *Some Stories*, S. 115.

28 Haver Currin, »Yvon Chouinard on Why He Gave Away Patagonia to Save the Planet«.

29 Chouinard, Interview, 2024.

30 Mark Capelli, im Gespräch mit dem Autor, 2023.

31 Hall Stratton, im Gespräch mit dem Autor, 2024.

32 Davey Agnew, im Gespräch mit dem Autor, 2024.

33 Val Franco, im Gespräch mit dem Autor, 2022.

34 Franco, Interview.

35 Vincent Stanley, im Gespräch mit dem Autor, 2023.

36 Stratton, Interview.

37 Yvon Chouinard, *Let My People Go Surfing* (New York: Penguin, 2006), S. 38, (*Lass die Mitarbeiter surfen gehen!*, Redline Verlag, 2017).

38 Kris McDivitt Tompkins, im Gespräch mit dem Autor, 2024.

39 Rick Ridgeway, im Gespräch mit dem Autor, 2024.

40 Billy Kulczyzki, im Gespräch mit dem Autor, 2022.

41 Ridgeway, Interview.

42 Jennifer Ridgeway, »Capture a Patagoniac« (Fotografiere einen Patagoniac), Patagonia Stories, 9.09.2020, https://www.patagonia.com/stories/capture-a-patagoniac/story-91628.html.

43 Malinda Pennoyer Chouinard und Jennifer Ridgeway, *Family Business: Innovative On-Site Child Care Since 1983* (Eine Familienangelegenheit: Kinderbetreuung am Arbeitsplatz seit 1983), Patagonia Press, 2016, S. 22.

44 Ridgeway, Interview.

45 Chouinard und Ridgeway, *Family Business*, S. 32.

46 Chouinard, Interview, 2024.

47 Dean Carter, im Gespräch mit dem Autor, 2023.

48 Mary Ellen Smith, im Gespräch mit dem Autor, 2023.

49 Greg Dalton, »Yvon Chouinard; Founding Patagonia and Living Simply«, *Climate One* Podcast, 28.10.2016, https://www.climateone.org/audio/yvon-chouinard-founding-patagonia-and-living-simply.

50 Rick Ridgeway, *Life Lived Wild* (Ein Leben in der Wildnis), Patagonia Press, 2021, S. 82.

51 Dalton, »Yvon Chouinard«.

52 Craig Vetter, »He's Not Worthy« (Er hat es nicht verdient), *Outside*, Januar 1997, https://www.outsideonline.com/outdoor-adventure/hes-not-worthy/.

53 Vetter, »He's Not Worthy«.

54 Chouinard, Interview, 2024.

55 Trust for Public Land, »A Conversation with Yvon Chouinard—Land & People« (Ein Gespräch mit Yvon Chouinard – Land und Leute), 1.11.2001, https://www.tpl.org/resource/conversation-yvon-chouinard-landpeople.

56 Smith, Interview.

57 Henry Barber, im Gespräch mit dem Autor, 2023.

58 Hilary Greenbaum und Dana Rubinstein, »The Evolution of Fleece, from Scratchy to Snuggie« (Die Entwicklung von Fleece – von kratzig zu kuschelig), *New York Times*, 25.11.2011, https://www.nytimes.com/2011/11/27/magazine/fleece-scratchy-to-snuggie.html.

59 Philip Shabecoff, »Global Warming Has Begun, Expert Tells Senate« (Die globale Erwärmung hat begonnen, berichtet Experte dem Senat), *New York Times*, 23.06.1988, https://www.nytimes.com/1988/06/24/us/global-warming-has-begun-expert-tells-senate.html.

60 Paul Tebbel, im Gespräch mit dem Autor, 2023.

61 Joanna M. Miller, »Campus Faces Opposition Despite CSU's Warning« (Trotz einer Warnung der California State University regt sich Widerstand gegen den Campus), *Los Angeles Times*, 28.12.1989, https://www.latimes.com/archives/la-xpm-1989-12-28-ve-1342-story.html.

62 »Reality Check«, Patagonia Katalog, Frühjahr 1991.

63 Connie Koenenn, »Esprit Surprises Industry with ›Don't-Buy-It‹ Ad« (Esprit überrascht Industrie mit Anzeige zum Kaufverzicht), *Tampa Bay Times*, 17.10.2005, https://www.tampabay.com/archive/1990/07/02/esprit-surprises-industry-with-don-t-buy-it-ad/.

64 Kevin Sweeney, im Gespräch mit dem Autor, 2023.

65 Lost Arrow Corporation, Business Update, November 1990.

66 Stanley, Interview.

67 Denise Hamilton, »Suits Force Mountain Gear Firm to File for Bankruptcy« (Prozesse treiben Bergsteiger-Ausrüster in den Bankrott), *Los Angeles Times*, 11.05.1989, https://www.latimes.com/archives/la-xpm-1989-05-11-we-3605-story.html.

68 Hamilton, »Suits Force Mountain Gear Firm to File for Bankruptcy«.

69 Chouinard, Interview, 2023.

70 Malinda Chouinard, im Gespräch mit dem Autor, 2023.

71 E-Mail von Malinda Chouinard, 2024.

72 Franklin, *A Wild Idea,* S. 103.

73 Michael O'Donnell, »Review: ›A Wild Idea‹ and the Conservationism of Douglas Tompkins« (Rezension: »A Wild Idea« und Douglas Tompkins' Engagement für den Naturschutz), *The Atlantic*, 5.08.2021, https://www.theatlantic.com/magazine/archive/2021/09/douglas-tompkins-wild-idea-patagonia/619495/.

74 Jason Mark, »The Fashion Executives Who Saved a Patagonian Paradise« (Die Fashion-Manager, die Patagoniens Natur retteten), *Sierra*, 4.09.2019, https://www.sierraclub.org/sierra/2019-5-september-october/feature/fashion-executives-who-saved-patagonian-paradise-doug-kris-tompkins.

75 Franklin, *A Wild Idea,* S. 112.

76 Mark, »The Fashion Executives Who Saved a Patagonian Paradise«.

77 Chris Malloy, Regisseur, *180° South*, 2010.

78 Craig Vetter, »He's Not Worthy«.

79 Chouinard, *Some Stories*, S. 130.

80 Barber, Interview.

81 Libby Ellis, im Gespräch mit dem Autor, 2023.

82 Lynda Grose, im Gespräch mit dem Autor, 2023.

83 Kulczycki, Interview.

84 Vetter, »He's Not Worthy«.

85 Randy Harward, im Gespräch mit dem Autor, 2023.

86 Harward, Interview.

87 Harward, Interview.

88 Jason Blevins, »Pat O'Donnell, the 63-year-old CEO of Aspen Skiing Co« (Pat O'Donnell, der 63-jährige CEO der Aspen Ski Company), *Denver Post*, 18.12.2001.

89 Chouinard, *Let My People Go Surfing.*

90 Chouinard, Interview, 2024.

91 Chouinard, Interview, 2022.

92 Steinbreder, »He's in His Element in the Elements«.

93 Vetter, »He's Not Worthy«.

94 Alison May, im Gespräch mit dem Autor, 2023.

95 McDivitt Tompkins, Interview.

96 Dalton, »Yvon Chouinard«.

97 Guy Raz, »Patagonia: Yvon Chouinard«, 11.12. 2016, *How I Built This* Podcast, https://podcasts.apple.com/us/podcast/patagonia-yvon-chouinard/id1150510297?i=1000378841890.

98 Yvon Chouinard, »The Next Hundred Years« (Die nächsten hundert Jahre), 1995, https://thedesignofprosperity.se/2009/press/chouinard/TheNext100Years-YvonChouinard-Patagonia-Inc.pdf.

99 Christine Lagorio-Chafkin, »He's Spent Over 40 Years at Patagonia. Here Are His Tips for Growing a Company and a Social Mission at the Same Time« (Seit 40 Jahren bei Patagonia: Seine Ratschläge für Unternehmenserfolg und soziale Verantwortung), *Inc.,* 23.05.2024, https://www.inc.com/christine-lagorio/hes-spent-more-than-40-years-at-patagonia-here-are-his-tips-for-growing-a-company-and-social-mission-at-the-same-time.html.

100 Alex Bhattacharji, »Peak Patagonia: The Story Behind the Mic Drop Heard Round the World« (Patagonia auf dem Gipfel: Wie ein Statement um die Welt geht), *Inc.,* 5.12.2022, https://www.inc.com/magazine/202212/alex-bhattacharji/patagonia-story-behind-mic-drop-heard-round-world.html.

101 Stanley, Interview.

102 Stanley, Interview.

103 Jill Dumain, im Gespräch mit dem Autor, 2023.

104 Patagonia Archives, Environmental activism timeline wall (Patagonia Archiv, Chronik des Umweltaktivismus), 2023.

105 »Patagonia to Switch to Organic Cotton« (Patagonia stellt auf Bio-Baumwolle um) Patagonia Presseveröffentlichung, Herbst 1995.

106 Dave Olsen, im Gespräch mit dem Autor, 2022.

107 Dumain, Interview, 2023.

108 Chouinard, Interview, 2022.

109 Tebbel, Interview.

110 Olsen, Interview.

111 Sweeney, Interview.

112 McDivitt Tompkins, Interview.

113 May, Interview.

114 »Patagonia Advertises for New Chief Executive« (Patagonia auf der Suche nach neuer Unternehmensleitung), *Los Angeles Times,* 30.01.1996, https://www.latimes.com/archives/la-xpm-1996-01-30-fi-30240-story.html.

115 Chipper Bro Bell, im Gespräch mit dem Autor, 2023.

116 Olsen, Interview.

117 Bell, Interview.

118 John Sterling, im Gespräch mit dem Autor, 2023.

119 Tebbel, Interview.

120 Dani Burlison, »Headwaters Forest Reserve and the Battle That Saved It« (Das Headwaters Forest Reserve und der Kampf um seine Rettung), *Earth Island*

Journal, 27.02.2019, https://www.earthisland.org/journal/index.php/articles/entry/headwaters-forest-reserve-humboldt-california/.

121 Tebbel, Interview.

122 Conference on Corporate Citizenship Panel (Podiumsdiskussion auf der Conference on Corporate Citizenship), 16.05.1996, Clinton Archives, https://clinton.presidentiallibraries.us/files/original/5dc57aaba10cbe09f947858584764d33.pdf.

123 Chouinard, *Some Stories,* S. 265.

124 Chouinard, *Some Stories,* S. 413.

125 Vetter, »He's Not Worthy«.

126 Carter, Interview.

127 James Stout, »Outdoor Brands Make Big Bucks Selling Gear for War—But Can't Always Control Who Uses It« (Outdoor-Marken verdienen an Kriegsausrüstung, haben aber keine Kontrolle darüber, wer sie nutzt), *Backpacker,* 22.03.2021, https://www.backpacker.com/stories/issues/outdoor-brands-make-big-bucks-selling-gear-for-war-but-cant-always-control-who-uses-it/.

128 Chouinard, Interview, 2024.

129 Elissa Foster, im Gespräch mit dem Autor, 2023.

130 Chouinard, Interview, 2024.

131 Forest Reinhardt, »Patagonia«, Harvard Business School Fallstudie, 19.10.2010.

132 Kulczycki, Interview.

133 McDivitt Tompkins, Interview.

134 Jimmy Chin und Elizabeth Chai Vasarhelyi, Regisseure, *Wild Life,* Little Monster Films/National Geographic Documentary Films, 2023.

135 Rod Noriega, im Gespräch mit dem Autor, 2024.

136 »Doug Tompkins«, Fundación Rewilding Chile, Facebook, 8.12.2024, https://www.facebook.com/watch/?v=887416780254945.

137 Chouinard, Interview, 2022.

138 Kate Williams, im Gespräch mit dem Autor, 2024.

139 John Fleming, im Gespräch mit dem Autor, 2024.

140 Jib Ellison, im Gespräch mit dem Autor, 2024.

141 Lee Scott, »Twenty-First Century Leadership« (Leadership im 21. Jahrhundert), Walmart, 23.10.2005, https://corporate.walmart.com/news/2005/10/23/twenty-first-century-leadership.

142 Malinda Chouinard, Interview.

143 Marc Gunther, »Behind the Scenes at the Sustainable Apparel Coalition« (Hinter den Kulissen der Sustainable Apparel Coalition), *Trellis,* 26.07.2012, https://trellis.net/article/behind-scenes-sustainable-apparel-coalition/.

144 Ridgeway, Interview.

145 Chouinard, Interview, 2024.

146 Casey Sheahan, im Gespräch mit dem Autor, 2024.

147 Stanley, Interview.

148 Sheahan, Interview.

149 Corey Simpson, »Patagonia and Human Trafficking« (Patagonias Umgang mit Menschenhandel), Patagoniaworks.com, 3.06.2015, https://www.patagoniaworks.com/press/2015/6/3/patagonia-and-human-trafficking.

150 Matt Dwyer, im Gespräch mit dem Autor, 2024.

151 Sheahan, Interview.

152 Grose, Interview.

153 McDivitt Tompkins, Interview.

154 Ridgeway, *Life Lived Wild,* S. 373.

155 Chouinard, *Some Stories,* S. 336.

156 Chouinard, *Some Stories,* S. 336.

157 Ridgeway, *Life Lived Wild,* S. 390.

158 Ridgeway, *Life Lived Wild,* S. 395.

159 Chouinard, *Some Stories,* S. 336.

160 Daniel Duane, »Rebel with a Cause: Yvon Chouinard on the Passing of His Lifelong Friend, Doug Tompkins« (Rebell mit einer Mission: Yvon Chouinard über den Tod seines lebenslangen Freundes Doug Tompkins), *Men's Journal,* 4.12.2017, https://www.mensjournal.com/adventure/rebel-with-a-cause-yvon-chouinard-on-the-passing-of-his-lifelong-friend-doug-tompkins-20160106.

161 Michael Hiltzik, »A San Francisco Socialite Sues for a Share of the Esprit Fortune Her Conservationist Father Left to Charity« (Tochter aus San Francisco klagt auf Anteil an Esprit-Erbe, das ihr umweltengagierter Vater gemeinnützigen Organisationen vermachte), *Los Angeles Times,* 27.10.2017, https://www.latimes.com/business/hiltzik/la-fi-hiltzik-tompkins-will-20171027-story.html.

162 Phil Matier und Andy Ross, »Daughter Seeks Millions from Esprit Co-Founder« (Tochter fordert Millionen vom Esprit-Mitgrüder), *San Francisco Chronicle,* 30.10.2017, https://www.sfchronicle.com/bayarea/matier-ross/

article/Daughter-seeks-millions-from-Esprit-co-founder-12314126.php#photo-10406686.

163 Pascale Bonnefoy, »With 10 Million Acres in Patagonia, a National Park System Is Born« (Mit 4 Millionen Hektar in Patagonien entsteht ein neues Nationalparksystem), *New York Times,* 19.02.2018, https://www.nytimes.com/2018/02/19/world/americas/patagonia-national-park-chile.html.

164 Bonnefoy, »With 10 Million Acres in Patagonia, a National Park System Is Born«.

165 Abe Streep, »Patagonia's Big Business of #Resist« (Patagonias Big Business mit #Resist), *Outside Online,* 24.07.2017, https://www.outsideonline.com/outdoor-adventure/environment/big-business-resist/.

166 Streep, »Patagonia's Big Business of #Resist«.

167 Julie Turkewitz, »Trump Slashes Size of Bears Ears and Grand Staircase Monuments« (Trump verkleinert die Schutzgebiete Bears Ears und Grand Staircase massiv), *New York Times,* 4.12.2017, https://www.nytimes.com/2017/12/04/us/trump-bears-ears.html.

168 David Gelles, »Patagonia v. Trump« (Patagonia gegen Trump), *New York Times,* 5.05.2018, https://www.nytimes.com/2018/05/05/business/patagonia-trump-bears-ears.html.

169 Stanley, Interview.

170 Chouinard, Interview, 2022.

171 Sapna Maheshwari, »Patagonia, Quick to Close, Could Be Last to Reopen« (Patagonia: schnell geschlossen, vielleicht als Letzte wieder offen), *New York Times,* 12.05.2020, https://www.nytimes.com/2020/05/12/business/patagonia-reopening-coronavirus.html.

172 »Patagonia Statement on Social Injustice« (»Patagonias Stellungnahme zu sozialer Ungerechtigkeit«), Patagonia.com, 31.05.2020, https://www.patagoniaworks.com/press/2020/5/31/patagonia-statement-on-social-injustice.

173 Maxine Wally, »Green Girl Leah on Why Environmentalists Must Speak Up for Black Lives Matter« (Umweltaktivistin Leah erklärt, warum sich Umweltschützer für Black Lives Matter einsetzen müssen), *W Magazine,* 22.07.2020, https://www.wmagazine.com/culture/green-girl-leah-thomas-intersectional-environmentalism-the-people-interview.

174 Carter, Interview.

175 »Our Acknowledgment« (Unser Bekenntnis), Patagonia.com, 4.09.2020, https://www.patagonia.com/stories/our-acknowledgment/story-91580.html.

176 David Gelles, »Rose Marcario, the Former C.E.O. of Patagonia, Retreats to the Rainforest« (Rose Marcario, die ehemalige CEO von Patagonia, zieht sich in den Regenwald zurück), *New York Times*, 18.02.2021, https://www.nytimes.com/2021/02/18/business/rose-marcario-patagonia-corner-office.html.

177 Jonathan Evans, »The Full Story Behind Patagonia's ›Vote the Assholes Out‹ Tags« (Was wirklich hinter Patagonias »Vote the Assholes out«-Etiketten steckt), *Esquire*, 19.09.2020, https://www.esquire.com/style/mens-fashion/a34078539/patagonia-vote-the-assholes-out-shorts-tag-meaning/.

178 Ryan Gellert, »Corporate America: Stop Hiding Behind the Chamber of Commerce and Business Roundtable« (Corporate America: Hört auf, euch hinter der Handelskammer und dem Business Roundtable zu verstecken), LinkedIn, 4.11.2021, https://www.linkedin.com/pulse/corporate-america-stop-hiding-behind-chamber-commerce-ryan-gellert.

179 Andrew Blake, »Patagonia Severs Ties with Wyoming Ski Resort After Its Owner Hosted a Freedom Caucus Fundraiser« (Patagonia beendet Zusammenarbeit mit Ski-Resort in Wyoming, nachdem dessen Besitzer eine Spendengala für den Freedom Caucus ausgerichtet hatte), *Washington Times*, 21.08.2021, https://www.washingtontimes.com/news/2021/aug/21/patagonia-boycotts-wyoming-ski-resort-after-co-own/.

180 Chouinard, Interview, 2022.

181 Carter, Interview.

182 Ryan Gellert, im Gespräch mit dem Autor, 2022.

183 Charles Conn, im Gespräch mit dem Autor, 2022.

184 Bhattacharji, »Peak Patagonia: The Story Behind the Mic Drop Heard Round the World«.

185 Malinda Chouinard, Interview.

186 Chouinard, Interview, 2022.

187 Hilary Dessouky, im Gespräch mit dem Autor, 2022.

188 Dan Mosley, im Gespräch mit dem Autor, 2022.

189 Dessouky, Interview.

190 E-Mail von Fletcher Chouinard, 2022.

191 E-Mail von Claire Chouinard, 2022.

192 Bhattacharji, »Peak Patagonia: The Story Behind the Mic Drop Heard Round the World«.

193 Gellert, Interview.

194 Video einer Firmenveranstaltung, Patagonia, 2022.

195 McDivitt Tompkins, Interview.

196 Scott Nover, »Patagonia's $3 Billion Corporate Gift Is Also a Convenient Way to Avoid Taxes« (Patagonias 3-Milliarden-Geschenk ist auch ein praktischer Weg zur Steuervermeidung), Quartz, 16.09.2022, https://qz.com/patagonia-s-3-billion-corporate-gift-is-also-a-conveni-1849543678.

197 Alicia Adamczyk, »Patagonia's Founder Rejects His Billionaire Status, But He's Still Saving $700 Million in Taxes with a Legal Loophole« (Patagonias Gründer lehnt den Milliardärsstatus ab, spart aber 700 Millionen Dollar Steuern durch ein legales Schlupfloch), *Fortune,* 16.09.2022, https://fortune.com/2022/09/16/patagonia-founder-legal-tax-loophole/.

198 Jesse Eisinger, Twitter, 15.09.2022, https://x.com/eisingerj/status/1570382234514767872.

199 David Gelles, »Patagonia Founder Gives Away the Company to Fight Climate Change« (Patagonias Gründer verschenkt das Unternehmen, um den Klimawandel zu bekämpfen), *New York Times,* 14.09.2022, https://www.nytimes.com/2022/09/14/climate/patagonia-climate-philanthropy-chouinard.html.

200 Malinda Chouinard, Interview.

201 Thomas Catenacci, »Major Outdoor Clothing Company Quietly Operating Liberal Dark Money Group Hit with FEC Complaint« (Wahlaufsichtsbehörde ermittelt gegen Outdoor-Unternehmen wegen intransparenter Politspenden), Fox Business, 21.04.2024, https://www.foxbusiness.com/politics/major-outdoor-clothing-company-quietly-operating-liberal-dark-money-group-hit-fec-complaint.

202 John Sterling, im Gespräch mit dem Autor, 2023.

203 David Green, »My Decision to Give Away Ownership of Hobby Lobby: I Chose God« (Warum ich Hobby Lobby verschenkt habe: Ich habe mich für Gott entschieden), Fox News, 20.10.2022, https://www.foxnews.com/opinion/decision-to-give-away-ownership-hobby-lobby-chose-god.

204 Laura Carrione, »Hobby Lobby Founder Explains Decision to ›Give Away Ownership‹ of Company: ›Joy in Giving What We Have‹« (Hobby-Lobby-Gründer erklärt Schenkung des Unternehmens: »Freude am Geben dessen, was wir haben«), Fox Business, 14.11.2022, https://www.foxbusiness.com/retail/hobby-lobby-founder-explains-decision-give-away-ownership-company-joy-giving.

205 Ridgeway, Interview.

206 Malinda Chouinard, Interview.

[207] Stephanie Mehta, »Why Is the Patagonia Sale a Big Deal? Jim Collins, Author of ›Good to Great‹, Weighs In« (Warum ist der Verkauf von Patagonia so bedeutend? Jim Collins, Autor von »Der Weg zu den Besten«, gibt eine Einschätzung), *Fast Company,* 7.10.2022, https://www.fastcompany.com/90793822/why-is-the-patagonia-sale-a-big-deal-jim-collins-author-of-good-to-great-weighs-in.

[208] Juan José Córdova, im Gespräch mit dem Autor, 2024.

[209] Haver Currin, »Yvon Chouinard on Why He Gave Away Patagonia to Save the Planet«.

[210] Yvon Chouinard, »A Letter from Our Founder« (Ein Schreiben unseres Gründers), 1% for the Planet, 14.11.2024, https://www.onepercentfortheplanet.org/stories/a-letter-from-our-founder.

[211] Paul Lightfoot, im Gespräch mit dem Autor, 2023.

[212] Chouinard, Interview, 2024.

[213] Chouinard, Interview, 2023.

[214] Chouinard, Interview, 2024.

[215] Chouinard, Interview, 2022.

REGISTER